新编
应用写作学

丁晓昌 冒志祥 胡元德 著

南京师范大学出版社
NANJING NORMAL UNIVERSITY PRESS

图书在版编目（CIP）数据

新编应用写作学 / 丁晓昌，冒志祥，胡元德著. —
南京：南京师范大学出版社，2013.4（2021.4 重印）
　ISBN 978-7-5651-1367-3

　Ⅰ. ①新… Ⅱ. ①丁… ②冒… ③胡… Ⅲ. ①汉语－
应用文－写作　Ⅳ. ①H152.3

中国版本图书馆CIP数据核字(2013)第072030号

书　　名	新编应用写作学
作　　者	丁晓昌　冒志祥　胡元德
责任编辑	韦　娟
出版发行	南京师范大学出版社
地　　址	江苏省南京市宁海路122号(邮编:210097)
电　　话	(025)83598919(传真)　83598412(营销部)　83598297(邮购部)
网　　址	http://www.njnup.com
电子信箱	nspzbb@163.com
照　　排	南京理工大学印刷照排中心
印　　刷	扬州市文丰印刷制品有限公司
开　　本	787毫米×1092毫米　1/16
印　　张	21.5
字　　数	564千
版　　次	2013年4月第1版　2021年4月第13次印刷
书　　号	ISBN 978-7-5651-1367-3
定　　价	36.00元
出 版 人	张志刚

南京师大版图书若有印装问题请与销售商调换
版权所有　侵犯必究

前　　言

写作,是以书面语言将人们对客观事物的认识和感受表达出来的精神劳动。作为写作学的分支,应用写作学研究的是应用写作的特点、规律和技法。在当今知识密集、人们交际的手段不断变化的社会里,由于社会的进步,社会分工的日趋细密,人们交往的频繁,交际工具的多样化、现代化和电子化,我们比以往更需要具备应用写作的技能。

"应用文"一词,最早见于宋代。北宋欧阳修在他的《免进五代史状》中说:"自悆窃于科名,不忍忘其素习,时有妄作,皆应用文字。"他在《辞副枢密与两府书》中也说:"早迫逮亲之禄,学为应用之文。"难能可贵的是,欧阳修在《与陈员外书》中,还对应用文作了分类。他说:"惟官府吏曹,凡公之事,上而下者则曰符曰檄;问讯列对,下而上者则曰状;位等相以往来,曰移曰牒。非公之事,长吏或自以意晓其下以戒以饬者,则曰教;下吏以私自达于其长而有所候问请谢者,则曰笺记、书、启。"在这段文字中,欧阳修把应用文分为公、私文书,并把公文分为上行、下行、平行。后来,苏轼在《答刘巨济书》中也提到了"应用文"的概念。两人对应用文的看法和分类,是非常有眼光的,也是符合当时的文风革新的。因为宋代公文的革新,是以应用文的文体呈现出来的,宋人对文章的理解,已经完全突破了"文""笔"区分的传统狭隘文章观,这对我们今天也颇有启发。

尽管"应用文"概念的提出比较晚,但是应用文的存在却历史悠久。事实上,应用文是随着文字的出现而产生的,从现存的甲骨文、钟鼎铭文、《尚书》,到列朝列代的事略、会要、文选、个人集、汇编等,莫不保留有大量应用性文字。"学而优则仕"的传统理念,官员和文人合一的历史史实,还充分证明了在中国文学史上,应用文占有很重要的地位。

1945年,叶圣陶先生在《国文教学》上辑《国文教学的两个基本概念》中指出:"国文的涵义与文学不同,它比文学宽广得多,所以教学国文并不等于教学语文","其实国文所包含的范围很广,文学只是其中一个较小的范围,文学之外,同样包在国文的大范围里头的还有非文学的文章,就是普通文。"1981年8月,叶圣陶先生同《写作》杂志编辑人员谈话时更明确指出:"大学毕业生不一定要能写小说诗歌,但是一定要能写工作和生活中实用的文章,而且非写得既要通顺又扎实不可。"现代文章学研究的开拓者之一的曾祥芹先生也说过:"我们把文字作品一分为二成'文章'和'文学','文章'是除文学作品之外的。现代社会,一个人可以不会写小说、诗歌,但绝不可能不会写书信、公函等应用文体。"随着《中华人民共和国公务员法》的颁布和实施,学会写作应用文已经成为当今社会生存必不可少的手段。可以预见,随着社会的进步和发展,随着中国国际化、全球化速度的加快,应用写作学必将成为写作学科的"热点"和"增长点",也一定会成为社会关注的"显学"。

目 录

基础理论篇

第一章 应用写作的性质、特点和功能 (3)
  第一节 应用写作的性质 (3)
  第二节 应用写作的特点 (5)
  第三节 应用文的功能 (9)

第二章 应用写作的要素——责任者 (12)
  第一节 应用写作的作者 (12)
  第二节 应用写作的读者 (18)

第三章 应用写作的要素——内容、文本 (21)
  第一节 应用文文本的分类 (21)
  第二节 应用文的内容 (22)
  第三节 应用文的文本形式 (27)

第四章 应用写作的物化过程 (34)
  第一节 "知"——应用写作的起因 (34)
  第二节 "思"——应用写作的孕成 (35)
  第三节 "织"——应用写作的物化 (37)
  第四节 公文的拟制和发文办理程序 (47)

公文写作篇

第一章 公文概述 (53)
  第一节 公文文种概述 (53)
  第二节 公文的行文规则 (55)

第三节 公文的批转、转发与印发 ……………………………………………… (57)
   第四节 公文的格式 …………………………………………………………… (64)

第二章 指挥性公文和公文的指挥功能 ……………………………………………… (82)
   第一节 指挥性公文概述 ……………………………………………………… (82)
   第二节 命令 …………………………………………………………………… (84)
   第三节 决议 …………………………………………………………………… (87)
   第四节 具有指挥功能的公文的写作注意事项 ……………………………… (89)

第三章 部署性公文和公文的部署功能 ……………………………………………… (90)
   第一节 部署性公文概述 ……………………………………………………… (90)
   第二节 决定 …………………………………………………………………… (94)
   第三节 通知 …………………………………………………………………… (97)
   第四节 意见 …………………………………………………………………… (106)

第四章 知照性公文及公文的知照功能 ……………………………………………… (112)
   第一节 知照性公文概述 ……………………………………………………… (112)
   第二节 公告 …………………………………………………………………… (115)
   第三节 通告 …………………………………………………………………… (118)
   第四节 公报 …………………………………………………………………… (121)
   第五节 纪要 …………………………………………………………………… (125)
   第六节 具有知照功能的公文的写作注意事项 ……………………………… (132)

第五章 报请性公文及公文的报请功能 ……………………………………………… (133)
   第一节 报请性公文概述 ……………………………………………………… (133)
   第二节 请示 …………………………………………………………………… (136)
   第三节 报告 …………………………………………………………………… (141)
   第四节 议案 …………………………………………………………………… (153)
   第五节 报请功能的函与意见 ………………………………………………… (156)

第六章 批答性公文及公文的批答功能 ……………………………………………… (158)
   第一节 批答性公文概述 ……………………………………………………… (158)
   第二节 批复 …………………………………………………………………… (161)
   第三节 具有批答功能的公文的写作注意事项 ……………………………… (167)

第七章 奖惩性公文和公文的奖惩功能 ……………………………………………… (170)
   第一节 奖惩性公文概述 ……………………………………………………… (170)

第二节　通报……………………………………………………………(173)
　　第三节　具有奖惩功能的公文的写作注意事项………………………(179)

第八章　商洽性公文和公文的商洽功能……………………………………(181)
　　第一节　商洽性公文概述………………………………………………(181)
　　第二节　函………………………………………………………………(182)

事务文书写作篇

第一章　事务文书概述………………………………………………………(191)
　　第一节　事务文书的特点与功能………………………………………(191)
　　第二节　事务文书的种类与写作要领…………………………………(193)

第二章　规约类文书及文书的约束功能……………………………………(197)
　　第一节　规约类文书概述………………………………………………(197)
　　第二节　条例……………………………………………………………(200)
　　第三节　规定……………………………………………………………(205)
　　第四节　办法……………………………………………………………(209)
　　第五节　章程……………………………………………………………(214)
　　第六节　细则……………………………………………………………(218)
　　第七节　其他规约类文书写作要点……………………………………(221)

第三章　计划类文书及文书的筹划功能……………………………………(224)
　　第一节　计划类文书概述………………………………………………(224)
　　第二节　计划……………………………………………………………(226)
　　第三节　实施方案………………………………………………………(230)

第四章　总结类文书及文书的评价功能……………………………………(235)
　　第一节　总结类文书概述………………………………………………(235)
　　第二节　总结的写法……………………………………………………(237)
　　第三节　述职报告………………………………………………………(240)

第五章　信息类文书及文书的交流功能……………………………………(247)
　　第一节　信息类文书概述………………………………………………(247)
　　第二节　调查报告………………………………………………………(250)
　　第三节　简报……………………………………………………………(258)
　　第四节　汇报材料………………………………………………………(267)

第六章 讲话类文书及文书的宣讲功能 (273)
- 第一节 讲话类文书概述 (273)
- 第二节 讲话稿 (276)
- 第三节 开幕词、闭幕词 (279)
- 第四节 演讲词 (284)

第七章 记录类文书及文书的载记功能 (289)
- 第一节 记录类文书概述 (289)
- 第二节 会议记录 (290)
- 第三节 电话记录 (295)

私务文书写作篇

第一章 私务文书概述 (301)

第二章 合同类文书及文书的商约功能 (304)
- 第一节 合同类文书概述 (304)
- 第二节 经济合同 (305)

第三章 法律类文书及文书的诉求功能 (314)
- 第一节 法律类文书概述 (314)
- 第二节 起诉状 (315)
- 第三节 答辩状 (318)

第四章 信电类文书及文书的交际功能 (321)
- 第一节 信电类文书概述 (321)
- 第二节 贺信 (323)
- 第三节 申请书 (325)
- 第四节 自荐信(求职信) (328)
- 第五节 倡议书 (330)
- 第六节 电子邮件 (333)

后 记 (336)

基础理论篇
JICHULILUNPIAN

基础理论篇

第一章 应用写作的性质、特点和功能

应用写作在长期发展的进程中,已经逐渐形成了自己的"个性",在文章写作的大家庭里,其共有的"性格"日趋明显,其在社会中的作用日益强化,并逐渐被社会所认同。

第一节 应用写作的性质

关于"应用文"的性质及其相关的概念,目前尚需辨析。

一、应用文的性质

《辞海》对应用文的解释是:应用文是指人们在日常生活、工作和学习中所应用的简易通俗文字,包括书信、公文、契约、单据等。这个概念的不准确之处在于:一是"简易通俗"不准确,有的应用文三五句,确实简易通俗,而有的则洋洋万言,哲理深奥;二是"单据"不都是"文",有的单据全部内容均为表格,不是"文章"或连缀成的文字,用"文字"的表述与举例不符。

《现代汉语词典》对应用文的解释是:应用文指日常生活或工作中经常使用的文体,如公文、书信、广告、收据等。这个概念的不准确之处在于:一是"书信"、"广告"、"收据"不能与"公文"并列。"公文"全属公用,但"书信"、"广告"、"收据",公用、私用的都有,举例不够精当。二是"经常使用"不准确,"经常使用"的如账单等不一定是应用文,而不经常使用的如"命令"等却是应用文。"经常使用"无法说明应用文的本质特征。

比较有影响的《语文知识词典》对"应用文"的解释是:应用文是处理日常事务最常用的文体。其目的是为了解决日常生活和工作中的实际问题,要求实用,大都有一定约定俗成的格式,语言简明准确,内容明晰扼要,种类较多,有计划、总结、报告、书信、日记、记录、通知、规则、条据等。这个概念的不准确之处在于:一是违背应用文文种名称的法定性,随意命名。如"记录"应为"会议记录"。二是文种举例杂乱无章,应该先列举公用文种,再列举私用应用文种,先列举主要文种,再列举非主要或次要文种。

台湾的张仁青教授在《应用文》一书中说:"凡个人与个人之间,或机关团体与机关团体之间,或个人与机关团体之间,互相往来所使用之特定形式之文字,而为社会所遵循、共同使用者,谓之应用文。"香港的陈耀南教授在《应用文概说》一书中说:"应用文,就是'应'付生活,'用'于实务的'文'章,凡个人、团体、机关相互之间,公私往来,用约定俗成的体裁和术语写成,以资交际和信守的文字,都叫应用文。"这两种解释对应用文概念都是精到的补充。但陈耀南教授关于"文章"之说似为不妥,且"文章"与"文字"混淆,也是不妥当的。应用文的"文",应该为"文字材料"。因为,有些东西如便条、零星批注文字以及其他附属文字参考材料等可以包括在"文字材料"之内,而似乎不能成为文章。

综上所述,应用文是机关单位、社会团体和人民群众,在日常工作、学习、生活中办理公务以及个人事务而使用的具有特定形式或惯用格式的文字。这里有几点值得注意:一是应用文的主体包括单位和个人,即个人与个人之间、单位与单位之间、个人与单位之间往来之文字;二是既可以用于处理公务活动中的事务,也包括用于人们的生活、交际等,而且对公私事务的作用是直接的,而不是间接的;三是有特定形式或惯用格式,这些格式为社会所遵循、使用;四是既包括文章,也包括零星文字材料等,形式多样。根据以上几点,消息、通讯等新闻文体,传记等史传文体和广告文案不属于应用文,应视为实用文体。

二、关于应用文的相关概念

与"应用文"相关的概念比较多,主要有应用文体、应用写作、文书、公文、文件等。

(一)应用文体

应用文属于应用文体,但是应用文体不只是应用文。应用文体是多种多样的,不只是文章,比如表格式计划和带有表格的预决算报告、统计分析等,它们都以表、图形式为主,辅以文字说明;又如表意性符号或约定俗成性符号,在现代社会被广泛使用,特别是网络体文书的出现,符号被广泛用于交往中,它们可被视为应用文体,但不是应用文;再如表格式合同、收据、借据等也不能成为"文章",但显然是应用文体。应用文体包含应用文,应用文是应用文体的一部分,应用文体大于应用文。

(二)应用写作

杨柏主编的《应用写作教程》认为:"应用写作不同于文艺创作。它是运用文字工具掌握和吸收信息、交换和创造信息,从而解决各种实际问题的行为过程;其精神产品——各类应用文章,则是信息积累的主要手段和传播的载体;是科学技术转化为社会生产力的桥梁和工具,是人类社会的'黏合剂'。"王正则认为:应该将"其精神产品——各类应用文章"改为"其精神产品——各类应用文体表述的内容(包括文字、图、表、数字、符号等)"更为准确。也就是说,应用写作是运用文字、图、表、数字、符号等表述信息的行为过程。

(三)文书

文书是所有文件材料的总称。它包括公务文书和私人文书。公务文书是指机关公务活动中形成的一切文字材料,包括机关发出和收到的公文、内部使用的文件,以及其他书面或附注文字说明材料。私人文书即个人或群体在处理私人事务活动中形成的一切有应用价值的文字材料等。

(四)公文

公文有"大公文说"和"小公文说"。"大公文说"认为:机关产生的一切公务文书皆可称之为公文,公文即公务文书的简称。"小公文说"认为:《党政机关公文处理工作条例》及其他法规规定的用于行移公布的公务文种。这种观点认为:公文仅仅是公务文书中的一部分。"大公文说"省掉了许多概念的纠缠,但与目前流行的关于公文的特点无法完全吻合。现行公文的流行说法是:公文必须由法定的作者制定和发布,具有法定的权威和行政约束力,有特定的体式和一定的形成和处理程序,必须有关公务并具有现行的效用。所以从公文实际看,"小公文说"的概念更接近实际。

(五)文件

文件也有"大文件"和"小文件"的概念。

"大文件"概念认为,文件是指机关单位制发的、体现发文机关单位意图、用于处理机关单位事务的文字材料。如我们经常说的学习文件,往往是指"大文件"的概念。

"小文件"是指公务文书中具有法定效力和规范体式的文字材料。它包括有固定版头的文件和无版头文件。

这些概念首先是性质不同,其次是其外延不同。总的来说,应用文体的外延大于应用文,应用文的外延大于文书,文书的外延大于公文,公文的外延大于文件。

此外,应用写作的行为结果是应用文体,尤其是应用文,应用文的形成过程是应用写作。

从写作教学的实际看,应用写作的教学主要是教会学生写一些常见的应用文,尤其是公务文书和常见事务文书。

本书遵循教学重点的要求,着重介绍应用文的写作规律,特别是常见公务文书的写作规律。

第二节 应用写作的特点

作为交际工具,应用文体与其他类别的文体一样,都是对客观事物及主观认识的反映,因此,应用文体具备一般文体所具有的共同特点,如观点鲜明、层次清晰、轻重分明等,但其"个性"也是异常明显的。只有很好地了解应用文体的"个性",才能增强应用写作的自觉性。

应用文与文学作品不同。文学作品是通过艺术形象表现主题、传达感情,其内容来源于生活,又高于生活,是作家个体对生活的艺术加工;应用文对社会生活乃至人们交际的作用是直接的,对社会生活的反映也是直观的。概括地说,应用文有微观的特点和宏观的特点。

一、应用文的微观特点

(一)价值的直接实用性

应用文的主要工具是文字。只有文字的成熟或成熟的文字,才使应用文的产生有了不可缺少的客观条件。从历史上看,应用文的载体是竹简、缣帛、钟鼎和纸张。欧阳修《与陈员外书》云:"古之书具,惟有铅刀、竹木。而削札为刺,止于达名姓;寓书于简,止于舒心意,为问好。"我们的先辈无论大事小事,必先"率民以事神,先鬼而后礼",从而形成了以神、鬼、上天、祖先为精神依托的神权政治统治模式,而掌握刀笔并把神事活动的情况记录下来,也便成了最早的应用文,这些刻在龟甲和兽骨上的应用文,从一开始就体现出其异乎寻常的实用性。

毛泽东同志在《反对党八股》一文中指出:"任何机关做决定、发指示,任何同志写文章……要靠有用。""直接实用性"是应用文区别于其他文章的根本属性。与应用文相比,理论文章重在析理,为的是提高人们的认识;文学作品重在给人以审美愉悦,以陶冶读者性情为主。而应用文不同,它重在为人们处理公私事务服务,作为临民治事的工具,它的功能是通过直接的实用价值体现出来的。

应用文直接实用性的体现是多方面的。在内容上,应用文应有很强的目的性和针对性,要能反映社会生活实际,切实解决公私事务。在形式上,应用文的结构、格式、语言等要为直接实用性服务,语言要浅切、易懂、规范,讲求准确无误、直观明了。在效能上,应用文要讲求内容的单一性和强烈的时效性,一切从提高工作效率出发,要迅速及时,以免延误时机,影响工作,造成损失。

(二) 材料的完全真实性

应用写作以"应"付生活,"用"于实务为目的,它必须以事实为依据,不允许虚构、虚拟、合理想象、移花接木、张冠李戴。这一点与文学作品不同。文学作品也讲求真实,但文学作品的真实更强调艺术的真实,允许艺术的虚构,其"真实"是文学的真实,是相对的,它来源于生活但又高于生活。

应用文的材料的真实,是一种完全的真实。要做到完全的真实,至少要做到"三真":一是选用的材料本身必须是真实的,是符合客观实际和社会生活现实的。二是写作时运用材料的方式是得当的,反映给阅读者即受众的材料必须是真实可靠、准确无误的。有的材料是真实的,是生活中发生的,但使用是不得当的,如移花接木、张冠李戴。三是材料的选用与事实核心或实质是一致的,即材料的取舍与应用文主旨之间的关系是紧密的,材料必须充分地支撑观点,材料本身的内涵与应用写作表达的内涵要完全一致。材料与观点之间,不能互相脱节,更不能生拉硬扯。如一份表扬某村是"计划生育模范村"的文稿,使用的材料是:该村十五年只生育了一个人口。事实是:该村是贫困村,小伙子无法找到对象,十五年只有一位小伙子找到了对象。这段材料是真实的,使用也是真实的,但这段材料只能说明该村的贫困现象,不能说明该村是"计划生育模范村"。材料的实质与表达主旨之间不能出现矛盾或悖反。

(三) 建构的直观规范性

模式化的建构是应用写作区别于文学写作的重要特点。所谓模式,指的是事物的标准样式。模式化建构,指的是应用文的文种、格式、语体语境、布局等有大致相近的样式,有大体统一的形式要求。

文学讲求标新立异、变化多样,力图摆脱模式的束缚,强调"惟陈言之务去"。文学中的"陈言",既包括内容,即所谓的"人之说",也就是所谓的人云亦云,缺乏新意,又包括僵化呆板的形式,只有力戒陈言,才能满足读者多方面的审美需要。应用文写作则不同,为了更好地、快捷地处理公私事务,必须有便于帮助大家理解的模式。这样,作者写起来简便、快捷,读者理解起来清楚省心、一目了然、贴近原意。而且,建构的模式更便于公文的传播,便于读者作出准确的判断和快速的反应,更好地处理各种事务。

应用文的行业化特点也是应用文模式化建构的体现之一。应用文使用的特殊性和针对性,使得应用文在内容上体现出了行业、对象乃至常用语言的相似。如学校工作,总是相对集中于教学、科研、学生管理、人事、后勤等方面,公安刑事工作,相对集中于侦查、拘留、预审、逮捕、通缉等几个方面。不同对象的应用文的内容相对集中于某些固定范围,应用文的写作要求充分体现行业内容的稳定性,这是应用文写作规定性的体现。

应用文的模式化建构形成的原因主要有:

一是"约定俗成"。即在长期的写作实践中,应用文的格式、用语、布局代代相传、互相效仿,从而被大家认同,形成社会公认的模式。"约定俗成"具有社会性、时代性特征。从历史的角度看,如风俗习惯可能形成模式。从现实的角度看,与人们的审美趣味、社会热点等一致。如所谓的"淘宝体"、"甄嬛体"、"咆哮体"等,在用语中体现尤其明显。如2013年年初的流行语"出大事了,你出大事了",与反腐的背景是相关的;舌尖上的浪费、盘光光等与厉行节约是相关的。"约定俗成"的模式建构在私人文书中最为常见,如书信、条据、碑志等。这种约定俗成是随时代不断发展的,到现在仍然在发挥作用,继续完善。如过去的过继书、出嗣书、典当书等,随着时代的发展,目前已难觅踪影,而一些报告书、网络文书、策划类文书、房产类文书等则不断出现。

二是"法定使成"。应用文中的机关公文、司法文书等,主要是由相关领导机关以规定或制度形式对文种性质、使用规则、格式要求等加以认定,虽然有些标准不是强制性标准,但在行业内、在管辖范围内是普遍执行的。如现行的《党政机关公文处理工作条例》、《党政机关公文格式》,对党政机关公文的种类、公文格式、行文规则、公文拟制、收发文处理等做了规定。这些规定构成的格式要求是固定规范的,是必须执行的,是"法定使成"。

要求建构的规范性、模式化,并不是说应用文就是呆板僵化的,相反,建构的规范性更强烈地要求提高应用文写作的技巧,作者的主观性在应用文的写作中既非常重要,表达起来又有更高的难度。此外,应用文的各种格式、规范,也随着时代和社会的不断发展而发生着或多或少、或快或慢的变化。

(四)表述的直白简约性

应用文表述的直白简约性,是由应用文价值的直接实用性派生出来的。应用文的效用只有通过应用文接受这一环节才能得以发挥,从接受者对语言的期待来看,应用文的语言必须明了简约,尚质朴直白,忌浮华不实。只有这样,应用文接受主体才能够准确地抓住应用文的主旨和中心。

简约表现在概念清楚、详略得当、轻重分明、说理明确上。配合简约的要求,应用文应多用说明,叙述上多用直笔,不兜圈子,不绕弯子,语言要如明代人吴讷所言:"篇中不可有冗章,章中不可有冗句,句中不可有冗字。"(《文章辨体·序说》)要简洁省俭,要言不烦。

当然,简约不是简单、简短,简约要"简而有法",简约的前提是明了清晰,切不可为简而简,影响应用文内容的正确表达。"短句易气势挺拔,长句多气势舒缓。短句字少,常使语促,不过,句短而有转折,则不嫌其促;长句字多,易生冗滥,不过,句长而有劲气,则不失之冗。"(朱容智《文气与文章创作关系研究》,书苑有限公司1988年版,第246页)欧阳修在谈到对应用文修改时也说:"勉强简节之,则不流畅,须待自然之至。"(《欧阳文忠公集》卷150)所以,简约必须是"自然之至",不是为简而简。

上面所述只是应用文的主要特点,其他如写作主体的服从性、写作过程的及时性、构思行文的逻辑性等,虽也是应用文的特点,但多是由以上特点派生出来的,或者尚算不上应用文区别于其他文体的本质属性,故这里不再一一叙述。

二、应用文的宏观特点

就宏观的角度而言,应用文的主要特点有:

(一)社会性

应用写作是随着社会的发展、变化和交流的需要而产生并发展的,作为一种精神产品和社会交往的工具,应用文与生俱来就具有社会性。这是因为:

一是应用写作本身就是一种社会实践活动。应用写作的作者是社会的人,应用写作的内容要反映社会生活,应用写作的目的是满足社会的应用需要,为解决社会的实际问题而存在,其产品直接作用于社会,其价值也只有通过作用于社会并通过社会才能体现出来,故相对于一般写作而言,其社会性特别明显。

二是应用写作的内容、载体是随着社会的发展、变化而形成、变化的。应用文的文种、文书的名称、行文制度等都是特定社会生产关系下的产物,其产生、发展必然要受到经济基础乃至上层建筑的制约,故而应用文制作的各个环节都是一种社会现象、一种社会行为。

三是应用写作从撰写、颁布、实施到反馈的过程,无不反映了应用写作的社会性。从撰写看,应用写作的目的是解决社会实际的管理、生产、经营和人们的交往等问题,其内容要求真实地反映当时的社会关系,其形式也要为社会所认可。正因为如此,应用文相关法规的颁布才会变成全社会重视、关注的焦点。从实施来看,应用写作是促使应用文体产生社会效益的手段。实施就是应用,只有应用才能产生各种社会效益。即使纯粹属于私人内容的应用文,实施的过程也脱离不了社会关系,因为个人也是社会的一员,作为实践主体的人,其从事的实践都是社会活动。

随着信息社会的到来,与国际交往日益增加,应用文的写作已不再是少数人的行为,而成为全社会每个人手中的工具。应用文的社会性也就越见突出。一个社会要管理、要整治、要前进,要靠应用文来实施;一个人要生存、要交往、要发展,也离不开应用文。人们可以不会吟诗,不会写诗歌、散文或小说,但不能不会写应用文。

(二)科学性

应用文是应付生活、用于处理事务的文字材料。应用文要真实地反映生活,并为生活本身服务,就必须真实地反映人们认识客观规律的进程,也就必须讲求科学性。

应用文的科学性主要表现在:

一是应用文是社会实践经验的总结,并在社会实践中得到检验,是社会实践经验的结晶。

二是应用文对真实的要求也是其科学性的表现。真实是应用文写作的根本属性,是应用文最突出的特点之一。应用文反映的必须是社会生活中真实的情况,应用文必须能解决实际问题,应用文的内容必须是真实的,这种真实是客观的真实,不是文学的"真实"。真实就是要反映客观事物的本来面目,这正是应用文科学性的体现。

三是应用文的结构、格式、语言等都有特殊的要求,都讲求一定的规范性,要遵循有关的规范或规定,这也是应用文科学性的体现。

(三)中介性

一切事物都是有联系的,"一切都是经过中介,连成一体,通过转化而联系的"(《列宁全集》

第3卷,第103页)。先进的思想、正确的理论只有通过正确的政策在实践中贯彻、执行,才能产生预期的效果。而政策的贯彻必须通过一定的应用文为其中介,才能实现思想、理论与实际的沟通连接。因此,应用文的中介性是不言而喻的。

应用文的中介性主要是指应用文的工具作用。所以,中介性也可以被认为是工具性。这是大家所公认的应用文尤其是公务文书的特点。

一是国家和政党的决策、意志体现的工具,其表现形式是应用文。为了加强社会主义公民道德教育,中共中央、国务院下发了《公民道德建设实施纲要》;为了加强经济工作,国务院下发了《国务院关于加强经济工作的决定》;为了做好三农工作,中央每年下发有关"三农"的一号文件。没有应用文为中介,任何先进的思想、正确的理论都无法指导实践。

二是应用文是国家政权实施统治管理的有力工具。任何政党、国家要进行有效的管理,都必须通过应用文来实现。许多应用文在一定时间、一定范围内规定着人们的行为准则,而且是各级党委、政府管理公务的依据,也是各级机构处理政务的凭证。

三是从纵向看,要保持政策的连续性,保持公务活动的连贯性,也必须以应用文为中介。人们不同时期的思想、观点,必须通过应用文的中介性来体现。史籍的编撰,国内外交流、交往也通过应用文这一中介来演示、实现。

只有从宏观的角度理解,我们才能更好地认识应用文的作用、地位,认识应用文写作的重要性,可以说,应用文实乃"经国之大业,不朽之盛事"。

第三节 应用文的功能

应用文的功能,即应用文的有利的作用。各种文章都对社会产生作用,应用文也是如此。作为处理各种公私事务的工具,应用文对社会生活所发挥的作用主要体现在以下几个方面:

一、领导组织方面的计划指导作用

应用文的内容主体是公私事务,对应用文尤其是公务文书来说,应用文体现了发文者的意志,公务文书则体现了领导意图。各级组织和部门为了更好地开展工作,有计划、有步骤地对各项工作作出安排,为了把有关方针政策、法律法规和规章制度贯彻下去,往往可以通过发布命令、决定、通知等部署工作,各基层单位或文件的收文单位应该以上级机关单位的文件为依据,以文件内容为指导,遵照执行或参照执行文书的主体精神,通过实践,将文件内容落到实处,把国家的方针政策付诸实施。各单位不能自行其是、自搞一套,与文书的精神背道而驰;否则,不仅会影响全局工作,而且也会危及自身利益。因此,应用文特别是公务文书,是有关机关单位作出科学决策、保证机关高效运转、搞好各项管理活动、实施权力行为的重要手段。

二、交流信息方面的知照联系功能

应用文是人们应付生活、处理事务的直接而特殊的文体。要应付生活、处理事务,首先要让发文者、收文者实现相互沟通,这种沟通,既可能是个人与个人的沟通,也可能是个人与机关单位的沟通,还可能是机关单位之间的沟通。只有在沟通的基础上,才能解决具体事务,完成具体工作。而沟通的工具之一,就是应用文。这也是应用文工具性的体现。

应用文尤其是公文,具有互通信息的作用。就私务应用文而言,通过特定文书,可以沟通信息、交流情况、联络情感,可以化解矛盾、消除隔阂、增进友谊,可以互致问候、加强联系、消解烦恼。当今社会,由于人们观念的变化、交通工具的发展、市场经济的繁荣,流动性越来越大,这是社会进步的体现。流通的基础和前提是信息的畅通,而工作压力的剧增,也使得人们之间的交流越来越依赖于各种文书,包括网络文书、手机文书等。就公务文书而言,各机关单位通过公务文书的写作,可以把工作中的实际情况、经验教训、成绩和失误,以及工作中的困难和需要上级帮助解决的问题及时向领导部门反映,使领导部门能完整、全面、准确地了解下级机关单位的实际情况,作出切实可行、符合实际的安排,提出行之有效的建议。同时,上级的精神、领导的意图、将要开展的工作部署等也通过公务文书及时传达给下级,使下级各机关单位有章可循、有法可依。

应用文的知照联系作用是非常明显的。我国正在推行各种政务公开制度,政务公开的前提是应用文尤其是公文逐步走向民众,使老百姓获得更多的知情权甚至是参与权。人们对政务知情权的不断扩大,将使得应用文尤其是各种公务文书交流信息的知照功能被强烈地彰显出来。人类社会已经逐步进入信息时代,社会的分工越来越严密,各部门之间的相互依存性也越来越明显,只有充分掌握信息,了解事实真相,掌握一手资料,才能在风云变幻的社会背景下更好地求发展。对行政管理工作而言,只有充分地占有信息,才能实事求是地作出科学决策。近几年,我国的各种群体性事件呈现上升趋势,而许多群体性事件的发生,均是由于信息的不对称引起的。推行政务公开,加强各种文书的信息知照功能,可以化解矛盾,维护领导部门的权威和信誉。

交流信息方面的知照联系功能,要求应用文的写作者尤其是公文作者能眼观六路、耳听八方,多提供有用的信息、多获取有价值的信息,也要求收文者从实际出发,恰当地领会文本意图,避免信息的失真或误差。

三、管理协调方面的约束控制作用

当今社会,各种利益关系错综复杂,各种矛盾层出不穷,挑战与机遇并存,危机与机会同在。要在各种利益面前处理好各种关系,协调工作是一个非常重要的环节。

从现代管理学的角度看,协调是使一个群体或一个系统内部与相关的组织和个人的活动趋于同步化、和谐化的一种控制,这是建立和谐社会、保持良好人际关系的基础。

就私务活动而言,人们之间由于知识水平、认识程度、利益纠纷、思维角度等的不同,矛盾是难免的,这也是社会进步、人们认识水平提高的前提。即使是儿女与长辈之间,也或多或少地存在代沟,沟通协调不可避免。可以说,现代社会比任何时候都更需要各种快捷方便的文书。私务文书的重要性可见一斑,只不过现代文书的载体、形式等已经发生了巨大的变化,私务文书也必须不断适应新的形势、新的变化。现在,QQ、微信的普及,网络文书的协调功能越来越显著。

就公务活动而言,管理工作中的协调,主要涉及事权、人权、物权等多方面的组织行为的矛盾,管理工作面临的协调任务不断繁重,协调工作也越来越重要,而公务文书正好承载了公务协调的任务。通过公务文书,可以协调上下级机关单位、同级机关单位、不相隶属机关单位之间在工作中遇到的各种问题和矛盾,从而使机关单位工作朝着有利于目标实现的方向前进。

应用文还可以对人们的思想、行为等产生约束控制作用。长辈给晚辈的应用文,可以教育晚辈端正思想、要求进步、刻苦学习、不断成长;上级机关单位给下级机关单位的文书,可以严格约束下级机关单位的行为,通过组织控制、部署工作、安排事项;机关单位向社会发送的约束性文书,则可以对一定范围的个人、团体在某一方面的行为进行严格规范,如有违反或违犯,将承担一定的责任,受到某种程度的处罚。如公安交管部门发出一份关于在上下班高峰期间禁止机动车通行的通告,这份通告对一定时间内、一定范围的人们具有约束控制作用,如有违犯,将会受到公安交管部门吊销证照、罚款、扣分等的处理。公务文书的约束控制作用如此明显,这就要求相关文书的制作者必须慎重、严谨、唯实,也要求有关单位和人员对应用文的内容认真领会,并做好每一项工作。

四、办事查考方面的依据凭证作用

应用文可以给一定范围的人们办事、理事、行事提供一定的依据。

现代社会,人们之间的交往不断增加,原始简单的人事关系已经被各种利益关系所取代,人们往来关系错综复杂。各种票据,是商品流通的基础性工具;各种契约,是商品成交的原始记录;各种规约,是现代社会良好运行的保证……可以说,应用文的工具性在这个社会被明显地突出出来,人们越来越依赖各种应用文来应付生活、解决实务。

在公务活动中,由于公务文书完整地记录着机关单位公务活动的情况,反映了一个机关单位成长壮大的足迹和过程,因此,公务文书还成为以后诸多工作的重要依据,是机关单位发展的历史见证,其史料价值比较明显。就效力而言,有些公务文书可能只在短时间内发挥作用,但也有不少公务文书,如法规性文书,在相当长时间内均发挥着重要作用,因此,公务文书不仅是办事的依据,还是"备忘录",随时供查阅使用。历史学家还可以透过公务文书,总结今后工作可资借鉴的经验或教训,并通过查阅历史长河中的公务文书,对历史作出客观公正的评价,还历史本来面目。如十一届三中全会后对许多老同志冤假错案的平反,就是通过查阅历史文书来实现的。公务文书的凭证依据作用,此时不仅涉及对人事的结论,而且也对历史作了真实的交代。

应用文的功能还有许多方面,以上是主要的几个方面。

第二章 应用写作的要素——责任者

责任者,是指对某项工作应尽责任的人。应用写作的责任者,实际上是指对应用写作的某一个方面的工作负有责任的人。这种责任,既可能是写作责任,也可能是阅读责任;既可能是贯彻责任,也可能是知照责任;既可能是办理责任,也可能是知晓责任……而形成的责任者,既可能是作者,也可能是读者;既可能是发文者,也可能是收文者……

作者是写作文章的人,文章的作者往往在作品中通过署名的形式体现出来,写作文章的人与作品署名者往往具有同一性。作为特殊的文章样式,应用文的作者具有与普通文章不同的特性:写作文章的人既可能与署名者具有同一性,又可能具有非同一性。正确把握应用文作者的特殊性,可以更好地把握应用文与其他文章样式的区别,更好地探求应用写作的规律,更好地从事应用文写作。

读者是阅读文章的人,应用文的读者是应用写作的客体,是应用写作的接受者;应用文的应用效能,必须通过读者才能体现出来。应用文的读者,多数具有不可选择性,而读者对应用文的信息认知程度,也即读者对应用文的阅读理解程度的不同,会直接导致应用文的效力的不同。应用文信息的传输,在很大程度上依赖于读者对应用文内容的把握。只有充分认识应用文读者的特殊性,才能有的放矢,最大限度地发挥应用文的作用。

第一节 应用写作的作者

文学是人学。文学写作是创造性与个体性的劳动,作家个人的经历、情感体验、知识水平等,都会在作品中打下鲜明的烙印,而且作家的个人立场、态度等也会在作品中鲜明地反映出来。同样是水泊梁山的故事背景,《水浒传》与《荡寇志》表现出截然相反的主题,而它们均符合艺术的真实,只不过作家的认知及其表现出的主旨有明显的差异罢了。由此可见,文学创作的个体特征是多么的明显。即便是"合作",文学创作也无法改变个体性特征。文学研究中借助作品的语言研究作家的籍贯,正是借助于文学的个体性特征的体现。《红楼梦》前八十回与后四十回,由于出自不同的作家之手,表现出了主题、情节乃至遣词造句的差异。每篇文学作品,不可避免地打上作者个人的烙印,而这种个性特征的体现,是文学创作的必然要求。

应用文则不同。绝大多数作者在写作过程中,必须用政治意识、法律意识、职业意识、社会意识、责任意识等来规范自己的写作活动,即便是私人文书,也必须用角色意识、社会意识等来约束自己的写作活动。对绝大多数应用文而言,作者在写作过程中必须千方百计地去掉个体性烙印，而用公共意识来约束自己。

一、应用文的写作者

完整的应用文文本上的署名者不一定就是该应用文的写作者。应用文的实际写作者不一定拥有在应用文上署名的权利，尤其是职务行为中代写的各种公务文书。所以，应用文的写作者与署名者既具有同一性特征，又具有非同一性特征。

应用文的实际写作者主要有以下几种类型：

（一）代言作者

代言作者即以代替别人撰写的撰稿人的身份从事写作活动的人。代言作者与文本作者即署名者之间构成的关系，主要有两种：一是职业型代言作者，即代言作者与文本作者之间构成特殊的职业隶属关系，代言作者是以文本作者或文本作者所在单位的工作人员的身份从事具体的写作活动的。秘书人员、具体职能部门工作人员在为领导或本单位的政务管理活动从事写作时，多以此种身份出现，领导亲自草拟文稿，也是以这种身份出现的。二是独立型代言者，即代言作者与文本作者之间不存在隶属关系，从事具体的写作活动时只是以"局外人"的身份参与，是特殊行业、特殊群体的一种"服务型"的写作者，如律师事务所人员代写民事起诉状的行为。

代言作者写作的应用文，一般不能以写作者个体身份出现，而必须以被代言对象的名义出现，是为被代言对象从事具体的写作活动，代言作者的写作活动多数是一种幕后劳动。

代言作者要写好应用文，一是要学会换位思考，要摆脱自我，站在被代言者的立场上看问题；二是进行必要的角色定位，既要让自己进入角色，了解特定角色的工作范畴和工作内容，又要积极主动地发挥个人创作的能动性；三是要学习角色的思维方式和话语特色，从角色角度合理进行应用文的表述。简单地说，就是角色定位得当，角色表述得体。

（二）群体作者

群体作者是指两个以上的写作者形成一个群体，从事某一"特殊需要"的写作活动。公务活动具有复杂性、紧迫性，在较短的时间内，有些应用文不是一个人能写作完成的，往往需要由两个、三个甚至更多写作者来共同完成，这与文学创作的非时效性有所区别。群体作者一般各有分工、各司其职，同时又朝着既定的相同目标前进。群体作者一般从事较为复杂的应用文写作。

群体作者一般可分为两种情形：一是并列型作者群体，由这样的写作群体写成的应用文具有"拼凑型"特征。每一位写作者均分担一部分写作任务，各自完成任务后将写作成果汇合起来即完成"特殊需要"的写作活动，或者每一位作者分别写成相同内容的文章，然后进行讨论综合，取长补短，合为一篇应用文。例如某大学写一篇年终工作总结，先将学校的工作分为教学、科研、人事、后勤、其他等几方面，再由五位写作者分别撰写其中的一项工作，将他们写好的文稿合并后，遂成为学校工作总结。二是偏正型作者群体，即由写作者共同研究写作意图，进行调查研究，设计写作提纲，讨论写作内容，由一人负责执笔，其他写作者出头脑，最后完成写作活动。这种看似一人执笔的写作活动，实际上也是写作群体共同实施写作行为的写作活动，也是"群体作者"从事写作的活动。

两种群体作者形式各有千秋。前者任务明确，工作分解到位，但容易导致写作风格的不一致;后者写作风格一致,写作容易出彩,但费时费力。

群体作者多出现在较为重要、篇幅较长、内容比较复杂文稿的草拟工作中。

群体作者写作应用文时要注意两点:一是分工合理,工作分解得当,每位作者既明确自己的任务、工作范围、工作职责,又能始终服从总体的写作目的,从整体、全局的高度完成自己的写作任务;二是要尽量保持文风的协调一致,使文章脉络贯通,气势一贯。

(三)个人作者

代言作者既可以是个体的,也可以是群体的。群体作者多数也是代言作者,这里缺少排他性。

个人作者与个体作者不同,个体作者尽管写作应用文时是独立完成的,但其写作的动机、内容等往往受写作客体的支配,具有很强的被动性,尤其是公务文书。而个人作者是指从写作的动机、意图、过程到写作任务的完成都是代表个人,应用文文本甚至带有私密性,如书信等。私务文书的作者主要是个人作者。

个人作者在写作应用文时,可以选择自己喜欢的语言,安排自己喜欢的结构,采用自己喜欢的形式,个人的主观能动性可以充分自由地展示出来。但与文学作品相比,应用文的个人作者仍然具有较强的受制约性,必须在接受意识、目的意识、社会意识、道德意识等的规范范围内写作,且文体、文面、文本、文质等均受限制,必须从接受对象考虑,充分而真实地表达内容,而不能像文学创作那样海阔天空,甚至荒诞不经。

个人作者在写作应用文时应该充分考虑接受客体,要本着对社会、对工作、对特定对象负责的精神,认真写作应用文,以实现文本功能的最大化发挥。

二、应用文的文本作者

应用文的文本作者即应用文的署名者。在公务文书中,应用文的文本作者多与写作者不一致,即文本的署名者与实际从事应用写作活动的主体具有不一致性。

(一)个人作者

个人作者,即应用文的署名者是个人,并且应用文的内容也完全代表着个人。如绝大多数信件的署名者。

(二)法定作者

法定作者,即写作形式上的主体是那些依法成立并能以自己的名义行使权利和义务关系的单位和个人。需要特别指出的是,法定作者主要指应用文的署名者,即形式上的作者,而不一定是撰写文稿的文字工作者,即应用文的实际写作者。这类文稿的实际写作者既可能是代言作者,也可能是群体作者。这类作者主要体现在党政公文中。

法定作者的体现形式有两种:一是机关单位(包括机关、团体、各类组织、各种独立的法人机关等)名称;二是以机关单位领导成员个人名义出现。前者的形式较为常见,后者主要见于部分命令、决定等文书中。如人民政府令,一般以人民政府的主要负责人的名义行文。需要特别注意的是,以机关单位领导人个人名义出现,并不是以领导人私人身份出现,而是以其所在机关单位法定领导人身份行使职权的表现。这种"法定身份",往往需要在领导人姓名前加上该领导成员的职务,如"市长"、"省长"、"总理"等。

法定作者的法定性是受到严格限制的,这里的限制,既有规则的限制,也有权力和权利的限制。如党政机关公文在发文时,除办公厅(室)外的其他内设机构不得对外行文。这里就规定了对内行文和对外行文在文本署名上必须遵守的制度。如省教育厅高教处,能够在教育厅对内公文中成为署名者,但不能成为教育厅对外公文的署名者,省教育厅对外发文的署名者只能是"××省教育厅"和"××省教育厅办公室"。这里特别要注意哪些机构能够作为署名者,即文本作者。

三、应用文的发文者与收文者

应用文的发文者与收文者有两种理解:一是实际从事发文与收文行为的主体;二是在文本上体现出来的发文与收文主体。两者具有不一致性。如文本上标注的发文者是省政府,而实际从事发文的是省政府办公厅,甚至是省政府办公厅的某个处。按照我国文书处理的基本要求,实际从事发文和收文的主体主要指各单位设置的秘书工作机构尤其是文书工作机构,即办公厅(室)。《党政机关公文处理工作条例》第六条规定:"各级党政机关应当高度重视公文处理工作,加强组织领导,强化队伍建设,设立文秘部门或者由专人负责公文处理工作。"第七条规定:"各级党政机关办公厅(室)主管本机关的公文处理工作,并对下级机关的公文处理工作进行业务指导和督促检查。"这里的两条法规对收发文主体均作了规定。本书主要指后一种情况,即文本上体现出来的收文和发文主体。

应用文的发文者,主要是应用文文本的发出者,即所谓的发文主体,党政公文主要是指发文机关,在发文机关标志、发文机关名称、发文机关署名要素上可以体现出来。

应用文的收文者,主要是应用文文本的接受主体。公务文书的接受主体有严格的要求,有非常明显的特殊性。

(一)发文者在文本中的体现

发文者最常见的是发文机关或发文人署名,但还有一些形式可以看出发文者。如公文的发文机关标志,公文标题中的发文机关名称,公文标题下括注的机关单位名称、公文印章、发文机关署名等。一般判断发文者主要是通过标题中的发文机关单位名称或落款的署名来实现。如《国务院关于加强经济工作的决定》,发文者是"国务院",此时的发文者也是公务文书的文本作者,但不一定是公文的写作者。

根据行文规则,公文各要素根据发文实际可以选择性使用某个形式。如联合发文,发文机关标志选择标注的是公文的主办机关,而标题标注的发文机关名称不一定是主办机关,这样就可能出现同样的内容或格式在不同要素中的某些差异,要仔细区分这些细微差异,认清形成差异的原因。

(二)收文者在文本中的体现

收文者主要体现在公文的主送机关、附注、抄送机关几个方面,最常见的是主送机关。当然,文本标注的收文者与封发时标注的实际收文者之间可能会有一些区别。封发时标注的收文者必须是实际收文的单位,而且要以文书处理的基本原则和要求、文书运转的效率、文书处理的便捷为前提,但文书文本所标注的主送机关是按照文书的办理要求来体现的,是对文书内容负有答复、办理、知晓责任的单位的标注和确认,文件内容和工作需要、隶属关系和职权范围是确定主送机关单位的前提。

（三）发文者的性质界定

发文者的性质界定主要是根据机关单位性质来认定的。

中国共产党的中央委员会和地方委员会为最高党的委员会和地方党委。

中国共产党中央委员会和地方委员会所设机构为党委部门和党的机关。

我国政府的界定包括广义和狭义两个方面。广义的政府包括国家的立法、司法、行政机关等所有国家机构。狭义的政府是指国家行政机关。在发文时取狭义政府的含义。

全国人大及其常委会、地方人大及其常委会为国家最高权力机构和地方权力机构。

最高人民法院和各地人民法院为最高审判机构和地方审判机构。

最高人民检察院和地方各级人民检察院为最高检察机关和地方各级检察机关。

中国人民解放军、中国人民武装警察部队为军队。

国务院为中央人民政府。国务院各部门为政府部门，主要有：国务院办公厅、国务院组成部门管理的国家行政机构（各部、各委员会、中国人民银行、审计署）、国务院直属特设机构（如国务院国有资产监督管理委员会）、国务院直属机构（具有独立行政管理职能，但行政首长不属于国务院组成人员，如海关总署、税务总局、工商总局、质量技术监督总局、民航总局、新闻出版广电总局等）、国务院办事机构（不具有独立的行政管理职能，如法制办、侨办、研究室等）、国务院议事协调机构（如妇女儿童工作委员会、防汛抗旱总指挥部等）。

各省（自治区、直辖市）、市、县、区、乡、镇，包括自治区、自治州、自治县人民政府属于地方人民政府。

人民政府所设置的机关为政府部门。常见的政府部门有：办公厅（室）、发展和改革委员会、住房和建设委员会、教育厅（局）、科学技术委员会（科技厅局）、公安厅（局）、纪检监察厅（局）、人社厅（局）、财政厅（局）、民政厅（局）、司法厅（局）、国土资源厅（局）、审计厅（局）、物价厅（局）、工商行政管理局、旅游局等。

社会团体，如总工会、妇联、共青团，还有如中国文联、中国残联、中国记协等。

事业单位是以政府职能、公益服务为主要宗旨的一些公益性单位、非公益性职能部门等，如学校、研究院等。

在掌握发文者与收文者时，要分清楚党委、人大、政府、军队、政协、法院、检察院、党委部门、党的组织或党的机关、政府部门、军队机关、群众团体、民主党派等，还要分清楚政府职能部门。如教育部、公安部给国务院发文，我们可以判定为这是政府部门与政府部门联合发文给人民政府。此时的发文者界定为政府部门，是政府部门之间的联合行文，收文者是人民政府。根据行文方向，肯定是上行文。

明确发文者、收文者，对文书的适用性及文书写作都会产生特定的要求和影响。

四、公文的发文者与收文者之间的关系

公文的发文者与收文者之间构成的关系，是由发文者与收文者的隶属关系、职权范围以及机关单位的性质所决定的。这种机关单位之间的工作关系一般分为四种类型：

（一）同一组织系统中的领导与被领导的关系

这种关系即机关单位性质系统同属于一个系统，发文者与收文者之间是上级与下级的关系，即领导与被领导的关系，也即所谓的系统隶属关系。这是党政机关行文实践中最重要的关

系。如党中央与各省、自治区、直辖市党委之间,各省、自治区、直辖市党委与各市、县(市、区)党委之间。再如国务院与各省、自治区、直辖市人民政府之间。

(二)同一专业系统中的业务指导与被指导的关系

这是党政机关公文的主要发文形式,即上级机关与下级机关在业务职能上构成指导与被指导的关系,也称业务(或职能)隶属关系,如教育部与各省、自治区、直辖市教育厅之间的关系。这种发文形式要根据业务性质、机关组织关系等来确定。如党的组织中的上级党的机关可以向下级党的机关发文,但是,下级党的机关一般不能越过本级党委直接向上级党的机关请示重大问题。

(三)同一组织系统中的同级(平行)关系

这种关系即机关单位之间是平级或同级,如江苏省人民政府领导下的各市人民政府、各部委办厅局之间的关系。

(四)不同组织系统中的任何单位之间的不相隶属关系

这种性质比较复杂,不相隶属单位之间既可以是职级上的上下级关系,也可以是职级上的平级关系,如省军区与县政府、某市人社局与某大学、某个学校与某个企业之间。

五、公文常见的发文形式与发文方式

(一)发文形式

公文常见的发文形式有逐级行文、多级行文、越级行文、联合行文、直达行文等。

逐级行文就是按照机关单位关系一级级行文,一般情况下,机关单位应逐级行文。逐级行文包括逐级上行文和逐级下行文。逐级行文是主要行文方式。

多级行文就是行文时同时向不同级别的机关单位行文。有时为了使公文迅速传达至有关机关单位,上级机关有权采取多级行文和直达行文的方式。如主送"各市、县(市、区)党委、人民政府,省各部委办厅局,各直属单位"就是多级下行文。多级上行文不符合行文规则,从理论上讲是不存在的,因为上行文只能主送一个上级机关单位。

越级行文就是越过某个或某几个机关单位的行文。《党政机关公文处理工作条例》第十四条规定:"一般不得越级行文,特殊情况需要越级行文的,应当同时抄送被越过的机关。"在公文实践中,上级机关可以越级向下级机关行文,或者将发文扩大到所属各级;而下级机关向上级机关行文除特殊情况外一般不得越级请示、报告。因为特殊情况需要越级上行文,应当抄送被越过的直接上级机关单位。

联合行文是指几个机关单位一起行文。联合行文应当确有必要,机关单位不宜过多。

(二)发文方式

1. 纸质发文与电子发文

纸质发文是传统公文的发送方式,即将公文印制在纸质材料上,发给收文机关单位办理。电子发文即通过电子化办公程序发送文件的方式。过去,应用文的传播多通过邮寄,或专人送达,不仅速度慢,而且还耗费了大量的人力、物力,带来了原材料甚至交通的压力。文件发送电子化,不仅节约了材料,而且加快了发文速度,使文件的发送具备了实时性。

2. 内部发文与公开发文

传统发文形式主要是通过内部渠道发送的,文件的发送具有专属性。随着政务公开的程度越来越高,文件上网已经成为发文的重要形式,但大量文件仍然需要通过内部渠道发送,尤其是带有密级的文件。公开发送不仅有网络发送,还有通过报纸、电台、电视台的发送形式。通过报纸、电台、电视台发送的公文,视为正式公文,不需要另外发文,具有特定公文的法定效力。一般公开发文要在公文附注位置作说明。

第二节 应用写作的读者

阅读活动是写作活动的重要组成部分,写作活动的成效必须通过阅读活动来体现,只有读者与作者建立和谐的关系,应用文的功效才得以体现,且这种功效比一般的文学作品表现得更明显、直接、具体。应用文的作者只有强化"读者意识",才能最大限度地提高应用文"应付生活"、"用于实务"的功效。有意识地从接受状态考察应用文写作的本体意识,才能使应用文写得更实际、更有针对性、更有美感。

一、应用文读者的特殊性

与文学作品读者相比,应用文读者有其独特的方面,主要体现在:

(一)更为明确的功利性读者意识

应用文的写作者一般是因"需"而写,这里的"需",即办事、办文、交流、沟通等的需要。一般说来,应用文的读者也是因"需"而读的,即为了达到实现作者意图、与作者交流沟通、获取信息、办好事务的目的。所以,应用文读者的功利性强而直接,其阅读应用文文本的出发点明确而具体。对党政公文而言,由于读者是被严格限制的,读者的阅读意识也是被强迫的,其功利性读者意识更是显而易见,这种功利性读者意识具有文本作者所赋予的限制性、强迫性、必须性、无选择性。

(二)更为迫切的时效性读者意识

韩愈认为,作文乃为"垂诸文而为后世法"(韩愈《答李翊书》),写出的文章应该让后人去阅读、欣赏。这是就文学作品而言的。一部优秀的文学作品、一篇优美的作品,确实可以名垂青史,感动着不同时代的千千万万读者。这是因为,文学作品是以审美效果去陶冶性情、感化读者的。应用文则不同,应用文中的信息需要读者在最短的时间内接受,其应时、应事的特点明确,其作用是在一个较为固定的时间内发挥的,一旦延搁时日,应用文的直接作用往往会随着应用文的有效时间的流逝而失去。应用文的读者必须以只争朝夕的精神,快速及时地阅读特定应用文,办理文中涉及事项,及时完成与作者之间的规范化的互动。

在处理文书时,个别单位往往通过层层转发的形式实现文本意图,而层层转发需要较长的时间,结果当文书发至基层时,文书内容已经失去了时效。这种办文方式就是未能充分考虑公文强烈的时效性读者意识。随着电子化办文的普及,应用文迫切的时效性读者意识得以强化,且变得更为方便。为了实现电子化办文,现行《党政机关公文处理工作条例》第三十七条规定:"新设立的机关应当向本级党委、政府的办公厅(室)提出发文立户申请。经审查符合条件的,列为发文单位,机关合并或者撤销时,相应进行调整。"

（三）更为严格的针对性读者意识

与文学作品相比,应用文文本有明确的接受客体,读者的"资格"有明确的限定。应用文指向的地区、对象更为明确而固定。如江苏省人民政府下发的指令性行政公文,安徽省不需要贯彻执行,因为特定的发文者江苏省人民政府,决定了其下发的指令性公文的有效读者限定在江苏省范围。这种针对性读者意识,在应用文的写作和处理上提出了特殊的要求。限定性读者意识在公文写作时有所体现,尤其是在公文标题的拟写中。一般来说,当发文机关单位限定出的固有的读者范围与发文者想要表达的读者范围一致时,标题中不一定需要出现限定读者范围的限定词。如江苏省人民政府发的公文,发文机关名称是江苏省人民政府,其发文意图也是希望全省贯彻执行,则标题中不要加入"全省"等限定词。如果发文机关单位本身限定的固有读者范围与发文者想要表达的读者范围不一致时,则要加入范围限定词。如《国务院关于在若干城市试行国有企业兼并破产和职工再就业有关问题的通知》,这里,"国务院"是发文机关,它所限定的固有读者范围是全国,而发文机关只想在若干城市试点,这时,范围限定词"在若干城市"就必须加入标题中。

（四）更为严肃的保真性读者意识

应用文文本价值的实现有赖于读者,而这种价值又是比较实际的。写作者对应用文表达的意图与读者从应用文文本接受的意图必须是完全一致的,人们对应用文文本传递的信息的认同是单一的,一位读者或多位读者对应用文文本的理解应该完全一致,这是应用文区别于文学作品的关键所在。因此,应用文的作者在拟写特定的应用文时,必须充分考虑接受主体的认知,对结构的选择、句式的选用、语言的驾驭等,都要考虑到接受主体。如文学语言"梁上君子"、"爱人"等词,在法律语言中就可能有不同的理解,因此,在特定文书的表达方式上要特别注意类似的词汇。应用文的文字一般不能采用文学的笔法,不能言外留意、委婉曲折,不能用晦涩难懂的文句,不要塑造朦胧的意境。也就是说,作者的意图传达到读者那里,保真性越好越能提高文本的效力。

二、应用文读者的种类

应用文读者分类的标准不同,应用文读者的分类就不同。

（一）按照读者的接受状态分,应用文的读者分为指定性读者和指向性读者

指定性读者是指被指定必须阅读某一应用文的个体或群体。一般来说,指定性读者的组成是固定的,读者的自觉意识被特定形式或要求剥夺,根据某种约定,他(她)们必须阅读特定的应用文文本。写作者拟写文本时即知道读者对象,读者阅读处于被动接受的状态,读者具有稳定性。公务文书的读者基本上是指定性读者。在公文中,能够体现指定性读者的要素有:发文机关标志、标题中的发文机关名称、主送机关、发文机关署名、附注、抄送机关、印发机关等。书信等私务文书的读者也多为指定性读者。这类读者阅读应用文文本时往往采用精读、

细读的方法阅读。

指向性读者指根据自己的需要选择阅读应用文文本的个体或群体。指向性读者是动态的、不固定的,其读者只是一个"或有"的范围。这类读者往往采用选读、浏览的方法,与自己密切的地方或自己需要关注的地方多留意,关系不密切或对自己用途不大的地方就少留意。指向性读者的接受状态是自由的,接受效果是因人而异的、变化的,在很大程度上取决于读者参与的态度。指向性读者是开放的。

指定性读者的时效意识较强,指向性读者目的的个人性则显示出读者意识的非时效性。指定性读者在文本上常常要标注"主送对象",指向性读者则可不标注"主送对象"。

(二)按照读者的身份,应用文的读者分为法定读者、约定读者和自由读者

法定读者是代表机关单位阅读文本的读者。法定读者多为法定的代表人。党政公文等机关文书的阅读者多数为法定读者。法定读者尤其是公务文书的法定读者代表的往往是机关单位的意志,在完成阅读任务时,应该摒弃个人偏好,客观、公正、完整地理解应用文文本内容,并明确表态或付诸实际行动。

法定读者是应用文读者的主体部分,其阅读应用文文本的效果,直接关系到人民福祉、事业成败、国家的兴旺发达,读者的担子是很重的。

约定读者,是指根据应用文的内容、文种或特定关系、特定身份等,特别约定阅读应用文文本的个体或群体。约定读者形成的"约定"关系非常丰富,如爱情、亲情、友情等。应用文的约定读者非常广泛,如老师、同学、学生、恋人、朋友、亲戚、首长、工人、农民、交警、消防队员、志愿者等。他们阅读应用文尽管不一定是"被迫"的,但其完成特定应用文功能的途径却无所不在。

自由读者,是指既不是法律规定,又不是约定俗成的读者,他们阅读应用文文本与应用文所涉及事项本身并无直接关系,并不是以近距离直接熟悉、知晓、办理应用文或其所涉及事项为目的,而是根据个人的某种需要,如研究、学习写作技巧等,自发选择阅读某些应用文的读者。如我们研究古代文牍,就是这些文牍的自由读者。

了解应用文的读者,多考虑应用文的接受状态,应用文的写作才更具有针对性、指导性、可操作性。

第三章　应用写作的要素——内容、文本

文本,本是对使用多种语言文字的同篇文书的区分。应用文的文本,是指用某种语言写成的一篇完整的应用文。从理论上说,文本可分为行文文本、译文文本、第三文本三类。本书所指文本为行文文本,即应用文的作者在推动实际事务活动的过程中拟定成文的文本,即一篇完整的应用文。

第一节　应用文文本的分类

分类,从理论上讲,应遵循排斥性、层次性原则。应用文文本的分类,主要是从操作性和相对归类的原则来划分的,目的是为了更好地发现应用写作的规律,更适合于实际使用。现行应用文文本的大致类型如下:

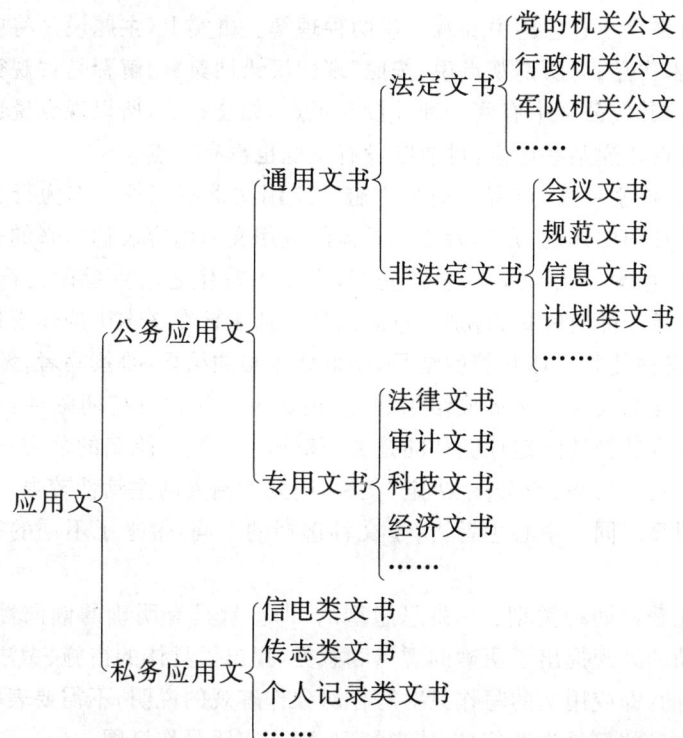

从以上分类来讲，公务应用文的文本具备如下特征：一是能满足公务需要，是机关、集体意志的体现；二是其主体必须是机关单位或团体；三是其文本具有固定格式和法定效力，文本格式规范，有一定的约束力。

私务应用文的文本具备如下特征：一是由于写作目的主要是满足私人交流的需要，文本格式相对来说要求不严格，一般采用习惯性的文本结构形式；二是其主体多为个体，用语的个性化色彩较明显，感情色彩较浓，甚至有泛文学化的倾向；三是内容具有一定的隐匿性，阅读对象更加私人化；四是表达方式方法的灵活多样，一段话、几个字甚或简单的标点或某种符号都可能构成应用文体。

此外，应用文的分类方法很多，如从载体看，有书面应用文和电子化应用文等，我们采取的简要分类主要是帮助读者理解具体文书的写作。

第二节　应用文的内容

一篇规范完整的应用文，从内容上讲，一般由主旨、材料、结构、语言四要素构成。主旨，主要是解决言之有理的问题。材料，主要是解决言之有物的问题。结构，主要是解决言之有序的问题。语言，主要是解决言之有法的问题。这四个要素相互作用，形成有机整体。

一、主旨

应用文的主旨是制作应用文的目的或应用文作者行文的目的。

关于应用文主旨的概念，历来存在着主题说和观点说两种理解。事实上，主题说是将应用文的主旨等同于文学作品或艺术作品；而所谓观点说，按照《现代汉语词典》的解释是："观察事物时所处的位置或采取的态度。"其实公文中有些文种并没有观点，如公布令，所以观点说也不是非常准确。有些应用文，只是在传递某些信息，可能既没有主题也没有观点。

李渔在《闲情偶寄》中曾云："作文一篇，定有一篇之主脑。"应用文也不例外。作为行文的灵魂，应用文的主旨是作者写作意图的体现，是作者通过具体的应用文的内容表达出来的。与文学作品相比，应用文的主旨往往是"意在笔先"，主题先行，在动手写作之前主旨即已产生。从主旨形成的过程看，应用文主旨酝酿时间短，特别注意时效性。从主旨在文本中的体现过程看，应用文主旨的限定性强，而且往往是集体智慧的结晶，是群体思维的结果，是撰写者、领导、上级意图、社会生活实际等多方面的反映。从形成结果看，应用文主旨往往具有明晰性，单一而唯一。从最终效果看，主旨具有选择的限定性。如同是关于对×××同志除名的公文，若选择"批复"文种，则迫不得已的被动性较强；若选择"决定"文种，则先发制人的主动性较强；若选择"通知"文种，则告知性色彩明显。同一中心主旨，由于文种选择的不同，带来了不同的行文结果。

应用文的主旨，从实际情况看有两种类型：一是思想型的，即主旨具有明确的倾向性，对现实的反映，对公务或私务活动的处理提出了明确的观点和意见，提出了具体的措施、做法，表达出明确的主题。二是信息型的，即应用文的写作只对写作对象作客观的说明，不需要表明观点或态度。如许多简报，其写作目的只是沟通信息、传递情况，而不表明写作意图。

应用文文本的主旨,既直接体现着写作主体试图实现的写作目的,也是体现应用写作文本价值并决定其价值量大小的尺度,因此,对应用文主旨的把握,直接维系着整个应用文文本的价值。

在应用文写作中,主旨起着决定性、导向性作用,从根本上制约着文书的价值或文书存在的意义,相对于材料、格式、语言而言,主旨的主导优势是不言而喻的。

对应用文写作的主体而言,由于应用文的写作多是"遵命式"写作,写作主体在其文本中的思维结晶不完全代表写作主体个人,而是代表了某一集体、某一领导、某一集团。所以,应用写作主旨的提炼者与文本的实际撰写者之间往往不是同一关系,文本主旨的提炼者可能是领导或决策层,而文本的实际操作者则可能是文秘人员或具体的职能部门,因此,应用文文本的写作者与主旨的关系表现为一种间接关系,写作主体不可能完全按自己的思维方式和自己的写作意图撰文。当然,写作主体在执行"群体意识"的"物化"过程中,也不仅仅处在纯粹的被动接受或强制感知中,主体智能的间接表现并不意味着写作主体不需要发挥主观能动性。由于应用文文本主旨体现的特殊性,应用文主旨有以下特殊要求:

一是准确客观。作为应付生活、用于实务、临民治事的工具,应用文的交际和信守功能强,所以,应用文的主旨必须准确、客观。首先要做到准确,防止违背法律法规、以权压法的文字出现。如有的超市、部门在"敬告顾客"的文字中出现"搜身"等字样,这些文书的主旨和发出的行为指令均是错误的。其次要真实客观地反映发文者的意图,尊重事实本身,防止主观臆断、妄加评断。同时,不要进行"合理想象",因为世界是千变万化的。

二是鲜明直露。直白显露,这是文学的大忌。恩格斯说,文学作品的倾向应当从场面和情节中自然而然地流露出来,而不应当特别把它指点出来。但应用文不同,应用文文本表达的内容所要达到的根本目的在于将主旨所蕴涵的价值潜能转化为直接的现实效应。应用写作的文本主旨,首先体现为行文目的,其次体现在文本中所提出的一系列解决问题的意见、办法或措施等,对主旨的表达必须满足应用写作本质特征的要求。这就要求应用文的主旨必须直露,并在文章的显要位置表达出来,从而更好地集中读者的注意力,节省读者的阅读时间,最大限度地提高文书的效用。

三是单一集中。应用文文本主旨的单一性,具体体现为"一文一事"的事项性主旨和"一文一旨"的理论性主旨。应用文主旨的单一性,体现了应用写作文本本身所具备的规定属性的要求,有助于接受主体对文本内涵的具体理解,也有助于文本内涵的具体执行和处理。因此,应用文的主旨要单纯明确,单一集中,要围绕一个问题、一项工作,集中力量把要说的主旨说得鞭辟入里,不能四面出击,面面俱到。那种主次不分、贪大求全的思想,只能"意多乱文",造成信息"污染"。

二、材料

清代学者章学诚在《文史通义·文理》中提出了"夫立言之要在于有物"的主张,强调写文章的关键在于要有材料。材料是应用文确立主旨、形成观点的依据,也是支撑主旨的基石。

应用文中的材料,指作者从实际生活和工作中搜集、提取以及写入文章的事实和论据,即感性形态的具体材料和理性形态的抽象材料。从实际使用情况看,材料有广义和狭义之分。广义的材料,是指作者在应付生活、用于实务、办理事务的过程中认知、搜集的全部观点和现象,亦即所说的素材,它内容庞杂、内涵广泛、良莠不齐、真假相杂,对这些材料要经过认真的分析、提炼、集中,去粗取精,去伪存真。狭义的材料,是指经过作者精心选择并写入应用文中的各种事实现象和理论论据,它是支撑主旨的重要因素。

应用写作中使用的材料,分类方法很多。从内容上分,有事实材料和观点材料。从来源上分,有直接材料和间接材料。从时间上分,有历史材料和现实材料。从性质上分,有正面材料和反面材料等。从写作分类看,有案叙(装叙)材料和直叙材料。案叙(装叙)材料即引用的文件材料,如引用上下级的文件,像批复、复函等;直叙材料即叙述者叙述的材料。分类方法多,不一而论。

应用文的材料,有如下要求:

一是要准确真实。任何文章的材料都源于生活,但因文体不同,文章的功用不同,对材料的处理、加工也就不同。应用文的材料以事实性材料为基础。这些材料包括实际情况、方针政策等,应用文的功用是临民治事,故材料不真实会直接带来效用的降低,甚至会出现反作用,弱化文本效力,影响人际关系,损害单位形象。材料的真实,不仅是指材料是实实在在发生的和客观存在的,而且还指材料的细节必须符合生活的原貌,使用在文本中的材料也符合事实本身的每一个方面。有时候,材料是存在的,但出现在某个文本中则可能是不真实的,如张冠李戴、移花接木等。

二是要典型具体。现实世界是丰富多彩、千变万化的,故应用文的材料也是相当多的。在写作应用文时,只有选择那些最具代表性、最能准确揭示事件本质的材料,才能使文章言简意赅,更有表现力,这就要求应用文所选用的材料具有典型性,要能以一当十。如某县发了一份通报,表彰某村为"计划生育模范村",但全县人民都知道,该村极贫困,数年中全村只有一对新人成婚。这里,材料是真实的,但材料的使用是不真实的,材料不具备典型性,既无代表性,又无说服力,反而带有几分虚假和欺骗。

当然,应用文材料的典型性是相对的,要因时、因地、因人、因文书的不同而有所区别。尤其是公务文书,材料的典型性要与时俱进,体现时代特色,表现时代主题。也许有的材料在这篇应用文中是典型的,但到了另一篇应用文中则不够典型,甚至会成为赘疣。有的材料在某个时期具有典型性,但时间一变,则材料的典型性就完全丧失。有些材料,也许有的时间段非常普通常见,而有的时间段则具有了较强的典型性。因此,应用文材料的典型性还必须充分考虑到材料的针对性、有效性、时效性,做到主旨和材料的统一、材料和目的的统一。

三是要新颖。新颖的材料是指符合实际的需要,符合改革和发展的大趋势,能解决实际问题的,与热点、难点、要点、重点、社会关注点密切相连的各种材料。现实生活中的新问题、新情况、新经验、新矛盾层出不穷,只有使用了这些新颖的材料,应用文才最有吸引力、感染力,才能切实地解决问题、指导工作。即便是历史材料,应用文作者也要善于在陈旧的、原有的材料中写出新意,变换角度,使老树开新花,让旧有的材料再次闪光。

三、结构

(一)结构的性质

结构,指文章的各个组成部分的搭配和排列。结构包括外在的格式和内在的要素模式两部分。格式部分将在后面叙述,这里只就内在的要素模式而言。

应用文内在的要素模式有共性模式和个性模式两种。共性模式即应用文最基本的通用模式。应用文的基本结构由缘起、展开、收束三部分组成。个性模式因文体不同差别较大。如请示,包括请示原因、请示事项、请示建议几部分;所有司法文书则由首部、正文、尾部组成;即使是同一文种,其不同的使用形式也形成不同的内在要素模式,如会议通知、事项性通知、批转类通知等,尽管文种相同,但其模式大不相同。因此,应用文的结构,尤其是内在的要素模式要根据文种加以选择。

(二)应用文文本结构的要求

除了特殊形式的应用文,如符号式外,要成为完整的文章,要做到以下几点:

一是要有头有尾有中段,结构要完整。

兵法中有所谓"常山蛇阵",即有头有尾有中段,头尾和中段各在必然的位置,要有一股生气贯注于全体。这用来说明应用写作的结构是再合适不过了。一篇应用文,其结构也要做到完整连贯,不残缺,不遗漏,通体圆合。如一篇综合性的工作总结,在结构的安排上必须写清基本情况、成绩经验、做法体会、问题教训、今后的努力方向等诸多方面,如果只是写所做的工作,则该总结就变成流水账,显得不完整。

二是头尾和中段各在必然的位置,要合理。

应用文的文本有了完备的内容还不够,这些完备的内容谁置于前,谁置于后,谁先说,谁后说,还有严格的要求。总的来说,应用文文本结构的安排要和谐、匀称,总体疏密相间,既要符合人们认识规律的认知程度,又要思路通畅、主次分明、脉络清晰、起承转合得当。

三是要有一股生气贯注于全体,结构要整一。

朱光潜先生在谈到文章的选择与安排时认为,文章整一才能完美。应用文文本具备了完整、合理的要求还不行,还必须做到首尾贯通、气势连贯、组织得体、无懈可击,结构的安排要严密。应用文文本要整一完美,必须做到以下几点:一是要围绕应用文的主旨安排结构,所有材料围绕主旨展开,要防止多中心齐头并进、转移中心、丢掉中心等现象的发生。二是要考虑到不同的应用文文体对结构的不同要求。如处分性决定与批评性通报,在结构安排时大相径庭。处分性决定内容一般要写清楚当事人的姓名、性别、年龄、家庭出身、本人身份、政治面目、入党入团时间、职务等情况,所犯错误事实、认错态度、组织处理决定等;而批评性通报只要写清楚情况介绍、原因分析、要求等即可。关于这一点,在本书后面具体文种的写法中再详细叙述。三是要反映出人们的思维习惯和认识规律。应用文是应付生活、用于处理事务的特殊文体,因此,应用文的写作不能违背社会生活实际中人们正常的逻辑思维习惯,结构的安排或以时间为序,或以空间为序,或以事件的过程为序,或由因到果,或由果溯因,必须遵循一定的规律。四是要选择较好的视角和叙事角度。这是确保应用文结构圆融而有新意的重要要求。而要选择较好的视角,就必须注意贯彻意图、了解目的,必须注意观察、仔细体会,注意多思考,注意转变文风。

(三)应用文最常见的基本结构形式

应用文最常见的基本结构形式有三种类型:

一是纵式结构,即应用文是根据人们的思路、事物的发展、活动的开展由浅入深、由眼前到长远纵向展开的。这种结构或以时间的先后安排层次,或以事理的递进关系安排层次,或以认识的过程安排层次,或以事件的自然进程和发展为顺序。绝大多数应用文的文本结构都是以纵式结构安排的。

纵式结构既可以体现在一段文字的表述中,也可以体现在文章的段落与段落之间。

文字表述式纵式结构主要是一段内容的文字之间构成纵向关系。如"××省绿化委员会制定的《××省国土绿化规划纲要(2010—2020)》已经省人民政府同意,现转发给你们,请结合各地实际,充分考虑组织实施。"这份《××省人民政府办公厅转发〈××省国土绿化规划纲要(2010—2020)〉的通知》从"制定"到"同意"、到"转发"、再到"实施",其纵式结构使文件内容十分简单而清晰。

段落式纵式结构主要是文章的段落之间构成纵式关系。如《××市教育局关于严禁中小学利用暑假补课的通知》,其结构共分三块:第一块指出部分中小学违反规定,利用暑假进行补课;第二块分析这种做法违反国家文件规定,加重学生的学习负担,危害较大;第三块重申中小学不得利用暑假补课的规定,并提出了明确要求。这份文件,逐层推进,摆情况、找原因、下结论,也使用了纵式结构。

二是横式结构,即应用文的内容是沿着横向展开的,材料之间呈并列关系。它们可以按照事件的类属关系展开,也可以按照事件的归纳关系展开。这种结构多见于规范性文体如条例、规定、办法、制度、职责、规定、公约中,也见于综合性的工作报告、总结、纪要以及通告、公告、决定等文体中。这种文体结构形式多采用条文化写法,以链环式的思维来安排结构形式。

三是纵横结合式结构。对那些内容丰富、容量较大、篇幅较长的应用文,布局时纯粹采用横式、纵式,很难合理地组织材料,这时可采用纵横结合式结构。在使用这种结构时,既可以纵式、横式并重,也可以在整体横式中局部使用纵式,或在整体纵式中局部使用横式。使用这种结构必须精心安排,精心选择,主次分明,条线清楚,不能杂乱无章。

除了上述三种结构形式外,应用文文本的内在结构还可以采用总分式、分总式、对比式、自由式等等。总而言之,文本结构要根据文种认真加以选择,结构要素的排列要适合于人们惯常的思维逻辑,要用小标题、序号、承启词、章节条款标示级序等将段落标示清晰,并特别注重将文本内容内在的逻辑勾连和外在形式的衔接形成有机整体。

四、语言

语言是文章的载体,应用文是借助语言来实现文本形式的,应用文语言有其特殊性。

(一)应用文语言的特殊性

应用文的语言有其自身的特殊性,主要体现了以下一些特点:

一是超前性与稳定性的统一。作为应用文的载体,应用文的语言与社会交往和人们的各种事务活动密切相连,是人们对现实世界最直接、最直观反映的工具。人们生活交往中的情况可最快地在应用文中借助语言反映出来,因此,应用文的语言具有超前性,如"正能量"、"给力"等。但是,从应用文的发展看,其语体变化缓慢,语言表达的语法、句法相对稳定,同时,语言表达缺少多变性,古词古语经常使用,语言形式也具有稳定性。

二是庄重性与灵活性的统一。一般说来,应用文的语言必须典雅、端庄,措辞必须得体、准确,语言与文种、行文者的身份必须一致,其庄重性不言自明。当然,应用文语言的庄重性并不等于呆板、僵化,应用文的语言也要追求准确基础上的生动活泼,在不违反表达效果及庄重性的基础上,仍要充分考虑文字表达的灵活性。

三是明快性与完整性的统一。应用文是应付生活、用于实务的文章,只有接受主体广泛参与,积极实施了应用文所涉事项,应用文的效用才得以体现。接受主体对应用文的接受程度,直接关系到应用文效用的大小。而要让接受主体充分理解应用文,其语言必须明了快捷,直观外显,让读者一览无余地抓住应用文的主旨、中心。但在追求明了快捷的同时,也要注意内容表达的完整性，不能出现内容疏漏、前后矛盾、语意模糊、一句多意的现象。

（二）应用文语言的要求

针对上述特点，应用文语言有如下特殊要求：

一是准确。应用文语言不但文字本身要符合逻辑，而且词义辨析等也要符合应用文文体要求，对模糊语言的使用要慎之又慎。

二是得体。遣词用语要符合行文的语体风格，符合特有的语言运用环境，要扣住写作主旨选择语体环境，选择与文种相应的语言结构、词语色彩和表达方式。

三是简练。要做到语言明快朴素，语意实在，不用文学描绘的笔法行文，不兜圈子，不绕弯子，不弦外留音、闪烁其词，可使用包括简称和统括的缩略语，做到文约意丰。

"简称"和"统括"是应用文写作中经常使用的语言形式。"简称"又称"压缩"，如把"外交部长"写成"外长"。"统括"又称"抽取"，如把"定产量、定质量、定成本、定利润、超收奖励"写成"四定一超"，把"对于那些财力达不到的又不一定需要投资的项目，要把它砍下来，要想出办法收缩各种各样的费用开支，要尽可能补充增收这一块，如确有困难，可向下边借一点"写成某市开展双增双节运动决定采取的"砍、压、增、借"四项措施。再比如，许多单位把自己的目标定为"五四三二一"工程，用的都是统括这种语言形式。

四是质朴。应用文重在"言事"，语言要简约平顺，不要过于晦涩艰深，堆砌华丽的辞藻，更不能矫揉造作。

五是符合文体特殊的语言要求和语言规范。如公文，其语言的使用比较行政化，多使用对称性、排比性、统括性的语言，较少使用口语、网络语言、文学语言等。初学者在学习公文写作时，要摆脱学生腔，要仔细研判公文与一般议论文、记叙文的区别，只有这样，才能不断提高公文的写作水平。

第三节　应用文的文本形式

优美整洁的文面，可以给人以美的感受，从而加快应用文文本价值的实现。

一、应用文文本形式的性质

应用文文本的形式，即一篇应用文展示给读者的方式。形式是通过格式体现的。作为应用文文本形式的组成部分，应用文的格式指的是应用文表现形式的各个组成部分及其各自在文中的位置，也包括应用文的用纸、留空等。

探讨应用文的格式，可以使应用文的写作更加规范、标准，从而增强应用文外在形式的美学效果，提高应用文的功效和质量。应用文格式的规范性，是应用文区别于其他文体的特殊要求，是应用文模式化的体现。应用文的格式要以准确规范、完整美观、合理适用为前提。

二、应用文文本格式的组成

应用文的格式根据用途可分为必有格式、或有格式、期有格式三种。必有格式是指必不可少、每篇应用文都要具备的格式;或有格式是指有的应用文有、有的应用文没有,可根据使用需要因时、因事而有所不同;期有格式是指从美学效果和表现需要出发,希望具备的格式。

从外观上分,应用文的格式有文头、主体、文尾三部分。在不同类别的应用文中,这三部分的组成又有所不同。法定公文的格式包括版头、主体、版记三大部分。版头有公文份号、密级和保密期限、紧急程度、发文机关标志、发文字号、签发人六个部分,主体有标题、主送机关、正文、附件说明、发文机关署名、成文日期、印章、附注、附件九个部分,版记有抄送机关、印发机关和印发日期两个部分。法律文书的文头有文书名称、原告、被告三个部分,主体有诉讼请求、事实、理由三个部分,文尾有致送法院名称、起诉人签名盖章、起诉时间、附项(有本状副本、书证、物证、人证)四个部分。书信的文头即名称(一般书信可不用,专用书信要采用),主体有称呼、正文、结尾等,文尾有署名、日期等。经济类文书的文头即标题,主体包括引言、正文,文尾即落款……各种文书的格式组成千变万化,而要写好相关的应用文,一定要了解各类文体的格式。

三、应用文中的小标题

对一些篇幅较长的应用文,如总结、报告、调查报告、讲话稿等,撰写小标题也是应用文文本安排不可缺少的重要环节,是应用文文本美学效果的具体体现。安排好应用文的小标题,既能反映应用文的基本内容,又能使文章脉络清晰;既能给人应用文文本的整体印象,又能符合人们的阅读心理习惯,提高应用文文本的实际效用和价值。

安排应用文文本的小标题要遵循以下原则:

一是要有大致整齐的句式。作为应付生活、用于实务的应用文,必须从实际出发,通俗生动,便于记忆。这种整齐的句式以三到五个字为宜,写法多样,也可以用四个字、六个字等,还可以使用外在形式一致的特殊句型。如一篇《情要动人、理要服人》的文稿的小标题是:

>   通情贵诚,要情真意切
>   通情贵恒,要始终如一
>   通情贵活,要因人而异

这里的小标题采用了大致整齐的句式,使文章朗朗上口,富有新意。

二是要做到内容和形式的统一。应用文的小标题要有整齐的形式,但又不能为形式而形式,否则就成为文字游戏,走进了形式主义的死胡同。内容是首要的,形式是次要的,内容决定形式,形式是内容的载体。应用文小标题的形式必须以其丰富的内容为前提,只有将两者辩证地统一起来,才能生气贯注,令人回味。如:

>   重视管理工程,建设高素质的干部队伍
>   重视师表工程,塑造高风尚的师德师魂
>   重视源头工程,培养高水平的教师群体
>   重视青蓝工程,形成高标准的后备力量

这里的句式一致整齐,字数相等,语法结构也相同,丰富的内容和较好的表达形式统一了起来,语言也就显得准确、生动,内涵极为丰富。

三是要从实践中来,深入浅出。小标题的撰写,不要凭空想象,刻意雕琢,要从实际出发,

发掘有价值的内容,并用群众喜闻乐见、通俗易懂、生动活泼的语言概括地表达出来,只有这样,才能赋予应用文的小标题以生命力。如一篇《警示教育情况报告》的小标题是:

一、以查问题为主,突出"实"
二、注重清理思想,突出"疏"
三、抓好配合活动,突出"活"
四、加强教育监督,突出"常"

这四个小标题既注重了语言的对称,同时又能准确达意,既突出了工作的特点,同时语言也比较洗练,让人过目难忘。

四是要进行提炼,使小标题富有新意。要有新意,首先形式上要有新意,给人耳目一新之感;其次,内容上要有新意,给人丰富的想象力。如:

思想上摆正位子
组织上健全班子
工作上端出盘子
行为上做出样子

五是小标题之间要有内在的逻辑关系。小标题之间要语气贯通,内容连贯,语意一脉相承。如文稿《从"五要"着手创建节约型办公室》的小标题是:

要打牢创建节约型办公室的思想基础
要营造创建节约型办公室的浓厚氛围
要完善创建节约型办公室的方法措施
要创设创建节约型办公室的运行机制
要找准创建节约型办公室的突破环节

这五个标题围绕创建节约型办公室的主旨,内容连贯,逻辑明显。

在考虑应用文文本的时候,应用写作的主体必须从接受主体易于感知和接受,以及自身易于操作的角度,建构其文本样式。具体需要考虑构成应用文文本形式的一些基本要素:一是文本内容及其内涵必须相对单一和显露;二是文本结构相对规范,部分文种还要注意其稳定的程式;三是文本表达要争取最大化的通俗与简明。

四、应用文文本中涉及的几个语言形式问题

(一)应用文的语体、语境、语序

语体,即语言的体式,它是应用文载体的静态的观照。应用文的语体特征主要体现在:

一是模式性。作为适应文体特征而形成的语体,适应应用文结构的模式化,慢慢地也形成了语言的模式化。模式化语体体现在:常用固定的语言表达形式,如"为……特作……"、"根据……特……";常用固定的承启语、结束语,如"现将有关事项……如下"、"此复"、"特此函

复"、"此致敬礼"、"祝"、"万安"等；常用沿袭久远的古词古语，如"专此肃达"、"谨此讣闻"、"为荷"、"为感"等。

二是专业性。适用不同类别的文书，应用文语言带有明显的专业化倾向，主要体现在行业色彩浓。如在经济类文书中，"投资"、"股票"、"风险"、"基金"、"利润"、"上市公司"、"获利"等词出现频率高；在司法文书中，"原告"、"被告"、"第三人"、"犯罪嫌疑人"、"判决"、"裁定"、"认定"等词出现频率高。行业性词语的运用，会消融个性语体色彩，形成特定时期共同而独特的语体特征。专业性还体现在不同场合、不同文种、不同状态中应用文的用语不同。例如，我们往往说"宋庆龄是中国少年儿童的祖母"，而不会把"祖母"变成"奶奶"，尽管它们所指的意义无任何变化。我们在写给别人的留言条中，阐述无可奈何的理由时，往往用"不得不"而不用"决定"；写给上级的请示，一般不用"请速批准"，而用"恳请批复"；报道一个死去的反面人物，往往用"死了"，而不用"永垂不朽"、"逝世"……这些都是语体专业性上的体现，即不同的词语，即使意思或其所指相同，也要注意使用的不同场合。在词性的把握、程度的确认、模糊性词语的使用上，也体现了语体专业化的倾向，"违反"与"违犯"程度不同，"不得"、"不准"、"严禁"存在着程度上的明显差别，这些都是应用文语体的特殊体现。

三是明晰性。应用文的语言必须以应用性为准则，对事物构成的要素必须清清楚楚、明明白白地表达出来，因此，应用文的语言要简洁明了。

语境，是语言运用的环境，是应用文载体动态的观照。形成语境的因素是多方面的，有社会因素、个人因素、文种本身的内容与形式因素几个方面。

语境在应用文体中作用明显，它可以恰当地表达文本意图，使文本内容生出新意。此外，语境还可以使应用文生动有趣，产生美感。有些应用文的写作者忽视语境问题，结果带来笑话。如有个单位写有以下条文："不该收的礼坚决不收，不该吃请的坚决不吃请。"这个条文在特殊语境下会产生相反的意义，这是个不好的例子。也有用得好的，如周恩来回答外国记者所问"中国人民银行有多少钱"时，妙答为"十八元八角八分"。

应用文的语境要注意合适、共知的要求。

语序，是指各级语言单位（语素、词、词组、句子、句组）在语言组合中的排列次序。语序与语义密切相关，语序不同则语义不同，所以，语序安排是使语义定型的关键，对应用文来说，语序的作用是非同寻常的。

语序的安排要注意四个方面：一是尊重实际工作、学习、生活中语序的习惯性。二是遵循事理的逻辑次序，正确反映客观事物的规律性，如"各级党组织应积极发现、信任、提拔、培养中青年干部"中的"信任"应置于"培养"后面才合乎事理逻辑。三是注意语序的强制性，即语序要受语言习惯、事理逻辑次序的制约，表情达意要合乎事实又能被别人正确理解。如"××认识问题的态度很不端正"与"不很端正"意义相去甚远，"人可能活不到一百二十岁"与"人不可能活到一百二十岁"的语气也大相径庭。语序的强制性还要考虑到语言表达的常见方式，如"台湾是我国神圣的领土"，坚决肯定；"没有共产党就没有新中国"，否定之否定中意义唯一。这些语序如果表达方式改变一下，则意义完全不同了。四是要注意语序的选择性。如对江阴长江大桥的意义的表述，我们一般说成"江阴长江大桥是苏北通向苏南的门户"，而不说"江阴长江大桥是苏南通向苏北的门户"，因为苏南比苏北经济发达，这是在追求最佳表达效果。

语序形式的体现在应用文中非常复杂，写作应用文时应仔细揣摩，认真体会。

（二）应用文语言的准确与模糊

如前所说，应用文的语言要庄重、准确，但应用文中模糊语言的运用却可以起到意想不到的效果。

模糊语言包括模糊词与模糊句。英国语言学家琼斯说："通常人们尽管使用不精确的表达方法和难于下定义的术语，但仍能相互理解"，其原因是认识对象本身的模糊性。应用文在某些特定的语境条件下使用模糊语言，可以使语言表达更贴近客观现实，弥补某些准确语言的不足，并产生意想不到的美学效果。

1. 应用文模糊语言存在的原因

一是人们的认识活动中存在许多未知的领域，有些现实情况非常复杂，一定时期内很难将其准确化，只有通过模糊语言才能把这些异常复杂的社会活动体现出来。

二是社会活动本身是动态的，事物都处于不断的运动变化之中，一些应用文必须具有超前预测性，必须运用模糊语言。

三是大脑思维与语言表达并不完全相同，思想与语言媒介存在着矛盾和差异，思想转化为外部语言时会出现"文不逮意"的现象的，加之汉语本身的限制、语境的限制，只有使用模糊笔法，才能准确、全面地反映机关意图，传达真实情况。

四是应用文的受众心理决定了某些应用文不便直陈其事。或因情况的复杂性，或出于礼貌，或因关系紧张、观点不同，为寻求双方都能接受的折中方案，必须使用模糊语言，这在外交文书中使用得特别多。

五是出于应用文的写作者对情况不甚了解，可以用模糊语言弥补行文中可能遇到的不必要的或由于考虑不周而带来的后果。

2. 模糊语言被大量使用的表现

一是表示主观态度与评价，即通过使用一些模糊语言，使应用文写作者对某个问题或某种情况的主观态度和评价更加准确。如"我们希望在五项原则的基础上，进一步发展同各国友好合作关系"，这里的"进一步发展"模糊语言的使用，充分表明了我国政府的立场和态度，而这样的模糊语言却得到了精确语言无法替代的效果。所以，在公文写作中，经常会使用"继续"、"进一步"、"认真"等程度词来强化主观态度，这里就是使用了模糊语言。

二是表示分寸和程度留有余地。如"我们不排除××已经死亡的可能性"、"对一些适宜承包的生产建设项目和经营项目，可实行招标、投标的方法"。

三是表示事物的普遍性和变化过程。如"各级党政机关办公厅（室）主管本机关的公文处理工作，并对下级机关的公文处理工作进行业务指导和督促"，这里的"各级党政机关"、"下级机关"概括出了所指各部门，语言简洁，表述周到。

四是使文章更具弹性和美感。如"我们要力争上一些'短、平、快'的项目"句中三个模糊语言使公文的表达更具严密性，更具美感。

五是使时间、数量等的表述更符合实际情况。如"最快"、"十八大以来"、"当前"、"少数"、"多次"等。

3. 应用文模糊语言的使用必须遵循的原则

应用文使用模糊语言是为了使应用文所表达的意思更加周密严谨，故应用文模糊语言的使用必须遵循以下原则：

一是要讲求必要、必需的原则。模糊语言不等于含糊语言，模糊语言不等于敷衍塞责，模糊语言不等于推脱了事。模糊语言的使用要考虑到让受众充分了解应用文写作者的写作意图,同时,也不能使用模糊语言一味地去掩盖事情的真相。现在,很多机关喜欢使用"相关单位"、"正在××"等,滥用模糊语言的结果是影响了机关形象,造成了社会公信力的缺失。

二是使用模糊语言要考虑特定的语言环境,必须根据应用文的具体文种、行文对象、行文风格等加以限定。

三是要区分模糊语言之间的细微差别,准确选择、恰当使用模糊语言,使模糊语言真正产生美感。

4. 应用文经常使用的模糊语言的种类

表示对象的:各单位、各部门、各省市、有关人员、有些地方、各学校、各机关单位等。

表示时间的:当前、目前、最近、以前、过去、长期、偶尔、良久、一贯、有时、今后、临时、及时、有时、以来等。

表示范围的:以外、以内、有的、有些、广泛、广大、有关等。

表示程度的:基本、较大、较丰富、较高、高度、加强、必要、难以估量、丝毫、极其、充分、足够、普遍、特大、重大、很、十分、最等。

表示数量的:不少、多数、少数、多次、屡次、再三、一再等。

这些模糊语言在应用文中使用较多。

(三)应用文写作中数字的规范化

《党政机关公文处理工作条例》第十一条规定:"公文使用的汉字、数字、外文字符、计量单位和标点符号等,按照有关国家标准和规定执行。民族自治地方的公文,可以并用汉字和当地通用的少数民族文字。"这里强调了数字、外文字符、计量单位等在公文写作中必须遵守的规范。数字的使用要按照《出版物上数字用法》执行。

数字的使用有时是唯一的,有时根据上下文的一致性原则,可以进行必要的调整。

数字的使用有时必须使用汉字,有时必须使用阿拉伯数字,有时两者均允许使用。

尽管国家的有关文件法规已经对数字的使用作出了严格的规定,但在应用文的写作中,数字使用的错误还是屡见不鲜。以下是应用写作中时常遇到的情况:

1. 应用文使用阿拉伯数字的情况

(1)公文发文字号中应使用阿拉伯数字,如中发〔2012〕3号。

(2)公文份号和印发时间等必须用阿拉伯数字。

(3)公文的成文时间应使用阿拉伯数字,如"2013年2月28日"。

(4)应用文中需要记数和计量标注的小数、百分数等以及公历世纪、年代、年月日、时刻等应使用阿拉伯数字,如"300万"、"35%"、"20世纪90年代"、"10时25分"、"公元前8世纪"、"公元7年"等。各种历史纪年的方法也应使用阿拉伯数字。

(5)物理量量值必须使用阿拉伯数字,如"600 kg"、"200 mm"、"7 km"、"270美元"等。

此外还有使用阿拉伯数字的情况,可参阅有关出版物上数字用法的规定。

2. 应用文使用汉字标写数字的情况

(1)数字作为词素构成定型的词、词组、惯用语、缩略语或者具有修辞色彩的语句,必须用汉字书写,如"一贯"、"二万五千里长征"、"三个代表"、"四个现代化"、"五讲四美三热爱"、"六大"、"七上八下"等。

(2)相邻的两个数字并列连用表示概数,必须使用汉字,连用的两个数字之间不得使用"、"隔开,如"二三米"、"三五天"、"三四个月"、"七八十种"、"四十五六岁"等。

（3）中国的干支纪年和夏历、清代以前（含清代）的历史纪年以及各民族的非公历纪年应使用汉字,如"三月初三"、"丙寅年十月十五日"、"秦文公四十四年（公元前722年）"等。

（4）含有日月简称表示事件、节日和其他意义的词组应使用汉字,如"五四运动"、"五一国际劳动节"、"七七事变"等。

使用数字,除应注意数字的使用要规范外,还要注意应用文文本中数字的使用要首尾呼应,防止前后矛盾的情况出现。

数字的使用要严格按照《出版物上数字用法》执行。

（四）应用文结构层次序数

按照《党政机关公文格式》的规定:"文中结构层次序数依次可用'一、''（一）''1.''（1）'标注;一般第一层用黑体字,第二层用楷体字,第三层和第四层用仿宋体字标注。"作为从事应用写作的专门人员,要严格遵守国家法规的行文层次序数要求和排版要求。在区分段落层次时,数字的运用要讲求"辈分",既不能一个模式到底,也不能不分大小,混乱使用。在实际写作中,可以用"一（一）、（二）,二（三）、（四）、（五）,三（六）……"的大小层次连贯写法,也可用"一（一）、（二）、（三）,二（一）、（二）……"分点独立的结构层次写法。实际使用中,凡是加了括号的,括号后不能再加顿号。要分清"、"和"."的区别。

第四章 应用写作的物化过程

应用写作的物化过程,是指应用文从写作动机产生到写作文本完成的过程。写作过程应从两方面加以体现:一是写作需要过程,亦即为什么要写作;二是写作主体的物化过程,亦即写作主体如何写作。这里从写作主体的物化过程着笔,兼论写作需要过程。

第一节 "知"——应用写作的起因

文学的创作动机是主观需要,是作家胸中块垒的流露和宣泄,而应用文的写作虽不能完全排除这种"一吐为快"的宣泄,但总体来说,主体创作欲望的体现呈现弱化的态势,写作活动更多的是客观的需要,是一种被迫意识的冷静流露。

作为应付生活、处理事务的文章,应用文写作的客观动因有:

一是管理公共事务。应用文可以作为临民治事、实施管理的一种有效工具。大量的法定公文即担负着此项职能。

二是处理日常杂务。生活中,有时需要处理大量而繁杂的实际问题,需要对所做的或所要做的事情进行总结、规划、安排、办理,应用文则充当了处理这些日常复杂事务的工具。

三是应付日常生活。社会生活是丰富多彩的,人们除了满足生存需要外,还有各种不同的场面和情况,可借助应用文这一形式来实现这种交往、交际的需要。如献辞、迎送词、请柬、书信等都是这种需要的产品。

客观需要是写作的动因,但真正意义上的应用文写作,还要通过写作主体即作者去实现。这既说明了应用文写作被动性、制约性的特点,又说明应用文写作的过程首先是"知",即首先必须观察客观对象,了解客观需要,领会写作意图。"知"的过程实际上是调研、认知、熟悉、把握的过程,从一定意义上说,应用文质量的高低、应用文内容是否可行等,与应用文作者"知"的深入度、真实度、领会度是密切相关的。

"知"的过程首先是受意,即接受授意,从而全面认知写作的意图和需要,准确把握写作目的。

"知"还要全面、细致、反复地去研究写作对象,即各种现象、各个事件,事实的来龙去脉等,尽可能地占有真实、全面、完整的写作材料。

第二节 "思"——应用写作的孕成

有了起因，只是有了写作的动机；占有素材，只是具备了将客观需要物化的基础。应用文的写作者必须对客观需要的素材进行仔细分析、研究，才能写出较有质量的应用文，这就需要认真思考。

一、应用写作的思维

在"思"的过程中，思维非常重要。

应用写作来源于实际生活，又服务于实际生活，因此，应用写作只有通过缜密思维才能深入反映生活，揭示生活的本质及规律。从这一意义上说，思维是写作主体心理机制的内核。在写作行为中，从定题选材到练意构思，从谋篇布局到起草润色，都离不开思维的介入。所以说，应用文写作实际是写作主体思维物化的结果。由于应用写作是直接用来办事、处理问题和反映情况的，其思维具有一定的抽象性，而在抽象思维过程中，思维具有确定性、一贯性，因此，在应用写作实践中，人们逐渐形成了较为固定的思维模式，于是，出现了一种由于应用写作程式化、简明化而形成的思维单一化。但要写好一篇应用文，就要"取人所未用之辞"、"取人所未谈之理"、"取人所未布之种"。写出一篇高质量的应用文，确实是一件不容易的事情。要做到匠心独运、慧眼独具、妙手独生，必须注意以下问题：

（一）运用逆向思维摆脱心理定势

心理定势是文章独创性的大敌，西方文艺心理学有"套板反应"的说法，认为人们总是喜欢走老路，写文章喜好因循守旧，就作者而言，缺少创造的动机，就读者而言，引不起新鲜而真实的感受。要使自己的应用文与众不同，富有创见，特色鲜明，必须利用各种思维摆脱心理定势，逆向思维是最常用的一种。

逆向思维是指写作主体从反方向观照生活、思考问题。作为一种非从众思维方式，它能质疑传统、抛弃常规、同中求异。运用这种思维，应用写作往往能出奇制胜，收到意想不到的效果。正常情况下，人们的思维都是跟着大家公认的常理走，因而往往难以提出新见解、写出新东西。但是，任何事物都是对立统一的，都存在着两面性，在应用文写作中，我们应该善于反弹琵琶，找准对应于常理的悖理，另辟蹊径认识事物、认识日常生活中的各种现象，写出"真知灼见"，而且不少应用文如学术论文本身就需要这种真知灼见。如常人理解的贿赂往往是金钱，而《人民日报》却以《谨防"精神贿赂"》为题，揭露批评了某些领导干部不肯听批评性言论而乐于接受为自己护短或捧场的言论的现象。再如反腐败斗争中我们一般认为要"杀鸡给猴看"，杀一儆百，而《文汇报》以《"杀鸡"莫如"杀猴"》为题，分析了反腐败斗争的关键是要"杀猴"，"鸡"杀得越多，"猴"的胆子越大。寥寥几笔，顿生新意。习近平总书记在谈到反腐时，用"打老虎"、"拍苍蝇"表达反腐的决心，可谓形象生动。日本有一则推销某品牌手表的广告，其广告文案是：这种表走得不太准，每 24 小时会慢 20 秒，请君购买要深思。这则广告只讲商品的缺点，不仅不鼓励顾客购买，反倒提醒顾客不要贸然掏钱。尽管这则广告的表面有悖常理，其实它抓住了人们对吹嘘性广告的反感心理,能让人们油然而生信任感。由此可见,逆向思维在应用写作中的作用。

(二)运用发散性思维摆脱封闭状态

由于应用写作中所确立的主旨通常是领导者的决策性意见或指导工作的具体措施、办法,应用写作的主体多是受命而作。于是,部分应用文的写作主体在写作行为中往往把自己禁锢在某种思维模式中,缩手缩脚,不敢越雷池一步。于是,大量立意平庸、内容浮浅的应用文在这种封闭性的思维中不断产生出来。因此,与文学创作一样,应用写作本身必须运用发散性思维,摆脱这种封闭性的写作状态。

发散思维是指一种不依照常规而寻求变异、从多方面寻求答案的思维方式。它往往以一个问题为中心,向四面八方展开联想,尽可能多地提出设想和方案,从尽可能多的角度审视、分析同一问题、同一对象、同一客观事实,或者抓住一个问题、围绕一个中心,把思路拓展开,进行多角度、多层次、多指向思维。发散思维可以使思路活跃、考虑周全,它不受现有知识的局限,不受传统观念的束缚,思维结果可能由已知导向未知,从而发现新事物,开拓新领域,对于应用文的写作有独到的作用。如围绕下岗问题,我们可以从"困境中的温暖"、"困境中的自强"、"困境中的思考"等多个角度去写作,这样,这篇应用文就写出了深度。

(三)运用对象化思维摆脱自我意识

公务性文书最需要对象化思维。

对象化思维是指写作主体的思维被写作对象全部占有,并完全围绕写作对象的各个方面进行思维的活动方式。由于应用文的写作主体多为受命而作,应用文的主旨主要来自于领导者的写作意图、决策性意见等,因此,应用文的写作者必须主动地、有意识地将自我转化为对对象的关注。说到底,应用文对象化思维的目的是把握对象的本质。因此,运用对象化思维,才能更好地实现应用文文本的价值,使应用文的写作能最大限度地体现领导意图,能更有针对性地解决现实问题。运用对象化思维,还可以克服先入为主、凭空想象的写作习惯,防止应用文脱离社会实际。如有一家服装厂,因其所生产的西装较为畅销,于是主观推测出领带也很好销,在写作相关论证报告时作出生产领带的意见,可等到领带投放市场,发现市场上领带已经大大饱和,结果不但没能扩大生产,还拖垮了原来的服装生产。从写作的角度考察,最主要的是论证报告的写作主体在从事写作行为时未能进行对象化思维。

(四)运用立体思维摆脱单一思路

应用写作中,单一性思维占着主导地位。这种思维模式只能从单一角度、在一个思维模式中反映事物的发展、变化规律。然而,事物总是立体式多侧面的,"横看成岭侧成峰,远近高低各不同",在应用写作中不应只使用单一的思维,而应使用立体思维,拓宽应用写作的思维,把握应用文的本质。

所谓立体思维,是指采用空间思索的方式,对于一个认识对象进行多方位、多层次、多形式的思考与探索,力图真实反映这个对象的整体以及这一整体与其周围事物构成的立体画面的思维方式。运用立体思维可以通过对对象或事物的联想、类比、回溯,而最终找到解决问题的办法;可以由此及彼、由表及里不断让思维进行流动,从事物的联系和相互关系中去思考问题,从事物的发展、变化中去思考问题;可以从多个思维目标、多个思维起点、多种评价标准、多条思维线索、多个思维结论组成的思维网络中,分析、研究新生而复杂的事物,提出解决问题的办法。如在研究引进人才时,既可以从人才本身的角度去研究,又可以从引进人才的部门去研究。多起点、多角度、多方位地去看问题,可以为引进人才的有关决策提供强有力的文字论证依据。

(五)寻找实际生活中的热点、难点、增长点

作为应付生活、用于实务的应用文,与社会生活的关系是非常紧密的。社会生活是动态的、善变的、不断发展的。应用文的写作者在寻找角度、选择材料时,要充分考虑到接受客体的需要,写出大家最关心的事实,同时要使文书内容具有针对性,切实解决生活、事务中的难点,使应用文的内容更易被读者接受。在运用各种思维模式时,尤其需要对应用文"画龙点睛",要善于拔高,适当提高,适当提炼文章主旨。要从改革的高度、政治的高度、科学发展的角度来思考问题,写出社会事实在新环境、新时代的新的社会意义,切忌简单地陈述事实,罗列现象,缺乏分析和理论高度,切忌就事论事,老生老面。

二、"思"要注意的问题

"思"的关键是要弄清目的,明确功能,使应用文的内容更具有针对性,表达方式更加贴切妥当。

"思"的过程最终要理清思路,对应用文可能涉及的内容之间的逻辑联系要理清,包括对各种事务的轻重缓急、主次先后乃至发生的角度都要认真思考。

"思"的过程要注意几个原则:

一是要注意整体、全面地认识事件、现象;

二是思路要符合人们的认识规律,注意客观事实的连贯性、完整性;

三是要符合写作对象本身的特征和发展、变化规律。

三、"思"的方法

"思"的方法是研究和分析,可以进行综合比较分析、重点分析、反复分析,从定性与定量、因与果、静态与动态等方面揭示事实的真相和事物发展的客观规律,从而提高写作的质量。

第三节 "织"——应用写作的物化

所谓"物化",是指用文字将客观需要和思辨分析表达出来的过程,它是应用文写作由萌发期、模糊期到明朗期的重要转变。"物化"的过程是"织"的工作,包括文种选择、模式确认、撰制提纲、表达成文、修改定稿几个部分。

一、文种选择

文种选择即最后确认应用文选用具体文种的过程。与文学创作不同,应用文写作首先必须选定文种,再根据客观需要和特定文种格式完成应用文体的写作。

（一）应用文文种选择应遵循的原则

应用文文种的选择应遵循"能"、"好"、"变"的原则。

所谓"能"，就是能够、可以。实际工作、生活千变万化，但应用文文种非常有限。同一项工作，可选择不同的文种来表述。如部署行政事务工作，可以选择决定、通知、意见等公文文种；向上级机关报请，可以选择请示、报告、报请函等；对先进单位或先进人物表彰，可以选择命令、决定、通报等。选择文种的第一步，就是将能够使用的文种全部遴选出来。"能"，一是从写作主体的角度考虑，如县政府向所属的乡镇发文，可以使用的文种有决定、通报、通知、意见、通告、批复等；二是从文本内容即工作需要考虑，如省委、省政府要表彰先进单位，可选择决定、通报等；三是从文本处理方式考虑，如文件发送还是公开发布等。

所谓"好"，即在能够的前提下选择最好的文种，也就是从多个可以的文种中选择唯一性的文种。"好"，实际上就是指最合适的，最能体现文本主体意图和实现文本最大效益的。如县政府对乡镇部署工作，如果要求坚决贯彻执行，用"决定"最好；如果要求参照执行，用"通知"比较好；如果提出了具体的措施、办法、建议，要求各乡镇结合工作实际参照执行，用"意见"比较好。

所谓"变"，就是根据发文意图做一些调整，或者是发文的变化处理。如同是惩戒性的，下列三个文种意图就不同：

某市人民政府关于严禁用公款出国旅游的决定
某市人民政府关于禁止用公款出国旅游的通知
某市人民政府关于部分领导干部利用公款出国旅游的通报

前两则标题重在制止行为，但决定比通知要求严格，而通报则重在交流信息、告知情况。当然，三种公文文种都有发文机关的要求和意图体现，但实现文本效益最大化是有不同考虑的，文种之间也是有区别的。

"变"还可以根据行文规则进行调整。如经过人民政府批转的事项也可以由政府办公厅（室）转发。根据这一原则，可以将"批转通知"变为"转发通知"。

（二）文种选择的依据

文种选择的依据主要有：

一是分析写作意图，即写作的目的性，公文特别强调行政效率。发文意图既包括事先预想，也包括事后结果。如同是用于人事任免的行政公文，有命令、决定、通知、批复等。命令多以个人名义发布，用于行政机关根据法律法规作出的任免；决定用于中层干部的任免，或用于有特殊理由，如工作中作出特殊贡献或工作中出现了重大失误而临时作出的任免；通知用于基层一般干部的任免，多用于常规任免；而批复一般是针对请示行文的，其被动性较强。掌握了发文主体和写作意图，选择文种就方便了。在确定选用具体文种时，行文目的往往可作为选择文种的重要依据。如同为表彰先进或批评错误，如果行文目的是将对有关人员奖励或惩处的有关决定告知有关单位，可采用决定这一文种；而如果行文目的是将需要表彰的具体先进事迹或需要批评的具体错误行文，以及由此总结出的经验或应该吸取的教训告知有关单位，则可选择用通报。

二是根据行文方向，如上行文中的行政公文可以用请示、意见、报告，平行性行政公文可以用函,向社会公众公布的行政公文可以选用通告、公告等。由于行文对象的不同,也带来了行文方向的不同,选择文种才具备了可能。如某县教育局因建房需县政府、县财政局、县国土局批准,县教育局分别向上述三个单位行文。给县政府的行文,因主送的是上级政府,需用请示;而给县财政局或国土局的行文,因主送的是平级机关,一般用函。同样道理,答复下级机关的请示用批复,而答复平级或不相隶属的机关的请示,一般用复函。

三是按照文种特性选择文种。如通告与公告,它们都是知照、规范类的公文,但公告是用来向国内外宣布重要事项或法定事项的,而通告是用来公布在一定范围内应当遵守或周知事项的。根据这一性质,公布涉外事项、法定事项用公告,而公布一般性事项则用通告。

四是根据职权范围和隶属关系选择文种。有的文种是特定部门或人员才能使用的,如决议、议案、裁判文书;有的文种只有在特殊的群体才可以使用,如家信、合同等。同时,由于发文机关单位的不同,文种的选择也就不同。如:

××省教育厅关于举办毕业生就业双向选择活动的通知

各高等院校:

为做好2013年毕业研究生及本专科毕业生的就业工作,定于3月20日～3月25日(8:00～17:00)在省大学生就业指导服务中心举办毕业生就业供需见面、双向选择活动。届时用人单位提供需求信息,考核接受毕业生;毕业生持就业推荐表与用人单位双向自主落实就业单位。望各校高度重视,抓紧落实有关事宜,并组织毕业生前往参加。

××省教育厅

2013年2月28日

这里用"通知"是正确的。因为××省教育厅与各高等院校构成业务上的领导与被领导的关系,从收文对象看,它有明确的单位;从行文方向看,该文属于下行文;从内容上看,该文带有一定的部署性和执行要求,但部署性要求不是非常严格。如果涉及要求非常严格的事项,则可选用决定。

但是,若发文单位改成××省人社厅,则其使用的文种以"通告"为好。因为,省人社厅与各高等学校没有行政隶属关系,没有领导与被领导的关系,只是业务上的指导性关系;从收文对象看,省人社厅的文件不仅包括有关高等院校,还包括提供就业机会的单位;从行文方向看,收文者为公众;从内容上看,该文无强制执行要求,只带有一般的知照性。所以,就事件本身性质看,不同的发文单位发同样内容的文件,其文种的选择也不尽相同。

当然,省人社厅也可以选用通知,但省教育厅的通知具有部署性功能,而省人社厅的通知主要是"发布有关单位周知或者执行的事项",更多带有告知性,是知照性为主的公文。即使选择同样的文种,其实际功能还是有区别的。

可见,文种的选择绝不是一件简单的工作,即使事实本身相同,抑或发文单位相同,但发文意图稍有变化,则文种的使用也会随之变化。如某省教育厅为表彰在国际奥林匹克化学竞赛中获得金牌的某中学学生,拟奖励该同学人民币一万元。从这一则素材看,应该使用什么文体呢?是写学习某人的"通知",还是写一份表彰先进的"通报",或者写一份"表彰性决定"?也许有人会说:条条大路通罗马,任选三种文种中的任何一种均可达到表扬先进的目的。但是,通往罗马的最佳路线可能只有一条。这里,因为涉及给予该同学荣誉称号或物质奖励事项,最好选择"决定"。因此,文种的选择要谨慎认真。

二、模式确认

模式是指事物的标准样式。应用文的模式即其相对固定的范本或通用形式。选择了文种只是模式化的第一步,而不同的文种,文本的模式又表现出异常的复杂性。

模式的确认首先是选定行文结构,这在前文已作介绍;其次还要确认是用文章式写法还是用条目式写法,章节之间的标示级序应是几层;三是确认文本组成、段落层次、勾连衔接的形式和用语等。

三、撰制提纲

撰制提纲不是每位应用文的作者都要完成的任务,也不是每篇应用文都要使用的。但撰制提纲可以帮助初学者写好应用文。

撰制提纲所要考虑的是应用文主要内容的次序、部分内容的主次及它们之间的内在逻辑联系。撰制提纲有详略之分,在写作时宜细不宜粗,这样便于应用文的表达。同时,许多应用文还可以用提纲提请集体讨论。提纲的撰制对于重大的、重要的、内容复杂的应用文写作尤其重要,它有助于把问题想得更周到、更全面,便于集思广益、博采众长。

撰制提纲的形式很多,其中以图表法和条文法最为常见。

图表法即通过画图列表,展示文章的思路,理清应用文的逻辑关系。如有一篇《××省新闻出版广电局关于严厉打击非法出版活动有关事项的通知》,可用列表法撰制提纲。格式如下:

事项 内容	摆情况	作分析	下结论
总	××省非法出版活动猖獗	这种非法出版活动危害大,已经成为社会的公害	必须打击
分	如: ××市 ××县 ××区 ……	(1)侵犯著作权人的合法权益 (2)影响青少年的健康成长 (3)污染社会风气 (4)……	(1)严禁出版 (2)严禁印刷 (3)严禁发行 (4)加大查处力度 (5)……

条文法主要是用简要的话语将构思过程分条列项记录下来。国家标准局制定的纲目写法比较适宜条文法提纲。

```
       ⎧ 1.
       ⎪ 2.……2.1
       ⎪        2.2……2.2.1
主旨 ⎨              2.2.2
       ⎪              2.2.3
       ⎪ 3.
       ⎩ 4.
```

这种提纲法也可以进一步简化。如：

$$\text{主旨}\begin{cases}\text{一、……}\\\text{二、……}\\\text{三、……}\end{cases}\begin{cases}（一）……\\（二）……\\（三）……\end{cases}\begin{cases}1.……\\2.……\\3.……\end{cases}\begin{cases}（1）\\（2）\\（3）\end{cases}$$

无论是哪种条文法结构，其层次之间所构成的关系都有可能有两种形式，即直线推论（纵深式递进结构）和并列分论（进层式并列结构）。

四、表达成文

表达成文即指用合理的结构、规范化的语言把构思过程予以物化的过程。表达成文首先要选择合适的表达方式。在叙述、描写、说明、议论、抒情诸表达方式中，应用文最常用的是叙述、说明、议论。

（一）应用文的叙述

叙述主要是把事情的来龙去脉表述清楚的一种方式。在应用写作中，叙述主要用来介绍情况、交代问题、说明原委。叙述常用的方式有顺序、倒叙、插叙、平叙。

叙述，是应用文写作最常用的写法，是应用文重要的表达手段之一。

叙述不是每份应用文都有的，有些应用文只有说明或理论归纳。但就叙事性应用文，如报告、通报、部分通知等而言，应用文的叙述，无论从角度、方式方法来讲，都有其自身的特点。

首先是叙事主旨的直露性。

任何文章的叙事都有明确的主旨，应用文写作也不例外。但是，文学叙事多追求"言外之意"、"韵外之味"等审美意蕴，文学叙事多通过情节等曲折表达主旨。而应用文尤其是公文主旨则讲求开门见山、直入主题，这样才能提高应用文尤其是公文的办事效率。

其次是叙述时间和事件的变形幅度被弱化。

不管是什么样的作品，完全重复社会的真实是不可能的，只有通过时间的变形或事件的变形才能完成文本的叙述。但是，文学叙述中的变形与应用写作中的变形相比，应用写作的变形具有典型的弱化倾向。

就时间变形而言，叙事必须交代事实发生的时间、地点等。应用文写作属于纪实叙事，但纪实叙事从时间的角度来看也有事后叙事、事前叙事、同时叙事等。应用文在叙事时，多选用同时叙事的方式。当然，这里的同时叙事中的"同时"只是相对于一个时间段而言，而不可能用计量的方式来精确。

文学中叙事的时间变形是多样的，且时间变形的幅度比较大。这是由文学本身的特质所决定的。有的时间变形在底本与述本之间往往是上下数千年。如司马迁《越王勾践世家第十一》先叙其祖先"其先禹之苗裔"，但从禹至勾践其父近千年，司马迁无从也无法考证清楚，当然也没有必要考证清楚，结果司马迁用"后二十余世"几个字将时间缩短，紧接着让叙事的主人公越王勾践登上时间舞台。应用写作也存在时间变形。但应用文尤其是公文中使用最多的时间变形多为"最近"、"近一段时间以来"、"近年来"、"开春以来"、"十六大以来"，稍长一点的也就是"新中国成立以来"、"十一届三中全会以来"等。也就是说，应用文的时间变形幅度小，变形幅度被弱化。而且，有些叙事类的公文中对时间往往大量使用不变形的表述："×年×月×日"甚至"×时"，言之凿凿。应用文尤其是公文的叙事最常见的有两种：直接表示法，这是一种精确表示法,如××××年×月×日;模糊表示法,如"改革开放以来"、"最近"等。

就事件变形而言,叙事是离不开事实的,在什么时间于什么地点发生了什么事,这是叙事最基本的要素。就叙事本身而言,事件有"无中生有"、"有中生有"的发生机制。但就应用写作而言,其叙事只允许存在"有中生有",且不允许移花接木、张冠李戴,不允许运用嫁接的手段发生事件。当然,不是说应用写作中的叙事不存在变形,世界是复杂的,社会是千变万化的,构成世界中的人或事本身极具复杂性。文学的叙事是"创造典型环境中的典型人物",而应用写作则是"再现典型环境中的典型(人物或事件)"。如果事无巨细地写出社会中的事件,而不加以变形,显然是不对的,也是毫无意义的。但是,应用写作中的叙事,对事件来说只是"典型再现"。首先是再现,即事件本身是存在的。其次是"典型"再现,即事件是能反映真实的本质的,是具有代表性、普遍性的。所以,应用文的选材必须真实典型。第三,应用文尤其是公文,叙事地点应该是明确具体的,地点的出现不必刻意回避对事情实质的触及,惟其如此,应用文的内容才更具针对性,而且,应用文尤其是公文中叙事的地点不需要环境烘托,不需要云遮雾绕。如《国务院办公厅关于四川山东两省部分市(县)乱集资乱收费问题的通报》:"××××年3月,四川省黔江县财政局为缓解财政资金周转困难,决定以年利率24%、期限一年为条件,向本局每个干部职工集资10万元,共筹集1 322万元。"言之凿凿,非常具体。第四,关于叙事的人物,应用文尤其是公文中,涉及具体人物的主要是奖惩性公文或具有奖惩职能的公文,一般公文不涉及具体个人,即人物个体,主要涉及的是人物群体,往往以比较概括的表述体现。如《江苏省人民政府关于表彰先进集体和劳动模范的决定》:"各条战线、各行各业涌现出一大批先进集体和模范人物。"公文中的这种表述比较常见。

叙事的变形还表现在主题的体现及体现的方式上。任何叙事对作者而言总是要达到某种目的、表达某种主旨的。但在文学叙事中,主题是多元的,存在"形象大于思维"的特质,且主题往往隐含于事件的叙述中而不必特别指出来。一个事件若能在不同读者中发生不同的理解,这是作家创作的巨大成功。但应用文通过事件的叙述表现出来的主旨必须是直观的、唯一的,作者必须在特定的位置毫不吝啬地加以点明,如果出现了一份文本中的叙事的不同理解,这对应用文效力的发生是最大的伤害,也是应用写作最大的失败。

再者是叙述表现手段的单一化。

叙事除了如前所论述要叙述清楚什么时间在什么地点发生了什么事件外,怎么样把事件叙述出来,这也是叙事必须充分考虑的因素。

1. 关于叙事的视角

应用文尤其是公文的叙事,事件的叙述者往往是局外人,叙述者只是在客观公正地把事件的来龙去脉、因果关系交代清楚。叙述者多为代言身份,他们在叙述事件时不一定要自己参与其中。于是,叙述者在叙述事件时甚至是"违心"地在叙述,即叙述者本人内心对事件本身的赞同与否定与他在事件叙述中表达出来的观念是不同的。因为叙述者只是站在统治阶级的立场来分析问题,其个人情感是不允许过多参与的。同时,叙事的口吻应该是一贯的,人称是固定的,多以机关单位身份出现。如"我们认为……"、"国务院决定……"、"省政府决定……"等。从这一点看,应用文尤其是公文的叙事性讲求叙述者的客观、公正、准确、典型。

2. 关于叙述的手段

就叙述的手段而言,是举不胜举的。就应用文的叙述而言,首先是不以文学描绘的笔法来进行应用文尤其是公文的写作,而是以简单的直笔来传递某种信息。文学是以感动人达到感化人为目的,运用多种手段,调动一切元素,达到诉求的结果,这是文学的话语功能所在。公务文书重在传递信息,只要读者完全彻底地了解了文字本身传递的信息,就算达到了公务文书的目的。运用描绘的手法叙事,只会以辞害意,影响文书本身的效力。如:

  1991年5月6日深夜,乌云密布,雷声隆隆,大雨倾盆而下,霎那间,美丽富饶的鱼米之乡被一片汪洋吞没。接连几天如注的暴雨,淹没了田野,冲毁了村庄和工厂,交通、通讯、电力一度中断。这一百年不遇的特大洪涝灾害,给我乡造成了不可估量的损失。

  这段叙述性的文字,带有浓厚的文学色彩,且用词十分夸张、失真。这种叙述性的文字,在文学叙事中可能是常见的,但在应用文的叙事中则是严重违反应用写作的要求的。再如:

  领导群众致富,如同牧羊一般,领导者好比羊倌。没有经验的羊倌,只知道举着鞭子在群羊身上乱抽,费半天劲,也只能使羊只挤疙瘩,乱碰头,在原地团蛋蛋。聪明的羊倌就不是这样,他的办法是找领头羊,只要头羊一走开,其余羊只就"不用扬鞭自奋蹄"了。

  这段叙述性文字虽生动形象,但语言显得过于流俗,特别是一些方言俗语的运用,把公务文书典雅庄重的色彩一下子冲刷得荡然无存。而且,所谓牧羊的比喻也不一定是个好比喻。
  关于叙事语言,要遵循准确、简明、庄重、得体的要求。
  在应用文的叙事中还要充分考虑事实选择的具象性和抽象性的问题。一般来说,事务文书中调查报告、典型材料、公文中通报等事实的叙述,采用具象性事实,即事实材料追求完整细致,有些还常用各种细节,但公文中除通报等事实外,绝大多数叙事应该为抽象性叙述,如"×××××已发生多起事故,造成人员伤亡和重大财产损失"。
  因此,应用文的叙述手段要尽量保持单一性,尽量少用修辞手法描摹事件,不用文学描绘的叙事笔法。语言力求庄重、明快、稳定,尽量采用常规搭配方法和惯用手法。不用修辞性的标点符号来达到某种特有的叙事效果。不要进行无谓的所谓语言创新。
  公务文书的写作应该摒弃"私人话语",更多地使用"公务话语"。
  3. 关于叙事的道德
  对绝大多数读者而言,叙事性作品对他们更具吸引力。有人称之为"叙事的伦理道德作用"。应用文中同样有叙事道德的问题。我们讲的应用文叙事的底线,是指应用文尤其是公务文书的叙事不能违背党和国家的方针政策,不能违背社会通行的价值观念,不能危言耸听、故弄玄虚来吓人。如有人在叙述重大事故时,故意夸大恐怖的事实镜头;在揭露有人泄密的通报中,故意再将泄密的内容复述一遍;在披露两性的案件通报中,故意用一些词汇或情节来再现所谓的"两性故事"。这些都是违背应用文叙述的道德的。因此,应用文的写作者要遵循叙事的道德底线,这是保证应用文发挥效力的前提。
  4. 关于叙事的层次
  文学叙事层次复杂,富于变化。应用文尤其是公文的叙事层次方式单一,一般有两种:一是按照事件发展的自然顺序,二是按照事件的联系。
  应用文在使用叙述时还应注意:
  一是在叙述方法的使用上,应用文以顺序为主,很少使用倒叙、插叙等表现手法。

二是在叙述人称的选择上,应用文较为客观,以第一、第三人称居多,少用第二人称。但下行公文如批复、复函中,使用第二人称的现象较为常见。叙述的人称要贯穿始终,不要出现人称的变化和交互使用。

三是在叙述形式的确定上,叙述往往用概述等手法。叙述不仅要交代清楚,而且要线索清楚,层次分明,详略得当。

（二）应用文的说明

说明是以客观地解说事物、剖析事理和介绍对象为内容,使人们明白了解和认识的表达方法。应用文的说明顺序主要三种：一是以时间为序,二是以空间为序,三是以逻辑关系为序。

应用文使用说明方法时,一般侧重于三个方面：

一是对事物性质、特点的概况,如"男女平等是我国的一项基本国策"。

二是对事物范围类别等的介绍,如"在中华人民共和国领域及管辖的其他海域勘察矿产资源,必须遵守本办法(《矿产资源勘查区块登记管理办法》)"。

三是说明完成某项任务的措施和发文机关或人员的制文意图和主张。

（三）应用文的议论

议论是阐明事理、发表意见、提出措施、表明观点的一种表述方法。应用文的议论服从于主旨的需要,一般不做理论上的深入探讨或见解上的争鸣,不要多方面、多角度地论证同一观点,不追求完整性,只要抓住要害,将观点点透即可。在应用写作中,议论既可以用论据直接论证论点或者批驳错误论点,也可以采用排他法,用论据证明与论点相矛盾的反论点的虚假性,从而推出论点的真实性。

应用文中常用的议论方法有例证法、引证法、比较法、因果法。应用文中的议论一般不宜太长,要恰如其分、恰到好处,要防止出现事大理小或事小理大的不协调现象,防止出现事实与道理两张皮的情况。

在应用文尤其是公务文书的写作中,不要使用古代的名人明言。如有一篇《关于加强机关责任制的通知》这样写道：

正如北宋时期的苏辙所云："无事则深忧,有事则不惧。"遇到小事,我们要主动去做,培养自己在财务岗位上的高度责任心,加强责任制。遇到困难时,不要怕,要主动团结其他同事,主动地解决,完善我们财务处的工作机制,更好地为全校广大师生服务。

正如范仲淹所言,"先天下之忧而忧,后天下之乐而乐",只有我们平常加强责任制,做好每一件事,才能把事故的隐患杀死在摇篮之中。

这份文件,除了语言上不规范,不符合公文的语言表达要求外,引用古代名人名言显然是不对的。当然,不能使用古人名言,公文中却可以使用领导的讲话、指示等。

在叙述、说明、议论中,报请类上行公文以及通报、简报和事实性为主的应用文侧重于叙述,通告、公告、公报以及条例、规定、协议书、合同等以说明为主,讲话稿、开导性的书信等文体以议论为其主要表达方式。不过,每篇应用文常常综合使用多种表达方式,人为地区分它,既是无谓的,也是不切实际的。

应用文表达成文还必须遵守文种本身的规矩制度。如司法文书必须以事实为依据,以法律为准绳,文书内容必须合法。公文的写作更需要严格遵循公文的有关行文规则。其实,许多应用文都有其行文的特定制度和规矩,在表达行文时,尤其要注意遵循这些规矩制度。

应用文表达成文也必须选择合适的段落、结构、语体和准确的语言、范式。

对许多应用文而言,其所涉及事项一般涉及三个内在的环节:问题的出现、发现、预见,对问题产生的原因的分析,根据分析的结果找出解决问题的办法,即提出问题—分析问题—解决问题。因此,写作应用文时必须遵循事项本身的特性,或三要素齐备,或以提出问题—解决问题的结构形式出现,或以解决问题的单一形式出现(如公布性公文、记录性公文)。选择何种形式,根据具体情况区别对待。

应用文表达成文需选择合适的语体和准确的语言。此外,还经常使用承启语,如"现将有关事宜通知如下"、"特作如下批复"等。惯用语的使用也较为固定,如"此复"、"特此函复"、"特此通知"、"专此肃达"、"为感"等。这些词语在写作时必须仔细揣摩,充分考虑,认真记忆,细心体会。

五、修改定稿

修改是应用文写作的最后一道工序,是提高文稿质量的一个重要环节。事实上,修改贯穿于写作的全过程,从主旨的提炼、结构的设计、语句的表达、修辞的选用到文书成稿后征求意见,无不存在着修改。我们这里所说的,是指有关人员对应用文初稿的润色、加工。

毛泽东同志在《反对党八股》一文中曾说:"我看重要的文章不妨看它十多遍,认真加以删改,然后发表。"作为应付生活、用于事务的应用文,其修改工作非常重要。这是因为,一是人们对问题尤其是对新问题的认识都有一个过程,应用文的作者也不例外,同时不少应用文的作者所领会的,与文书制发机关所要求的,往往有差距;二是应用文写作时间短,不少应用文还是受命而作的产物,制作的被动性强,往往起始时有"意不称物"的缺陷;三是现实生活丰富多彩,非常复杂,应用文的写作者难免挂一漏万;四是应用文的规范性、严肃性较强,必须对其字斟句酌。

应用文修改的对象主要有三个方面:

一是内容方面的修改。内容方面的修改,包括修改主旨,修改观点,修改材料三方面。修改主旨首先是看应用文的主旨是否正确,是否与党和国家的方针政策相抵触,还要看主旨是否准确、鲜明。修改观点,主要是看应用文中的观点和提法是否准确,内容是否科学,能否清楚地表达行文意图等。修改材料主要是看材料是否真实,是否能充分地支撑文章的中心论点。

二是形式方面的修改。形式方面的修改包括修改布局,修改格式,修改语体语言等。修改布局主要是看应用文结构的安排是否得当,是否在必然的位置,布局是否合理,分段是否得当,起承转合是否自然,详略安排是否均衡等。修改布局涉及修改层次颠倒、上下脱节、详略失宜、段落重滞、处置不当等问题。修改格式主要是修改应用文中不合乎要求的文种、文号、标题等应用文文本组成部分及其位置,使应用文文本更加规范。

三是处理方面的修改。处理方面的修改包括修改行文关系,修改批转与转发、印发,修改主送机关、抄送机关等。修改行文关系,主要是看是否要行文,文种的选择是否合适,发文主体与收文对象的关系是否规范等。修改行文关系尤其要注意行文单位、收文单位、发文单位之间的关系。

应用文修改的对象很多,包括写作者、审定者、会签者、签发者等。修改的形式也很多,如送专家审定、会议讨论、个人修改等,不一而论。

经过反复认真修改,一篇应用文经确认也就完成其写作过程。

六、关于公文的文风问题

近几年,全国各地多次发生应用文尤其是公文写作方面的事故、事件,造成了非常恶劣的社会影响。这里必须说明的是公文物化过程中的文风问题。公文写作要注意以下几点:

(一)杜绝抄袭、照搬风气

网络时代,互联网的出现,给初学应用文尤其是公文写作的人提供了方便,但是,从网络上直接下载、剪贴的风气在机关单位经常出现。这一方面说明许多文稿的写作没有针对实际情况,文稿内容与当地具体工作结合不紧密;另一方面说明,写作者本人态度不端正,缺乏创新意识,思想懒惰,行文松懈。如2008年某地所发中秋节放假的通知中出现的"希望大家过一个快乐祥和的端午节",2009年网友爆料的河南开封消防支队与漯河消防支队的宣传稿件如出一辙,开封市领导讲话中竟还有"构建和谐平安漯河"的所谓"开封指导漯河工作"等,这些都给应用文尤其是公文的写作者提了个醒。

(二)高度重视发文工作,严格发文程序

2008年4月28日,胶济铁路发生特大交通事故,这次事故与济南铁路局对发文工作的不重视密切相关。如4月23日、4月26日、4月28日三次发文前后矛盾,公文文种选择错误,应该使用"命令"而只使用印发通知,公文送达方式错漏百出,文件发布形式错误,文件执行监控缺失,处置不到位,催办方式缺失等。这一重大事故充分说明,各机关单位必须高度重视公文的发送方式、程序等,尤其要把公文的写作处理作为机关重要工作来抓。

(三)杜绝文牍主义和乱发文现象

这是一个古老的话题,但是今天,仍然必须强调杜绝文牍主义,公文发文要确有必要,可发可不发的公文不发,可长可短的公文要简短,要适应形势的发展,转变政府职能,提高应用文尤其是公文在事务处理中的效率。

还有许多文风问题值得注意,这里只是抛砖引玉。

(四)杜绝情绪化色彩

公文是传达贯彻党和国家的方针政策,公布法规和规章,指导、布置和商洽工作,请示和答复问题,报告、通报和交流情况等的重要工具。公文处理工作应当遵循实事求是、准确规范、精简高效、安全保密的原则。而现在,有些部门和个人,忽视公文处理工作的严肃性,把公文当成单位和少数人的谋私工具,甚至在公务文书中出现情绪化的宣泄,这是极不负责任的行为。

第四节　公文的拟制和发文办理程序

前面所涉及的,是一般应用文的物化过程,但公文的物化过程在一般规律基础上又展现出其独特性的一面。一般来说,私务文书的表达过程往往是个性化的。但是,公务文书的制作往往是集体意志的体现。公务文书的表达过程除了需要恰当的表达方式外,还要经历完整的发文处理程序,最终才能形成文本。

一、公文的拟制

公文拟制包括公文的起草、审核、签发等程序。

（一）起草

起草即初步拟稿,即通过一定的表达方式将意图体现为文字的过程。公文的起草并不能说明公文文本写作的完成,只是公文写作的第一步。但这第一步非常重要,是公文质量的基础。一篇好的公文,必须有良好的第一步。

起草文稿的对象主要是秘书,但不少文稿是领导亲自起草的,有些文稿由职能部门相关人员拟制。《党政机关公文处理工作条例》第十九条明确要求:"机关负责人应当主持、指导重要公文起草工作。"

起草公文时,对涉及其他地区或者部门职权范围内的事项,起草单位必须主动与有关部门协商,征求相关地区或者部门意见,力求达成一致。如有分歧,起草单位的主要负责人应当出面协调,仍不能取得一致时,起草单位可以列明各方理据,提出建设性意见,并与有关部门会签后报请上级机关协调或裁定。

公文起草还应当做到:

一是符合国家法律法规和党的路线方针政策,完整准确地体现发文机关意图,并同现行有关公文相衔接。

二是一切从实际出发,分析问题实事求是,所提政策措施和办法切实可行。党委、政府部门报请以党委、政府或党委、政府办公厅(室)名义发文,下级机关请上级机关转报请示,应当认真起草代拟稿,并对公文内容的真实性、准确性以及可行性负责。

三是内容简洁,主题突出,观点鲜明,结构严谨,表述准确,文字精练。

四是文种正确,格式规范。

五是深入调查研究,充分进行论证,广泛听取意见。

六是拟制紧急公文,应当体现紧急的原因,并根据实际需要确定紧急程度。

七是人名、地名、引文准确。引用公文一般要求先引标题,后引发文字号。引用外文应当注明中文含义。

八是应当使用国家法定计量单位。

九是文中使用非规范化简称,应当先用全称。使用国际组织外文名称或其缩写形式,应当在第一次出现时注明准确的中文译名。

十是杜绝形式主义和繁琐哲学。

（二）审核

审核主要是对文稿的审查。审核包括部门领导或职能部门业务审核和发文机关办公厅（室）审核两个环节，发文机关办公厅（室）审核是文稿审核的主体。

部门领导审核一般用于部门拟制的文稿，常常体现为审稿。

职能部门业务审核主要是职能部门从自己职能或业务的角度对文稿进行的审查，这种审核又称会稿。

《党政机关公文处理工作条例》第二十条规定："公文文稿签发前，应当由发文机关办公厅（室）进行审核。"审核的重点：

一是行文理由是否充分，行文依据是否准确。

二是内容是否符合国家法律法规和党的路线方针政策；是否完整准确体现发文机关意图；是否同现行有关公文相衔接；所提政策措施和办法是否切实可行。

三是涉及有关地区或者部门职权范围内的事项是否经过充分协商并达成一致意见。

四是文种是否准确，格式是否规范；人名、地名、时间、数字、段落顺序、引文等是否准确；文字、数字、计量单位和标点符号等用法是否符合规定。

五是其他内容是否符合公文起草的有关要求。

需要发文机关审议的重要公文文稿，审议前由发文机关办公厅（室）进行初核。

经审核不宜发文的公文文稿，应当退回起草单位并说明理由；符合发文条件但内容需作进一步研究和修改的，由起草单位修改后重新报送。

党委、政府或党委、政府的办公厅（室）联合行文时，政府部门起草的文稿，先由政府办公厅（室）审核，然后转党委办公厅（室）办理发文；党委部门起草的文稿，先由党委办公厅（室）审核，转政府办公厅（室）会签，再由党委办公厅（室）办理发文。

（三）签发

签发是机关负责人从法律上对文稿的最后认定。公文文稿一经签发，从文字表达的过程来讲就基本完成，签发是公文物化过程的最后法律手续。公文如果未经领导人签发，不能成为定稿。

公文应当经本机关负责人签发。重要公文和上行文，由机关主要负责人签发。党委、政府的办公厅（室）根据党委、政府授权制发的公文，由受权机关主要负责人签发或者按照有关规定签发。

签发人签发公文，应当签署意见、姓名和完整日期；圈阅或者签名的，视为同意。

联合发文由所有联署机关的负责人会签。一般由主办机关首先签署意见，协办单位依次会签，不使用复印件会签。

关于"主要负责人"的含义。主要负责人一般指各级党政机关的正职或主持工作的负责人。

二、发文办理

（一）发文办理的性质

发文办理是指以本机关名义制发公文的过程。

公文的发文办理过程集中体现了公文制作的严肃性、严谨性、严格性,同时也说明,公文的制作过程是集体意志的体现,是领导意志的体现。

根据《党政机关公文处理工作条例》的规定,发文办理主要包括复核、登记、印制、核发等程序。

(二)发文办理的具体过程

1. 复核

《党政机关公文处理工作条例》第二十五条规定:"已经发文机关负责人签批的公文,印发前应当对公文的审批手续、内容、文种、格式等进行复核;需作实质性修改的,应当报原签批人复审。"

复核是发文机关办公厅(室)在文稿正式印制前对文稿的再次审核。

复核程序是现行党政公文法规第一次明确提出的要求,是适应电子化文档处理提出的发文步骤。这是一个非常重要的程序,在许多单位通行的发文程序上还未体现出来,许多单位发文时出现的技术问题甚至是文书内容问题,都是由于缺少该程序而形成的。如某地所发中秋节放假的通知中出现的"希望大家过一个快乐祥和的端午节"就是一例,只要在印制前稍加复核,问题就会很快被发现。

复核环节具有鲜明的时代性特征,是电子化办公的特殊要求,必须引起发文机关办公厅(室)的高度重视,并将其付诸行动,首先在发文程序上体现出来。

公文复核的重点是:审批、签发手续是否完备,附件材料是否齐全,格式是否统一、规范,文字表述是否有问题等。

2. 登记

对复核后的公文,应当确定发文字号、分送范围和印制份数并详细记载。过去,将这一程序归在注发程序中。这里的登记,与在收文簿或发文簿上的登记不同,实际上是发文程序,是发文机关办公厅(室)对文件发送要求的有关标注。

3. 印制

公文印制是形成对外发出的正式文本前的最后工序。公文印制式样按照国家有关行文格式要求办理。

公文印制必须确保质量和时效。

涉密公文应当在符合保密要求的场所印制。

4. 核发

公文印制完毕,应当对公文的文字、格式和印刷质量进行检查后分发。

核发是公文在从本单位分发出去的最后一道工序,也是对公文质量的最后一道检验程序。

公文写作篇
GONGWENXIEZUOPIAN

第一章 公文概述

第一节 公文文种概述

公文是个独立的文体,它是由若干具体的公文组成。由于具体的公文性质有别,用途不同,因此,为每个公文规定了专门的名称,并对其使用性质做了界定,一般将这种具体公文的名称称为"文种"。

公文是随着国家的产生、文字的出现而产生的,随着国家政治制度的发展以及社会的进步和实际工作需要的变化,办公手段的创新,公文的文种也随之发生变化。新中国成立后已经多次公布公文法规,最近的三次分别是 1989 年、2000 年、2012 年,我国现行的公文法规是《党政机关公文处理工作条例》,该条例自 2012 年 7 月 1 日起施行,规定的具体文种共有 15 种。

一、公文分类及文种释义

(一)公文分类

公文分类的方法很多,主要有以下几种:

一是按照使用范围来划分,分为通用公文和专用公文。通用公文是指全国党政机关、军队、人民团体、企事业单位普遍使用的公文,具有在全国各类、各级机关通用的特征。如《党政机关公文处理工作条例》规定的 15 种公文。而专用公文是指在一定的工作部门和业务范围内,按特殊需要为一定专业服务的公文。如军事文书、外交文书、司法文书、经济文书等。它与通用公文既存在交叉性,又存在独立性。

二是按照功能来划分,分为指挥类公文、部署类公文、报请类公文、答批类公文、商洽类公文、奖惩类公文、知照类公文等。

三是按照密级来划分,分为普通件和密件。密件又分为绝密件、机密件、秘密件。

四是按照公文送达和办理的时限要求来划分,分为平件和急件。急件分为"特急"和"加急",电报分为"特提"、"特急"、"加急"、"平急"。

五是按照行文方向来划分,分为上行文、下行文、平行文。上行文是指下级机关用于向上级机关的行文,如报告、请示等;下行文是指上级机关用于向下级机关的行文,如决定、命令等;平行文是指平级机关或不相隶属机关之间的往来公文,如函等。

六是按照稿本形式来划分,分为正本、副本、定本、定稿本、稿本等。

(二)文种释义

文种,是指对具体的公文按其性质和用途的不同要求划分为若干种,并为每种公文规定的固定的名称,即公文的名称。它概括表明公文的性质、用途与制发机关的职权范围,它决定着公文的结构、格式与语言的运用。

在公文中正确标明文种有利于维护公文的权威性和有效性,并且方便公文的写作与处理。文种是标题构成的核心之一,文种是公文区别于其他文章体裁的鲜明标志。在写作实践中,如果没有文种,就不能形成公文。如果文种错了,那么产生的公文就是不合格的公文。

根据中共中央办公厅和国务院办公厅发布的《党政机关公文处理工作条例》,我国现行的党政机关公文文种共有15种。分别是:决议、决定、命令(令)、公报、公告、通告、意见、通知、通报、报告、请示、批复、议案、函、纪要。

二、公文文种的确定与选择

在公文写作中,文种混淆现象大量存在。确定和选择文种就成为公文写作的重要内容,在这点上,公文写作比文学写作要困难一些。因为文学写作在动笔之前,文体已基本确定,或小说,或诗歌,或散文,或戏剧,作者已有了选择。而公文写作者则缺少主动性,他要受制于单位的发文意图,要服从领导的意志。

选择公文文种的许多方法与选择应用文文种的方法相同,但也有特殊要求。确定和选择公文文种应注意以下几点:

第一,必须按照党政公文管理法规的统一规定,不能乱起公文文种名称。我国现行的党政公文管理法规主要有:《党政机关公文处理工作条例》、《党政机关公文格式》。法规规定了每一个公文文种的性质,每个文种只能单独使用,不能合并,切勿使用"请示报告"这类不规范的文种。

第二,要依据制发机关的职权范围和隶属关系选用适当的文种。有些文种不是随便哪个单位都可以使用的,即文种的选用对机关性质、机关级别等有严格的要求。

第三,要依据行文方向即公文作者与主要收文者之间的工作关系选用相应的文种。行文方向一旦明确,发文机关和收文机关的地位、权限就很清楚,文种就可确定下来。但是,特别指出的是,有些文种的行文方向是复杂的,如通知,既有下行文,也有平行文;函,既有上报函,也有平行性函;意见,既有上行性意见,也有平行性意见和下行性意见。对行文方向的分类,一是看主要功能,二是看实际使用情况。按照具体文种的主要行文方向,一般可将党政机关15种文种划分如下:

行文方向	主要文种
上行文	报告 请示 议案
下行文	决议 决定 命令(令) 公报 公告 通告 意见 通知 通报 批复
平行文	函 纪要

第四,要依据不同的行文目的,选用不同性质的文种。通过行文方向的分辨,已经把文种的确定和选择缩小了范围,再从行文目的和文种性质的角度加以区分,就更加清晰。如都是上

行文,行文目的是让上级机关掌握信息,了解情况,则应用报告。如是向上级反映问题、提出意见和建议的,则应用意见。如目的是要上级机关解决问题,请求指示或批准的,则应用请示。

　　第五,要依据经验,注意近似文种的辨析。公文中有些文种的名称、性质、作用和特点是非常近似的,要准确地确定和选择文种,就必须加强对近似文种的辨析,掌握它们的特殊功能。尽管有些公文在行文方向上一致,又具有大体相同的性质和作用,但在功能范围和功能特点上还存在一些细微的差别。

第二节　公文的行文规则

　　行文规则,是指行文时必须遵守的规矩、制度。它是维持正常的行文关系、保证机关工作正常开展的重要条件。公文的写作,必须严格遵循公文的行文规则。

　　公务文书的功能,是通过文件在机关、团体、企事业单位之间的运行来实现的。而公务文书的这种运行又是遵循着严密的行文关系,沿着特定的行文方向,通过适当的行文方式进行的。探讨、了解、掌握公务文书的行文规则,对于提高公务文书处理的效率和质量,确保公务文书各个环节的准确、完整、规范具有重要作用。

　　按照《党政机关公文处理工作条例》的有关规定,根据公文行文方向的下行、上行、平行,主要行文规则有以下方面:

一、下行文

　　一是行文应当确有必要,注重实效,注重针对性和可操作性。发文坚持少而精。可发可不发的公文不发,可长可短的公文要短。上行文、平行文也坚持这一原则。

　　二是要选准文种。文种使用准确,这是撰制公务文书的最基本的要求。如关于对人事任免的公务事项,可以用命令(令)、决定、通知等文种。在选择文种时要考虑发文主体的级别、文件内容的轻重,合理地选择恰当的文种。如上级机关要撤销下级机关不适当的决策事项,则应选择决定。下发企业常用事务文书如计划等,应加"通知"作为文件主体,将下发的事务文书和印发通知一并下发,所以我们常说,单位的、时限长的计划,多用文件式。事务文书要具备行政性,必须选择正确而有效的公文文种,使其发文形式发生变化。

　　三是行文一般只发直属下级,有时也可以扩大到所属各级,如中共中央的文件,既可以直接发给各省、直辖市、自治区党委,也可以发给各市、县(市、区)党委。具体行文时,行文关系要依各自的隶属关系和职权范围确定。一般说来,政府各部门可以向下一级政府的有关业务部门行文,除以函的形式商洽工作、询问和答复问题、审批事项外,一般不得向下一级政府正式行文,如需行文,应报请本级政府审批,或经政府审批后,由政府办公厅(室)转发。须经政府审批的事项,经政府同意也可以由部门行文,文中应当注明经政府同意。

　　四是公布性文件,包括经批准发布的行政法规和规章,凡通过报纸、电台、电视台等媒体直接和广大人民群众见面的,具有正式公文的法定效力,应视为正式公文依照执行,不需要另外行文。一方面,这类公文公布时应在公文附注位置注明,或发文时在有关媒体上注明,以免下级机关产生误会;另一方面,收文机关也应把这视为正式公文依照执行,不要再等待正式文件,免得贻误工作。

五是主送受理机关,根据需要抄送相关机关。重要行文应当同时抄送发文机关的直接上级机关。

六是党委、政府的办公厅(室)根据本级党委、政府授权,可以向下级党委、政府行文,其他部门和单位不得向下级党委、政府发布指令性公文或者在公文中向下级党委、政府提出指令性要求。需经政府审批的具体事项,经政府同意后可以由政府职能部门发文,文中需注明已经政府同意。

七是党委、政府的部门在各自职权范围内可以向下级党委、政府的相关部门发文。

八是涉及多个部门职权范围内的事务,部门之间未协商一致的,不得向下行文;擅自行文的,上级机关应当责令其纠正或者撤销。

九是上级机关向受双重领导的下级机关行文,必要时应当抄送该下级机关的另一个上级机关。如中国建设银行同时受财政部和中国人民银行领导,央行向建行下发决定等公文时,应同时抄送财政部。

十是为了提高工作效率,减少不必要的环节,各级党政机关应当充分发挥职能作用,可以自行下达或与有关机关联合下达的公文,不要报请上级机关批转。

十一是部门内设机构除办公厅(室)外不得对外正式发文,即部门内设机构不得向本部门以外的其他机关(包括本系统)制发政策性和规范性文件,不得代替部门审批下达应当由部门审批下达的事项。

二、上行文

一是要选准文种。上行文有请示、意见、报告、报请函等。报告是陈述性的上行公文,请示、上行性意见是请求性的上行文。若向上级报送常用事务文书,像报送总结、计划等,可另加"文件头",如系简报可直接报送。

二是行文关系根据隶属关系和职权范围确定,机关单位之间一般不能越级请示和报告。这是为维护正常的办事程序,发挥各级机关的作用,避免工作脱节。特殊情况可以越级行文,一般特殊情况是指:对上级机关检举、控告的;根据规定或领导机关指定可以越级上报的(上报时要加以说明);情况特殊、紧急,逐级上报会延误时机、招致损失的。必须注意的是,"因特殊情况必须越级行文时,应当同时抄送被越过的机关"。

三是原则上主送一个上级机关;根据需要可以同时抄送相关上级机关和同级机关,不得抄送下级机关。受双重领导的机关单位向上级机关单位行文,应当写明主送单位和抄送单位,由主送单位负责答复其请示事项。

强调请示的主送单位只能有一个,主要是从提高工作效率的角度出发的,如多头请示,就会出现多头审批的情况。而多头审批,一是重复劳动,造成浪费;二是会出现批复意见不一的情况,徒然生出矛盾,惹出很多麻烦,反而不利于工作的正常开展。

四是党政机关一般不能交叉上行请示、意见、报告性公文。

五是党委、政府的部门向上级主管部门请示、报告重大事项,应当经本级党委、政府同意或者授权;属于部门职权范围内的事项应当直接报送上级主管部门。

六是下级机关的请示事项,如需以本机关名义向上级机关请示,应当提出倾向性意见后上报,不得原文转报上级机关。

七是请示应当一文一事。内容单一,上级才好批复,才能处理;内容繁杂,上级同意其中一件,不同意另一件,暂无法处理,这就很难批复;如果几件事情要几个部门才能处理,那就更难批复,必然造成"公文旅行"。一文一事这一点在标题上应有所反映,作出准确的概括,一般写成《关于×××××(一个事项)的请示》。

八是除上级机关负责人直接交办事项外,不得以本机关名义向上级机关负责人报送公文,不得以本机关负责人名义向上级机关报送公文。因为请示呈主送机关,主送机关自然会按照职权范围分工处理,发挥有关部门的组织作用。假如一般的请示也送领导者个人,领导者就容易越权,也容易被具体事务缠身,还会滋生不正之风,浪费领导的时间。

九是不得在报告等非请示性公文中夹带请示事项。

十是凡属本机关职权范围内可以解决或可与其他部门协商解决的事项,不要请示上级机关。请示事项涉及其他部门职权范围时,主办部门应当主动与有关部门协商,取得一致意见后上报;如有分歧,主办部门的主要负责人应当出面协调,仍不能取得一致意见的,主办部门列明各方理据,提出建设性意见,与有关部门会签后报上级裁定,或将有关部门的正式意见或协调纪要作为附件,向上级机关请示。

十一是受双重领导的机关向一个上级机关行文,必要时抄送另一个上级机关。

三、平行文

一是要选准文种,如函、周知性的通知。

二是同级党政机关、党政机关与其他同级机关必要时可以联合行文。具体说就是:同级政府、同级政府各部门、上级政府部门与下一级政府可以联合行文,政府与同级党委和军队机关可以联合行文,政府部门与相应的党组织和军队机关可以联合行文,政府部门与同级人民团体和具有行政职能的事业单位可以联合行文,同级党的机关、党的机关和其他同级机关之间、同级军队机关可以联合行文。

三是上级机关不可与下级机关联合向下级行文。如省政府和省发展改革委员会不能联合向下级行文,因为省政府和省发展改革委员会不是平级单位,省发展改革委员会是省政府所属的一个部门,以省政府名义行文而再加上省发展改革委员会显然是多此一举。

四是属于部门职权范围内的事务,部门之间可以联合行文。联合行文应当明确主送机关。不相隶属机关之间一般用函行文。部门内设机构与相应的其他机关进行工作联系确需行文时,只能以函的形式行文。

属于党委、政府各自职权范围内的工作,不得联合行文。

五是平行文在写法上要态度谦和,多用商量的口气,不能强加于人,更不能用指示性的口吻。

第三节 公文的批转、转发与印发

批转、转发与印发,是公文写作与公文处理过程中经常使用的形式。正确区别批转、转发与印发,合理使用批转、转发与印发,是提高公文写作与处理效率的重要体现。

一、批转、转发与印发的性质

批转是上级机关对下级机关公文审批、转发的一种特有的文书处理形式。上级机关认为,下级机关所发的公文具有一定的学习、效仿、参照、指导、借鉴作用,在表明自身态度的基础上,将下级机关的文件发送到其他下级机关单位,要求其他单位学习、效仿或借鉴;或通过自身的权威,将文件发送特定部门执行。

转发是对上级机关、平级机关和不相隶属机关文书的处理形式。当一个机关认为上级的文件需要办理,并且表明自己的办文态度、办理方法,或认为平级机关、不相隶属的机关单位的文件值得本单位参照、学习、借鉴时,可以将该文件发送有关单位。

印发是机关单位对本单位文书的办理形式。当某个机关单位认为本单位的特定文书需要正式发文,或需要将某个特定部门制订的规章制度上升为机关单位共同执行的事项,或需要将机关单位负责人的讲话等变成机关单位的意志,或需要将事务性文书的执行效力强化,通过印发来完成。

二、批转、转发与印发的功能

(一)批转的主要功能

上级机关认为,下级机关单位的公文内容具有全局的指导意义,可以通过批转下级机关文件的形式,将下级机关文件内容转化为自己的意志,发给其他下级要求执行、办理。也就是说,批转的功能是:审批下级文件,表明自己对下级文件的态度,并将下级机关文件内容转化为自身的发文意图。这种批转实际上有主动批转与被动批转两种形式:当下级机关来文要求给予批转的,属于被动批转。被动批转,下级机关来文一般有惯用语"请予以批转"、"如无不妥,请批转"字样。当然,因为来文内容的种种缘故,上级机关也可不予批转,所以,即使是被动批转,上级的审批职能仍然是主动的。有时下级来文只是要求上级予以审批,但上级认为下级来文具有普遍意义,也可以批转。

在公文处理实践中,党委、政府各部门除办公厅(室)外一般不得向下一级党委、政府正式下发指令性公文或在公文中提出指令性要求。如需行文,应报请本级党委、政府批转或由本级党委、政府办公厅(室)转发。经政府审批的具体事项,也可以由政府职能部门发文,文中须注明已经政府同意。这揭示了批转的另一个非常重要的功能:当政府部门向下一级政府正式发文时,一般需要通过本级政府批转。如国家发展改革委、统计局和环保总局分别会同有关部门制订了《单位GDP能耗统计指标体系实施方案》、《单位GDP能耗监测体系实施方案》、《单位GDP能耗考核体系实施方案》和《主要污染物总量减排统计办法》、《主要污染物总量减排监测办法》、《主要污染物总量减排考核办法》,要发给各省、自治区、直辖市人民政府等单位执行,但根据行文规则,除办公厅(室)外,其他党委部门、政府部门一般不得向下一级党委、政府发布指令性公文或在公文中向下级党委、政府提出指令性要求,于是国家发展改革委、统计局和环保总局等部委将这些文件报请国务院审批后,由国务院批转。文件标题为:《国务院批转节能减排统计监测及考核实施方案和办法的通知》,也可以为《国务院批转国家发改委等三部门〈单位GDP能耗统计指标体系实施方案〉等六个文件的通知》。

(二)转发的主要功能

为了强化自身对上级文件的贯彻执行,并表明自己在执行上级文件时的态度,结合本单位的实际对上级机关文件具体办理,可以将上级文件转发有关机关单位执行。这种形式主要使用于转发上级文件。对平级和不相隶属机关单位的文件而言,主要是通过转发文件,希望收文单位予以参照、学习、借鉴。

公文实践中,当政府部门需要向下一级政府正式发文时,在经过本级政府审批后,也可以由本级政府办公厅(室)转发。"需经政府审批的具体事项,经政府同意后可以由政府职能部门行文,文中须注明已经政府同意。"也就是说,这种形式是由"政府批转"转化而成的"转发"。在实际发文中,使用这种由"批转"转化的"转发"较为常见。当然,何时由政府直接批转,何时由政府审批同意后再由政府办公厅(室)转发,主要根据发文意图、文件内容性质等确定。

(三)印发的主要功能

印发的功能主要体现在以下四个方面:

一是强化事务性文书的法定效力。公文具有较强的指导制约作用,而一般行政事务文书只具有信息沟通交流作用。通过将行政事务性文书加文件头,可以增强事务文书的指导制约作用。如《××单位关于印发〈××××2013年工作计划〉的通知》,就是将事务文书"计划"加"通知"的文件头,从而强化了该计划的法定效力,完成正式的发文程序。

二是印发法规规章,将单位内设机构制定的法规规章等转变为机关意图。如《江苏省人社厅江苏省卫生厅关于印发〈江苏省卫生专业技术职务岗位设置及结构比例管理指导意见〉的通知》。

三是将领导个人的讲话、发言印发,把个人发言转化为机关单位发文意图。如《关于印发×××同志在2013年度建筑边坡工程安全联络员座谈会上讲话的通知》。一般说来,印发的领导人的讲话是代表机关单位集体意志的,一经印发,视为正式文件。

四是印发会议的纪要。纪要适用于记载会议主要情况和议定事项。从纪要的功能来看,纪要主要是记载性的,不具有指令性功能。为了强化纪要的贯彻执行功能,一般通过加文件头,以《××××关于印发××××纪要的通知》为标题,强化纪要的行政效力。

三、批转、转发与印发的差异

批转、转发属于同一类文书处理方式。它与印发的主要差别在于:

(一)标题的基本形式不一样

批转、转发类文件标题的基本形式为:

(××)批转(或转发)××××《关于××××的××(文种)》的通知

印发类文件标题的基本形式为:

××关于印发《×××××××》的通知

比较上述基本形式需要注意:

一是批转、转发类文件标题中发文机关后一般不使用"关于";而印发类文件标题中发文机关后的"关于"不能缺少。

二是基本的用词不同,分别使用"批转"、"转发"、"印发"。

三是批转、转发类文件在拟制标题时往往要对被批转、转发的标题作技术处理;而印发类文件一般不需要对被印发文件的标题做任何改动。

(二)发文机关单位与被发文件的制发机关单位形成的关系不一样

批转、转发类文件的发文机关单位与被批转、转发文件的制发机关单位往往不是相同的单位。当发文机关单位与被发文件的制发机关单位构成"上级与下级关系"时用"批转",当发文机关单位与被发文件的制发机关单位构成"下级与上级、平级或不相隶属关系"时用"转发"。

印发类的文件,发文机关单位与被发文件的制发机关单位往往是同一个单位,即主要用于发文机关单位对本机关单位文书的处理。如《中共中央办公厅国务院办公厅关于印发〈党政机关公文处理工作条例〉的通知》,这里,《党政机关公文处理工作条例》实际上就是中共中央办公厅和国务院办公厅自己制发的文书,经党中央、国务院同意后再由中共中央办公厅、国务院办公厅发送各省、自治区、直辖市党委、人民政府以及各有关单位。

(三)对被发文件的处理要求不同

《江苏省党政机关实施〈党政机关公文处理工作条例〉细则(试行)》第九条有这样的规定:"被转发文件的发文机关标志、抄送机关、印发机关和印发日期等不再标注。"这里就明确规定了对被批转、转发文件的处理规则。

一般说来,批转、转发类文件,要求对被批转、转发的文件进行技术处理,以取消被批转、转发文件的独立性。对被批转、转发文件的技术处理一般有四个步骤:

首先是取消被批转、转发文件的版头。当被批转、转发的文件被取消版头以后,原文件版头中的发文字号将在批转、转发文件的"引用文件"部分出现。因为引用公文一般先引标题,后引发文字号。如"现将南平市人民政府办公室《关于做好雨雪冰冻天气应对工作的通知》(南政办发明电〔2013〕10号)转发给你们"。所以,去掉了被批转、转发文件的版头,而版头中的发文字号在文件中仍然能显现出来。

其次是取消被批转、转发文件的主送机关单位。因为,批转转发文件已经重新设置了主送机关单位。

三是取消被批转、转发文件的印章、附注。

四是取消被批转、转发文件的版记部分,即去掉被批转、转发文件的抄送机关、印发机关和印发日期。

批转、转发类文件对被批转、转发的文件处理以后,被批转、转发的文件只保留了以下部分:标题、正文、成文机关单位署名、成文日期。

印发类文件一般不需要对被印发的文书进行技术处理。

四、批转、转发与印发类文件可以使用的文种

根据《党政机关公文处理工作条例》第八条规定,通知适用于"批转、转发公文"。也就是说,"批转、转发"应该使用"通知"。

印发类公文,根据公文工作实践,也使用"通知"。

五、批转、转发、印发类公文的写作结构

批转、转发与印发类公文正文的写作，一般有两种写法：

一是直接批转、转发与印发。这种形式比较简单，直接写出"根据什么"将"什么单位"的"什么文件"批转、转发或印发给收文者。

二是批转、转发、印发再加意见、建议、要求等。这是比较常见的发文形式，即在批转、转发、印发的基础上，写出发文机关单位的希望、要求、建议、意见等，对一些比较重要的文件，这一部分写得还比较具体翔实。党委、政府办公厅(室)批转、转发、印发部门的意见等，写法上通常先表明态度，提出转发原则要求，一般篇幅较简短。职能部门批转、转发、印发职能部门的文件，多提出具体要求，对被批转、转发、印发的文件加以补充、说明、深化，结合本单位实际对有关要求加以重申、强调，并作出适当的安排，一般内容比较具体。

相比较而言，批转、转发类文件对被批转、转发文件的阐述、建议、要求等往往比较具体，而印发类文件则阐述较少。

从要求来说，一是要贯彻执行，主要是"批转"类文件与"印发法规及领导讲话"类文件，也包括部分"转发"类文件。二是要参照执行，主要是"转发"类文件和部分"印发"类文件。

有人认为，上级文件对某项工作已经有了比较明确的要求、部署，按上级的要求执行就行了，在转发、印发文件时不必说得太多。这是不对的。上级机关的文件，讲的大多是一些原则性、规律性的东西，不可能讲得很具体，针对性也不是特别明显。转发、印发尤其是转发上级文件时可以避虚就实，紧紧着眼本单位的实际，把原则性的东西具体化，把普遍化的要求个性化。要针对本单位的特殊性，提出切实可操作的措施和实际步骤。

六、注意事项

(一) 对批转、转发类文件的标题可进行特殊处理

批转、转发类文件，由于批转、转发的层级较多，或批转、转发的文件较多，可以进行必要的技术处理。常用的处理方法有：

一是减少发文层级，省略中间批转、转发机关单位。一般为：现发文机关＋批转(转发)＋原始发文机关＋原文标题＋文种。如：

中共上海市教育纪律检查工作委员会转发《中共上海市纪委　监察委关于转发〈中共中央纪委　监察部关于转发《北京市纪委　监察局关于严明纪律确保非典型肺炎防治工作顺利进行的紧急通知》的通知〉的通知》的通知

很显然，这则标题是有问题的，可改为：

中共上海市教育纪律检查工作委员会转发北京市纪委等部门关于严明纪律确保非典型肺炎防治工作顺利进行紧急通知的通知

二是减少被批转、转发文件的名称罗列，以一个文件名称加文件数量标示，或者用发文字号来代替原文件标题。前者主要用于处理批转、转发多份文件的现象，后者主要用于处理单份

文件而文件标题较长的现象。如：

  转发省人社厅等四部门《关于职工在机关事业单位与企业之间流动时社会保险关系处理意见的通知》等四个文件的通知
  转发监察部监发〔2012〕2号文件的通知

三是减少发文机关单位名称的罗列，而以"××××等部门"形式替代，如"等四部门"、"等20部门"。既可以是对现发文者的处理，也可以是对被批转、转发文件的发文者的处理。一般情况下，发文机关单位或被批转、转发文件的制发机关单位一个、两个、三个可以罗列，三个以上就不能再罗列了。如：

  ××市人民政府办公室转发市卫生局等部门关于农村卫生机构改革与管理的实施意见的通知
  国务院批转财政部、国家发改委等部门《交通和车辆税费改革实施方案》的通知
  省卫生厅办公室等部门转发卫生部办公厅等部门关于有关医疗机构违法行为查处情况通报的通知

根据现行法规，公文标题中除法律、法规、规章外，一般不加书名号。所以，被批转、转发文件的书名号以及原文件文种前面的"的"一般要去掉。如：

  国务院批转煤电油运和抢险抗灾应急指挥中心关于抢险抗灾工作及灾后重建安排报告的通知

转发文件时，如原标题过长，还可根据文件内容重新确定标题。
当然，还有其他的方法，以上几种最为常用。

（二）关于引文和附件认定问题

  批转、转发、印发类公文是一种复体公文的形式，除主发文书外，均涉及被发文书。这种公文是典型的案叙（装叙）形式。
  关于批转、转发、印发类公文中被批转、转发、印发的文件是不是公文的附件问题，《党政机关公文处理工作条例》没有明确规定，但《江苏省党政机关实施〈党政机关公文处理工作条例〉细则（试行）》第九条有这样的规定："被转发的文件，不属于附件。"也就是说，被批转、转发、印发的文件不是附件，不需要作"附件说明"标注。
  需要注意，被批转、转发、印发的文件不是附件，而批转、转发、印发类文件是可以带有附件的。

（三）关于"批转通知"与"转发通知"的转换问题

  根据《党政机关公文处理工作条例》的相关规定，可以明确四点：
  一是党委部门、政府部门除办公厅（室）外，一般不得向下一级党委、政府发布指令性公文或者在公文中提出指令性要求。

二是若工作需要,党委部门、政府部门向下一级党委、政府发指令性公文或者在公文中提出指令性要求时,须报经本级党委、政府批转或审批。

三是经过党委、政府批转或审批的公文,常常通过党委、政府办公厅(室)或政府部门转发。

四是这类发文形式需要在文中开头注明"经×××(如政府、政府办公会议、政府首长等)同意"。

发文的实际情况是:党委部门、政府部门向下一级党委、政府发布指令性公文或者在文中提出指令性要求时,往往是报经本级党委、政府批转后由党委、政府办公厅(室)转发,也就是由"批转"通知转化为"转发"通知。如:

国务院办公厅
转发商务部等部门关于加强境外中资企业机构与
人员安全保护工作意见的通知

国办发〔××××〕48号

各省、自治区、直辖市人民政府,国务院各部委、各直属机构:

商务部、外交部、国资委《关于加强境外中资企业机构与人员安全保护工作的意见》已经国务院同意,现转发给你们,请认真贯彻执行。

国务院办公厅
××××年××月××日

这份公文的形成过程是:商务部、外交部、国资委要将制订的《关于加强境外中资企业机构与人员安全保护工作的意见》发给各省、自治区、直辖市人民政府,根据行文规则,政府部门一般不得向下一级政府发布指令性公文,如需行文,须报请本级人民政府审批,商务部等部门将该文报请国务院审批后,再由国务院办公厅转发,同时在文中注明"经国务院同意"。

按照行文规则,经过政府审批的具体事项,也可以由政府职能部门发文。一般政府职能部门发文,可不转发,而改为直接发文。

但是,党委、政府审批后是否由党委、政府办公厅(室)转发,主要看文件来源和文件内容的重要程度。既可以由本级党委、政府直接批转,也可以由党委、政府办公厅(室)转发。如:《国务院批转教育部国家教育事业发展"十二五"规划纲要的通知》,这份由教育部制定的《国家教育事业发展"十二五"规划纲要》,国务院同意后就直接批转给各省、自治区、直辖市人民政府等机关单位。

(四)关于"批转"、"转发"与"印发"的叠加问题

在公文实践中,有时会出现"批转"或"转发"与"印发"叠加的现象。如:

国家税务总局转发《中共中央办公厅　国务院办公厅关于印发〈关于党政机关工作人员个人证券投资行为若干规定〉的通知》的通知

这份文件,是国家税务总局"为加强税务系统党风廉政建设,促进工作人员廉洁自律,规范个人证券投资行为",而将《中共中央办公厅　国务院办公厅关于印发〈关于党政机关工作人员

个人证券投资行为若干规定〉的通知》转发给"各省、自治区、直辖市和计划单列市国家税务局、地方税务局、局内各单位"的。因为被批转、转发的文件是印发文件,从而形成了"转发"与"印发"叠加的现象。在公文实践中,这种叠加现象较为常见。一般来说,"批转"与"印发"、"转发"与"印发"的叠加是正确的,只要严格遵循各自的发文要求即可。

正确把握批转、转发与印发类文件,对公文写作非常重要,必须认真对待。

第四节　公文的格式

应用写作是较为宽泛的概念,其包含的文书种类很多。在社会工作中,应用写作最多的是公文的写作。党政机关公文是党政机关实施管理、履行职能、处理公务的具有特定效力和固定体式的文书。公文具有特定效力和规范体式,且这种格式和体式是以国家法规的形式出现的。所以,了解公文格式,是学习公文写作的关键所在,是初学者必须认知的知识点。

公文写作与其他文体的写作的最大区别,就在于公文写作格式的规范性。这种规范性,既体现在公文的内容上,也体现在公文处理的程式化、程序化和公文文本形式构成的相对固定上。本章所讲,主要是指公文文本的形式。

一、公文格式的性质

公文格式,指的是公文外在的表现形式的各个组成部分及其在文本中的各自位置,包括公文的用纸、留白等。

探讨公文的格式,可以使公文写作更加规范化、标准化,从而使公文符合通行惯例,使公文能更好地被收文者接受和认同,加速公文的运转、流转,最大限度地提高公文办理的效率和质量,从而为提高行政效率打下坚实的基础。

探讨公文格式,符合办公自动化的需要。电子化文件的出现,对提高文书的办理效率,节约行政成本无疑是大有好处的,但是,电子化文件系统建立的基础是标准化,因此,强化文件规范化建设,实行相对统一的文件格式,是建立电子化文件的关键之一。

二、公文写作对格式的要求

公文严格的规范性是它区别于一般文章的核心。写其他文章,任由作者抒情言志、挥洒天地。而撰写公文,是一项非常严肃的工作,在撰写公文时,要遵循对格式的如下要求:

(一)准确规范

准确,首先要求标准。公文的标准来源于有关的公文法规,如《党政机关公文处理工作条例》、《党政机关公文格式》等。这些法规,有些是专门针对公文而言的,有些是其他行业的规定,但是在公文中也必须遵守,如《出版物上数字用法》、《标点符号用法》、《量和单位》、《有关量、单位和符号的一般原则》、《国际单位制及其应用》、《印刷、书写和绘图纸幅面尺寸》等。

准确,还要求正确而不错误。有了法规,对法规的执行很重要,只有在工作中严格执行相关的法规,才能保证工作中不犯错误。

（二）完整美观

格式是公文外在形式的基本要求，一份完整美观的公文，给人以赏心悦目的感受，令阅者愉快地读完公文，从而最大限度地实现公文文本的价值。反之，公文格式凌乱不堪，即使内容再好，也容易使人产生厌恶感，从而削弱公文文本的效力。

公文格式的完整，是相对于具体的公文而言的。每一种公文，由于其内容组成和写作要求不同，对格式也有不同的要求。所以，公文格式的完整不是千篇一律、一成不变的。

美观，是对公文格式的较高层次的要求。如对公文的标题，既可以用一层标题，也可以用双层标题，还可以用三层标题。至于用什么样的标题，写作者对此可以进行设计，这里就有美观的问题。

（三）合理适当

公文格式的组成部分较多，这些格式要素不是每份公文都必然存在的。有的格式是必有格式，如标题、正文、发文机关署名、成文日期等；有的格式是或有格式，根据公文文种的要求合理使用，如签发人的标注、密级和保密期限、紧急程度、附件、附注等。当然，从公文的美学效果或行政效力看，从公文的发展眼光看，公文还应有期有格式，这有待于公文自身的发展和公文的研究完善。公文的作者在选用公文格式时，必有格式要用好，或有格式要用准，期有格式要研究。

三、公文格式的组成

为了便于管理，提高公文处理的效率和质量，使文书工作规范化、制度化、科学化，党和国家对公文格式作过多次的规定，并根据公文发展的形势和要求，对公文格式进行过多次的修改、调整和充实，使公文格式不断完善，便利了文书处理工作，提高了机关单位工作的效率。

现行的《党政机关公文处理工作条例》自2012年7月1日起施行，该条例第九条规定："公文一般由份号、密级和保密期限、紧急程度、发文机关标志、发文字号、签发人、标题、主送机关、正文、附件说明、发文机关署名、成文日期、印章、附注、附件、抄送机关、印发机关和印发日期、页码等组成。"

《党政机关公文格式》："本标准将版心内的公文格式各要素划分为版头、主体、版记三部分。置于首页红色分隔线以上的部分称为版头；公文首页红色分隔线（不含）以下、公文末页首条分隔线（不含）以上的部分称为主体；公文末页首条分隔线以下、末条分隔线以上的部分称为版记。"同时规定，页码位于版心外。按照这样的规定，从份号至签发人各要素为版头部分，从标题至附件各要素为主体部分，从抄送机关至印发机关和印发时间为版记部分。页码不在其中。

四、公文版头部分

版头部分由公文份号、密级和保密期限、紧急程度、发文机关标志、发文字号、签发人等要素组成。版头部分一般占首页的三分之一至五分之二，用红色分隔线与主体部分隔开。

（一）份号

份号是将同一文稿印制若干份时每份公文的顺序编号。编制份号是为了唯一标识印发的公文，及时掌握公文的印制份数以及分发的范围和对象。当公文需要收回保管或销毁的时候，便于对照份号掌握回收情况及其是否有遗漏或丢失。

并不是所有的公文都需要编制份号。《党政机关公文处理工作条例》规定，涉密公文应当标注份号，即绝密、机密、秘密的公文才需要标注份号。

文书工作实践中，如果发文机关认为有必要，也可对不带密级的公文编制份号。

按照《党政机关公文格式》，公文如需标注份号，一般采用6位阿拉伯数字顶格编排在版心左上角第一行。实际编号时可采用3~6位阿拉伯数字编排。

实际操作中，有的机关是用印号机手工在成文上加盖份号，有的印刷设备带有印号功能，可以与文件同时印刷，故份号的字体未作统一规定。

（二）密级和保密期限

涉及国家秘密的公文应当标明密级和保密期限。

密级又称秘密级限，是指根据公文内容涉及的国家秘密的程度所划的等级。密级分为绝密、机密、秘密。

根据《中华人民共和国保守国家秘密法》，"绝密"是最重要的国家秘密，泄露会使国家的安全和利益遭受特别严重的损害；"机密"是重要的国家秘密，泄露会使国家的安全和利益遭受严重的损害；"秘密"是指一般的国家秘密，泄露会使国家的安全和利益遭受损害。

保密期限是对公文密级时效的规定。公文制发机关应当按照《中华人民共和国保守国家秘密法》和其他相关规定确定公文的密级和保密期限。

《党政机关公文格式》要求，如需标注秘密等级，顶格编排在版心左上角第二行，保密期限中的数字用阿拉伯数字，密级和保密期限之间用"★"分隔，密级和保密期限的数字和汉字之间均不空格。如果只编排密级不标注保密期限，密级两字之间空一字。

关于保密期限的标注问题。涉及国家秘密的公文如有具体保密期限应当明确标注。如果没有具体保密期限，按照《国家秘密保密期限的规定》第九条执行，即"凡未标明或者未通知保密期限的国家秘密事项，其保密期限按照绝密级事项三十年、机密级事项二十年、秘密级事项十年认定"。

密件应该按照保密程序办理公文。

（三）紧急程度

紧急程度是对公文送达和办理的时限要求。

根据紧急程度，紧急公文应当分别标注"特急"、"加急"，电报应当分别标注"特提"、"特急"、"加急"、"平急"。

公文如需标注紧急程度，顶格编排在版心左上角；如需同时标注份号、密级和保密期限、紧急程度，按照份号、密级和保密期限、紧急程度的顺序自上而下分行排列。具体说来：如果只有份号，没有密级和保密期限，紧急程度就编排在版心左上角第二行；如果有份号、密级和保密期限，紧急程度就编排在版心左上角第三行，三个要素上下一次分行编排；如果既没有份号，也没有密级和保密期限，紧急程度则编排在版心左上角第一行。

紧急程度之间的空格与密级的空格须一致。

（四）发文机关标志

发文机关标志即人们所说的"红头"，是公文版头的核心要素之一。

《党政机关公文处理工作条例》第九条规定，发文机关标志"由发文机关全称或者规范化简称加'文件'二字组成，也可以使用发文机关全称或者规范化简称"。发文机关全称应以批准该机关成立的文件核定的名称为准。规范化简称应该由该机关的上级机关规定，也可由本机关自定，但要明确告知其他行政机关，为别人知晓，且符合人们的认知习惯，不出现歧义。

发文机关标志居中排布，推荐使用小标宋体字，颜色为红色，以醒目、美观、庄重为原则。若发文机关标志的文字较少，可拉宽字间距；若文字较多，则尽量压缩字间距，总体上要小于版心的宽度。

对于联合行文，发文机关标志可以同时标注联署发文机关名称，也可单独使用主办机关名称。如果需要同时标注联署发文机关时，应分行连续标注所有联署发文机关名称，一般应当将主办机关名称排列在前；如有"文件"二字，应当置于联署发文机关名称右侧，以联署发文机关名称为准上下居中排布。

《党政机关公文格式》规定，信函格式"联合行文时，使用主办机关标志"。也就是说，信函格式联合行文不能联署所有发文机关名称。

如果联合行文机关过多，必须保证公文首页显示正文。

行政机关与同级或相应的党的机关、军队机关、人民团体联合行文，可按照党、政、军、群的顺序排列。

（五）发文字号

发文字号是为了便于公文区别、分类、登记、保管、查询、处理而制定的公文编号。中国古代官文书创造了许多编写发文字号的方式，如用甲乙丙丁、千字文、韵目代日表等。发文字号如同一份公文的身份号码，不仅可以用来识别文件，而且对区分文件联系、内容特征等具有重要作用。

1. 发文字号常见的形式

发文字号常见的形式有三种：

一是由机关代字、年份、发文顺序号组成。这是最常见的、最普遍的发文字号。如苏政发〔2013〕1号，表示江苏省人民政府2013年发的第1号文；苏府发〔2013〕1号，表示苏州市人民政府2013年发的第1号文；苏教字〔2013〕2号，表示江苏省教育厅2013年发的第2号文。

二是流水号。一般只标注"第××号"。公文中最常见的流水号就是"令号"，即命令格式的发文字号，如江苏省人民政府2013年发的1号人民政府令，发文字号标注为"第1号"。流水号多用于以个人名义发布的各类公文。这种编号方法一般是以领导人的任期开始为起点，任期结束为终点，而任期不受年度的限制。也有以年度来标注流水号的。此外，像公告、公报等知照性文书也常用这种形式。如全国人大常委会公报、国务院公告等。流水号常标注于标题下方。

三是期号。这种形式多见于党委办公厅（室）的简报形式的通报、政务信息类文体。

编写发文字号不仅是形式问题，也是内容问题。在日常工作中，行政机关使用的文种如函、议案、批复、部分通知、部分意见等文种，其发文字号均可编写函号。有人认为，这是发文字号的越位现象，其实不然。作为公文写作的要素之一，它既是"专属概念"，代表特定的发文机关,是发文机关的别称,同时,它还承担了公文写作的特性,说明了文件内容的性质、分类、特定的发文形式、特定的文件内容指向。发文单位权限的多样性、综合性,决定了发文形式的复杂性,但党政机关能够使用的文种也就15种,这时借助于发文的特定形式就可以区别文件性质,加快文件的运转,提高行政效率。发文字号中的"机关代字"就是重要形式之一。也就是说,如果文种是"函",而编写"函号",代表的是文种,而议案、批复、意见等文种,编写"函号"一般代表的是文件内容的性质等。这种用法多见于内容具体的下行文或平行文。

其实,通过发文字号来体现公文性质,不仅可以通过编写"函号",还可以变更"机关代字"中的个别字,尤其是机关单位的对内发文。如"宁师学"、"宁师教"、"宁师人"、"宁师保"等,通过一字来界定文件内容及其所属部门,当然对外一般只能用"宁师大"。

2. 可不使用发文字号的情况

从实际使用情况来看,发文字号不是每份公文都有。下列情况一般可不使用发文字号:

一是向社会发布的公文如通告、公告、公报等。特别是公告,常不使用发文字号。如法院开庭审理案件的公告、为进行军事演习等授权新华社发的公告等。

二是法律、法规类的决定。特别是一些重大的、重要的、内容比较长的公文。如《中共中央关于加强全民道德教育的决定》、《中共中央关于建立社会主义市场经济若干问题的决议》、《中国共产党中央委员会关于建国以来党的若干历史问题的决议》等。

三是临时发布的命令、一些具体事务的事务性通知等。

四是通过报纸、电台、电视台、网络等媒体发布的公文。根据规定,党政机关经批准公开发布的公文,同发文机关正式印发的公文具有同等效力。

3. 编写发文字号要注意的问题

编写发文字号要注意以下问题:

一是要选准"机关代字"。机关代字是发文字号的核心要素。机关代字不是机关名称,而是机关的别称或简称,它是机关名称最具特征、最精练、最集中,且具有地方特色甚至具有文化历史信息的概括。机关代字一般以二至四个字为宜,机关名称复杂或机关层次较多的代字可能会多一些,但代字过长,不仅使人读不懂,还会带来很多不必要的麻烦,如登记费事、排版困难等。机关代字一般选择机关别称或简称的个别字或历史上的习惯性简称,如江苏省选择"苏××",安徽省选择"皖××",中共中央的机关代字为"中发",国务院的代字为"国发",国务院办公厅的代字为"国办发"等。在选择机关代字时,尽量避免一定区域内的重复。如江苏省人民政府用"苏政发",苏州市人民政府不能再用"苏政发",必须加以区别;同时,人民政府用"×政发"、"×府发",党委及其部门习惯上用"×发",如江苏省人民政府用"苏政发"、中共江苏省委用"苏发"、上海市人民政府用"沪府发"。

在编写发文机关代字时,力求做到明确、简洁、规范,且不产生歧义和冲突,一般情况下坚持下级服从上级,机关代字的选定不能与上级机关、同级机关的机关代字相互冲突或重复。如政府、政协、政法委在发文机关代字上不能都缩写成"政",否则就会出现不同文件同一发文字号的现象。

二是要规范使用年份和发文顺序号。年份、发文顺序号用阿拉伯数字标注,年份应标全称,用六角括号"〔 〕"括入。发文顺序号不加"第"字,不编虚位(即1不编001),在阿拉伯数字后加"号"。

发文顺序号是一个机关一年内制发文件的统一流水号。一般建议以不同形式分别进行统一编号,如以机关名义制发的公文可以统一编号,以本机关办公厅(室)名义制发的公文另行统一编号,这样便于管理。

三是不出现缺项、错位的现象。尤其是在正文中,容易造成缺项、错位的现象。如"现将国务院〔2012〕3号文发给你们,请遵照执行"。这里的国务院不是机关代字,发文字号缺少"国发",应该为"国发〔2012〕3号"。再如"〔2013〕苏教字3号"实际上是"苏教字〔2013〕3号"的错位。

四是除"函"、"批复"等少数文种外,机关代字中一般不能嵌入文种,即函、批复等发文字号可以是"×函〔××××〕×号、×复〔××××〕×号",其他文种不能嵌入机关代字中。

关于联合发文的发文字号,一般只标注主办机关发文字号。行政机关与其他机关联合行文,原则上应使用排列在前的机关的发文字号,也可以协商确定,但只能标注一个机关的发文字号。

关于发文字号的编排位置,一般编排在发文机关标志下空二行,居中排布。上行文的发文字号居左空一字编排,与最后一个签发人姓名处在同一行。也就是说,平下行文的发文字号,居中排布。上行文的发文字号,居左并左空一字排布。

(六)签发人

签发人指发文机关的主要负责人。联合行文时,应同时标注各联合发文机关的签发人。

公文签发是从法律上确认公文生效的标志,只有经过签发的公文,才具备法律上的意义,代表机关意志。

需要特别说明的是,所有公文都有签发人这个概念,但不是所有公文均要在公文文本上标注签发人。

从公文组成要素来看,这里的签发人与发文办理中的签发稍有差别。这里的签发人,强调的是文本格式的体现,它与公务文书生效时由领导人在发文单上的签发不完全相同。对发文单的签发,是所有文稿的必备程序,而文本格式上体现的签发人,主要是机关单位领导人行使权力和对公文内容负责的体现。也就是说,"签发人"的含义有两个:一是文书处理中的签发;二是文本格式上的签发人标注。

什么样的公文需要标注签发人?《党政机关公文处理工作条例》第九条规定:"上行文应当标注签发人姓名。"也就是说,上报的公文,一般需要在文本上标注签发人,同时,电报也要标注签发人。标注签发人姓名,主要目的是为上级机关在处理下级机关公文时,上级机关领导人了解下级机关谁对上报的事项负责。

关于签发人的资格问题。《党政机关公文处理工作条例》第二十二条规定:"公文应当经本机关负责人审批签发。重要公文和上行文由机关主要负责人签发。党委、政府的办公厅(室)根据党委、政府授权制发的公文,由受权机关主要负责人签发或者按照有关规定签发。"据此,一般来说,上行文或重要行文,应该由机关主要负责人签发,一般的下行文、平行文由主要负责人或主要负责人授权的其他负责人签发,办公厅(室)根据授权发布的公文,由被授权机关负责人签发或按照有关规定签发。

关于联合发文的签发。联合发文,需经所有联署机关的领导人会签。联合发文的会签,一般由主办机关首先签署意见,协办单位依次会签。一般不使用复印件会签。

签发人在文本上的标注,一般由"签发人"三字加全角冒号和签发人姓名组成,居右空一字,编排在发文机关标志下空二行位置。"签发人"三字用3号仿宋体字,签发人姓名用3号楷体字。

如有多个签发人，签发人姓名按照发文机关的排列顺序从左至右、自上而下依次均匀编排，一般每行排两个姓名，回行时与上一行第一个签发人姓名对齐。

五、公文主体部分

公文的主体部分俗称正文部分、行文部分，是公文格式的关键部分。公文的主体部分，一般包括标题、主送机关、正文、附件说明、发文机关署名、成文日期、印章、附注、附件等项内容。

（一）标题

公文标题是公文核心内容的提炼，是对公文主要内容的概括与揭示，其作用在于向阅读者传达公文的基本内容，帮助阅读者快速掌握公文内容的核心和基本信息，提高办文效率和办事效率。

《党政机关公文处理工作条例》第九条规定，标题"由发文机关名称、事由和文种组成"。从条例可见，公文的标题主要是对公文主题信息的归纳，一般包括发文机关名称、事由（主要内容、主题信息）和文种三要素。公文标题与文学作品标题比，构成要素复杂，规范性要求严格。

公文标题中的事由部分一般是由"关于"引起的一个介词结构。"关于"之后多由动宾词组构成，也有少部分标题由主谓词组构成，极少数标题事由由名词性词组构成。

1. 公文标题的形式

在写作实践中，公文标题的形式比较多，常见形式有以下几种：

一是完整式标题，即标题由发文机关名称、事由、文种组成。如《中共中央关于推进农村改革发展若干重大问题的决定》、《国务院关于同意天津新技术产业园区更名为天津滨海高新技术产业开发区的批复》。

二是准齐式标题，即标题由发文机关名称、文种构成，或由事由和文种构成。前者如《南京市公安局通告》，后者如《关于加强行风建设的决定》。

三是文种式标题，即公文标题只有公文种类。这种标题一般不用于正式文件，只供登报、张贴等时使用。

四是转文式标题，包括批转、转发、印发（发布、颁发）。如《江苏省教育厅转发教育部关于全面提高中小学师资素质意见的通知》、《国务院批转〈关于调整我国档案工作领导体制的请示〉的通知》、《江苏省人民政府关于印发〈江苏省2013年工作要点〉的通知》。

一般情况下，标题应该采用完整式标题。

2. 公文标题的制作要求

俗话说"题好文一半"，公文标题是公文的眼睛，是公文主要内容简明的概括。标题的制作要注意以下几点：

一是准确。准确是公文写作的总要求，也是标题制作的基本要求。

准确首先是标题构成要素的准确。就发文机关而言，发文机关的选用必须符合行文的规则，简称必须能恰如其分而自然得体地体现与全称的一致，不至于引起歧义。如把"上海吊车厂"简称为"上吊"就不妥。简称有一个规范的问题，公文标题中的发文机关要么是全称，要么是规范化简称。就文种而言，必须使用法定的公文文种，且文种选择正确。事由部分的构成形式符合公文标题事由的写作要求。二是事由的归纳必须能涵盖公文所有的主题信息。在拟制公文标题时，最容易出现的就是公文标题不能概括公文的所有主题信息。如一份省政府的公文，文中"决定命名128家企业为××省省级重合同守信用企业，并继续确认首批命名的117

家企业中的112家为省级重合同守信用企业",该文稿拟制的标题是《省政府关于命名××省省级重合同守信用企业的决定》,显然,这则标题的事由不能将该文稿的所有主题信息全部涵盖,必须改为《省政府关于命名和重新确认××省省级重合同守信用企业的决定》。要使文稿标题事由准确涵盖公文所有主题信息,必须认真阅读公文正文,弄清楚公文行文的真实意图,同时,所选用的动词必须确保其外延能包括公文正文的所有内容。三是公文标题能向收文者准确传达行文意图,让收文者看到标题,就能大致明了公文的主旨和公文内容,如《××教育局关于"两个请示"的批复》,这一标题就不能准确传达文件的主要内容,是则错误标题。四是不能随意添加修饰语或限定词。公文标题中修饰语或限定词的添加,必须符合人们的认知习惯,不能引起误解。如文稿标题《关于严禁清明时节买卖焚烧冥钞纸币的通告》,在标题中加入限定词"清明时节",就容易给人误解;再如《×××关于严禁部分领导干部利用公款游山玩水的决定》,这里加"部分",就给人啼笑皆非的感觉。五是除通报等少数文种可以在词组后加后缀如"情况"外,一般在标题的事由后不要加后缀"情况"、"事项"、"事件"等。如文稿《×××关于严禁利用公款游山玩水事项的通知》,这里的后缀"事项"就是多余的。六是细节部分,包括标点、空格必须符合行文规则。如标题中涉及几个单位,单位与单位之间习惯上不加顿号,而是空格。除法规、规章名称加书名号外,标题一般不用标点符号。七是标题必须符合特定文种要求。

二是简明。公文标题在准确的前提下,必须以简洁、明晰、概括的词语或习惯性说法加以表达。公文标题的简明可以从标题中涉及的机关名称和事由两个方面认知。

就发文机关名称而言,若发文机关名称过长,可以使用规范性简称。联合行文机关较多时,标题中的发文机关名称可简化为主办机关名称加"等部门"字样。转发文件时,如原标题过长,可根据文件内容重新确定标题。公文实践中,联合发文三个或三个以下机关,应列出所有发文机关名称;四个及四个以上机关,可以采用排列在前的发文机关名称加"等部门"的方式。如国家发改委、信息产业部、人力资源和社会保障部、科技部四个单位联合发文,可以将发文机关表述为"国家发改委等四部门",这种形式在事由部分中出现也一样适用。一般联合行文单位是单数,用汉字,双数以上则用阿拉伯数字,如"20部门"。

就事由部分而言,标题冗长而不简明主要有以下几种情况:一是事由堆砌,拟制者怕有遗漏,将许多内容叠加在标题上。如《××工业公司关于建立实验室,需要购买部分仪器设备,拟在行政费中开支的请示》,这则标题的事由将"建立实验室"、"购买部分仪器设备"、"在行政费中开支"三件事叠加在一起,由于事由堆砌,淹没了真实意图。因此,该标题必须修改,使事由部分比较突出,可以改为《××工业公司关于开支行政费的请示》。再如《中共××区委 ××区人民政府批转区外贸委〈××同志在全区第三次外贸工作会议上的总结发言〉及区外贸委〈关于第三次外贸工作会议的情况报告〉和〈×××同志关于加强我区外贸工作几点意见的报告〉的通知》,这则标题也不够简明,可以改为《中共××区委 ××区人民政府批转区第三次外贸工作会议三个文件的通知》。内容叠加,贪多求全,是对公文标题理解的偏差。公文标题只是对公文的主要内容的概括,其目的是引导收文者阅读全文、抓住核心。避免这种现象,就是要分清主次,克服面面俱到制作标题的做法。二是公文事由部分语意重复,存在着内容相互包容的情况。如《××市总工会关于开展向×××同志学习,争当×××式模范人物的活动的通知》,这则标题中的"向×××同志学习"与"争当×××式模范人物"的语意是相同的,亦即等义重复,按照习惯,该标题一般改为《××市总工会关于开展向×××同志学习活动的通知》。还有一种事由重复是相互包容,这种错误在写作实践中比较常见。如《××卫生局关于加强食品卫生检查,保障人民身体健康的通知》、《××教育厅关于加强本科生教学工作,全面提高本科生教学质量的通知》,"保障人民身体健康"、"全面提高本科生教学质量"都是多余的。

三是醒目。公文标题应尽量明确发文的意图,不艰涩模糊。作者在标题中赞成什么、反对什么、希望什么、否定什么、禁止什么、要求什么、部署什么、指挥什么……最好通过适当的动词表现出来,一清二楚。有时还可以通过加入诸如"进一步"、"继续"、"积极"等词来提出较高的要求。

四是得体。公文标题的得体,主要指公文标题的表述符合公文内容特定的环境,而公文标题能否得体,关键是看公文标题中动词的使用。动词定性的轻重与否、动词使用的准确与否、动词搭配的合理与否直接关系到公文约束力的强弱。如:

(1) ××省教育厅关于切实做好××教育电视台节目转播工作的通知
(2) ××省教育厅关于进一步加快成人高等教育改革与发展的意见
(3) ××省教育厅关于积极做好信息报送工作的通知
(4) 国务院关于严格执行我国核出口政策有关问题的通知
(5) 国务院关于加强和改善文物管理工作的通知

例(1)、(2)、(3)、(4)中的"切实做好"、"进一步加快"、"积极做好"、"严格执行"都是表示程度的词,从而使行文者的意图得到了强化。例(5)用"加强和改善",而不是用其中的某个词,既表现了行文者在思想上的重视,也表现了行文者在行动上的加强,可以说非常妥帖。从以上实例可以看出,公文标题中动词使用得体与否,对行文意图的表达和行文的规范是非常重要的。

"得体"还体现在标题文种前面经常加入"紧急"、"联合"、"重要"、"补充",如"紧急通报"、"紧急通知"、"联合请示"等。

3. 公文标题常犯的错误

公文标题中的错误可以从发文机关名称、事由、文种选择三方面来判断。

就发文机关名称而言,常犯错误主要有:简称不规范,违反党政机关公文行文规则的要求。

就公文事由而言:一是事由不能涵盖公文全部主题信息;二是动词选用不准确,主要有动词与其他词组搭配不准确、动词语意重复、动词指代不明等;三是限定词、修饰语使用不当等。

就公文文种而言,主要有:抬高或降低文种规格,文种混用,自撰文种等。

4. 公文标题中的标点符号

公文标题中除法规、规章名称加书名号外,一般不用标点符号。在实际工作中,标题中确有除书名号外的其他标点符号存在,如顿号、括号、引号、破折号等。

标题中标点符号的使用应该注意以下几点:
(1) 法律、法规、规章名称全称应该加书名号。
(2) 如果在发文机关名称中出现多个机关名称,原则上不加标点符号。
(3) 如果在事由部分出现多个机关、人名等并列时,每个机关名称、人名之间应该用顿号分开,不使用空格。

5. 公文标题的排布

公文标题的排布是指公文文本中公文标题的排列形式。按照《党政机关公文格式》规定，公文标题应该使用2号小标宋体，居中排布于红色分隔线下空二行的位置。许多公文标题的字数较多，往往需要多行排布。公文标题多行排布应该注意以下几点：

一是保持词意完整，标题回行情况下不能将固定而结合紧密的词语拆开。

二是考虑到发文机关的级别和文件内容的效力，如要强化发文机关，可将发文机关名称单列一排。如：

(1) 南京市公安局
　　　通告
(2) 南京市公安局通告

同样的标题，例(1)强化了发文主体"南京市公安局"，例(2)则显得比较平常。

三是要醒目、明确，突出发文机关名称和发文事由，使收文者能准确、及时地获取公文信息，把握公文的主要内容。

四是美观，在考虑准确得体的前提下，尽量使公文标题具有美感。可排列对称、长短适宜、间距恰当，标题排列尽量使用梯形或菱形，占行不要太多，每行左右不要顶到版心边缘。

若标题所占行数太多而出现把正文挤出首页的情况，此时可以变通，将标题上移，不必在红色分隔线之下空二行标注，可以空一行甚至不空行。

综合标题等因素，影响首页出现正文的因素有：联合发文发文机关名称太多、上行文的签发人太多、标题太长，还有下文的主送机关太多，《党政机关公文处理工作条例》都具体规定了解决的办法，目的就是：务必使公文首页显示公文正文。

(二) 主送机关

主送机关指公文的主要受理机关，是需要周知、执行、答复公文内容，负有办文责任的机关名称。《党政机关公文处理工作条例》规定，主送机关应当使用全称、规范化简称或者同类型机关统称。

1. 主送机关确立的原则

(1) 主送机关确立的原则有两个：

一是文件的内容和工作需要。如一份《关于建设职工食堂的请示》，文稿最后说："拟建职工食堂，所需资金在厂福利基金中开支。"这里，文件内容包括建食堂、经费来源，从文稿可以看出，资金问题已经解决，故该文稿不必主送财务部门。

二是隶属关系和职权范围。比如法院一般只能向上一级法院请示。

《党政机关公文处理工作条例》规定，"行文关系根据隶属关系和职权范围确定"，并结合行文方向作了具体要求："向上级机关行文，原则上主送一个上级机关，根据需要同时抄送相关上级机关和同级机关，不抄送下级机关。""一般不得越级行文，特殊情况需要越级行文的，应当同时抄送被越过的机关。"这些行文规则，对设置主送机关都提出了明确的要求。

(2) 党政机关公文主送机关设置的基本形式主要有两种：

一是机关全称或规范化简称，这主要用于主送机关可以完全标识出来的情况。

二是同类型机关的统称，主要用于下行文，且收文单位较多的情况。同类型机关统称有几个特点：首先是具有模糊性特征，不是机关单位的全称标注，必须根据文件的限制发文范围和阅读级限确定；其次，相关单位尽管不具体标注全称，但是，统称必须符合涵盖一切单位的要求，一般在主要、习惯称谓后用括号括注同性质、同级别的单位，如物价局（厅）、发改委（计委）；再者，党政分别发文和党政联合发文、党政收文和党的机关或政府机关收文均不同；最后，同类型机关统称顺序一般为下级党委、政府，本级直属党的机关、行政机关，各直属单位。如：

  各省、自治区、直辖市党委、人民政府，各大军区党委，中央和国家机关各部委，军委各总部、各军兵种党委，各人民团体：
  各省、自治区、直辖市人民政府，国务院各部委，各直属机构：
  各市、县（区、市）党委、人民政府，省各部委办厅局，各直属单位：
  各镇（乡、区）党委、人民政府，县各部委办局，各直属单位：
  各区、县委，各区、县政府，市委、市政府各委办局，各人民团体，各高等院校：

2. 确定主送机关时常见的错误

确定主送机关时常见的错误有以下几种：

一是正文内容要求的单位与主送机关单位的设置不一致。如文稿《关于召开整顿宾馆、旅店、招待所等单位秩序会议的通知》，正文要求出席会议的对象为"各宾馆、旅店、招待所负责人，并请各公安分局、派出所负责人出席会议"，而文稿的主送单位设置为"各宾馆、旅店、招待所"，显然主送机关单位的设置与正文要求的主送对象不一致。

二是党政不分，尤其是在上行文中。即在上行文中，公文写作者不了解各自的职责范围、隶属关系，党委或党的机关向上级政府或政府部门请示工作，政府向上级党委或党的机关请示工作。从实际工作出发，若党委向上级政府请示工作，可由党政联合行文；同样，若政府向上级党委请示工作，则政府与党委联合向上级党委请示工作。

三是上行文向多个单位主送。有些机关单位在向上级请示时，为了确保尽快批复，将一份报请类公文主送多个单位，其结果是适得其反。

四是越级主送。按照公文行文规则，上行文一般不得越级主送。有些人员认为，行文主送机关单位级别越高越有利于文件的处理、问题的解决，事实上，每一件事项均有具体的管辖机关单位，越级是无法加速文件的办理的，也不利于问题的解决。

五是越位主送。行政公文不管有无需要，一律将文稿送人民政府。事实上，按照职责范围，很多文稿是要主送上级职能或业务部门审批的，主送政府反而无法办理。

六是主送个人。《党政机关公文处理工作条例》第十五条规定："除上级机关负责人直接交办事项外，不得以本机关名义向上级机关负责人报送公文，不得以本机关负责人名义向上级机关报送公文。"从上述规定内容可以看出：首先，上级机关负责人直接交办的事项是可以送个人的；其次，除直接交办外，不得向机关负责人报送公文；第三，报送公文是上行公文。

3. 可以不设置主送机关的情况

人民政府令、公告、通告、公报、会议通报、部分党的机关的意见、决定、决议等，一般不标注主送机关。通过报纸、电视、广播电台、网络向国内外公开发送和传播的公文，一般没有特定的主送机关。

若公文的主送机关较多，也可将主送机关置于公文版记部分，位置版记中首条分隔线之下、抄送机关之上,标注方法与抄送机关相似,主送机关与抄送机关之间不要分隔线隔开。

(三) 正文

正文是公文内容的主体,是公文实质性内容的文字表达。

公文首页必须显示正文,这主要是为了保证公文的严肃性、真实性、有效性,防止假冒公文。

导致首页不能显示正文的原因可能有四个:

一是联合发文发文机关名称太多,将正文挤出首页。解决办法是:使用主办机关标志,也可将联署发文机关标志字号缩小、行距缩小等,但联署机关名称太多,还是建议使用主办机关名称。

二是上行文的签发人太多,采取每行增加一个签发人,即每行两个签发人的方法解决。

三是标题太长,推荐压缩分隔线至标题之间的空行。

四是主送机关过多,采取将主送机关移至版记中,编排在抄送机关上一行的方法加以解决。

公文正文的逻辑结构一般为缘起、展开、收束三个部分。

缘起,即公文的开头部分,一般写明发文的原由和目的、意见、作用等。发文原由主要体现在两个角度:一是现行政策或上级精神,如领导部门的指示、决定、决议、决策等,来自于文件、法规、领导讲话、党政机关报等;二是来自生活实际中的情况,如群众的反映、地区或行业部门出现的普遍性的问题等。目的主要体现发文所要达到的理想现状,所要达到的预期效果,也可以写出发文的重要性、意义、价值、作用。缘起的写作必须注意两点:一是开门见山,开宗明义,有的放矢,不讲空话、套话,内容不要太长;二是缘起要与正文有直接的、必然的联系,要服从服务于正文的展开,而不是可有可无的点缀。总而言之,缘起要能提起下文。

展开,即对主体内容的具体阐述。这一部分应在分析问题、说明理由、阐述措施等方面下工夫。如对于请求上级批准某一事项的文稿,应充分说明请求的理由,论述请求事项的必要性和可行性;对于作出安排、发出指示或部署工作的文稿,应明晰、严谨地叙述具体的安排、部署、指示,让收文者知道该干什么、怎么干、为什么要干;对于向上级部门陈述情况的报告性文稿,应该把工作进展的情况、工作质量、工作开展的成绩和缺点或不足,以及今后的努力方向等交代清楚;对于商洽工作的函,必须准确、切实地提出本机关单位的要求和意见,并诚恳地表示自己要求这样做的理由和依据。展开部分的写作要注意:一是根据具体的文种要求和具体文种的内容组成,合理全面地安排文章的篇章结构。即使是同一种文种,其不同的使用类别在内容组成上也不尽相同。如表扬性通报和批评性通报的内容组成和写作结构是不同的。二是不同行文方向的文种,在语言表达方式尤其是语体上是不同的,在遣词造句方面尤其要注意。

收束,即文稿的收尾,主要是以极其简洁的语言呼应开头和文体,或提出要求,或表明愿望,或指出事情的实质。同时,以一些惯用语如"妥否,请批复"、"此复"、"特此函复"、"特此通知"、"希望研究执行,如有意见请及时向我们反映"、"要求各单位认真总结经验,及时上报"、"希贯彻执行"等作结。

公文的正文写作要符合党的政策和国家的法律法规,符合党和政府的方针政策,主动配合和反映特定时期的中心工作;要有针对性,有的放矢;措施和建议要具体可行,逻辑严密、层次清楚、轻重分明;语言简洁规范而准确。

公文正文从主送机关下一行开始,每个自然段左空二字,回行顶格,自然段之间不空行。

阿拉伯数字和汉字的使用按照《出版物上数字用法》执行，涉及字母等的使用，按照《中华人民共和国国家通用语言文字法》的规定执行。计量单位使用国际标准。

公文正文的结构层次依次可以用"一、""（一）""1.""（1）"标注，一般第一层用黑体字、第二层用楷体字、第三层和第四层用仿宋体字标注。

引用公文按照先引标题、后引发文字号的规范执行。

（四）附件说明

附件是公文正文的说明、补充或者参考资料，包括随文颁发的规章制度，或随文报送的报表资料等。

一般说来，原始材料只能作为说明问题或提炼观点的依据；有些文种如函、请示、批复等，可以将有关材料作为发文的附件，但附件只是为了更好地帮助说明问题而补充的材料；向上级报送计划、方案、工作总结、报表等各种材料，则可以选用呈报性报告加附件的形式。

附件不是每份公文都有的。有的公文如公告、通告、公报、决议等不能带附件，普发类公文一般不带附件，批转转发印发类公文中的被批转转发印发的公文不属于附件。不带附件或不属于附件的，不需要作附件说明标注。

公文如有附件，在正文下空一行左空二字编排"附件"二字，后标全角冒号和附件名称。如有多个附件，使用阿拉伯数字标注附件顺序号（如"附件：1. ××××××"）。附件名称后不加标点符号。附件名称较长需要回行时，应当与上一行附件名称的首字对齐。

附件说明容易出现的问题主要有：漏标，该有附件的没有标注附件说明；多标，如将被批转、转发、印发的公文作附件说明；将"附件"写为"附"；将附件顺序号的阿拉伯数字写为汉字；给附件说明后加书名号、句号或分号等。

（五）发文机关署名、成文日期和印章

1. 发文机关署名

《党政机关公文处理工作条例》规定，发文机关署名应当署发文机关全称或规范化简称。

公文一般以发文机关名义署名，像议案、命令（令）等文种，特殊情况下需要由签发人署名的，应当写明签发人职务并加盖签发人签名章。

发文机关署名应该与发文机关标志、标题中的发文机关名称相一致。联合行文时，若发文机关名称并用联署发文机关名称，则发文机关署名的顺序应该与发文机关标志的排列顺序一致。

2. 成文日期

《党政机关公文处理工作条例》第九条规定："署会议通过或者发文机关负责人签发的日期。联合行文时，署最后签发机关负责人签发的日期。"有人认为，联合行文时，署主办机关负责人签发的日期。这种说法是错误的。

成文日期标注在正文之下，但如"纪要"、"决定"、"决议"等文体的成文日期常常用括号括注在标题之下。

成文日期的说法稍异于成文时间。时间，是一切物质不断变化或发展所经历的过程，时间的表述往往易于让人联想到具体的时分；而日期，特指某一天或泛指某一段时间。同时，成文时间偏重于写作的具体时段，而公文中的成文日期，有的与写作时间是一致的，有的则不完全一致，因为，公文是集体智慧的结晶。公文成文日期的确定有自身特殊的要求。综上所述，公文

中使用成文日期比较准确。

成文日期关系到文件内容的贯彻执行，关系到党的方针政策的贯彻实施，关系到人民群众的切身利益，因此，必须重视成文日期的标注。

关于成文日期的确定，其主要标准是：

（1）成文日期以负责人签发的日期为准。

（2）联合行文以最后机关负责人的签发日期为准。

（3）电报以发出日期为准。

（4）会议通过的公文，以会议通过的日期为准。

关于成文日期的写法，主要应注意以下几点：一是写全年、月、日，年份应该标全称；二是用阿拉伯数字书写，如"2013年3月3日"；三是月、日不编虚位（即1不编为01）。

3. 印章

公文中如有发文机关署名的，应当加盖发文机关印章，并与署名机关相符。

有特定发文机关标志的普发性公文、纪要和电报可以不加盖印章。

加盖机关印章时，应与署名机关相符。

用印页（发文机关署名页）必须显示公文正文，若排版时出现用印页（发文机关署名页）不能显示正文的情况，一般用调整行距或字距的方法解决。实在无法解决，应该标注"此页无正文"字样。

4. 发文机关署名、成文日期、印章的编排

（1）加盖印章的公文。成文日期一般右空四字编排，印章用红色，不得出现空白印章。

单一机关行文时，一般在成文日期之上、以成文日期为准居中编排发文机关署名，印章端正、居中下压发文机关署名和成文日期，使发文机关署名和成文日期居印章中心偏下位置，印章顶端应当上距正文（或附件说明）一行之内。

联合行文时，一般将各发文机关署名按照发文机关顺序整齐排列在相应位置，并将印章一一对应、端正、居中下压发文机关署名，最后一个印章端正、居中下压发文机关署名和成文日期，印章之间排列整齐、互不相交或相切，每排印章两端不得超出版心，首排印章顶端应当上距正文（或附件说明）一行之内。

（2）不加盖印章的公文。单一机关行文时，在正文（或附件说明）下空一行右空二字编排发文机关署名，在发文机关署名下一行编排成文日期，首字比发文机关署名首字右移二字。

如成文日期长于发文机关署名，应当使成文日期右空二字编排，并相应增加发文机关署名右空字数。

联合行文时，应当先编排主办机关署名，其余发文机关署名依次向下编排。

（3）加盖签发人签名章的公文。单一机关制发的公文加盖签发人签名章时，在正文（或附件说明）下空二行右空四字加盖签发人签名章，签名章左空二字标注签发人职务，以签名章为准上下居中排布。在签发人签名章下空一行右空四字编排成文日期。

联合行文时，应当先编排主办机关签发人职务、签名章，其余机关签发人职务、签名章依次向下编排，与主办机关签发人职务、签名章上下对齐；每行只编排一个机关的签发人职务、签名章；签发人职务应当标注全称。

签名章一般用红色。

（六）附注

《党政机关公文处理工作条例》第九条规定，附注是"公文印发传达范围等需要说明的事项"。强调附注主要标注印发传达范围、发送方式等。

附注可以从以下几点认定：

一是附注不同于注释，是公文格式的专用名词。

二是附注一般标注的是印发传达范围，如"此件发至县团级"、"此件发至省军级"、"此件传达至一般干部"等。

三是附注也可标注其他需要说明的事项，如"此件可登党刊党报"、"此件公开发送"等。

公文如有附注，应当距左空二字加圆括号编排在成文日期下一行。

（七）附件和特殊情况说明

附件应当另面编排。

附件应在版记之前，与公文正文一起装订。"附件"二字和附件顺序号顶格编排在版心左上角第一行。附件标题居中编排在版心第三行。附件顺序号和附件标题应当与附件说明的表述一致。附件格式要求同正文。

如附件与公文正文不能一起装订，应在附件左上角第一行顶格编排公文的发文字号，并在其后标注"附件"二字及附件顺序号。

1. 附件不直接置于行文中的原因

需要说明的是，"附件说明"与"附件"实际上是公文正文的两个要素，作为公文正文的重要内容之一。附件为什么不直接置于行文之中呢？主要原因有：

一是附件虽然是补充、说明公文正文的，但附件所表达的主旨可能与公文正文截然不同，只不过是为了帮助阅文者更好地了解公文正文，若将附件置于行文之中，则既可能喧宾夺主，也可能影响公文正文的明晰性。

二是从公文美学效果看，有些公文的附件较长，有些附件是图表，置于行文之中既不美观，也有点不伦不类。尤其是公文正文内容不长，置放附件于行文之中则可能影响公文的严肃性、权威性、整体美观性。

三是公文正文内容与附件内容对接受者来说要求不同，将其分开置放，有利于体现文件内容的效力。

2. 标注附件时必须注意的问题

在标注附件时必须注意以下几个问题：

一是附件的标注要准确。准确体现在两个方面：首先，不能缺漏。如文稿《关于命名和确认××省省级重合同守信用企业的决定》，文稿中命名了一批新的省级重合同守信用企业，同时继续确认了首批命名的企业中的若干家为省级重合同守信用企业。很显然，这份文稿的附件应该是两个：××省省级重合同守信用企业名单、新确认（或取消命名）的重合同守信用的企业名单，如果只标注一份附件，则是错误的。其次，不能将所有与公文正文有关的材料都列为附件。附件应是必需的，相关的材料很多只能作为公文内容的背景材料，可以适当在公文正文缘起部分作适当交代。

二是附件说明的标注位置必须准确。附件说明不能标注于成文日期之下。

三是公文文稿之后有附件内容,而在附件说明位置未予标注,这种情况不利于文件的贯彻执行,也不利于文件的保管归档。

四是附件说明该标注数量的不标注,这对公文的保管是极为不利的。

五是附件说明标注的附件名称与文后所附的附件标题不一致,有些单位在附件说明部分只简单地标注"附件×份",这是不规范的做法。

六是附件说明中名称后不能随意加上书名号、逗号、分号、句号等标点。

六、公文版记部分

版记部分,包括抄送机关、印发机关和印发日期等部分。版记部分用一条与版心等宽的分隔线与主体部分隔开。首条分隔线位于版记中的第一个要素之上,末条分隔线与公文最后一面的版心下边缘重合。

版记部分用4号仿宋体字,字体比正文字体小。

(一)抄送机关

抄送机关是指除主送机关外需要执行或者知晓公文内容的上级、下级和无隶属关系的其他机关,应当使用全称、规范化简称或同类型机关统称。

在机关工作中,除了将有关的公文直接送有关机关单位办理外,同时让其他机关单位协助办理或知晓,既可以提高工作的效率,又可以协调工作、口径统一、步调一致,从而争取工作的主动,更好地开展公务活动。

《党政机关公文处理工作条例》规定:"特殊情况需要越级行文的,应当同时抄送被越过的机关"、向下级机关的"重要行文应当同时抄送发文机关的直接上级机关"、"受双重领导的机关向一个上级机关行文,必要时抄送另一个上级机关"、"上级机关向受双重领导的下级机关行文,必要时抄送该下级机关的另一个上级机关"。这些都是对公文抄送的明确规定。结合相关法规规定,可以明确以下几点:

一是不管是对上级还是下级、不相隶属机关单位,一律使用"抄送"而不使用"抄报"。

二是抄送既可以要求有关单位执行,也可以只希望有关单位知晓,而将公文内容告知有关单位。

三是抄送还可以解决受双重领导的上下级机关单位之间的行文问题。

四是向上级机关的行文,"原则上主送一个主送机关,根据需要同时抄送相关上级机关和同级机关,不得抄送下级机关"。也就是说,向上级机关的行文,可以抄送上级机关和同级机关,但不能抄送下级机关。

如果抄送的机关单位或领导人较多,可按照机关单位的级别、领导人的职级确定,其他情况按照党委、政府、人大、政协、军队、法院、检察院、党委部门、政府部门、群众团体、民主党派、事业单位、企业单位的顺序排列,使用全称或规范化简称。同一级别、同一性质的机关单位,按照习惯顺序排列,如组织部、宣传部、统战部。

抄送机关一般要将相同性质的单位归类在一起,同一性质的单位不要夹杂于其他机关单位之间。如"省委组织部、省委宣传部,省公安厅、省人社厅、省教育厅"。

公文如有抄送机关,编排于版记中的首条分隔线之下,在印发机关和印发日期之上一行,左右各空一字排开。"抄送"二字后加全角冒号和抄送机关名称,回行时与冒号后的首字对齐,最后一个抄送机关后标句号。

如需把主送机关移至版记,除将"抄送"二字改为"主送"外,编排方法同抄送机关。既有主送机关又有抄送机关时,应当将主送机关置于抄送机关之上一行,之间不加分隔线。

(二)印发机关和印发日期

公文的印发机关是指公文的送印机关,即所发机关单位的具体秘书部门。

印发日期就是公文的送印日期。

编排印发机关和印发日期,主要是体现秘书工作机构对文件印制各个程序的负责。

印发日期与公文的成文日期不同,印发日期以公文的送印日期为准,用阿拉伯数字。

印发机关与印发日期编排在末条分隔线之上,印发机关左空一字,印发日期右空一字,用阿拉伯数字将年、月、日标全,年份应标全称,月、日不编虚位(即1不编为01),后加"印发"二字。印发机关和印发日期占一行位置。

印发机关与印发日期和抄送机关之间用宽度同版心的分隔线隔开。

(三)其他要素

公文有时还标注印制份数、翻印机关、翻印时间、翻印份数等要素,根据《党政机关公文格式》:"版记中如有其他要素,应当将其与印发机关和印发日期用一条细分隔线隔开"的规定,编排方法基本与印发机关和印发日期相同,各要素之间用宽度同版心的细分隔线隔开即可。

页码,指公文页数顺序号。页码一般用4号半角宋体阿拉伯数字,编排在公文版心下边缘之下,数字左右各放一条一字线。单页码居右空一字,双页码居左空一字。公文的版记页前有空白页的,空白页和版记页均不编排页码。公文的附件与正文一起装订时,页码应当连续编排。

七、公文的特定格式

(一)信函格式

信函格式的发文机关标志使用发文机关全称或者规范化简称,居中排布。联合行文时,使用主办机关标志。

发文机关标志下印一条红色双线(上粗下细),距下页边印一条红色双线(上细下粗),线长均为170 mm,居中排布。信函格式的红色双线长于版心。

信函格式的公文如需标注份号、密级和保密期限、紧急程度,应当顶格居版心左边缘编排在第一条红色双线下,按照份号、密级和保密期限、紧急程度的顺序自上而下分行排列。

信函格式公文的发文字号顶格居版心右边缘编排在第一条红色双线下。

信函格式公文的标题居中编排,与其上最后一个要素相距二行。

信函格式的公文首页不显示页码。

版记不加印发机关和印发日期、分隔线,位于公文最后一面版心内最下方。

(二)命令格式

命令格式的公文的发文机关标志由发文机关全称加"命令"或"令"字组成,居中排布。发文机关标志下空二行居中编排令号,令号下空二行编排正文。签发人职务、签名章和成文日期的编排可参照"加盖签发人签名章的公文"的具体编排方法。

（三）纪要格式

纪要标志由"×××××纪要"组成，居中排布，推荐使用红色小标宋体字。纪要标志不加"文件"二字。

纪要编号作用等同于发文字号，可居中编排在发文机关标志下空二行位置，可以采用"第××号"的形式，不编虚位。

标注出席人员名单，一般用3号黑体字，在正文或附件说明下空一行左空二字编排"出席"二字，后标全角冒号，冒号后用3号仿宋体字标注出席人单位、姓名，回行时与冒号后的首字对齐。

标注请假和列席人员名单，除依次另起一行并将"出席"二字改为"请假"或"列席"外，编排方法同出席人员名单。

纪要不加盖印章。

因为不同单位、不同性质的会议多种多样，一种纪要格式很难满足全部的要求，因此，各级党政机关可以根据实际需要制定。

第二章 指挥性公文和公文的指挥功能

指挥性公文,是指发文者要求收文者不折不扣执行有关内容的公文。指挥性公文对收文者来说,没有商洽和变通的余地,因此,指挥性公文具有较为严格的约束性。指挥性公文要求遵照执行。

指挥性公文主要有命令、决议,具有指挥功能的公文主要有决定等。

第一节 指挥性公文概述

一、指挥性公文的主要特点

（一）权威性

指挥性公文的发文者一般为较高级别的机关单位或特定单位,公文内容多是一些重要或重大的安排和决策,有些还是重要的法律、法规、规章、政策,公文内容涉及的是一些大政方针,对国家、地区、部门行业作用巨大、关系深远、影响广泛。因此,这类公文具有鲜明的权威性。

（二）强制性

指挥性公文强烈地体现了发文者的指挥意图,所属机关人员必须无条件地、不折不扣地服从和执行,上级机关单位在发文时往往会辅以很多执行性、检查性、落实性措施,违抗、拖延执行或不适当执行都会受到严肃查处、处理,甚至会被惩罚。这就是所谓的"令行禁止"。

（三）严肃性

指挥性公文涉及的一般都是重大事件、重要决策、重点安排,它们的发布是决策机关长时间酝酿、调研、研究的结果,或者对某些行为将产生非常巨大而深远的影响,一旦下达,就意味着对某个或某些事项具有无可商讨的约束力,就意味着某一或某些决策具有不容置疑的确认性,任何机关单位均无权随意改动、删改和扣压。

二、指挥性公文和具有指挥功能的公文的文种及其主要区别

指挥性公文主要有两种,即命令和决议。

命令适用于公布行政法规和规章、宣布施行重大强制性行政措施、批准授予和晋升衔级、嘉奖有关单位和人员。

决议适用于会议讨论通过的重大决策事项。

具有指挥功能的公文主要有决定等。决定既可以用于部署工作，又可以用于做出指挥。《党政机关公文处理工作条例》第八条指出，决定"适用于对重要事项作出决策和部署、奖惩有关单位及人员、变更或者撤销下级机关不适当的决定事项"。一般来说，"对重要事项作出决策和部署"带有指挥功能，尤其是在"对重要事项作出决策"时。

相对于命令、决议而言，决定指挥功能要弱一些。

三、指挥性公文和具有指挥功能的公文写作主体常见思路

（一）事实行为型

公文都是"因需而作"、"因事而造"，事实是公文制作的基础，是构成公文的主要因素。有些指挥性公文，尤其是针对具体工作的指挥性公文，常常先写明具体事实，在事实基础上提出有针对性的行动指挥、作出具体的安排。在行文时，有时还要对事实做简要的分析。简单地说就是"事实—（分析）—行为要求"。对一些带有事项性要求的指挥性公文，多采用此种结构形式。像嘉奖令、指挥性决定等。如《国务院对胜利粉碎劫机事件的民航杨继海机组的嘉奖令》，首先介绍劫机事件和杨继海机组粉碎劫机事件的简单过程，接着分析了杨继海机组的英雄事迹体现出来的精神，最后作出具体的表彰决定并提出希望和号召。

（二）依据行事型

这种指挥性公文的开头先是强调发文的依据，再写出自己发文的具体要求、规范，公布具体事项等。与部署性公文不同，指挥性公文的依据简单，不要阐述分析依据本身。有时在依据与指挥性事项之间还可以适当地阐述一些自己的认识、理念等。简单地说，这种结构就是"依据—（认识）—事项"。决议、颁布令、任免令等常用此种写法。如：

中华人民共和国财政部令

第 70 号

《财政票据管理办法》已经 2012 年 10 月 11 日财政部部务会议审议通过，现予公布，自 2013 年 1 月 1 日起施行。

财政部
2012 年 10 月 22 日

这里先介绍《财政票据管理办法》的发送依据："财政部部务会议审议通过"，再介绍命令事项：发布《财政票据管理办法》。绝大多数颁布性命令、会议决议等都采用此种形式。

（三）目的决策型

这种指挥性公文的开头先是阐述行文的意义、目的、价值、效益等，然后再表明发文的意图，作出具体的决策。有的公文将目的意义放在一起阐述，有的公文只阐述目的，也有的公文

只分析意义。简单地说,这种结构就是"目的—对象—决策"。如《中共中央关于深化文化体制改革推动社会主义文化大发展大繁荣若干重大问题的决定》:

> 中国共产党第十七届中央委员会第六次全体会议全面分析形势和任务,认为总结我国文化改革发展的丰富实践和宝贵经验,研究部署深化文化体制改革、推动社会主义文化大发展大繁荣,进一步兴起社会主义文化建设新高潮,对夺取全面建设小康社会新胜利、开创中国特色社会主义事业新局面、实现中华民族伟大复兴具有重大而深远的意义。全会作出如下决定:
> ……

这份决定文稿,开门见山地分析了深化文化体制改革推动社会主义文化大发展大繁荣的意义,紧接着提出了深化文化体制改革推动社会主义文化大发展大繁荣的决策,高瞻远瞩,高屋建瓴,富有气势。

当然,三者之间是无法完全割裂的,有时依据和目的一起出现,有时事实和目的一起出现,有时事实和依据一起出现,没有一成不变的格式。这三种是最基本的结构形式,还有一些特殊情况下的特殊结构。

第二节 命 令

一、命令的性质

命令和令属于同一个文种,但两者在使用时是有所选择的:有发文原由的非公文式标题经常使用命令,如《向全国进军的命令》;而"令"前有对文种性质的界定或"发文机关和文种"构成的标题,经常只使用"令",如《国务院对胜利粉碎劫机事件的民航杨继海机组的嘉奖令》、《中华人民共和国国家工商行政管理总局令》、《南京市人民政府令》。

命令多使用于国家行政机关、军队机关,尤其在纪律性机关或在约束性非常强的事项中。

按照《党政机关公文处理工作条例》第八条规定,命令"适用于公布行政法规和规章、宣布施行重大强制性行政措施、批准授予和晋升衔级、嘉奖有关单位和人员"。

命令具有严格的权威性和约束力,并且在某种情况下具有法律效力。

二、命令的使用范围

命令(令)的发布有严格的限定性。根据相关法律的规定,中华人民共和国国家主席、国务院总理、各部(局)部(局)长、各委员会主任可以发布命令;各人民政府可以发布命令。在处理重大紧急事务时,如救灾抢险等,地方县级以上领导机关,也可以使用这一文种,如征用民船令等。

在实际工作中,企事业单位也经常使用各种事项性命令来公布行业重大强制性决定,如铁路系统经常使用的调速令、限速令等,企业使用的各种调度令、限制令等。企事业单位在具体事项上使用命令(令),主要是强调严肃性、严格性,对工作的开展有帮助,但不宜过多使用。

三、命令的使用方式

命令体公文,是最具有权力象征的公文文体。命令的使用方式一般有两种情况:当命令作为单体公文使用时,可以简明地讲述发布此项命令的理由,再详细叙述命令的具体事项和要求;当命令作为复体公文使用,即用命令发布法规、规章等时,则多不阐述理由,只履行其法定权力的完成作用,写作比较简单,而随此命令一起发布的规章、法规等则具体翔实。

四、命令的分类

命令常用的可分为颁布性命令、事项性(用以对重大或紧急事项作出强制性的行政规定)命令、任免性命令、嘉奖命令、批准或授予衔级的批准授予令等五类。

五、命令的写作

(一)颁布性命令

颁布性命令,即通常所说的公布令,多用于公布重要法规、规章和条例等。

标题。标题由发令机关名称(或领导人职务名称)和公文文种"令"构成。标题下的令号为流水号,一般以领导人任期开始编排,不分年度。这任领导人任期届满,下任另行编号。流水号也可以以年份为单位编排。

也有命令以发文字号代替令号。

主送机关。除任免令外,大多数命令都不必在正文前标注主送机关,因为历来有"号令天下,一体周知"的说法。确有必要时,可在抄送栏标注。

正文。颁布性命令的正文比较简短,由颁布对象、颁布依据、颁布决定三部分组成。颁布对象,说明所颁布的重要法规的全称,一般写于令的文首。颁布依据,即说明颁布对象通过、批准的机关或会议,写在颁布对象之后,用"已经"、"已由"等词衔接。颁布决定,即颁布令的实施日期、施行日期等,写作时的笔法可根据表达的需要灵活变化。

落款。签署发布命令机关名称或发布命令机关名称、主要负责人的职务和姓名,注明发令时间。

(二)事项性命令

事项性命令,也就是常说的行政令,多用于宣布施行强制性行政措施等。特殊时期使用的戒严令、动员令等即属于此类。其格式基本同于颁布性命令。其正文包括发令原由、命令事项、执行要求三个部分。

发令原由。主要写出发布命令的根据,扼要写清主要原由,给人发文的紧迫感、必要感。这一部分有别于其他文体,要简单有力。

命令事项。主要写出命令内容、保障措施、规定要求等。这是命令正文的主体部分,必须写得一目了然,便于迅速执行、不生歧义,行文时要简明利落、条理分明、内涵清晰、严谨严密、文气庄重、语言质朴。

执行要求。这是对命令措施的补充,是对受令者的戒勉、嘱咐、告诫。对于命令而言,执行要求不是可有可无的,要注意与前两个部分紧密相连、互相呼应,而且要具有号召力、影响力、震撼力。

(三) 任免令

任免令多用于发布法定性人事任免事项。任免令的正文由任免根据和任免内容组成,篇幅短小而内容明确。任免根据一般写明任免的依据会议或任免机构。任免内容写明任免者的姓名和所任免的职务。一般是先任命的职务,再免除的职务。

(四) 嘉奖令

嘉奖令多用于表彰重大事件的立功人员。省以下机关多用"通报"进行表扬,用"决定"进行表彰。

嘉奖令结构一般包括标题与正文两部分。标题由发令机关名称、事由、文种组成。发令机关与事由之间常用"对"字连接,有时也可使用"关于",标题下一般署发令日期或令号。正文主要包括对象、原因、分析评价、希望和要求等部分,篇幅要比颁布性命令和事项性命令长。这类命令的主体是原因和分析评价。原因主要是嘉奖对象的事迹行为。嘉奖令要写出嘉奖对象的主要事迹、功绩和体现出来的精神,写出他们的深刻影响。原因部分要写得全面准确、恰如其分,分析部分要中肯得体、有理有据,两部分可稍显感情,使人在潜移默化中受到教育或鼓舞。正文的最后是希望和要求,要写得实在,忌空泛、含糊,不着边际。

传统的命令还有撤销令,主要是用于省级以上人民政府根据《宪法》和《组织法》赋予的权力,撤销所属各部门不适当的决定、指示和下级人民政府不适当的决定等。但是,现行的《党政机关公文处理工作条例》第八条规定,决定"适用于变更或者撤销下级机关不适当的决定事项",而现行法规中对"命令"适用范围的界定却不再有此功能。也就是说,撤销令已经不再存在,其功能归并到"决定"中。

(五) 批准授予令

根据相关法律的规定,公务员中部分对象要授予衔级,如海事部门、公安部门和驻外机构工作人员等。批准或者授予衔级使用命令。这种命令的写作比较简单,标题一般使用完整式标题,即《×××关于(批准)授予×××等人××衔级的命令》,文下是流水号或发文字号。正文一般包括发令依据和命令事项。落款采用命令常见格式。

【例文】

江苏省人民政府令

第 86 号

《江苏省气象灾害评估管理办法》已于 2012 年 9 月 24 日经省人民政府第 101 次常务会议讨论通过,现予发布,自 2013 年 3 月 1 日起施行。

省　长　李学勇

2013 年 1 月 11 日

第三节 决 议

一、决议的性质

决议适用于会议讨论通过的重大决策事项。

作为一种具有指挥性、领导性和法规性的公文,决议往往是对某些特别重大的事件和问题,经过法定会议讨论研究,代表们民主表决通过,形成书面文件,以会议名义发布,要求贯彻执行。

二、决议的分类

（一）指挥性决议

这是决议的主体,主要用于发布经法定会议通过的要求贯彻执行的重要决策事项。如著名的中国共产党十一届六中全会通过的《中国共产党中央委员会关于建国以来党的若干历史问题的决议》。

（二）批准性决议

批准性决议,用于表明党的会议对某项重大的专门性问题的态度。如《中国共产党第十八届全国代表大会关于〈中国共产党章程修正案〉的决议》。

三、决议与决定的区别

（一）形成过程不同

决议所决策的问题一般需要经过正式会议,按法定程序通过。而决定的形成形式多种多样:有的是经过会议讨论通过;有的是某一机关、组织直接制定,不一定通过表决程序。即使是会议通过的决定,与会议表决通过的决议也不同:凡是简要地表示肯定或否定的意见,履行法律程序表决通过重要决策事项的用决议;凡是作出具体的规定和要求,要求有关部门贯彻执行的用决定。有时可以先有决议,再有执行决议的决定。

（二）内容不同

决议涉及的多是重大的有关全局的原则性问题;决定涉及的是比较单一、集中,处置性和针对性比较强的具体性问题。

（三）写法不同

会议决议的成文日期和通过的会议名称写在标题下;而决定的成文日期有的写在标题下,有的写在文章的结尾落款处。同时,会议决议的行文经常使用如"会议认为"、"会议指出"、"会议号召"等过渡语;而决定在陈述理由后常用"为此,特作如下决定"等过渡语。决议的层次多用文字标注；而决定的层次多用数字标注。

四、决议的写作

决议一般由标题、签署、正文三部分组成。

决议的标题一般要求三要素齐全，应写明发布决议的会议名称、事由、文种。决议写明会议名称，主要是表明权威性、合法性。

签署一般包括会议通过日期和通过会议名称两部分，有的只写明会议通过日期，而不写通过会议名称，将通过的会议名称在文章开头点出来。由于会议通过的文件的成文日期以会议通过日期为准，所以，决议签署中的日期也就是决议的成文日期。

决议正文由决议根据、决议事项、结束语组成。决议根据要将什么时间、什么会议、讨论通过什么，或为什么要作出这一决议等写清楚，阐明作出决议的原因、根据、背景、目的和意义等。决议事项写明会议通过的决议内容，或会议对有关文件、审议事项作出的论断，或对有关问题、事件的评价、决定，或对有关工作作出的部署、安排、要求、措施等。这部分要宗旨明确，态度鲜明，表述清楚，切实可行。结束语主要是对决议事项的评价和对基本精神的强调以及执行要求，并在此基础上发出号召、提出希望，一般用号召性语言。也可以不单列这部分。

五、决议写作应注意的事项

决议的写作应有明确的针对性，在表述时，要针对人们思想中某些倾向性的问题来统一认识，协调行动。要定性准确，评价恰当，切忌面面俱到，纠缠细节。写法上注意叙议结合，以陈述为主，议论不宜过多。篇幅根据需要，灵活变化：篇幅长的，多采用"分项式"，或按事项分条叙述，或按步骤逐一部署，或分条分项地分析评述；简单的则不必分层分段表述，往往只需要几句写明即可。语言上应简洁确切，严谨有力。

【例文】

中国共产党第十八次全国代表大会关于
中央纪律检查委员会工作报告的决议

(2012年11月14日中国共产党第十八次全国代表大会通过)

中国共产党第十八次全国代表大会审查、批准中央纪律检查委员会的工作报告。大会充分肯定了十七届中央纪律检查委员会的工作。

大会认为，党的十七大以来，在党中央坚强有力的领导下，经过全党全社会的共同努力，党风廉政建设和反腐败工作取得新的明显成效，为党和国家事业发展提供了有力保障。

大会要求，中央和地方各级纪律检查委员会，要高举中国特色社会主义伟大旗帜，以邓小平理论、"三个代表"重要思想、科学发展观为指导，全面履行党章赋予的职责，坚持围绕中心、服务大局，坚持标本兼治、综合治理、惩防并举、注重预防方针，紧紧围绕党的先进性和纯洁性建设，认真做好惩治和预防腐败各项工作，深入推进党风廉政建设和反腐败斗争。各级党委要继续加强对纪律检查工作的领导，把党风廉政建设和反腐败工作放在更加突出的位置，着力加强以保持党同人民群众血肉联系为重点的作风建设，深入推进以完善惩治和预防腐败体系为重点的反腐倡廉建设，认真解决反腐倡廉建设中人民群众反映强烈的突出问题,进一步提高反腐倡廉建设科学化水平,做到干部清正、政府清廉、政治清明,为落实党的十八大作出的各项重大决策和战略部署提供有力保证。

第四节 具有指挥功能的公文的写作注意事项

具有指挥功能的公文主要有决定等,对某些重大行动、重要事项或重要问题做出规定和决策,这样的决定具有指挥性。

指挥性决定针对某一方面的工作或某一类问题,一般偏重于统一认识或确定某一方面的方针。这些决定带有纲领性、法规性和指导性,不仅要求下级机关了解决策的内容,而且要求下级机关贯彻执行。

由于命令是规格最高、使用非常严格的公文,政府部门除部级(即省级,包括部分局级、专门委员会)能够使用外,一般不能使用。这样,政府部门要发布指挥性的公文,只有通过决定来实现。实际上,决定的指挥功能也正是这样形成和确立的。也就是说,政府及其部门可以通过决定来实现各自机关的指挥功能。

党的机关使用决定来实现指挥功能有别于决议。

决议是必须经过会议才能形成的公文,而决定可以不经过会议而实现指挥功能,这是决定对决议的补充。而且有些公文,决定是在决议形成的基础上,为完成决议的决策而使用的公文,两者有互为因果的关系。

指挥性决定的结构常见的是:法定会议形成的决定与决议相似,由标题、签署、正文三部分组成;非会议形成的决定,由标题、正文、落款组成。

法定会议形成的指挥性决定,标题、签署的使用方法与决议相似,正文由决定依据、决定事项构成。决定依据一般包括通过决定事项的会议名称或目的、意义等,决定事项即具体的规定、措施、要求等。

非会议形成的决定,与常见的决定文种相比,一般不标注主送机关。

第三章　部署性公文和公文的部署功能

部署性公文主要是用于上级机关对下级机关单位布置工作、安排事务、处理问题而发的具有领导性、指导性、落实性的公文。部署性公文在党政机关公文中所占的比重较大,是机关工作尤其是行政机关工作中接触最多的一类公文,也是党政工作中最重要的公文。

部署性的公文主要是决定、通知、意见等,纪要等也有一定的部署功能。

第一节　部署性公文概述

一、部署性公文的主要特点

（一）约束性

部署性公文是上级机关对特定时期、特定阶段、特定工作的安排、布置、部署,是上级机关决策的具体体现,代表了上级机关的指示性意图,下级单位必须遵照执行。如果上级机关是原则性的部署,则下级机关在执行时间、执行方法和方式等方面可以结合自身实际情况变通执行;如果上级机关是具体事务的安排、布置,则下级机关必须按照上级规定的时间、方法、方式认真完成上级的部署,绝不能自行其是或是顶着不办。

（二）具体性

部署性公文往往是对某项工作在任务、人力、工作的办法、措施等方面的安排和布置。这种安排和布置越是具体周到,越有利于工作的开展,对下级机关单位的指导性越强。它与指挥性公文不同,较少发指示、下命令、谈原则,更多涉及的是对具体工作的具体安排。具体性是部署性公文与指挥性公文的差异之一。

（三）落实性

对收文者而言,主要是按照部署性公文所部署的具体程序、办法、措施合理分配人力、物力、精力等,结合自身实际执行并具体落实上级机关的部署,减少机关单位之间不应有的层级博弈,最大限度地提高工作效率。

二、部署性公文和具有部署功能的公文的主要文种及其区别

部署性公文主要是决定、通知、意见等。

决定是部署性公文中约束力最强的公文。

决定适用于对重要事项作出决策和部署，对下级机关不适当的决策事项予以变更或者撤销。这里实际上涉及的是要求性和约束性两方面的部署。要求性的部署就是要求、决策、安排，约束性部署就是认为如果下级行动、行为或部署、安排不当，就予以撤销，强调下级机关不得从事的行为。

通知的约束力要弱于决定，主要是发布、传达要求下级机关执行和有关单位周知和执行的事项。现行公文对决定、通知的使用功能做了重新规定。在过去的法规中，"决定"没有"变更或者撤销下级机关不适当的决定事项"的功能，这一功能使用的文种是"命令"、"通知"。而"决定"加入这一职能后，一方面与"决定"文种的特性比较吻合，另一方面也强化了"决定"作为最主要的部署性公文的部署约束职能。这一调整与公文的效力和公文本身的特性是一致的。

意见适用于对重要问题提出见解和处理办法。这里，"对重要问题提出处理办法"属于部署性公文。在实际工作中，意见作为下行文，文中对贯彻执行有明确要求的，下级机关应遵照执行；无明确要求的，下级机关可参照执行。从使用效果和使用结果看，绝大多数意见是下行性意见，绝大多数下行性意见是部署性的意见。随着政府职能的转变，部署性意见使用频率越来越高。

下行性意见不同于决定。决定不仅具有部署性，而且具有指挥性；决定形成的决策、决议的重要性要大于意见，下级机关必须不折不扣地无条件执行，而下行性意见则不同，既有遵照执行，也有结合本机关、本部门、本地区、本系统、本行业实际参照执行的；决定重在宏观性的部署指挥，而下行性意见重在微观指导建议，是对某项或某个工作的实施安排和处理办法。

下行性意见也有别于通知。下行的意见和通知在公文中使用频率极高。通知具有较强的指导性、决定性、不可更改性，其内容要求办理和执行；而下行性意见带有灵活性，往往是出现了新情况、新问题而经验尚不足、条件尚不成熟，很多意见是工作中摸索出的新办法甚至是土办法，其内容具有指导性、选择性、榜样性、灵活性、参照性。部署性的通知一般必须执行、办理，但意见却有所区分，上级要求贯彻执行的成熟的意见，下级机关应该遵照执行，不成熟的或没有执行要求的意见，下级机关单位可参照执行。

具有部署功能的公文主要有公告、通告、公报、纪要等。

公告适用于向国内外宣布重要事项或者法定事项。"宣布"首先是告知性的，是知照性公文，但有些是必须遵守的，既然要求遵守，这类公告就具有部署性。一般来说，宣布重要事项的公告具有部署性，宣布法定事项的公告具有法规性。

相比较而言，通告更强调了其部署性使用功能。《党政机关公文处理工作条例》第八条规定，通告"适用于在一定范围内公布应当遵守或者周知的事项"。既然要求"应当遵守"，这类通告显然具备了部署功能。从另一层面上说，既然"通告"具备了部署功能，比"通告"要求更严格、使用规格更高的"公告"也就具备了部署功能。

在实际工作中，行政机关多使用公告、通告，党的机关较少使用，党的机关要使用与公告、通告性质基本相似的文种，可以选择公报。

公报，适用于公布重要决定或者重大事项。它与公告的"向国内外宣布重要事项"的功能基本上是一致的。一般情况下，公报发布的事项多经过会议讨论、代表表决通过。

公告、通告、公报部署功能的形成几乎是相同的：

一是这些公文既然公布了某些要求执行的事项,相关机关就有执行、照办的要求。

二是这些公文公布了一些涉及法律的事项,尤其是行政公文,这些法律事项的涉及机关单位必须严格按照规范执行,否则就要受到查处甚至处罚。

三是这些公文公布的许多是方针政策,是一些原则性的要求,尤其是党的公文,这些方针政策是国家一定时期的行动指南,机关单位必须遵守或执行。

关于"纪要",《党政机关公文处理工作条例》第八条规定,纪要"适用于记载会议主要情况和议定事项"。由于很多会议的纪要传达的是机关的主要决策和部署性质,既要有关机关单位周知、了解,也要有关单位执行。这就使得很多机关单位会议的纪要具有了部署性,尤其是决策机关的常务会议纪要。

在公文实践中,为了强化"纪要"的"部署性"功能,经常采用"印发"纪要的形式来强调其执行要求。以"印发"来强调"纪要"的部署性甚至是指挥性当然便于下级机关单位领会意图,更好地开展工作,但是,这种做法也有弱化公文的嫌疑。"纪要"除了以印发通知来强化部署性职能外,还可以通过"政报"、"通报"的形式来实现其部署功能。

答复性公文如批复、复函等有时也具有部署功能,但这些公文往往是被动性的公文,其部署性是在行文者请批的情况下形成的,部署性往往只针对个别单位、个别事务或个别问题,为了更好地分析公文的主要功能,我们将其归结为批答性公文。

三、部署性公文的主体写作常见思路

公文具有模式化、程式化的特点,既然功能相同或相似,其思路、结构也应该表现出某些共同性的特征。部署性公文的主体常见的写作思路有以下几种。

（一）问题行动型

这种部署性公文在公文的开头将需要解决的某种或某些现实问题叙述清楚,常常用"近年来"、"最近一段时期以来"等模糊性时间领起,以具体有力的数据或事件交代出行文的必要性、针对性,紧接着再提出解决问题的措施、办法、对策。有些还对所叙述的问题进行必要的定性、分析,以提醒收文者问题的严重性、复杂性、重要性,帮助收文者提高对问题的认知程度和重视程度,强化公文的部署功能。这种类型公文的现实针对性很强,是部署性公文中用来处理公务活动有关问题的最常见思路。简单地说,就是"问题—（分析）—对策"。如《国务院办公厅关于进一步加强学校及周边建筑安全管理的通知》：

> 今年以来,部分地区陆续发生数起校园及周边建筑工程安全事故,造成多名学生伤亡。10月10日,山东省淄博市张店区刘家村一住宅楼在建筑施工过程中,发生塔吊倒塌事故,造成邻近刘家村幼儿园5名幼儿死亡,2名幼儿重伤。国务院领导同志对此高度重视,作出重要批示,要求对学校、幼儿园及其周边建筑进行安全检查,并健全相关制度,确保未成年人生命安全。为深刻吸取事故教训,举一反三,严防类似事故发生,经国务院同意,现就进一步加强学校（含幼儿园,下同）及周边建筑安全管理有关事项通知如下：
>
> ……

这份通知,先讲述了学校周边安全事故造成学生伤亡的具体事件,再进一步提出加强学校

及周边建筑安全管理的具体办法和措施,说服力强,事实震撼,措施具体而有针对性。

(二)依据行事型

这种部署性公文的开头是强调发文的依据,表明发文机关发文是贯彻执行上级的方针政策,是秉承上级的指示、命令、决议、决定,是依据有关的法律法规而发文的。在写明部署工作的依据后,再写出自己发文的具体部署、安排、要求、规范等。有时在依据与部署之间还可以适当地阐述一些自己的认识、理念、思路等。简单地说,这种结构就是"依据—(认识)—安排"。如《教育部关于切实做好返乡农民工职业教育和培训等工作的通知》:

> 最近,国务院办公厅印发了《关于切实做好当前农民工工作的通知》(国办发〔20××〕130号),要求各地人民政府和国务院各部委采取切实措施,加强农民工职业教育和技能培训,促进农民工就业,及时妥善安排返乡农民工子女入学。为贯彻落实国务院办公厅通知精神,积极配合各地人民政府,进一步做好返乡农民工工作,现将有关要求通知如下:
> ……

这份通知,先提出发文的依据,再阐述具体的安排、部署,依据充分,处置明确,落实到位。

(三)目的行为型

这种部署性公文的开头是阐述行文的意义、目的、价值、效益等,在阐述意义目的后再表明发文的意图。也就是说,公文的开头首先提出"为什么",常常用"为了……"、"为……"引起,再谈对某一项或某几项工作"怎么做",即开展工作的具体要求、措施、方案等。有的公文将目的意义放在一起阐述,有的公文只阐述目的,也有的公文只分析意义。这是一种最基本、最简易的部署性公文的思路,也是初学者容易把握的一种思路。简单地说,这种结构就是"目的—对象—要求"。如《教育部关于做好义务教育学校教师绩效考核工作的指导意见》:

> 为深化教育人事制度改革,推进义务教育学校绩效工资制度顺利实施,加强教师队伍建设,促进教育事业科学发展,现就做好义务教育学校教师绩效考核工作提出如下意见:
> ……

这份意见,以"为……"引出发文的意义、目的,再提出做好义务教育阶段学校教师绩效考核的具体做法、安排、措施,目的明确,措施清楚。

当然,三者之间是无法完全割裂的,有时依据和目的一起出现,有时问题和目的一起出现,有时问题和依据一起出现,没有一成不变的格式。除这三种最基本的结构形式外,还有一些特殊情况的特殊结构。如既没有问题、依据的交代,也没有目的意义的分析,开门见山就提出措施、办法、要求、建议、安排。

第二节 决 定

一、决定的性质

领导机关用来对某些重要事项作出决策和部署,对某些重大行动作出安排,奖惩有关单位及个人,变更或者撤销下级机关不适当的决定事项的一种具有领导性和规定性的公文,称为决定。

二、决定的使用范围

决定的使用范围比较广泛,发布政策、法规,可以用决定;对重要事项作出决策和部署,可以用决定;安排某项工作、处理某些事情,可以用决定;设置机构、安排人事等,可以用决定。它的使用者也很广泛,国家机关、群众团体、基层事业单位、工矿企业都可以使用。

三、决定的分类

（一）知照性决定

它是针对一个具体问题或事项的决策,如《全国人民代表大会常务委员会关于加入〈南极条约〉的决定》,这是我国作出一个重大决策和安排,用决定的形式知照全国、全世界。一般来说,这类决定并不要求下级执行。

（二）指挥性决定

这类决定针对某一方面的工作或某一类问题,一般偏重于统一认识或确定某一方面的方针。这类决定带有纲领性、法规性和指导性,不仅要求下级机关了解决定的内容,而且要求下级机关认真遵照执行。这类决定一般篇幅较长,说理透彻,具有指挥的性质,如《中共中央关于经济体制改革的决定》、《中共中央关于加快农业发展若干问题的决定》等。

（三）奖惩性决定

奖惩性决定用于树立榜样,表彰先进人物和事迹,或吸取教训,批评、惩戒错误对象等,如《国务院关于授予××××××全国劳动模范称号的决定》。

（四）事项性决定

这类决定多用于处理具体的党务、政务,设置、撤销或变更组织机构,安排有关的人事,如《关于设立×××的决定》。

四、决定与命令的区别

命令与决定同是具有指挥性的文种,但两者有较大的区别。一是命令是把指示性和规定性结合起来,是国家机关或领导人对下级机关或人员公布的一种指令性文件,主要用于公布行政法规、规章等;而决定则是把指导性和决定性结合起来,是党政机关、社会团体、企事业单位对某些问题或者重大行动作出安排,并需要下级单位和人员贯彻执行的具有指挥性的文件。二是发文的语气不同。命令的指示性强,要求下级机关执行起来必须坚决照办,不容违背;而决定的指挥性较弱,虽也要求执行公文的内容,但是可以允许下级机关在执行具体内容时,结合自己的特点进行,决定的语气要比命令缓和一些。三是从执行的时间看,命令要求坚决迅速,而决定则允许有一个执行完成的过程。

五、决定的写作

决定的结构比较简单,一般分标题和正文两部分。

(一)标题

标题由做出决定的单位名称、决定的内容和主旨加文种三部分组成。如果是正式会议讨论的决定,在标题下面要写明在什么日期、经过什么会议通过或批准。

普发和知照性决定可省去收文对象。

(二)正文

正文一般由决定依据、决定事项、决定结语三个部分构成。

决定依据应简要说明为什么要做出该决定,即做出该决定的目的和意义,或原因和根据,内容上一般包括理论依据和事实依据两部分,它既可以是有关的政策、法规,又可以是来自实际工作方面的情况。这一部分要求文字精当,开门见山,语言概括。内容较少、涉及大家比较熟悉的工作的决定,这部分可略写。此项写完后,一般以"特作如下决定"、"现决定如下"等用语过渡到决定事项。

决定事项,是决定的核心与重点部分。这部分要根据具体内容,并结合实际撰写清楚。如对某项工作确定的原则、提出的要求、做出的规定、提出的措施和办法,或对某事某人表明态度、做出安排和处理,或对某一文件表示批准意见等。这一层根据不同情况,可多可少,或长或短,可采用一段到底、分条列项、小标题、分部分等表述方式。要注意,决定事项必须根据事项的性质归属关系界定清楚,不能随意分项。

决定结语,可写明落实决定的具体要求和措施,也可提出希望和号召。这部分视情况而定,可以单独成段,也可以不写,与决定事项合在一起。

六、决定写作的注意事项

写作决定,要有政策或法规的依据,观点要明确;要了解问题或事项的具体内容,以便对决定的内容作出切合实际的判断、概括;要结合所属单位的具体情况,保证在实践中能行得通,做得到。决定写作的语言也要准确、贴切,不致引起歧义,应以叙述为主,必要的议论可有一些,但不可过多。

【例文】

人力资源社会保障部关于表彰第十一届
中华技能大奖和全国技术能手的决定

人社部发〔2012〕77号

各省、自治区、直辖市及新疆生产建设兵团人力资源社会保障厅（局），国务院有关部门，有关中央企业：

根据《中华技能大奖和全国技术能手评选表彰管理办法》有关规定，经各省、自治区、直辖市人力资源社会保障部门和国务院有关部门、行业协会、中央大型企业推荐，并经第十一届国家技能人才评选表彰专家评审会评审，人力资源社会保障部决定：

授予王曙群等30名同志"中华技能大奖"荣誉称号，颁发中华技能大奖奖章、证书、奖杯和奖金。

授予高黎明等300名同志"全国技术能手"荣誉称号，颁发全国技术能手奖章、证书、奖牌和奖金。

同时，对为国家技能人才培育工作作出突出贡献的北京市地铁运营有限公司等100家单位和杨朝晖等80名同志给予表扬。

希望受表彰的个人以此次获得的荣誉为新起点，发挥模范带头作用，谦虚谨慎，再接再厉，不断学习新知识、掌握新技能、创造新业绩、做出新贡献。希望受表扬的单位继续加大技能人才培育工作力度，培养造就更多具备良好职业素质、掌握精湛技艺的技能人才。希望广大劳动者以中华技能大奖获得者和全国技术能手为榜样，树立劳动光荣、技能成才的观念，立足本职、爱岗敬业，为全面建成小康社会宏伟目标奉献力量。

各级人力资源社会保障部门要深入贯彻落实党的十八大会议精神，全面实施《国家中长期人才发展规划纲要（2010—2020年）》，统筹推进高技能人才队伍建设工作，进一步完善以企业为主体、职业院校为基础、学校教育与企业培养紧密联系、政府推动与社会支持相结合的高技能人才培养体系，形成有利于高技能人才成长和发挥作用的制度环境，开创人人皆可成才、人人尽展其才的生动局面，努力营造尊重劳动、崇尚技能的社会氛围，培养和造就一支规模宏大、素质优良、技能精湛的高技能人才队伍，为推动我国进入人才强国和人力资源强国行列作出更大贡献。

附件：1. 第十一届中华技能大奖获得者名单
      2. 第十一届全国技术能手名单
      3. 为国家技能人才培育工作作出突出贡献的单位名单
      4. 为国家技能人才培育工作作出突出贡献的个人名单

人力资源社会保障部

2012年11月29日

第三节 通 知

一、通知的性质

《党政机关公文处理工作条例》第八条指出,通知"适用于发布、传达要求下级机关执行和有关单位周知或者执行的事项,批转、转发公文"。按照这样的规定,通知既可以用于发布类公文,又可以用于传达和告知类公文,还可以用于批转和转发。通知的适应性比较强,使用的限定性少。

二、通知的特点

(一)广泛性

通知的使用频率很高,是最常见的公文文种之一。它不受发文内容的限制,大至党的法规,小至一个小小会议的安排,都可以使用通知。它不受发文机关级别高低的限制,从中共中央、国务院到一个小小的企业,一切大小单位均可用它来传达某种意向或事项。它较少受行文方向和办理方法的限制,既是下行文,又是平行文;既是部署性公文,又是周知性公文;既有遵照执行,又有参照执行;既可以在相互隶属的机关单位使用,又可以在不相隶属的机关单位之间使用;既可以公开发布,又可以传达知照。

(二)时效性

通知的内容比较单一,常常是一个通知解决一个问题。通知一般都是要求立即办理或执行的事项,因此十分强调时效性,不容拖拉延误,否则就会影响工作的开展。

(三)晓谕性

通知总是有所告晓,大多数通知对收文对象都提出明确的执行要求。通知同时具备了"告"和"谕"双重作用,或告知有关事项,或传达要求办理、执行的事项。

三、通知的作用

通知在实际工作中有着十分重要的作用,主要是:

(一)指令作用

它用于上级向下级部署工作,布置任务,要求下级机关办理某一事项。

(二)"桥梁"和"纽带"作用

它用于批转下级机关的公文,转发上级机关、同级机关和不相隶属机关的公文。

(三)传达作用

它用来传达上级指示,颁布行政法规和规章。

（四）决定作用

它用于任免和聘用干部，还可以用来决定某个具体问题，召开具体会议。

（五）沟通作用

它可起一般性的临时知照作用，如假日放假通知、防寒通知等。

总之，通知在加强信息沟通，提高指挥、协调、控制等行政管理的效率方面起着较大的作用。

四、通知的分类

根据通知在实际工作中所起作用的不同，可以将其分为会议通知、工作通知、批转类通知、印发类通知和发布性通知五类。其中，工作通知又分为部署性通知、周知性通知、任免通知，批转类通知分为批转通知、转发通知。

（一）会议通知

为使出席会议的代表有所准备，及时赴会，从而提高会议的效率，只要会议的时间、会议的地点、会议的内容一经决定，就要发送会议通知。

一些规模小的、内容单一的会议，只需写清会议的基本要素即会议时间、地点、出席对象、会议内容即可。一般直接表述为"定于×月×日×午×时在××会议室召开×××××××工作会议，请××××××××××准时出席"。

凡属规模较大、内容复杂、涉及面广、时间较长的会议，会议通知的写作相对复杂些。要写清会议名称、会议内容或议题、主办（主持）单位、会议时间、会议地点、会议出席对象、应准备的材料或物品等，甚至报到时间、报到要求、乘车路线、联系人姓名和电话、寄送回执的地址、邮编、注意事项等都要写清。

如果是大中型的代表会议，写通知时，除了上述内容外，还应交代代表产生办法、名额分配办法、各方面的比例、选举办法、代表条件等。

（二）工作通知

工作通知分为以下几种：部署性通知、周知性通知和任免通知。

1. 部署性通知

部署性通知，又称指挥性通知，主要是要求下级机关执行某种精神、指示或办理有关具体事项，其内容不适宜使用命令、决定时可以用通知。部署性通知要求做到道理明白，任务明确，措施具体。

2. 周知性通知

周知性通知主要起知照的作用，要求下级机关单位、组织、成员了解某个事项。如节日庆祝活动的安排、机构的设立或变动、新印章的启用等等。这类通知要求说清楚什么事情、有什么要求即可。

3. 任免通知

上级机关或组织任免下级机关单位领导人或上级机关单位关于人事任免需要下级有关机关单位知晓时，发任免通知。任免通知主要写清楚任免依据、任免人员、任免职务、任免时间等即可。

（三）批转类通知

批转类通知有两种情况：批转通知和转发通知。

1. 批转通知

批转通知一般用于上级机关单位对下级机关单位公文的处理。批转通知是一种特定的审批形式。上级机关在批转公文时，应该对批转的目的、批转文件的批转意义作出论断，阐明对某些重大问题的态度，并提出原则性的意见和要求。

2. 转发通知

根据工作需要，各机关可以转发上级机关、同级机关和不相隶属机关的重要公文，转发在行文时不受机关等级和系统的限制。转发时应针对公文的内容阐明转发的意图，表明自己的态度甚至说明自己的要求。

批转类通知都是以批转和转发的文件为主，通知本身只起载体和按语的作用。写作时写出批转或转发的文件的基本情况，如文件标题和文件编号，重点写出批转、转发某文件的目的、意义，概述被批转或转发文件的基本内容，并对其作肯定性评价。概述原文件内容时要高度概括、简练，不要与所批转或转发的文件内容重复，对所转文件的评价要中肯、恰当。

（四）印发通知

印发通知主要用于印发会议的纪要，领导讲话，以及部门制定的规划、计划和各类规章制度等。印发通知一般用于处理机关单位自己的文书，具有强化行政效力的作用。通过印发通知，可以将领导在某个场合的发言、表态上升为机关单位的意志；可以将一些事务性文书转化为公文，从而强化事务文书的效力；也可以将职能部门制定的规章制度上升为单位共同执行的制度。

（五）发布通知

《党政机关公文处理工作条例》第八条规定，通知"适用于发布、传达要求下级机关执行和有关单位周知或者执行的事项，批转、转发公文"。这里，明确指出通知可以发布。

从实际工作来说，由于公布性命令的使用级别很高，决定涉及的法律法规又非常重要，因此，较低级别的机关单位和企事业单位在发布规章制度时，仍旧用通知来发布、公布。

同时，印发通知形成的公布一般性、暂行性、局部性、行业性等的办法、意见、条例、规定等也事实上形成了公布通知。

五、通知的写作

通知的使用频率很高，加之通知的种类很多，使用情况复杂，在撰写通知时，既要考虑其特殊性，对不同种类的通知掌握其特殊要求，又要考虑到通知的普遍性，掌握通知的基本写法。这里介绍的是通知的基本写法。

通知的写作包括标题、主送机关、正文、落款。通知是最普通的公文写作形式，格式上没有什么特殊性。

（一）标题

作为文件的通知，标题一般由"发文机关"、"事由"、"文种"三要素组成，有时也可由"事由"、"文种"或"发文机关"、"文种"构成。文种式标题一般不用于正式文件中，主要供张贴、登报。经常出现的"会议通知"，不是文件式标题，有人将其归结为行政性事务文书。通知标题经常在事由中的动词前加入程度词，或在文种前加入一些补充性词组。程度词常用的有"进一步"、"积极"、"认真"等，文种前的补充性词组经常使用的有"联合"、"紧急"、"重要"等。如《中共黑龙江省委关于切实做好抗旱工作的紧急通知》。如一个通知是对前一个通知的补充，可以使用"补充通知"字样的标题。

（二）主送机关

通知的主送机关既可以是一个机关单位，也可以是多个机关单位；既可以是直接下级，也可以是间接下级，甚至可以是多级发文，如"各市、县（市、区）党委、人民政府"。如通知是在一定范围内公布的普发性公文，可以不标注主送机关单位。如果通知的主送机关单位过多，也可以在版记中的抄送机关之上标注。由于通知是下行文，又常用为部署性或周知性公文，其主送机关单位常用同类型机关统称，如"各市人民政府，各有关单位"、"各单位"、"各委办厅局"、"各院系部处所"等。

（三）正文

通知的正文比较灵活，不同类型通知正文的写法也不尽相同。从基本结构上说，通知可以采用文章式的写法，段篇合一，也可以采用分条列项的写法，内容比较少的多使用前一种结构形式，内容比较多的多使用后一种结构形式。从内容上说，通知的正文包括发文原由、通知事项、执行要求三个方面。

发文原由包括发文原因和发文目的。发文原因一般有两种情况：一是上级或本单位领导部门的指示、决定，或有关的政策、法规等，常用"根据××××文件精神"或"经××××批准"等句式引起。这里需要特别指出的是，一般批准单位与发文单位是不同的。如"经省政府同意"，发文单位可能是省政府办公厅，也可能是政府职能部门。二是工作中的实际情况，如一贯做法、目前形势、工作中出现的新情况新问题等。当然，构成通知的发文原因可以是单方面的，也可以是多方面的。发文目的一般以"为了××××××××"句式引起。通常情况下，通知的发文原由是先原因后目的，如果是内容简单的通知，可不写发文原因。对于批转类通知，可以不写发文原由，直接用"现将《××××××××的××》（×字〔××××〕×号）批转（或转发）给你们，请××××××××"的句式引起。

发文原由要恰到好处，不宜太长，不要太啰唆。发文原由写完后，一般以"现将有关事项通知如下"、"特作如下通知"等用语过渡到通知事项。

通知事项是通知的主体部分，撰写时必须注意按照事件的性质，合理归类，内容不要相互混杂、条理不清，每一事项要清楚全面、明确具体，让人耳目一新、一目了然。

执行要求是通知正文的结尾，在通知中一般单独成段，主要是提出希望、要求、建议等。实际上，通知的结尾常见的有以下几种情况：一是遵照执行，即要不打折扣地执行通知要求，往往用"请遵照执行"、"望贯彻执行"、"请将执行情况于××××年×月×日前报××××××"、"凡违反上述规定的，要追究领导责任，严肃处理"等收尾。二是参照执行，即结合自身实际，因时、因地、因对象执行通知要求，往往用"请参照执行"、"请结合当地实际，认真组织实施"等收尾。三是周知性的通知，不提执行要求，只是告诉收文者某个事项，常用"特此通知"收尾，或自然收尾。

(四) 落款

落款，即通知发送的具体机关单位名称和成文日期。

完整式通知可采用"提出问题—分析问题—解决问题"的三段式写作，也可以只有其中的一个或两个部分。在表达方式上，通知以说明为主，以叙述和议论为辅，可较多使用祈使句，语气肯定，不容置疑。

六、通知与批复的区别

(一) 性质、用途不同

通知主要是部署工作，发布和传达要求下级机关办理、执行、周知的事项；而批复主要是答复下级机关单位的请示、询问等。

(二) 行文关系不同

通知既可以作下行文，又可以作平行文，而批复只能作下行文。

(三) 主被动不同

批复只针对下级机关单位的请示，是一种被动性文书，而通知多数是主动性公文。

(四) 行文主体不同

通知有时也用于答复下级机关单位的询问、请示，但这种用法在文中主要还是表明自己在答复后的主导性意见。行文的主体不仅仅是表明态度，更主要的是提出要求。也就是说，批复主要是针对请示事项的表态，而通知是一种部署和要求。

【例文一】

教育部卫生部关于批准第一批卓越医生教育培养计划项目试点高校的通知

教高函〔2012〕20号

各省、自治区、直辖市教育厅(教委)、卫生厅(局)，各计划单列市教育局、卫生局，新疆生产建设兵团教育局、卫生局，有关高等学校：

为贯彻落实《国家中长期教育改革和发展规划纲要(2010—2020年)》《中共中央 国务院关于深化医药卫生体制改革的意见》，加快推进临床医学教育综合改革，经研究，教育部、卫生部共同组织实施"卓越医生教育培养计划"。

有关高校根据《教育部 卫生部关于实施卓越医生教育培养计划的意见》(教高〔2012〕7号)和《教育部办公厅 卫生部办公厅关于申报第一批卓越医生教育培养计划高校的通知》(教高厅〔2012〕1号)的要求提出了改革试点申请，并递交了项目申报书。根据地方教育、卫生行政部门的初审意见，教育部、卫生部共同组织专家对提交的项目实施方案进行审核，确定了第一批卓越医生教育培养计划项目试点高校125所，改革试点项目178项，其中拔尖创新医学人才培养模式改革试点项目26项，五年制临床医学人才培养模式改革试点项目72项,农村订单定向免费医学教育人才培养模式改革试点项目39项,"3+2"三年制专科临床医学教育人才培养模式改革试点项目41项(具体名单见附件)。

请有关高校按照相关政策要求和本校方案,精心筹划,周密安排,做好计划的实施工作,确保人才教育培养质量。教育部、卫生部将适时组织改革试点的交流和总结工作。

附件:第一批卓越医生教育培养计划项目试点高校名单

教育部 卫生部
2012年11月9日

【例文二】

武夷山市人民政府办公室转发南平市人民政府办公室关于做好雨雪冰冻天气应对工作的通知

武政办〔2013〕7号

各乡(镇)人民政府、街道办、农茶场、市直各有关单位:

经市政府同意,现将南平市人民政府办公室《关于做好雨雪冰冻天气应对工作的通知》(南政办发明电〔2013〕10号)转发给你们,请认真遵照执行,抓好贯彻落实。

武夷山市人民政府办公室
2013年1月28日

南平市人民政府办公室关于做好雨雪冰冻天气应对工作的通知

南政办发明电〔2013〕10号

各县(市、区)人民政府,市政府各部门、各直属机构:

近期,我市多次出现雨雪冰冻天气,北部山区受灾较为严重。据市气象部门预测,未来几天大部分县市有霜冻,中北部部分县市有结冰,春运期间可能出现阶段性低温雨雪。市委、市政府对此高度重视,要求市气象部门加强会商,精确预报,做好灾害趋势研判和预警信息发布。各地各有关部门要立即采取针对性防范应对措施,防止出现电力、交通、供气中断,保证市场供应,切实减轻灾害对交通运输、电力通信、群众生活的影响,最大程度减少灾害造成的影响和损失。

一、切实加强监测预警和信息发布。气象部门要密切关注天气变化趋势,加强分析会商,及时做好雨雪天气过程的监测、预报、预警工作,特别要做好中短期、精细化预报,不断提高预测预报准确率。要充分利用广播、电视、互联网、报纸等各种媒体,以及电子显示屏、公众广播、手机短信等方式和渠道,及时发布灾害预警信息和预灾避灾提示。各地各有关部门要密切关注灾害性天气预测预警信息,加强灾害趋势研判,妥善安置可能受影响的群众,严防发生人员伤亡事故。

二、强化交通运输安全及应急防范措施。公安、交通运输、铁路、民航等部门和单位要进一步完善和落实灾害性天气应对预案,加强运力配置,确保运输安全。特别要针对当前即将进入春运、人员出行频繁、交通运输压力增大的情况，有针对性地调配运输工具和人员，及时发布航班、车次调整信息，引导旅客有序流动。各地各部门要进一步落实冰冻雨雪灾害的各项防范措施，做好应急物资、设备和队伍的准备，及时组织做好铲冰除雪等工作；一旦出现车辆和旅客滞留，要做好宣传解释和维护秩序等相关工作，及时提供食品、饮用水、御寒衣被等救灾物资，同时迅速调配运力，及时疏散滞留车辆和旅客。旅游部门要加强对游客安全出行的提示提醒。

三、保障城乡正常生产生活秩序。各地各有关部门要做好供电、供水、供气、通信等基础设施的巡检排查和优化调度，确保正常运行。一旦发生险情，迅速组织抢修，防止出现大面积、长时间停供和中断。要做好校舍、卫生院、敬老院、候车室、体育馆等公共建筑、简易屋棚及大跨度轻质结构房屋积雪清除工作，防止房屋垮塌造成人员伤亡，防止一氧化碳中毒事件和火灾事故发生。要加强与群众生活息息相关的粮、油、肉、蛋、菜、奶等生活必需品的市场供应和监测，采取有力措施，加强货源组织、运力调配和市场监管，确保雨雪等灾害性天气情况下群众生活需要。

四、切实做好电网防范雨雪冰冻灾害工作。市经贸委要牵头组织做好全市电网防御雨雪冰冻灾害工作，强化各项防范措施；各地要集中开展电力线路走廊清障工作，密切配合电力部门及时解决电力线路维护、恢复过程中遇到的困难和问题；电力部门要加强电网调度运行管理，做好恶劣天气下电力负荷预测，科学安排电网运行方式，组织力量做好各项应急准备，稳妥处置突发事件，确保用电安全和电网安全运行。

五、妥善做好灾害救助和农牧业生产。各地各有关部门要认真做好御寒防冻灾害救助各项工作。受灾害影响地区要加大救灾资金、物资投入力度，妥善安排好受灾群众基本生活，对因灾造成房屋倒塌损失的群众，要通过借住公房、投亲靠友等方式妥善予以安置，特别要做好对困难群众的保障和流浪、乞讨等人员的救助工作。农业部门要加大对农牧业生产抗灾救灾支持，派出有关专家和技术人员深入灾区一线，指导做好牲畜疫病防治、农业种养大棚和圈舍等设施加固和修复、农作物防低温冻害和水产养殖越冬防寒等工作。

六、加强值守应急。各地各有关部门要严格落实24小时值班带班制度，采取有力有效措施加强值班带班。领导干部亲自带班，值班人员坚守岗位，确保通信联络畅通。要密切关注雨雪天气发展变化情况，加强信息沟通和共享，遇有紧急重大情况要按规定及时报告，并采取相应处置措施。

南平市人民政府办公室
2013年1月18日

【例文三】

中共中央组织部　人力资源社会保障部　公安部等25部门关于印发《外国人在中国永久居留享有相关待遇的办法》的通知

人社部发〔2012〕53号

各省、自治区、直辖市、新疆生产建设兵团、副省级市组织、人力资源社会保障、公安、外事、发展改革、教育、科技、财政、住建、商务、计生、人民银行、国资、海关、税务、工商、旅游、侨务、银监、证监、保监、外专、民航、外汇部门，各铁路局，国务院各部门、各直属机构人事部门：

　　《外国人在中国永久居留审批管理办法》颁布以来，一批外籍人才获得《外国人永久居留证》，为我国吸引海外人才和投资者更好参与国家建设发挥了重要作用。《国家中长期人才发展规划纲要（2010—2020年）》明确提出，要实施更加开放的人才政策，大力吸引海外高层次人才回国（来华）创新创业。经中央人才工作协调小组同意，现印发《外国人在中国永久居留享有相关待遇的办法》，请认真贯彻执行。

　　在中国永久居留的外国人享有相关待遇问题，涉及工作和生活的方方面面，是吸引海外人才来华工作的重要措施。各级组织、人力资源社会保障、公安、外交、发展改革、教育、科技、财政、住建、铁路、商务、计生、人民银行、国资、海关、税务、工商、旅游、侨务、银监、证监、保监、外专、民航、外汇等相关部门要充分认识这项工作的重要意义，加强协调配合，抓紧出台实施细则和办法，积极落实各项措施，切实保障外籍人才在中国永久居留的合法权益和各项待遇。要不断完善服务政策，增强服务意识，提高服务水平，为大力吸引海外人才来华创新创业营造良好环境。

中共中央组织部　人力资源社会保障部　公安部
外交部　发展改革委　教育部　科技部　财政部
住房城乡建设部　铁道部　商务部　人口计生委
人民银行　国资委　海关总署　税务总局
工商总局　旅游局　侨办　银监会　证监会
保监会　外专局　民航局　外汇局
2012年9月25日

【例文四】

国务院办公厅关于印发国民旅游休闲纲要（2013—2020年）的通知

各省、自治区、直辖市人民政府，国务院各部委、各直属机构：

　　《国民旅游休闲纲要（2013—2020年）》已经国务院同意，现印发给你们，请认真贯彻执行。

国务院办公厅
2013年2月2日

（此件公开发布）

国民旅游休闲纲要（2013—2020年）

　　为满足人民群众日益增长的旅游休闲需求，促进旅游休闲产业健康发展，推进具有中国特色的国民旅游休闲体系建设，根据《国务院关于加快发展旅游业的意见》（国发〔2009〕41号），制定本纲要。

　　一、指导思想和发展目标

　　（一）指导思想。以邓小平理论、"三个代表"重要思想、科学发展观为指导，按照全面建成小康社会目标的总体要求，以满足人民群众日益增长的旅游休闲需求为出发点和落脚点，坚持以人为本、服务民生、安全第一、绿色消费，大力推广健康、文明、环保的旅游休闲理念,积极创造开展旅游休闲活动的便利条件,不断促进国民旅游休闲的规模扩大和品质提升,促进社会和谐,提高国民生活质量。

(二)发展目标。到2020年,职工带薪年休假制度基本得到落实,城乡居民旅游休闲消费水平大幅增长,健康、文明、环保的旅游休闲理念成为全社会的共识,国民旅游休闲质量显著提高,与小康社会相适应的现代国民旅游休闲体系基本建成。

二、主要任务和措施

(三)保障国民旅游休闲时间。落实《职工带薪年休假条例》,鼓励机关、团体、企事业单位引导职工灵活安排全年休假时间,完善针对民办非企业单位、有雇工的个体工商户等单位的职工的休假保障措施。加强带薪年休假落实情况的监督检查,加强职工休息权益方面的法律援助。在放假时间总量不变的情况下,高等学校可结合实际调整寒、暑假时间,地方政府可以探索安排中小学放春假或秋假。

(四)改善国民旅游休闲环境。稳步推进公共博物馆、纪念馆和爱国主义教育示范基地免费开放。城市休闲公园应限时免费开放。稳定城市休闲公园等游览景区、景点门票价格,并逐步实行低票价。落实对未成年人、高校学生、教师、老年人、现役军人、残疾人等群体实行减免门票等优惠政策。鼓励设立公众免费开放日。逐步推行中小学生研学旅行。各地要将游客运输纳入当地公共交通系统,提高旅游客运质量。鼓励企业将安排职工旅游休闲作为奖励和福利措施,鼓励旅游企业采取灵活多样的方式给予旅游者优惠。

(五)推进国民旅游休闲基础设施建设。加强城市休闲公园、休闲街区、环城市游憩带、特色旅游村镇建设,营造居民休闲空间。发展家庭旅馆和面向老年人和青年学生的经济型酒店,支持汽车旅馆、自驾车房车营地、邮轮游艇码头等旅游休闲基础设施建设。加强公园绿地等公共休闲场所保护,对挤占公共旅游休闲资源的应限期整改。加快公共场所无障碍设施建设,逐步完善街区、景区等场所语音提示、盲文提示等无障碍信息服务。

(六)加强国民旅游休闲产品开发与活动组织。鼓励开展城市周边乡村度假,积极发展自行车旅游、自驾车旅游、体育健身旅游、医疗养生旅游、温泉冰雪旅游、邮轮游艇旅游等旅游休闲产品,弘扬优秀传统文化。大力发展红色旅游,提高红色旅游经典景区和精品线路的吸引力和影响力。开发适合老年人、妇女、儿童、残疾人等不同人群需要的旅游休闲产品,开发农村居民喜闻乐见的都市休闲、城市观光、文化演艺、科普教育等旅游休闲项目,开发旅游演艺、康体健身、休闲购物等旅游休闲消费产品,满足广大群众个性化旅游需求。鼓励学校组织学生进行寓教于游的课外实践活动,健全学校旅游责任保险制度。加强旅游休闲的基础理论、产品开发和产业发展等方面的研究,加大旅游设施设备的研发力度,提升旅游休闲产品科技含量。

(七)完善国民旅游休闲公共服务。加强旅游休闲服务信息披露和旅游休闲目的地安全风险信息提示,加强旅游咨询公共网站建设,推进机场、火车站、汽车站、码头、高速公路服务区、商业集中区等公共场所旅游咨询中心建设,完善旅游服务热线功能,逐步形成方便实用的旅游信息服务体系。完善道路标识系统,健全铁路、公路、水路、民航等的旅游交通服务功能,提升旅游交通服务保障水平。加强旅游休闲的安全、卫生等保障工作,加强突发事件应急处置能力建设,健全旅游安全救援体系。加强培训,提高景区等场所工作人员、服务人员和志愿者无障碍服务技能。创新人才培养模式,提高旅游休闲高等教育、职业教育质量,加快旅游休闲各类紧缺人才培养。

(八)提升国民旅游休闲服务质量。制定旅游休闲服务规范和质量标准,健全旅游休闲活动的安全、秩序和质量的监管体系,完善国民旅游休闲质量保障体系。倡导诚信旅游经营,加强行业自律。加强跨行业、跨地区、多渠道的沟通和协调,打击欺客宰客、价格欺诈等严重侵害消费者权益的违法行为。发挥社会监督和舆论监督作用,畅通旅游休闲投诉渠道,建立公正、高效的投诉处理机制。依法维护经营者和消费者的合法权益,维护公平竞争的旅游休闲市场环境。

三、组织实施

(九)加强组织领导。发展改革和旅游部门负责实施本纲要的组织协调和督促检查。各相关部门要将旅游休闲纳入工作范畴,发挥工会、共青团、妇联等人民团体以及相关行业协会的作用,共同推动国民旅游休闲活动发展。

(十)加强规划指导。要把国民旅游休闲纳入各级国民经济和社会发展规划,以及相关行业和部门的发展规划。加强对各地旅游休闲发展的分类指导,鼓励有条件的地方编制适合本地区旅游休闲发展专项规划。城乡规划要统筹考虑旅游休闲场地和设施用地,优化布局。

(十一)加大政策扶持力度。逐步增加旅游休闲公共服务设施建设的资金投入。鼓励社会力量投资建设旅游休闲设施,开发特色旅游休闲线路和优质旅游休闲产品。鼓励和支持私人博物馆、书画院、展览馆、体育健身场所、音乐室、手工技艺等民间休闲设施和业态发展。落实国家关于中小企业、小微企业的扶持政策。

(十二)加强监督管理。地方各级人民政府要按照本纲要的要求,加强旅游市场管理,强化综合执法,确保旅游休闲的相关法律法规和标准规范得到有效实施。

第四节 意 见

一、意见的性质

使用意见,这是党转变领导作风的体现,是政府职能转变的体现,是建立高效服务型政府在公文写作等具体事务上的体现。

《党政机关公文处理工作条例》规定,意见"适用于对重要问题提出见解和处理办法"。

意见是使用极其广泛的文种之一。意见的使用有所谓的"三不限"原则:

一是行文方向不限。意见可以作上行文,可以作下行文,还可以作平行文。作为上行文,按照请示性公文的程序和要求办理。作为下行文,文中对贯彻执行有明确要求的,下级机关应遵照执行;无明确要求的,下级机关可参照执行。作为平行文,提出的意见供对方参考。

二是使用权限不限。党的机关、行政机关可以用意见行文,企事业单位也可以用意见行文;中共中央、国务院可以用意见行文,基层人民政府、具体职能部门也可以用意见行文。

三是收文处理方式不限。因文而异,有"贯彻执行"的,有"参照执行"的,还有"仅供参考"

的,不一而论。

意见在功用和效能上兼具建议性、指导性和规范性的特征。对下行性意见来说,意见的主体功能是部署性的,带有一定的政策性和法定效力。而下行性意见是公文实践中最常见的形式。

意见在形式上具有高度的灵活性。它可以独立成文,也可以与其他文种搭配使用,形成复体公文。

二、意见的特点和作用

由于意见在行文方向上的特殊性,从而形成了意见的特点和作用的特殊性。意见具有的共同特点是:

(一)针对性

每一份意见都是针对特定的重要问题或某一类型的重要问题,在广泛调查研究的基础上形成的见解和处理办法。由于这些见解和处理办法是就某一个或某一类事项而言的,因此,意见具有很强的针对性。

(二)政策性

意见是针对"重要问题"提出的,这些重要问题常常是带有一定普遍性的问题,或者实际中出现的急需要解决的新问题,或者因为管理上的漏洞和空白造成了工作的被动、混乱甚至损失,而过去又没有现成的处理办法或处理先例的问题。有关机关单位主动或被动提出的对"重要问题"的见解和措施、处理办法,对上是作为上级机关决策时的依据和参考,对下是表达上级对于下级的指挥、指导、部署的意图,对平级或不相隶属机关而言,则可供其参考。总之,这些见解、措施等均具有政策性。

但是,上行性意见和下行性意见还具有一些不同的特点。

一是权威性形成的过程不同。上行性意见的权威性有待于上级机关的确定,在此之前的意见只是发挥决策参考的作用。如果下级机关提出的见解和处理办法得到了上级的同意和批准,它的权威性才能确立,它所提供的见解和处理办法才能付诸实施,才具有了可操作性。若上级机关不同意或不予批准,则其权威性无法确立。而下行性意见的权威性不需要任何机关单位的批准和同意,意见一经发出,就具备了权威性、执行性。

二是指导性作用的程度不同。对上行性意见,只有得到了上级机关的同意和批准,才具备指导作用。对下行性意见,一部分要求贯彻执行,有较强的指导制约作用,还有部分意见,则主要是参考执行,具有一定的指导性,所以,下行性意见分别发挥领导和指导作用。平行性的意见,具有一定的指导性,但指导性的实现取决于发文者一方,它主要发挥参考作用。

三、意见的分类

意见在行文关系上具有灵活性特征,它除了主要用于对下级机关单位提出指导性、规范性的见解和处理办法外,也可以对上级、对平级、对不相隶属的机关单位之间行文。意见可以分为以下几种:

(一)建议性意见

建议性意见,即上行性意见。上行性意见主要用于向上级机关请示、建议某个或某几个方面的具体工作、活动。上行性意见按照请示的要求写作与处理。如大荔县人民政府给渭南市人民政府的《大荔县人民政府关于举办中国大荔2013年绿色瓜果菜博览会的意见》。

(二)直发性意见

直发性意见,即下行性意见和平行性意见,主要用于上级机关依据其职权直接发给下级或平级机关单位,要求贯彻执行或参照执行的见解和办法。这是意见文种的主体部分。如《国务院纠正行业不正之风办公室关于2013年纠风工作的意见》。

(三)呈转性意见

呈转性意见,用于报请上级机关批转、转发属于自己工作、业务范围内的,又要其他部门周知、执行的措施、见解、办法、规定等。这种意见也属于一种特殊的上行性意见,但它与建议性意见不同的是,建议性意见需要上级机关对文件内容给予同意或批准,而呈转性意见中的内容属于发文机关单位自己分内的事情,只不过要求上级解决"不能发文"的问题,上级机关在审核同意后批转或由上级机关的办公厅(室)转发到有关地区和部门加以执行。这是对上行性意见的一种特殊的处理方式。这种意见一般以"以上意见如无不妥,请批转××××××××贯彻执行"收尾。如"以上意见如无不妥,请批转各地方、各部门和军队团以上单位遵照执行"、"以上意见如无不妥,请予批转执行"等。

上级机关在收文后,一般以批转通知的形式予以处理,可注明"政府同意"等字样,可直接发文;也可以由办公厅(室)转发,或由职能部门发文,文中需要注明"经政府同意"、"经政府审批"等字样。一般来说,较为具体的事项,由政府职能部门发文。办公厅(室)发文和职能部门发文,其发文形式明显不同。办公厅(室)发文,多为转发通知。但职能部门发文,往往用直接发送"通知"的形式。如"市人民政府批转市农业局市财政局关于支持我市现代都市农业发展补贴政策的实施意见的通知"、"武夷山市人民政府办公室转发南平市人民政府办公室关于做好雨雪冰冻天气应对工作的通知"、"省人力资源社会保障厅关于调整全省最低工资标准的通知",这些文件均注明"经××同意"。

四、意见的写作

意见的结构主要由标题、主送机关、正文、落款组成。

(一)标题

意见的标题一般由"发文机关"、"事由"、"文种"或"事由"、"文种"构成。意见的标题经常在"事由"部分加入程度性副词如"进一步"、"积极"等,在文种前经常加入"实施"、"处理"等。如《省教育厅关于进一步加快成人高等教育改革与发展的意见》。

(二)主送机关

上行性意见的主送机关一般只有一个,与请示要求相同。下行性意见和平行性意见的主送机关一般使用同类型机关统称。许多下行性意见不写主送机关,作为普发性公文。

（三）正文

正文由发文原由、见解办法、发文要求组成。

发文原由一般交代提出见解和处理办法的依据、目的、意义、背景等，回答"为什么提意见"。这一部分不要太长，要干净利落。如《国务院关于进一步做好旅游等开发建设活动中文物保护工作的意见》发文原由："我国是历史悠久的文明古国，拥有极其丰富的文物资源。各类文物既是中华民族优秀传统文化的重要载体，也是旅游业可持续发展的重要基础。国家高度重视在旅游等开发建设活动中的文物保护工作，采取了一系列措施，既确保了文物安全，又有效利用了文物资源。但是也存在有的地方违法转让、抵押国有不可移动文物，将国有不可移动文物作为企业资产经营，过度开发利用文物资源，导致文物破坏或损毁，甚至擅自拆除文物古迹和历史文化街区、村镇以及历史建筑等问题。"该发文原由交代了文物的重要性、我国文物保护工作的现状等，强调了发文的必要性、紧迫性。

一般来说，下行性意见和平行性意见的发文原由较简单，上行性意见的发文原由较具体。

发文原由与见解和处理办法之间常用"提出如下意见"、"特制定本处理和实施意见"等过渡语。

见解办法是意见的核心部分，主要是对某个问题或某项工作提出本机关的见解、建议或规范性的解决办法，一般采用分条列项的写法，逐一写出具体的见解、办法、措施等。

有些涉及重要问题和全局性工作的意见，正文部分要注意原则性与规范性、具体性的结合，既要提出总的原则要求，又要阐述具体的措施和办法，便于实际操作。

发文要求一般写清意见提出者的希望、执行要求等。如"以上意见，各单位要结合本部门的实际情况，制定相应的措施并报××××××认真贯彻落实"等。

意见的结尾一般用"以上意见如无不妥，请批转××××执行"等惯用语，也可自然收尾，不加任何惯用语。

（四）落款

落款，即发文机关署名和成文日期。由于建议带有较强的规范性，有些意见还将发文机关署名和成文日期置于标题下方。

【例文】

国务院关于进一步做好旅游等开发建设活动中文物保护工作的意见

国发〔2012〕63号

各省、自治区、直辖市人民政府，国务院各部委、各直属机构：

我国是历史悠久的文明古国，拥有极其丰富的文物资源。各类文物既是中华民族优秀传统文化的重要载体，也是旅游业可持续发展的重要基础。国家高度重视在旅游等开发建设活动中的文物保护工作，采取了一系列措施，既确保了文物安全，又有效利用了文物资源。但是也存在有的地方违法转让、抵押国有不可移动文物，将国有不可移动文物作为企业资产经营，过度开发利用文物资源，导致文物破坏或损毁，甚至擅自拆除文物古迹和历史文化街区、村镇以及历史建筑等问题。为进一步做好旅游等开发建设活动中的文物保护工作，现提出以下意见：

一、严格执行文物保护法律法规。国有不可移动文物不得转让、抵押，不得作为企业资产经营。文物古迹和历史建筑应当尽可能实施原址保护，不得擅自拆除、迁移。对于历史文化街区、村镇，要逐步改善基础设施、公共服务设施和居住环境，不得擅自拆除。国有不可移动文物已经全部毁坏的，不得擅自在原址重建、复建。辟为参观游览场所的国有文物保护单位，所在地人民政府应当依法设立专门机构负责管理，不得将文物保护单位管理机构作为企业的下属机构或交由企业管理。国有其他文物也要按照文物保护法律法规严格管理，不得赠与、出租或者出售给其他单位、个人，也不得抵押或作为企业资产经营。

二、严格履行涉及文物的旅游等开发建设活动审批。要加强各级文物保护单位的规划编制工作，提高规划的科学性。各地编制旅游等开发建设规划要符合城乡规划，并与文物保护单位的规划相衔接，坚持文物保护优先，把文物安全放在首位。旅游等开发建设项目要严格履行基本建设审批程序。在文物保护单位和历史文化街区、村镇以及历史建筑的保护范围和建设控制地带内实施建设工程的，要事先依法征得文物行政部门同意，报城乡规划部门批准；未经文物行政部门同意的，不得立项，更不得开工建设。

三、合理确定文物景区游客承载标准。文物、旅游等部门要立足文物安全，科学评估文物资源状况和游客流量，合理确定文物旅游景区的游客承载标准，并向社会公布。对于古遗址、古建筑、石窟寺等易受损害的文物资源，要通过预约参观、错峰参观等方式调节旅游旺季的游客人数，防止背离文物旅游景区实际、片面追求游客规模。要定期对利用古遗址、古建筑、石窟寺等易受损害的文物资源开展旅游等开发情况进行安全评估，对可能造成文物资源破坏的要及时采取保护措施，确保文物安全。

四、加大对文物保护的投入。各级人民政府要将文物保护经费列入本级财政预算，保证财政拨款随着财政收入增长而增加。要切实保障文物保护单位的日常维护经费和文物保护的抢救性投入。要加大基础建设投入，改善文物本体及其环境状况，加强文物保护基础设施和安全设施建设。国有文物保护单位的事业性收入应当专门用于文物保护。鼓励社会力量采取捐赠、设立文物保护社会基金等方式参与文物保护。文物旅游景区经营性收入要优先用于文物保护，具体比例由地方人民政府确定。文物保护单位管理机构要加强资金管理，严格遵守财务制度，提高资金使用效益。

五、加强文物旅游的指导和监管。旅游、文物等部门要把依法保护文物、确保文物安全列入旅游景区质量标准管理体系。对文物保护与安全管理规定不落实，造成文物破坏、损毁的，要依照相关规定处理并通报批评，涉嫌违法的要依法追究相关单位和人员责任。要建立文物旅游突发事件应急预警机制、巡视检查制度、专家咨询制度，定期组织评估文物保护与旅游发展状况并向社会公布，促进文物保护和文物资源的合理利用。

六、切实落实文物保护责任。县级以上地方人民政府及其文物行政部门是文物保护的第一责任人。地方各级人民政府要切实加强对文物保护工作的领导，把文物保护事业纳入本级国民经济和社会发展规划，加强文物保护机构队伍建设，定期解决文物保护面临的问题。国务院每两年组织开展一次文物保护法律法规落实情况检查，对领导不力、玩忽职守、决策失误，造成文物破坏损毁的，要严肃追究责任。

七、认真履行文物保护职责。进一步发挥全国文物安全工作部际联席会议制度的作用,对各地在旅游等开发建设活动中文物保护情况进行督导。文物行政部门要加强对文物保护的监督管理,统筹协调和指导文物保护工作,履行文物行政执法督察职责;旅游部门要在发展旅游中切实落实文物保护的相关规定;发展改革部门要加大对文物保护设施的投入,把好文物旅游基本建设项目立项审批关;财政部门要加大文物保护经费的投入,加强经费使用的监督管理;国土资源部门要加强对国有不可移动文物、考古遗址等重点文物保护用地及规划的监管;城乡规划、文物部门要加强对历史文化名城和历史文化街区、村镇以及历史建筑的保护;公安部门要加强对损毁文物特别是国家保护的珍贵文物或损毁全国重点文物保护单位、省级文物保护单位的违法犯罪活动的查处力度。

八、依法纠正违法违规行为。各地要对本行政区域内旅游等开发建设活动中涉及文物古迹和历史文化街区、村镇以及历史建筑等的保护情况进行一次检查,全面摸清有关情况,依法纠正违法违规行为。

(一)对于将国有不可移动文物转让、抵押的,要限期改正,予以回购、终止抵押。对于将国有不可移动文物作为企业资产经营的,要限期将其从企业资产中剥离;暂不具备剥离条件的,可以设定过渡期,并由省级人民政府向国务院报告。

(二)对于游客接待量超过承载量,造成文物破坏或可能造成文物安全隐患的,要限期改正。

(三)对于擅自拆除文物古迹和历史文化街区、村镇以及历史建筑的,由县级以上地方人民政府或其城乡规划、文物等部门依法定职权责令停止违法行为、限期恢复原状或者采取其他补救措施。历史文化街区、村镇遭到严重破坏的,由批准机关撤销历史文化街区、村镇称号。

(四)对于将文物保护单位管理机构作为企业的下属机构或交由企业管理的,要从企业中分离,恢复文物保护单位管理机构的事业单位性质,交由文物行政部门管理。

(五)对于把历史文化街区、村镇整体出让给企业管理经营的,要予以纠正。暂不具备条件的,应当由省级人民政府向国务院说明情况。

在检查工作中,对涉嫌违法的行为,要依法追究相关单位和人员的法律责任。检查结束后,各省、自治区、直辖市人民政府要在2013年5月底前将检查情况上报国务院。国务院将组织督查组对各地检查情况进行督导。

国务院

2013年12月19日

第四章 知照性公文及公文的知照功能

知,通知,告知;照,照会,表明立场、态度,或通知事项等,以作为凭证。知照性公文主要用于向社会公众发布的,用于告知情况、沟通信息、通知事项等,表明自己的立场或态度,以作为凭证的一种告谕性公文。

知照性公文主要有公告、通告、公报、纪要等,具有知照功能的公文主要有通知、通报等。

第一节 知照性公文概述

一、知照性公文的特点

(一)告知性

知照性公文是向一定范围内的机关单位和人员告知情况、沟通信息、通知事项的,行文的主要目的就是将发文机关的立场、态度、观点等或需要其他机关单位周知的信息履行告知义务,以便让相关机关单位知悉有关信息,并在具体工作安排时作出相应的部署。告知性是知照性公文的最主要特点。

(二)凭据性

知照性公文向收文者表达发文机关的立场、态度、观点等,常常以结论性的规范约定对收文者提出要求。这些规范约定,是收文者必须周知和遵守的,如有违背,将会受到一定的约束、处罚。约束、处罚当事机关单位或人员,就是以这些已经广而告之的具体条文为依据的。收文者必须遵守、发文者也要遵守这些约定,它是查验双方的凭据。如某市公安交通管理局发布通告,规定某条道路在早6时至9时、晚16时至20时为机动车禁行路线,若此时间段有机动车通过禁行路线,将面临交警处罚,而交警处罚的依据就是已发通告,这是机动车驾驶员、交警行为的依据凭证。

(三)公众性

知照性公文不同于其他公文,知照性公文一般没有明确的收文对象,而是以一种广而告之的形式对社会公众发布的。这里的社会公众,既可以是国内的,也可以是面向世界的,如新华社受权公告;既可以是国内全国范围的,也可以是一个地区、一个部门乃至一个行业的;既可以是一定区域全体范围的,也可以是一个区域局部范围的。知照性公文的公众性还具有随意性。如前面凭据性所举例文,当机动车驾驶员驾车经过该路段时,这份通告对其起了作用;对绝大多数不经过该路段的机动车驾驶员而言,这份通告几乎与其无关。

二、知照性公文和具有知照功能的公文的主要文种及其区别

知照性公文比较多,主要有公告、通告、公报、纪要等。具有知照功能的公文主要有通知、通报等。

知照性公文可细分为两类:一类是公告、通告、公报,一类是纪要等通报会议情况的文书。

关于公告、通告、公报,在具体文种的介绍中已经仔细区分,可参考有关章节的内容。其实,公告、通告一般使用于行政机关,公报一般使用于党委及其部门。公报多使用于经过会议表决对外正式公布的重大事项。公报没有纪要使用范围广。

通知是具有知照功能的公文之一,因为通知可以发布、传达"有关单位周知或者执行的事项"。当通知履行知照功能的时候,一般用于发布公文,或向下级机关单位、平级机关单位告知其应当周知的事项或通报某些情况。此时的通知,与公告、公报相比,所涉及的事项没有公告、公报大,不是重大事项或法定事项,一般是具体的事实情况,主送对象比较明确,是某一个或某些特定的机关单位或个人;与通告比较,知照性通知事项更为具体,可能只是一些事实情况,对象明确具体,公示范围比较小,一般不针对社会公众发送。

知照性通报的知照功能主要来源于"传达重要精神和告知重要情况"。知照性通报与知照性通知相比,有以下几点区别:一是知照性通报可以不写主送机关,即用于向社会公众发布,而知照性通知一般须写明主送机关或通过抄送机关体现收文范围;二是知照性通报强调告知重要情况,强调的是告知性,而知照性通知在交流情况时,一般还有执行性要求或办理性要求,知照性通报对受众的约束性要弱于知照性通知;三是知照性通报涉及的情况或事项要比知照性通知更为重要,更受社会关注,更具有广泛性;四是知照性通报常常通过报纸、电台、电视台等媒体发布,而知照性通知常常通过文件形式发布;五是知照性通报的公示范围要大于知照性通知。

知照性通报与公告、通告、公报相比,区别也比较明显。一是公告、通告、公报可以公布会议形成的结论和法定事项,而通报不能;二是公告、通告、公报具有一定的法规性和法律约束力,而通报只具有一定的告谕性;三是公告、通告、公报一般写明约定性结论即可,不要详细介绍情况,而通报的重点则是介绍情况,交流信息,文书表达的内容完全不同;四是公告、通告、公报一般没有主送机关名称,只对社会公众发送,而通报有的不写主送机关名称,有的写主送机关名称;五是写法不同,这是由内容的不同决定的,公告、通告、公报常用条文化写法,而通报不用条文化写法,只用文章式写法。

三、知照性公文和具有知照功能公文的主体写作思路

知照性公文在正文中一般不提出具体的执行要求,只将知照性事项公之于众即可,即使提出有关要求,也多从反面提出,即一旦违反或违犯,将要给予什么样的处罚。

知照性公文的情况比较复杂,文种较多。除纪要外,一般知照性公文主体写作思路有:

（一）依据事项型

依据事项型，即先写明发文所依据的法规、规章或批准单位，再写出具体知照性事项。这种写法理据充分，具有一定的约束力和法规性。如《南京市人民政府关于加强机动车排气污染管理的通告》：

> 根据《中华人民共和国大气污染防治法》和《南京市机动车排气污染监督管理办法》等法律、法规和规章，现就加强机动车排气污染管理通告如下：
> ……

这份通告，开头说明依据的法规，后面是详细的通告事项。

（二）单一事项型

这类知照性公文开门见山写出知照性事项，不用过渡语，不讲客套话，非常干脆利落。这是知照性公文惯常使用的主体写作思路。

（三）目的事项型

目的事项型，即先写发布知照性公文的目的、意义、原因，再写具体知照事项。这种写法目的明确，目标具体，便于执行。如《公安部关于严厉打击违反爆炸物品枪支弹药管理违法犯罪活动的通告》：

> 为加强爆炸物品和枪支弹药管理，维护社会治安秩序，保障公共安全，保护人民群众生命财产安全，公安部决定，坚决收缴非法爆炸物品、枪支弹药，严厉打击违反爆炸物品、枪支弹药管理的违法犯罪活动。特通告如下：
> ……

这份通告，先说明发文目的，再阐述通告事项。

（四）事实事项型

事实事项型，即开头介绍发文时段的具体情况，再提出具体知照事项。如《××中学关于加强校园秩序管理的通告》：

> 最近一段时期以来，随意进出校园的社会闲杂人员不断增加，小商小贩在校园高声叫卖，附近居民将衣被等物拿到学校晾晒，这些严重干扰了学校正常的教学生活秩序，为此，学校决定加强校园秩序管理，现将有关事项通告如下：
> ……

这份通告，先介绍具体情况，再发出通告的具体事项。

第二节 公　告

一、公告的性质

公告是国家机关、执法部门向国内外宣布重要事项或法定事项的一种具有告知性的公文。作为一种重要、庄重而严肃的公开文告，必须通过报纸、电视台、电台等媒体发布。通过媒体发布的公文，视为正式公文，不需要另外行文，具有公文的法定效力。

二、公告的特点

（一）庄重性

公告涉及的事项一般是重要事项或法定事项，发布公告的单位一般是级别较高的党政机关或执法机关，发送的对象既可以是国内的，也可以是国外的，其作用深远而重大。因此，发送公告必须严肃庄重。

（二）慎重性

公告涉及的多是法定事件、重大事项或涉外事项，是国内外非常关注的事宜，代表着国家的某种意志，体现着国家的重大决策。发送的公告会引起海内外的广泛关注，所以发送公告一定要慎重。有些人认为，公告就是在公共场所宣布或告知某些事项，把仅涉及一个地区或一个单位内部的具体事项，也用"公告"来发送，如公园的"公告"、卖房的"售房公告"等，都是降低文种规格的错误使用。

三、公告的使用范围和内容

公告的使用范围很广。发布重大事项，用公告；发布法定事项，用公告；宣布选举结果、公布专门事项等，用公告。有些事项虽不属于重大事项或法定事项，但其内容需要国内外人士知道，具有涉外性，也用公告发送。

在实际生活中，有两个现象值得注意：

一是滥用公告。将应该使用"启事"、"通告"的均改用"公告"，使得公告使用满天飞。

二是忽视公告"法定事项"的发送功能。其实，在我国许多需要知照的法律中，都明文规定要用"公告"发送这些法定事项。如《中华人民共和国公务员法》第二十六条规定："录用公务员，应当发布招考公告。招考公告应当载明招考的职位、名额、报考资格条件、报考需要提交的申请材料以及其他报考须知事项。"《中华人民共和国专利法》第三十九条规定："发明专利申请经实质审查没有发现驳回理由的，专利局应当审定，予以公告，并通知申请人。"类似的法律规定有很多，这说明公告适用于宣布法定事项。

四、公告的分类

（一）向国内外宣布重要事项公告

这类公告主要用于国家机关宣布重要事项或重大事项，常常授权新华社等媒体发布。如公布国家领导人当选、出访，宣布外国主要领导人来华访问，答谢外国政府、政党、政要以及社会著名人士对我国重大政治活动或重大庆典的祝贺，答谢外国或国际机构对我国重大事件的关注，公布国家重要统计数据或重大科技成果，宣布涉外合作的重要决定，进行军事演习，发射人造卫星、洲际导弹等。

（二）专门事项公告

专门事项公告，主要用于人大、政协宣布重要事项、重大决定。如颁布法律、地方性法规，公布人民代表选举决定、选民资格、候选人名单和选举结果等。

（三）法定事项公告

这是国家职能机构按照有关法令、法规的规定而使用的公告，这类公告具有法律效力。这类典型告知性的公告非常多，如专利公告、商标公告、破产公告、环境监测公告、税务文书送达公告、企业法人登记公告、公务员招考公告、中药品种行政保护公告、药品行政保护公告等。

（四）裁判公告

这是根据有关法律由法院发出的公告。如开庭审理案件公告、寻找失踪人公告、权利人登记公告、认领财产公告、申报债权公告、判决公告、强制执行公告等。

五、公告的写作

公告一般由标题、正文、落款组成。绝大多数公告将成文日期置于标题下方，而没有落款。

（一）标题

常见的标题有三种形式：一是发文机关、事由、文种齐全，如《中国人民银行关于国家货币出入境限额的公告》。二是包括发文机关和文种两个部分，专门事项公告等常用此类标题，如《江苏省第×届人大常委会公告》。三是有些公告只有文种"公告"字样，一般为广而告之的公告。

公告的行文对象一般是全体社会公众，没有特定的主送机关，因此，主送机关一般不写。

（二）正文

正文，一般由公告原由、公告事项、公告结语组成。

公告原由有别于部署类公文，一般比较简单，要求言简意赅、简明扼要。有的公告原由写发文目的，有的公告原由写发文依据，视具体公告而定。

公告事项是构成公告的主体部分，一般要求以整饬规范、精确简明的语言说清楚具体事项即可。公告事项较多时可分条列项写作。公告事项部分一般不具体阐述、不写具体细节、不发议论，内容多以晓谕为主，有时还会结合晓谕内容提出要求。行文干净利落，用词俭省精练。

公告结尾一般用"现予公告"、"特此公告"、"此告"等惯用语结束全文，也可不写。

（三）落款

落款写发出公告的机关单位名称和成文日期。由于公告标题多署以机关单位名称，落款处可不写发文单位。同时，公告的成文日期多置于标题下，用括号括注。

【例文一】

中华人民共和国农业部公告
第 1863 号

根据《中华人民共和国畜牧法》和《家畜遗传材料生产许可办法》的规定，经考核评审和质量检测合格，批准西藏自治区当雄县牦牛冻精站等 3 家单位从事牛冷冻精液生产经营，现核发《种畜禽生产经营许可证》（生产经营范围见附件 1，各单位验收合格种公牛名单见附件 2），有效期为 3 年。自本公告颁发之日起，原许可证自动生效。

特此公告。

附件：1. 农业部《种畜禽生产经营许可证》颁发目录（201212）
　　　2. 各单位验收合格种公牛名单

农业部
2012 年 11 月 29 日

【例文二】

四川省人大常委会办公厅关于公民旁听四川省人民代表大会会议的公告

四川省第十二届人民代表大会第一次会议于 2013 年 1 月 25—31 日在成都召开。现就公民旁听有关事项公告如下：

一、旁听会议的主要内容

公民旁听四川省第十二届人民代表大会第一次会议开幕式和第一次全体会议。

本次人代会会议主要议程为：听取和审查四川省人民政府工作报告；审查和批准四川省 2012 年国民经济和社会发展计划执行情况及 2013 年计划草案的报告；审查和批准四川省 2012 年财政预算执行情况和 2013 年财政预算草案的报告，批准 2013 年省本级财政预算；听取和审查四川省第十一届人民代表大会常务委员会工作报告、四川省高级人民法院工作报告、四川省人民检察院工作报告。

二、旁听会议的时间和地点

2013 年 1 月 25 日上午 10 时，成都市人民南路二段 34 号锦江大礼堂二楼。

三、报名的时间和地点

请具有完全民事行为能力的公民持本人身份证原件及复印件和所在单位或社区证明（需加盖单位印章），于 2013 年 1 月 5 日上午 9：00～11：30，下午 2：30～4：30，到成都市人民南路二段 34 号锦江大礼堂前厅报名；或将身份证及单位（社区）证明扫描，通过电子邮箱报名；或将身份证及单位（社区）证明复印后传真报名。邮箱报名和传真报名时间为：2012 年 12 月 27 日～2013 年 1 月 5 日。

根据报名情况，由省人大常委会办公厅确定 15 名左右公民旁听本次会议。旁听会议有关具体事项,请与省人大常委会办公厅联系。

联系人:××

联系电话:86281535(电话及传真),86281618(节假日传真)

邮箱:rdhgmpt@163.com

四川省人大常委会办公厅
2012 年 12 月 27 日

第三节 通 告

一、通告的性质

通告是行政机关、司法机关、社会团体、企事业单位向一定范围的社会公众公布应当周知的情况、应当注意的问题、应当遵守的事项时所用的一种知照性公文。通告的使用范围较广,它既可以由国家、地方各级机关发布,也可以由基层单位发布,内容广泛,使用普遍。

二、通告和其他知照性文种的区别

(一)通告与公告

1. 发布的内容不同

通告用于宣布一般性事项,并且可以宣布应当遵守或遵照办理的事项;而公告则用于宣布重大事项,或有特定用途的法定事项。

2. 发布的对象不同

通告只在国内一定范围内和特殊领域公布;而公告则既可以向国内公布,也可以向国外公布。

3. 发布的单位不同

各级政府机关、司法机关、各社会团体、各大小单位均可发布通告;而公告则只能由依照法定权限的权力机关、司法机关以及法定的一些特殊机关单位发布。

4. 发布的形式不同

公告除了以文件形式发布外,主要采用电视、电台、网络等媒体发布;而通告则主要通过张贴或通过媒体发布。

5. 写作要求不同

公告的行文庄重,用词准确简练,结构紧凑。许多公告一段到底,一气呵成。通告的文字明白晓畅,条理清楚,企事业单位发的通告,在语气上较为和缓,对通告中要求遵守的事项,带有祈求理解、支持和合作的含义。

(二)通告与通知

1. 收文的对象不同

通告是一种公开特定的"通知",通告的对象比较广泛,不专门指哪些单位、哪些人,一般是社会公众；而通知的对象则比较具体，一般必须写明被通知的单位和个人。

2. 发布的形式不同

通告一般通过张贴、登报等形式发送；而通知则在一定范围内传阅或印发。

3. 行文的要求不同

通告有时用于宣布应遵守事项，不但具有行政约束力，有时还具有法律效力，政策性更强；而通知则只用于传达、告晓或批转转发等，要求办理和执行，知照性通知的法律效力和行政约束力不及通告。

三、通告的特点

（一）内容的广泛性

通告的内容可涉及国家的政策、法规、规章制度，也可以用来公布社会生活中的一些具体事务等。

（二）使用的普遍性

通告在实际工作和生活中的使用频率很高，使用单位广泛，从国家机关到基层企事业单位都可以使用。

（三）贯彻的强制性

不少通告公布的事项，要求普遍遵守，具有法律法规的强制性和约束力，是机关单位管理的基本依据。

四、通告的分类

（一）法规性通告

这类通告经常用来公布国家和地方的政策、临时性的规定等，要求有关单位和个人必须遵守、照办，有较强的约束力。

（二）事项性通告

这类通告常为机关、企事业单位公布局部范围内的一般事务所用，在知照事项的同时，也提出应当遵守的要求，但其权威性和约束力不是很强。

五、通告的写作

通告一般以张贴、登报、广播、网络等方式公布，以文件形式印发的较少。

通告的写作结构一般包括三部分：

（一）标题

通告的标题常用完整式和准齐式。完整式标题由"发文机关"、"事由"、"文种"组成。这类标题醒目、清楚，使人比较容易明了通告所涉及事项。准齐式一般由"发文机关"、"文种"构成，或者由"事由"、"文种"构成。前者彰显发文机关，强化威严感；后者比较平和，事项也明了。机关、团体、单位内部张贴的通告，标题可以简化为"文种"式。

(二) 正文

正文,一般由通告依据、通告内容和通告结语组成。

1. 通告依据

通告依据要求比较简洁概括地说明发布通告的原因和依据,交代意义、目的、原由。通告的政策性、法令性较强,它往往在某一专门问题上,规定应该怎样行动,不应该怎样行动,因此,通告的内容必须符合党的路线、方针、政策和政府法令,符合实际情况和人民群众的利益。在撰写通告时,除写明发布本通告的原因外,必须重点写清楚发布本通告的法律或政策依据,有时还要写清楚事实依据。

2. 通告内容

通告内容是通告的关键部分,必须具体明确。由于通告的内容一般都具有专门性质,如涉及交通、房地产、供水等,常常要使用一些专门术语,因此,既要注意尽量使用通俗易懂的语言,又要尽量使用大多数人熟悉的行业用语,便于广大群众了解,以利贯彻执行。内容不多时,可以不分段落,一气呵成;也可以分条列项,当然,条目之间要分类清楚、界定准确,还要注意事项与条目之间的联系。

通告内容具体可以分为事项要求和事权要求两个方面。事项要求就是指具体告知性的事项、内容,事权要求包括通告内容的生效期、解释权、执行权等权利或权力方面的要求。

3. 通告结语

通告结语,既可以提出希望、要求,也可以说明执行期限、执行范围和有效期;既可以发出号召,也可以自然收尾。不少通告还单独一段,用"此告"、"特此通告"等结束全文。

(三) 落款

落款,一般署以发文机关单位名称和日期。如标题中有了发文机关单位名称,只要署以成文日期即可。如标题中有了发文机关,成文日期用括号括注于标题之下,可以不署落款。

【例文】

关于维护医疗机构秩序的通告
卫通〔2012〕7号

为有效维护医疗机构正常秩序,保证各项诊疗工作有序进行,依照国家有关法律法规的规定,特通告如下:

一、医疗机构是履行救死扶伤责任、保障人民生命健康的重要场所,禁止任何单位和个人以任何理由、手段扰乱医疗机构的正常诊疗秩序,侵害患者合法权益,危害医务人员人身安全,损坏医疗机构财产。

二、医疗机构及其医务人员应当坚持救死扶伤、全心全意为人民服务的宗旨,严格执行医疗管理相关法律、法规和诊疗技术规范,切实加强内部管理,提高医疗服务质量,保障医疗安全,优化服务流程,增进医患沟通,积极预防化解医患矛盾。

三、患者在医疗机构就诊,其合法权益受法律保护。患者及家属应当遵守医疗机构的有关规章制度。

四、医疗机构应当按照《医院投诉管理办法(试行)》的规定,采取设立统一投诉窗口、公布投诉电话等形式接受患者投诉,并在显著位置公布医疗纠纷的解决途径、程序以及医疗纠纷人民调解组织等相关机构的职责、地址和联系方式。患者及家属应依法按程序解决医疗纠纷。

五、患者在医疗机构死亡后,必须按规定将遗体立即移放太平间,并及时处理。未经医疗机构允许,严禁将遗体停放在太平间以外的医疗机构其他场所。

六、公安机关要会同有关部门做好维护医疗机构治安秩序工作,依法严厉打击侵害医务人员、患者人身安全和扰乱医疗机构秩序的违法犯罪活动。

七、有下列违反治安管理行为之一的,由公安机关依据《中华人民共和国治安管理处罚法》予以处罚;构成犯罪的,依法追究刑事责任:

(一)在医疗机构焚烧纸钱、摆设灵堂、摆放花圈、违规停尸、聚众滋事的;
(二)在医疗机构内寻衅滋事的;
(三)非法携带易燃、易爆危险物品和管制器具进入医疗机构的;
(四)侮辱、威胁、恐吓、故意伤害医务人员或者非法限制医务人员人身自由的;
(五)在医疗机构内故意损毁或者盗窃、抢夺公私财物的;
(六)倒卖医疗机构挂号凭证的;
(七)其他扰乱医疗机构正常秩序的行为。

本通告自公布之日起施行。

×××××
2012年7月30日

第四节 公 报

一、公报的性质

《党政机关公文处理工作条例》第八条规定,公报"适用于公布重要决定或者重大事项"。公报在党的机关较为常见。从实际情况看,公报的使用范围较大,权力机关、行政机关、司法机关等有时也使用公报,尤其是各级统计行政机关,经常用"公报"发送各种统计报告,如季度统计公报、年度统计公报等。

公报是一种广泛告知性的文书,是党政机关用来向国内外宣布重大事件、重要决定和各种综合性统计事项的一种知照性公文。

二、公报与相近文种的区别

(一)公报与公告

1. 承担的任务不同

尽管公报和公告都可以用来向国内外宣布重要事项,但公报的内容比公告要具体得多,公报涉及的既有重大事项,又有具体事项。

2. 使用功能不同

公告可以用来宣布法定事项,如法院开庭审理案件等,但公报不能。

3. 约束力不同

一般说来,公告的约束力比公报强,公告公布的是重大事项和法定事项,而且都是与普通百姓密切相关的,而公报具有新闻性,只是将国内外人士所关注的事件广而告之即可。

(二) 公报与简报

1. 使用对象不同

公报是法定公文,主要使用于党政机关,企事业单位、群众团体等一般不使用公报。简报不是法定公文,任何机关单位均可以使用。

2. 约束力不同

公报作为法定公文,具有法定约束力。简报不是行政公文,不具备法定约束力,只具有参考、沟通信息的作用。

3. 承担的任务不同

公报是用来向国内外宣布重大决定或重要事项的;而简报属于内部交流性事务文书,不公开发送,内容不一定是重大事项,也不能做出决定。

三、公报的分类

公报使用最多的是与会议有关的事项。

公报常见的有三类:决定性公报、事件性公报和统计公报。

(一) 决定性公报

决定性公报,即党政机关将做出的、为国内外人士广泛关注的重大决定公布于众,如《中国共产党第十八届中央委员会第一次全体会议公报》。

(二) 事件性公报

事件性公报,即党政机关将国内外人士普遍关注的重大事件客观公正地公开发布出去,如《病情公报》。

(三) 统计公报

统计公报,主要用于各级统计行政机关将综合性统计情况向社会公布。如国家统计局的各种统计公报,就是公报文种延展性的使用。

四、公报的写作

(一) 标题

公报的标题一般由发文机关名称或会议名称加文种构成,如《中国共产党第十八届中央委员会第一次全体会议公报》。统计报告的公报标题有所不同,既可以用发文机关名称加文种形式,也可以用统计对象加文种或发文机关名称、统计对象加文种形式,如《国家统计局公报》、

《2013年第一季度物价指数公报》等,公报的标题较少用"关于"。

(二)文号和公布时间

公报是一种知照性、公开性公文,发送对象是国内外广大群众,属于公布性公文,一般不要编写文号。若公报是连续出现的,则可以用期号来编写,如"第一号、第二号"等。

公报的公布时间尤其是会议公报的时间,一般置于标题之下,用括号括注。有时不仅有公布时间,还有会议通过时间甚至是生效时间,一般均括注于标题之下。

(三)正文

公报的正文一般包括公布依据、公布内容。

公布依据主要是交代公报发送的内容是由何会议批准的、什么时候批准的,或公报的消息来源于何处,或公报的内容是由何机关单位发送的。

公报内容即将公报发布单位的决定或重大事件的具体内容逐条排列,写作时既可以用条文化写法,也可以自然分段,段与段、节与节之间呈并列关系。

由于公报带有很强的新闻性,因此公报内容的写作基本上是采用新闻式写法,只要把信息的核心用干练简洁的语言表述出来即可,不作分析、不作描述。

公报有很强的时间性,写作时要注意迅速及时,行文简洁。

【例文一】

中国共产党第十八届中央纪律检查委员会第一次全体会议公报

(2012年11月15日中国共产党第十八届
中央纪律检查委员会第一次全体会议通过)

中国共产党第十八次全国代表大会选举产生的中央纪律检查委员会,于2012年11月15日在北京举行第一次全体会议。王岐山同志主持会议。

中央纪律检查委员会委员应到130人,实到129人。全会选举了中央纪律检查委员会书记、副书记和常务委员会委员,报中央委员会批准。

与会同志列席了中国共产党第十八届中央委员会第一次全体会议。

【例文二】

中国共产党第十八届中央委员会第二次全体会议公报

(2013年2月28日中国共产党第十八届
中央委员会第二次全体会议通过)

中国共产党第十八届中央委员会第二次全体会议于2013年2月26日至28日在北京举行。

出席这次全会的有中央委员204人,候补中央委员168人。有关负责同志列席了会议。

全会由中央政治局主持。中央委员会总书记习近平作了重要讲话。

全会听取和讨论了习近平受中央政治局委托作的工作报告,审议通过了中央政治局在广泛征求党内外意见、反复酝酿协商的基础上提出的拟向十二届全国人大一次会议推荐的国家机构领导人员人选建议名单和拟向全国政协十二届一次会议推荐的全国政协领导人员人选建议名单,决定将这两个建议名单分别向十二届全国人大一次会议主席团和全国政协十二届一次会议主席团推荐。审议通过了在广泛征求意见的基础上提出的《国务院机构改革和职能转变方案》。李克强就《国务院机构改革和职能转变方案(讨论稿)》向全会作了说明。全会建议国务院将这个方案提交十二届全国人大一次会议审议。

全会充分肯定党的十八届一中全会以来中央政治局的工作。一致认为,面对严峻复杂的国际环境和艰巨繁重的国内改革发展稳定任务,中央政治局全面贯彻党的十八大和十八届一中全会精神,高举中国特色社会主义伟大旗帜,以邓小平理论、"三个代表"重要思想、科学发展观为指导,团结带领全党全军全国各族人民,解放思想,改革开放,凝聚力量,攻坚克难,按照稳中求进的工作总基调,着力转变工作作风,着力推动经济持续健康发展,实施"十二五"规划纲要,全面推进社会主义经济建设、政治建设、文化建设、社会建设、生态文明建设,全面推进党的建设新的伟大工程,各项工作取得新进展。

全会认为,开好十二届全国人大一次会议和全国政协十二届一次会议,对进一步动员全党全国各族人民为全面建成小康社会、不断夺取中国特色社会主义新胜利而团结奋斗,具有重大意义。

全会强调,行政体制改革是推动上层建筑适应经济基础的必然要求,要深入推进政企分开、政资分开、政事分开、政社分开,健全部门职责体系,建设职能科学、结构优化、廉洁高效、人民满意的服务型政府。全会通过的《国务院机构改革和职能转变方案》,贯彻党的十八大关于建立中国特色社会主义行政体制目标的要求,以职能转变为核心,继续简政放权、推进机构改革、完善制度机制、提高行政效能,稳步推进大部门制改革,对减少和下放投资审批事项、减少和下放生产经营活动审批事项、减少资质资格许可和认定、减少专项转移支付和收费、减少部门职责交叉和分散、改革工商登记制度、改革社会组织管理制度、改善和加强宏观管理、加强基础性制度建设、加强依法行政等作出重大部署。要深刻认识深化行政体制和政府机构改革的重要性和紧迫性,处理好政府和市场、政府和社会、中央和地方的关系,深化行政审批制度改革,减少微观事务管理,以充分发挥市场在资源配置中的基础性作用、更好发挥社会力量在管理社会事务中的作用、充分发挥中央和地方两个积极性,加快形成权界清晰、分工合理、权责一致、运转高效、法治保障的国务院机构职能体系,切实提高政府管理科学化水平。要坚持以人为本、执政为民,在服务中实施管理,在管理中实现服务。要加强公务员队伍建设和政风建设,改进工作方式,转变工作作风,提高工作效率和服务水平,提高政府公信力和执行力。国务院机构改革和职能转变任务艰巨,事关改革发展稳定大局,事关社会主义市场经济体制完善,要精心组织实施,确保改革顺利进行。

全会认为,进一步把学习宣传贯彻党的十八大精神引向深入,对做好党和国家各项工作具有重大意义。要继续把学习宣传贯彻党的十八大精神作为全党全国的首要政治任务,在学习理解上深化,在宣传阐释上深化,在贯彻落实上深化,确保把党的十八大确定的各项任务落到实处。把学习宣传贯彻活动引向深入,重在领导带头,贵在深入持久,关键在进一步转变作风、端正学风、改进文风,在求实、务实、落实上下功夫,在学以致用、学用结合、学用相长上下功夫。要坚持用党的十八大精神武装头脑、指导实践、推动工作,着力回答和解决实际问题。

全会强调,当前,国际形势依然复杂多变,国内改革发展稳定任务依然艰巨繁重,我们具有做好工作的许多有利条件,但也面对着许多严峻挑战。全党同志要增强忧患意识和风险意识、保持清醒头脑,增强工作前瞻性、进取性、创造性。要进一步保持经济发展良好势头,紧紧围绕以科学发展为主题、以加快转变经济发展方式为主线,坚持稳中求进,坚持扩大内需,加大统筹城乡发展力度,强化创新驱动,加快产业结构战略性调整,继续实施区域发展总体战略和主体功能区战略,积极稳妥推进城镇化,加强节能减排,推动经济持续健康发展。要进一步做好保障和改善民生工作,时刻把群众安危冷暖放在心上,落实好各项惠民政策,完善基本公共服务体系,加大对扶贫对象和贫困地区的扶持力度,不断在实现全体人民学有所教、劳有所得、病有所医、老有所养、住有所居目标上取得实实在在的进展。要进一步深化改革开放,尊重人民首创精神,深入研究全面深化体制改革的顶层设计和总体规划,把经济、政治、文化、社会、生态等方面的体制改革有机结合起来,把理论创新、制度创新、科技创新、文化创新以及其他各方面创新有机衔接起来,构建系统完备、科学规范、运行有效的制度体系。要进一步加强党的建设,突出党要管党、从严治党,增强自我净化、自我完善、自我革新、自我提高能力。全面加强党的思想建设、组织建设、作风建设、反腐倡廉建设、制度建设。对党内存在的突出矛盾和问题,不能视而不见,不能回避,不能文过饰非,必须下大气力加以解决。要持之以恒抓好改进工作作风各项工作,建立健全管用的体制机制,不断取得人民满意的成效,以此带动党的建设各方面工作。全会号召,全党全国各族人民更加紧密地团结起来,在以习近平同志为总书记的党中央领导下,坚定不移坚持和发展中国特色社会主义,锐意进取,扎实工作,团结奋进,为实现党的十八大确定的目标任务而共同奋斗。

第五节 纪 要

一、纪要的性质

国家机关、企事业单位、人民团体等在会议记录、会议文件及其他有关会议材料的基础上整理而制发的一种用来记载会议情况和议定事项,传达会议精神,要求收文机关单位遵守、执行、周知的公文,称为纪要。

纪要的"纪",具有加工、整理的意思,故"纪要"不能写为"记要"。

《党政机关公文处理工作条例》第八条规定,纪要"适用于记载会议主要情况和议定事项"。作为主要的党政公文,纪要主要具备知照功能,而要贯彻执行会议精神,则往往通过其他形式来完成,即常常通过发送"印发通知"、"批转转发通知"或"公报"、"决议"、"通报"的形式来实现部署功能。如"关于印发××××纪要的通知"等。

二、纪要的作用

纪要一般有两个方面的作用：

一是向上级汇报会议情况，以便及时地得到指导。这是因为它能系统、全面地反映会议汇报、交流的情况和议定事项，而会议往往又是一个机关单位工作的回顾、反思、总结，也是对未来工作的打算、部署、安排。

二是向下级和相关机关单位传达会议精神、会议情况和议定事项，以便下级机关单位执行会议安排、落实会议精神或议定事项。这是因为，纪要承载的是某个机关单位对实际问题提出的解决办法，或针对一些政策性问题提出的明确界限、作出的具体规定。有些重要的、需要贯彻执行的纪要，上级机关往往还要加批示性按语，通过指挥性或部署性文件下达有关单位和地区，要求贯彻执行或结合具体情况参照执行。此时的纪要具备了指挥、部署功能，具有一定的约束作用。

三、纪要的特点

（一）内容的纪实性

纪要根据会议宗旨，如实地阐述会议讨论和研究的主要问题，实事求是地分析情况、总结经验、回答问题、提出办法和措施，准确地反映会议的基本精神，不随意拔高、深化或弱化会议精神，对会议情况和事项不曲解或主观化，保证纪要忠实于会议的真实性。

（二）表述的纪要性

纪要性体现在两点：一是记载，二是整理。纪要不像会议记录那样对会议发言和会议内容逐一记载，而是归纳、概括。不是有言必录，而是择"要"而记，择"可"而记。但也不是像会议简报那样，写作者可以谈看法、发表议论或评论，而必须尊重会议事实，记载会议真实而有据可查的信息。

（三）作用的指导性

纪要是集思广益的结果，具有一定的代表性和普遍意义，对于进一步推动工作发展起着一定的指导作用。尤其是经过特殊处理的、重要的、需要贯彻执行的纪要，其部署功能决定的指导作用更为突出。有些担负批复性任务的纪要，其指导作用更为明显。

四、纪要与相关会议文书的区别

（一）纪要与会议决议

1. 内容不同

会议决议的内容一般是原则性的重大问题，需要经过法定会议表决通过；而纪要的内容可重可轻，可大可小，不一定需要会议代表表决通过。

2. 形成过程不同

纪要是将会议情况整理后，由领导人审核签发形成定稿；而会议决议一般需要正式会议，按照法定程序通过。

3. 现实效果不同

相比较而言,纪要主要是知照性,指令性和约束力要弱于会议决议。

4. 写法不同

纪要可以写会议上的不同意见;而会议决议只能反映一致性的观点和意见。纪要可以用条目式写法,也可以用"会议提出"、"会议强调"、"会议认为"等文字勾连结构;而会议决议一般不用条目式写法。

(二) 纪要与会议简报

1. 承担的任务不同

纪要是公文,有一定的权威性,内容可以具有一定的指导约束作用,具有公文的法定效力;而会议简报主要是反映会议进程中的情况、讨论发言中的意见或建议、与会代表的主流看法或独特观点、会议决定的事项等,只是供有关单位和人员参考,无执行的硬性要求。纪要比会议简报系统、全面、完整,更具有指导意义。

2. 表现手法不同

纪要必须忠实于会议情况,客观、扼要地叙述会议内容,不允许作者对会议内容进行评论和改动;而会议简报的作者则可以对所写事实等发表评论,谈看法。

3. 篇幅长短不同

纪要视写作情况,长短不受限制,根据会议内容可长可短;而会议简报则一般以"千字文"为宜,主要是强调时效性。

4. 所起作用不同

会议简报和会议记录等必要时可以扩写、合成为纪要。会议简报是纪要的基础,纪要则是会议简报等会议文书的集中与概括。

(三) 纪要与会议记录

1. 目的、作用不同

纪要宣传、报道会议精神,贯彻执行会议决定,印发后在某种程度上带有会议"公报"和会议"决议"的性质,作为公文具有公文的法定效力和一定的约束力;而会议记录则需当场记载会议情况,反映会议的本来面貌,通过会议记录可以了解会议的原始状况。会议记录具有凭证依据作用,可保存备查。

2. 形成过程不同

纪要是在会议结束后,依据会议记录以及其他有关会议材料加工提炼而成;而会议记录则与会议同步进行,在会议过程中形成。

3. 记叙方法不同

纪要突出问题与观点,论事为主,表述的是会议整体的观点、决定、号召等;而会议记录则按照会议自然进程,以发言人为单位分段记载。

4. 写作要求不同

纪要要求去粗取精,去伪存真,抓住要点,反映实质;而会议记录则要求真实、准确、详细、完整,能反映会议本来面貌。

5. 内容选材不同

会议记录要求忠实于会议的最原始状态,会上与会者的争论等要详细记录;而纪要则要遵循组织原则,能公开的内容才能在纪要中体现。

五、纪要的分类

纪要一般分为两类：日常办公会议纪要和专业性或专题性会议纪要。

(一) 日常办公会议纪要

日常办公会议纪要,主要是用来反映党政机关、人大机关、政协机关、司法机关、人民团体、企事业单位的领导机关和大中型公司的决策层开会研究问题、部署工作的情况、商讨对策等,其作用是为机关单位工作的开展提供切实可行的指导性意见。

(二) 专业性或专题性会议纪要

专业性或专题性会议纪要,其形式大致有三种：

1. 决议性会议纪要

这类纪要主要是通过会议作出决策、部署、安排。这类纪要的政策性比较强,多带有指挥性、部署性,下级机关单位一般要按照会议精神安排自己的工作,贯彻执行会议议定的事项。这种纪要为了不弱化其指挥、部署功能,常常用其他形式进行适当的行文处理。

2. 情况性纪要

这类纪要只是把会议的情况传达给有关单位或人员,不作为决议,而是发挥知照功能。纪要中谈到的问题、想法等,只供有关人员参照,它如实地反映会议讨论的情况,重在传递某种信息。

3. 消息性会议纪要

这类纪要带有报道性质,比较简单,一般用于学术性会议、协商性会议,目的是让人们知道最近开了一个什么会,讨论了哪些问题,提出了哪些建议。这种纪要常常不被视为公文,其使用的限制较小。

六、纪要的写法

纪要的一般结构为：标题、开头、正文、结尾。

(一) 标题

纪要的标题有别于常见的公文标题,一般不使用介词"关于",文种前不加"的",除常务会议纪要外,一般不使用"发文机关加文种"形式,不使用"文种式",而是用"会议名称"加"文种"形式,即在"纪要"前加上会议名称,使人一目了然。会议名称要写全,"纪要"前可写上会议的性质,如座谈会纪要、办公会议纪要、学术讨论会纪要、协商会议纪要等。有的还要写上"联合"或"×方会议纪要"。常见的有两种形式：

1. 单标题

单标题由会议名称加文种构成。如《全国农村工作会议纪要》。这种标题简单清楚,写作简便。大多数公文中的纪要使用这种形式。

2. 双标题

双标题由正副标题构成。正标题一般阐明会议的主要精神,或写出会议的主要内容,或展望未来,提出希望号召。副标题交代会议名称和文种。如：

> 群策群力,搞好当前经济工作
> ——××××座谈会纪要

(二)开头

开头,又称引子,这是会议类文书的特殊要求,一般介绍会议的基本情况。主要包括:会议召开的依据,即会议是根据上级什么指示精神,或根据什么需要召开的;会议召开的目的,即会议要解决什么问题;会议召开的时间及会议地点;参加会议的机关单位、人员、主要负责人、会议的范围、会议的主持人或主持单位;会议的主要议程或主要活动;会议的主要议题或主要领导人的报告、讲话;会议的结果及对会议的基本估价。这一部分是会议自然情况的介绍,要用简短的文字把会议的概貌叙述出来,给人以总的印象,对会议的基本情况有总的了解。纪要对会议自然情况的介绍,一般用文章式写法,即用连贯的文字将上述内容串联起来。

(三)正文

这是纪要的主体部分。主要包括以下内容:一是会议所讨论的工作的意义。如果会议所议论的工作已经进行过,需要进一步开展,则要写出对过去工作的基本评价,即指出已经开展的工作取得的成绩、存在的问题。二是会议研究的问题,讨论的意见,即与会人员的主要发言内容、主要观点及意见。三是今后工作的指导思想,即今后按照什么原则、什么精神开展工作。四是工作的要求和具体措施,即今后怎么做。这部分不是平铺直叙、原封不动地反映会议内容,而是经过对会议原始材料的分析、取舍、提炼、整理后形成的文字材料。

正文主体安排顺序常用三种形式:

一是分项式,即对会议内容做全面的归纳整理,概括出几个具体类别,每一类有一个独立的小中心,列出小标题或分段用数字标明。这种方法适用于大型会议或讨论议题比较多的会议,它能使问题集中突出,写作条理清楚。

二是发言记录式,即按照会议发言的某种顺序,集中归纳每个发言者的意见,把每个发言者的主要意见写出来。写作时,对发言者的意见必须进行整理,不可把发言者的所有话不加选择地写出,要精选发言人的观点内容。这种方法多用于座谈会、学术讨论会或常委会、行政办公会议。其好处是能如实地反映与会者的讨论情况和不同反应,能集中写出主要负责人的观点。

三是综合式,即将上述两种写法综合使用,或以分项式为纲,以发言记录式为目;或以发言记录式为纲,以分项式为目。这种写法的好处是既能突出会议的各个要点,又能如实反映与会者的不同看法。

如不使用发言记录式,一般与会者的姓名多不出现,代之以"会议提出"、"与会者认为"、"大家认为"等较为模糊的语汇。

(四)结尾

结尾部分,一般用单独的一个段落,提出希望或号召。也有结尾不单独成段,只是在正文的最后写上结语。前一种写法的特点是有较强的鼓动性和鞭策性,后一种写法的特点是自然收尾、干脆利落。

纪要的写作格式有：
一是文件式，与普通文件格式基本相同。
二是"简报式"，一般以通报、政报的形式发送，主要用于各种常务会议，如常委会、行政例会等。这种形式一般不带"文件"，不加盖印章。
三是批转转发和印发式，用通知等文种强化纪要的部署指挥性，以传达会议精神。
纪要的版头、主体、版记有特殊格式要求。

七、纪要写作的注意事项

撰写纪要应注意：一要重点突出，纪要是记"要"，不能不分主次、不加选择、不进行取舍、面面俱到。二要准确无误，真实反映会议的宗旨和精神。三要条理清楚，即结构逻辑性强，讨论意见分层分类，按照一定顺序归纳，眉目清晰。四要语言简练，对会议记录的一些口语化的内容和用语，在生动而不违背原意的情况下，做必要的删减改动。

【例文一】

沙面大街56号首层房屋使用权问题协调会议纪要
（××××年×月×日通过）

××××年×月×日上午，市政府办公厅×××主任主持召开会议，协调解决沙面大街56号首层房屋使用权问题。参加会议的有省政府办公厅交际处、胜利宾馆、市商委、市国土房管局、工商局、市外轮供应公司等有关部门的负责同志。

会议认为，沙面大街56号首层房屋使用权的问题，是在过去计划经济和行政决定下形成的历史遗留问题。早几年曾多次协调，虽有进展，但未有结果。最近，按照省、市领导同志"向前看"、"了却这笔历史旧账"的批示精神，在办公厅的协调下，双方本着尊重历史，面对现实，互谅互让的原则，合情合理地提出解决这宗矛盾的方案。

经过协商、讨论，双方达成了一致的认识。会议决定如下事项：

一、市外轮供应公司应将沙面大街56号房屋的使用权交给胜利宾馆。

二、考虑到市外轮供应公司在56号经营了30多年，已投入了不少资金，退出后，办公地方暂时难以解决，决定给予其商品损耗费、固定资产投资和搬迁费等一次性补偿费用共95万元。其中省政府办公厅和胜利宾馆负责80万元；考虑到省政府领导曾多次过问此事和省、市关系，另15万元由市政府支持补助。

三、省政府办公厅和胜利宾馆的补偿款于××××年×月×日前划拨给市外轮供应公司。市政府的补助款于×月×日左右划拨，市外轮供应公司应于×月×日开始搬迁，×月×日前搬迁完毕并移交钥匙。

四、市外轮供应公司原搭建的楼阁按房管部门规定不能拆迁。空调器和电话等×月×日前搬迁不了的，由胜利宾馆协助做好善后工作。

会议强调，双方在房屋使用权移交中要各自做好本单位干部群众的工作，团结协作，增进友谊，保证移交工作顺利进行。

××市政府办公厅
××××年×月×日

【例文二】

××××公司××工作会议纪要

(××××年××月××日)

20××年×月×日下午,公司召开第一次总经理办公会议,研究讨论公司经济合同管理、资金管理办法、机关20××年3~5月份岗位工资发放等事宜。张××总经理主持,公司领导以及总经办、党群办及相关处室负责人参加。现将会议决定事项纪要如下:

一、关于公司经济合同管理办法

会议讨论了总经办提交的公司经济合同管理办法,认为实施船舶修理、物料配件和办公用品采购对外经济合同管理,有利于加强和规范企业管理。会议原则通过。会议要求,总经办根据会议决定进一步修改完善,发文执行。

二、关于职工因私借款规定

会议认为,职工因私借款是传统计划经济产物,不能作为文件规定。但是,从关心员工考虑,在职工遇到临时性困难时,公司可以酌情借10 000元内的应急款。计财处要制定内部操作程序,严格把关。人力资源处配合。借款者本人要作出还款计划。

三、关于公司资金管理办法

会议认为计财处提交的公司资金管理办法有利于加强公司资金管理,提高资金使用效率,保障安全生产需要。会议原则通过,计财处修改完善后发文执行。

四、关于职工工资由银行代发事宜

会议听取了计财处提交的关于职工岗位工资和船员伙食费由银行代发的汇报,会议认为银行代发工资是社会发展的必然趋势,既方便船舶和船员领取,又有利于规避存放大额现金的风险。但需要2个月左右的宣传过渡期,让职工充分了解接受。会议要求计财处认真做好实施前的准备工作,人力资源处配合,计划下半年实施。

五、关于公司机关11月份效益工资发放问题

会议听取了人力资源处关于公司机关11月份岗位工资发放标准的建议。会议决定机关员工3—5月份岗位工资发放,对已经下文明确的干部执行新的岗位工资标准,没有下文明确的干部暂维持不变。待三个月考核明确岗位后,一律按新岗位标准发放。

会议最后强调,公司机关要加强与运行船舶的沟通,建立公司领导每周上岗接船制度,完善机关管理员工随船工作制度,增强工作的针对性和有效性。

第六节　具有知照功能的公文的写作注意事项

具有知照功能的公文有通报、通知等。

一、知照性通报的写作注意事项

（一）标题

知照性通报的标题一般须在"文种"前加上"情况"二字，标题中往往不使用带有倾向性的词或词组。如不用"表彰"、"批评"、"先进事迹"，而用一些中性词、词组甚至不加任何动词。如《关于××××情况的通报》、《关于×××××的情况通报》、《关于×××××的通报》。

（二）主送机关

知照性通报常常不设置特定范围的主送机关，发送形式也往往通过报纸、电台、电视台等媒体公布。

（三）正文

知照性通报的正文往往直接叙写通报事项、通报情况，以中性、中肯、平实的笔调将具体事项、情况叙写清楚，重点是对事实、事件处理的过程、进展情况等做详细的交代，对事实本身不做过多的评价。知照性通报的正文一般不写贯彻执行要求，正文事实、事件写完即结束。

（四）落款

落款，与一般通报相同。

二、知照性通知的写作注意事项

知照性通知的写作与一般通知没有什么区别，只是正文语气比较平实，内容带有比较强的告知性，多用于平级机关或不相隶属机关单位之间。

第五章　报请性公文及公文的报请功能

报请性公文是上行公文，主要是向上级报告情况、请求事项，其行文对象是上级单位，内容均以摆事实为主，介绍情况，说明过程，少用议论与说理；行文目的是希望上级了解自己所做的工作或工作开展的情况，或恳请上级对自己的工作予以指示，对自己需要解决的问题希望上级给出态度。报请性公文的语言要求委婉、谦和，不宜用强调性语言，不能用指令性语言，更不能在文中指手画脚。

第一节　报请性公文概述

有些公文，本身就是报请性的，如报告、请示、行政公文的议案；有些公文则具备报请功能，如上行性意见、部分函。

一、报请性公文的特点

报请性公文具有以下特点：

（一）对象的特定性

报请性公文的主送对象均为上级机关单位。这里的上级机关单位可能是行政隶属关系的上级机关单位，可能是业务上的上级机关单位，可能是职级上相当于上级单位而不具备行政隶属关系，也可能是特殊的上级单位。

（二）方法的叙述性

报请性公文的内容均是请求性的或是报告性的，其表达方法以叙述性为主。

（三）目的的请求性

报请性公文的行文目的都是希望上级肯定自己的工作或对自己的工作给予指导，行文时比较重视摆事实讲道理，打动上级机关单位，希望上级给予自己明确而具体的表态或答复。

二、报请性公文和具有报请功能的公文的主要文种及其区别

具有报请功能的公文事实上包括两类：一类是报请性公文；一类虽不是报请性的公文，但

是在具体类别或功能上具有报请性。

报请性公文主要有请示、报告、议案，而具有报请功能的公文主要有意见、函等文种。

请示适用于向上级机关请示事项或请求指示、批准。

报告适用于向上级汇报工作、反映情况、回复上级机关的询问。

在报请功能上，请示是请求性公文，主要用于向有隶属关系的上级请求给予指示或批准；而报告则是陈述性公文，主要是将自己正在做或已经做的工作告知上级，也可以反映本机关单位的工作情况。报告的主送对象也是有隶属关系的上级机关单位。

意见适用于对重要问题提出见解和处理办法。意见可以用作上行文、下行文、平行文。当意见作为上行文时，按照请示性公文的程序和要求办理。所提意见如涉及其他部门职权范围内的事项，主办部门应当主动与有关部门协商，取得一致意见后方可行文，如有分歧，主办部门的主要负责人应当出面协商，仍不能取得一致时，主办部门可以列明各方理据，提出建设性意见，并与有关部门会签后报请上级机关决定。当意见作为报请性公文时，主要有以下几种情形：

一是意见报请的上级机关是具有直接隶属关系的上级。

二是意见报请上级解决的是两个或两个以上机关单位之间对协商不能取得一致时的事项，主办机关单位在报请上级给予答复时必须列明各方的理据。也就是说，该类意见要求详细列明各单位的设想、分歧原因，其内容的重要组成部分是"见解和处理办法"。

三是意见报请上级解决时即使是某个机关单位，也必须详细列明自己的"见解和处理办法"，行文机关单位对某个事项或某项工作应该经过了深思熟虑，最起码经过了反复论证、多方商讨。

四是作为报请性公文，意见最常使用的是解决属于自己职权范围内的而需要其他单位共同办理、周知、执行的事项，行文的目的主要是报请上级机关单位解决发文的问题。

五是当本单位职权范围内的事项要求其他单位共同执行或办理，而发文单位不能对其他单位直接发送指令性公文或在公文中提出指令性要求时，发文机关可以用意见报送上级机关审批转发。也就是说，这一类意见实际上是解决不能发文的问题。

上行性意见与请示的主要区别在于：请示报请的事项多数是个案，是个别问题，而上行性意见所涉及的问题往往是带有一定普遍性的问题；请示更多的是主动表态性报请，而上行性意见是有关机关和部门或主动或被动地提出自己的见解和办法；在结构和内容组成上，请示主要包括原由和事项，而上行性意见则由原由、事项、办法措施组成。

函也是具有报请功能的公文之一。因为函可以"询问和答复问题，请求批准和答复审批事项"，其中的"询问"、"请求批准"就是公文报请功能的体现。

函的报请功能，侧重于"请"，在请求批准功能上，函与请示的区别在于主送机关的不同。《党政机关公文处理工作条例》明确界定函用于"不相隶属机关之间"，这就指出了"函"与"请示"的差别。请示一般用于向有隶属关系的有关主管部门请求批准；而函则用于向无隶属关系的有关主管部门请求批准。

上述四种公文是党政机关公用的公文。还有一种具有报请功能的公文"议案"，只在行政机关单位使用。《党政机关公文处理工作条例》对议案的使用范围界定为："适用于各级人民政府按照法律程序向同级人民代表大会或者人民代表大会常务委员会提请审议事项。"也就是说，尽管此次公文法规党政机关不再分开，但议案仍然只能由人民政府使用，属于行政公文。这是此次法规的唯一特例。当然，在公文实际中，议案的使用范围要大得多。

议案,适用于各级人民政府按照法律程序向同级人民代表大会或人民代表大会常务委员会提出审议事项。"提出审议事项"可以归入报请性公文,但是行政公文的议案是特殊的文种,行文者一般是人民政府,收文者则只能是人民代表大会或人民代表大会常务委员会。从行文机关和收文机关的级别判断,两者构成的是"同级",这里具有审议权的是人民代表大会常务委员会委员或人民代表大会代表,这里的代表强调的是"整体",是法律赋予的权力。

三、报请性公文正文写作的常见思路

报请性公文中的报告类公文和请求类公文的写作思路是不同的。一般来说,报请性公文正文主体常见的写作有以下几种情况:

（一）原由事项型

原由事项型,即首先交代背景、事实、来龙去脉,再写出具体报请事项。这在请示中最为常见。如《××市统计局关于请求拨款的函》：

我局原有 132 m^2 砖瓦结构车库（平房）一处,因年久失修,于今年雨季突然倒塌,急需修复,经测算,共需资金 30 万元。因我局除财政拨款外,无任何资金来源,故恳请拨款,以解决车辆越冬之急需。

这里,先写具体事实,再提出报请事项,理由充分。

（二）依据事项型

依据事项型,即开头先写出行文的依据,再具体详实地交代请示事项。这种请示主要使用在法定事项或特定事项的请示中。如《中国共产党××镇委员会关于召开第×次党员代表大会的请示》"按照党章规定,经镇党委会议研究,拟定于××××年×月×日在××（召开地点）召开中国共产党××镇第×次党员代表大会。"这里的"按照党章规定"即是依据。

（三）目的事项型

目的事项型,即首先交代报请的意义、价值、目的,再写出报请的具体事项。这在议案等文体中常常运用。如《国务院关于提请审议〈中华人民共和国消费者权益保护法〉的议案》：

为了保护消费者的合法权益,维护社会主义市场经济秩序,国家工商行政管理局在总结保护消费者权益经验的基础上,制定了《中华人民共和国消费者权益保护法》,并已经国务院同意,现提请审议。

这里先写出提请审议的目的,再写提请审议的事项,干净利落。

（四）事实陈述型

事实陈述型,主要使用在报告等公文中。全文主要是就某一个或某几项事实情况、开展过程、主要做法、经验体会等陈述给上级机关,以汇报自身工作,求得上级认同和肯定。陈述事实的方法一般不使用文学描写的方法,如写人物的不用对话、行动、细节等表现方法,写事件的一

般只要客观交代事件发生的时间、地点、大致情况、原因等。

第二节 请 示

一、请示的性质

请示是下级机关单位向上级机关单位请求指示、批准的上行公文。下级机关单位在自己的职权范围内无法解决的问题、困难，需要上级机关单位给予答复、解决、帮助、审核、批准，可用请示行文。

二、请示的适用范围

请示的适用范围主要有以下几个方面：

一是工作中遇到的问题需要解决，但超出本机关单位的职权范围，需要上一级机关单位批准后，才能解决，可用请示。

二是工作中遇到疑难问题，无章可循或把握不准时，可用请示。

三是有难以处理的重大问题，或涉及全局性的问题，需要上级给予支持时，可用请示。

四是本单位有特殊情况，难以执行上级机关的统一规定，需要变通处理的问题，可用请示。

五是本机关单位意见分歧，无法统一，要求上级机关裁决的问题，可用请示。

六是对党和国家的有关路线、方针、政策和法律法令不甚了解，有待上级明确批示的问题，可用请示。

七是尽管属于自己职权范围内的事项，但作出的部署安排会牵涉较大范围和较多不属于自己管辖的机关单位，这时需要请示具有管辖权的机关。这在首都和各省省会经常会遇到。

八是设置机构、安排人事、增加编制等需要由上级指示和批准的问题，可用请示。

九是其他应当请示的事项。

三、请示的分类

请示的内容繁多，形式多种多样。根据不同的内容和要求，请示可以分为求复性请示和求转性请示。

（一）求复性请示

这是请示最主要的种类，是请求上级机关解决某些实际困难和问题，或要求对本单位处理具体问题时的原则作出批准的请示。这类请示可以分为事项性请示和政策性请示两类。事项性请示多涉及人事、财务、物资、机构等具体问题，需要获得上级的批复以实施和安排。这类请示侧重于对请示事项作出安排、计划、设想。政策性请示主要是请求上级机关给予政策、指示，请示机关单位在上级机关批复的原则、指示框架、范围内根据自身实际情况作出安排。

(二) 求转性请示

这类请示的内容大都是带有普遍性、全局性的问题，或者是比较重大、紧急的事项，涉及范围比较广泛，而请示机关单位对所涉及的事项如何办理也不是非常清楚。

求转性请示在实际工作中使用比较多的情况是：上级机关作出了决定部署，但收文机关认为上级机关的决定部署目前不适宜执行，于是提出自己的理由。上级机关在收到来文后，经研究，也认为来文所提请求是合理的，于是采用"批转"形式对来文单位批复。此情形下，下级机关单位呈送的请示即为求转性请示。理由有二：这是针对上级的结论而言的，上级最终"批转"了，下级就形成了求转；如果上级机关不作出批答，请示单位无权自行其是，按照自己的意见办理。这种请示在实际工作中使用不多。

求转性请示与呈转意见比较容易混淆。

一般来说，求转性请示的行文者对文中涉及事项不明确、不理解，对如何办理公文不清楚或没有把握，其求转的重点是在现行政策和职权范围内不能解决，但又带有倾向性、普遍性的问题，在上级单位做出答复前，行文者无权、无法办理公文，它重点还是解决"怎么办"的问题。而呈转意见的行文者对如何办理公文内容是清楚的，其行文的内容多是自己在职权范围内提出的具体政策、建议、安排等，而这些内容需要其他单位共同执行，自己又无权给相关机关单位下发该类文件，所以，其行文主要目的是希望上级解决发文问题。

四、请示与报告的区别

(一) 行文目的和作用不同

报告是陈述性的公文，重在汇报工作、反映情况；而请示是请求性的公文，主要希望上级批准，以解决问题为主。

(二) 行文时限不同

报告在事前、事情进行中或事后都是重要的文种；而请示只能在事前行文，请求上级批复或指示。

(三) 内容和结构不同

报告的内容既可以是单一的，也可以是综合性的，而且综合性的报告比较常见；而请示的内容比较单一，要求一文一事，请求事项明确、具体。

从内容组成来看，报告中不能请示问题，即报告中不能请示事项，但请示可以报告情况、陈述意见、说明理据。请示中通过报告情况，可以使请示理由更为充分，上级对请示的原因了解更为具体。

在写作请示、报告时，一定要将请示与报告分开，即使请示中可以报告情况，也最好将文种仔细区别，将内容分开表述。写作实践中的"申请报告"、"请示报告"等均是将请示与报告混淆的情况，文种杂糅是错误的。

五、请示的写作

请示一般由标题、主送机关、正文、落款组成。

（一）标题

请示的标题不允许出现文种式，一般为完整式即"发文机关、事由、文种"，或准齐式中的"事由、文种"。准齐式标题一般使用于单位内部。

（二）主送机关

请示的主送机关一般只有一个，且是请示机关的行政或业务隶属关系的上级机关。

（三）正文

请示的正文一般由三个部分组成，即请示原由、请示事项、请示结语。

请示原由，是请示的开头部分，是请示的主体，一般要写清楚请示原因、请示背景、请示目的等。请示原由要充分有据，一般有政策法规的依据原由、事实原因两个方面。前者可略写，后者要详写，从事实的复杂性、详细的数据等方面说明，不能笼统含糊，陈述困难也不能夸大事实甚至捏造事实。

请示事项，是请示的主要部分，是请示的目的所在。这部分一定要从实际出发，中肯而明确地提出请示事项。要突出关键问题，将需要上级机关审核、批准的事项加以具体细致地分析。请示语气要得体，一般不用"决定"等字样，常用"拟如何如何"。

请示结语，提出肯定的请求，一般使用"（以上请示）当否，请批示"、"妥否，请批复"、"特此请示，请批复"等，不使用"可否（当否、妥否），请批准"之类不符合逻辑的结语。

（四）落款

落款，即发文机关署名、印章和成文日期。

六、请示写作的注意事项

一是请示的内容力求单一具体，一文一事。切忌把互不相关的几件事写在一份请示里，否则，会拖延时间，延误时机，贻误工作。不得在报告等非请示性公文中夹带请示事项。

二是请示原则上主送一个上级机关，一般不同时主送两个以上机关，以免造成责任不明、互相推诿，或领导机关之间批复意见不一致。受双重领导的机关上报的请示，应当根据文件内容与工作需要，分清主送机关和抄送机关，由主送机关负责答复请示的问题。

三是请示问题一般不得越级，因特殊情况必须越级行文时，一般应抄送越过的上级机关。

四是请示的公文，除上级机关直接交办的事项外，不得以本机关名义向上级机关负责人报送公文，不得以本机关负责人名义向上级机关报送公文。要严格按照文件运转传播程序，由领导机关或领导机关办公厅（室）收文。

五是请示根据需要可以同时抄送相关上级机关和同级机关，不抄送下级机关。

六是下级机关的请示事项，如需以本机关名义向上级机关请示，应当提出倾向性意见后上报，不得原文转报上级机关。该行文规则实际上为较低级别的机关向较高级别的机关，也就是所谓的间接性请示做了明确的限定。如某省属高校需要向教育部请示某个具体事项，必须由省教育行政主管部门同意或转报上级机关，这时一定要表明省教育行政主管部门的意见、态度和看法。

【例文一】

关于暂缓调高旅游专项资金在交通建设附加费中分配比例的请示

市政府：

20××年4月7日，市委、市政府《关于加快发展旅游业的决定》(×字〔20××〕8号)，同意建立旅游建设发展专项资金，其部分资金来源于交通建设附加费的分配，并将此分配比例从原来的5％调高到10％。对此，我委认为该措施无疑有利于筹集资金，促进旅游业发展。但当初决定征收旅游业交通建设附加费的目的，主要是筹集地铁资金，现要提高旅游专项资金在交通建设附加费中的分配比例，必然减少地铁资金的来源。地铁工程建设年度投资高达40亿元，筹资任务十分艰巨，而今年地铁资金缺口更大，需开拓更多的资金来源。因此，任何减少筹集地铁资金的做法都会导致工期拖长和投资增大，不利于工程建设。

鉴此，我委建议在地铁建设期内，暂缓调高旅游专项资金在交通建设附加费中的分配比例，仍执行旅游专项资金在交通建设附加费中占5％的分配比例不变。

专此请示，请批复。

×××市发改委
××××年×月×日

【例文二】

中国共产党××镇委员会
关于召开第×次党员代表大会的请示

中共××县委：

我镇第×次党员代表大会是××××年×月召开的。按照党章规定，经镇党委会议研究，拟定于××××年×月×日在××（召开地点）召开中国共产党××镇第×次党员代表大会。现将召开这次会议的有关事项请示如下：

一、指导思想

这次党员代表大会的指导思想是：高举邓小平理论和"三个代表"重要思想伟大旗帜，加强党的执政能力建设和先进性建设，坚持和落实科学发展观，实事求是地总结第×次党员代表大会以来的工作，提出今后五年全镇经济社会发展的总体思路和工作目标，切实加强党的建设，进一步动员和凝聚全镇各级党组织和广大共产党员的智慧和力量，团结带领全镇人民，振奋精神，同心同德，开拓进取，扎实工作，全面推进改革开放和社会主义现代化建设的伟大事业，为实现我镇"十二五"规划和"加快发展，富民强镇"的宏伟目标而努力奋斗。

二、主要议程

1. 听取和审查中共××镇第×届委员会的工作报告；
2. 听取和审查中共××镇纪律检查委员会的工作报告；
3. 选举中共××镇第×届委员会；
4. 选举中共××镇纪律检查委员会。

三、代表名额、构成比例及分配原则

我镇第×次党员代表大会代表名额拟定为×××名。其中,镇机关、企事业单位和村级组织的党员干部不超过55%,年龄45岁以下的代表不少于50%,妇女代表不少于×%,少数民族代表在×%左右。上述比例除妇女、少数民族代表比例和45岁以下的代表比例外,其他均为指导性比例。代表名额的分配,拟参照上述各方面的比例要求,按照各选举单位所辖党组织的数量、党员人数等情况以及工作需要确定。

四、镇党委、镇纪委组成人员名额及候选人名额

第×届镇党委拟设委员×名,提名候选人×名;党委书记1名,党委副书记2名。纪委拟设委员×名,提名候选人××名;纪委书记1名,副书记1名。

五、选举办法

1. 镇第×次党员代表大会代表由各选举单位实行差额选举产生。候选人的差额比例不低于应选人数的30%。

2. 第×届镇党委委员、镇纪委委员,由镇党员代表大会实行差额直接选举的办法选举产生。候选人的差额比例高于应选人数的20%。

3. 镇党委书记、副书记,镇纪委书记、副书记均实行等额选举,分别由第×届镇党委第一次全体会议和镇纪委第一次全体会议选举产生。

以上选举均采用无记名投票方式。

当否,请审示。

中共××镇委员会

××××年×月×日

【例文三】

关于区生产力促进中心机构设置的请示

上科〔2012〕5号

区政府:

我区生产力促进中心于2004年成立以来,相继完成了区政府信息化网络规划设计和建设工作,科技孵化园和阀门园区筹建阶段的主要工作等。随着经济形势的发展变化,科技在经济社会发展中的地位越来越重要,迫切要求加强生产力促进中心建设。为了进一步推动我区科技创新体系建设,提高服务质量、水平和能力,建议对区生产力促进中心的机构设置做如下调整:

一、规格

建议区生产力促进中心规格设置为正科级,并根据同省生产力促进中心协商的结果,挂河南省生产力促进中心上街区分中心(省生产力促进中心已批准)。区生产力促进中心除对口市生产力促进中心外,还对口市科技开发中心、科技情报所、自动化所等7个县处级单位。

二、编制

建议区生产力促进中心全供事业编制3名,自收自支编制或合同制工作岗位若干。主任由区科技局一名副局长兼任,不占区生产力促进中心编制,设副主任一名,全供事业工作人员两名,其他工作人员根据工作需要聘用。

三、必要性

目前全国共有国家级示范中心128个，其中县级的国家级示范中心13个（全部为正科级或相当于正科级单位）。为了增强区生产力促进中心独立工作的能力，迫切需要在机构设置、人员配备等方面给予进一步的支持，提供较完善的工作平台。区生产力促进中心只有在自身机构设置和人员配置完善的情况下，才能有效地开展工作（如科技项目申报方面，科技创新平台类项目、成果推广类项目，以及上级设置的与生产力促进中心自身建设相联系的项目，都对申报单位提出了一定的软硬件条件限制）。只有切实加强生产力促进中心建设，才能使之具备申报资格，更加有效的组织更大、更多的项目，更好的引导扶持区属企业加强科技创新，从而尽早在全市率先建设成为国家级生产力促进中心。

四、职责任务

根据科技部有关工作要求，按照郑州市科技创新平台建设的整体规划，县级生产力促进中心主要承担科技成果推广、科技孵化器建设、科技创业服务和科技风险投资服务等工作。生产力促进中心作为科技中介机构的代表，负有引导和推动科技成果推广社会化服务体系建设的责任。

当否，请批示。

××××生产力促进中心
2012年8月3日

第三节 报 告

一、报告的性质

报告是下级机关用来向上级机关汇报工作、反映情况、回复上级机关询问的陈述性上行公文。

报告既是一种常见的公文，也是党政机关尤其是党所倡导和坚持的一种汇报制度。这种汇报制度，不仅是实现民主集中制的重要形式，而且维系着党政机关的日常工作和公务活动。有效地利用公文报告，有利于及时向上级反映情况，主动争取上级机关的指导和帮助，避免工作的失误；也有利于上级机关及时了解所属各机关单位、各部门对各项方针政策的贯彻执行情况、工作进展和存在的问题，以便进行科学领导和合理有效的指导。

二、报告的分类

报告的用途广泛，种类很多，可以从不同的角度分出各种类型。按照报告的写作范围分，有综合性报告和专题报告；按照报告的时间分，有年度报告、季度报告、月份报告等例行定期报告，也有不定期工作报告；按照报告的内容分，有工作报告、会议报告、情况报告、报送物件的报告、回复报告等。下面是几种常用的报告：

（一）综合报告

综合报告主要用于向上级机关全面汇报本机关单位的工作进程、经验、问题等，它涉及的方面较多，要将各项工作取得的成绩、总结的经验、存在的问题、应该吸取的教训以及下一步工作计划等向上级如实汇报和反映。

（二）专题报告

专题报告，主要用于向上级专门汇报某一问题或某一项工作的特定情况，必要时可以主动向上级提出建议，供上级参考。专题报告内容单一，问题集中，一文一事。专题报告在工作中使用较为普遍。

（三）工作报告

工作报告，即例行报告，是人民政府最常用的重要文种之一。工作报告是指就某一阶段的主要工作进展情况、存在问题和解决办法，按照责任制要求，按期向直属上级或某一特定机构所做的报告。它主要是对于政策、法令、法规、指示的贯彻执行结果等情况的汇报。工作报告与综合报告有许多相似之处，但在写作上，工作报告更强调特定性。

（四）报送物件、文件的报告

报送物件、文件的报告，主要用于下级机关向上级机关报送物件、文件时随物随文一起发出的报告，一般内容只写清报送物件、文件的名称、数量等即可。

三、报告的特点

（一）汇报性

不论哪一类报告，都是下级向上级机关或业务主管部门汇报工作，使上级机关了解自己的工作情况，以期得到上级的帮助、指导，不管这样的汇报是主动的还是迫不得已的，"汇报性"是报告的一大特点。

（二）陈述性

因为报告具有汇报性，所以报告的行文多采用叙述笔法，陈述其事。按照行文规则，报告中不得含有请示内容，报告中也不使用祈使、请求等表达方法。

四、报告的一般结构

报告的结构为常见公文结构形式，即报告一般由标题、主送机关、正文、落款几个部分组成。

报告的内容尤其是综合性工作报告，一般包括四个方面：

（一）情况简述

所谓情况简述，就是简明扼要地交代时间、工作内容、背景和条件等，并作总体评价。

（二）主要成绩

这是报告中较为实在的部分，是整个工作报告的主体，主要是把工作的主要成绩叙述清楚。通常从三个角度加以表述：正面说明，即叙述工作的主要成绩；侧面烘托，即通过上级及有关机关单位或领导的肯定、社会反响、获得的表彰奖励等来强化自己工作的成绩；对比反衬，即通过与相同或相近单位，或与历史同期、与历史最高最低年份等的比较，反衬自己工作的主要成绩。报告中，与主要工作成就关系密切的材料应详写；反之，则略写。

（三）经验体会

这是报告中较为虚化的部分，主要是对工作的经验、感受、体会等进行概括，文字要简练，篇幅不宜太长。这一部分的写作，直接关系到报告的高度，是报告画龙点睛之所在。

在写作实践中，也有将主要成绩和经验体会合在一起写的。从结构安排的角度来说，主要成绩和经验体会"一实一虚"，虚实互补，相得益彰。

（四）存在的问题和今后的努力方向

存在的问题和今后的努力方向，即指出工作中的缺点和错误，说明自己今后如何进一步改进和提高。在写作时，从接受主体考虑，可适当转换角度，如对存在的问题，也可以从工作中面临的矛盾、压力等角度表现。

五、报告写作的基本要求

（一）把握要点，突出中心

对专题报告，最好要一事一报，不要把很多方面的事情都纳入一篇报告中；对综合性工作报告，要把各个方面工作的主要情况并列地拉开段落，每一段落表述一个方面的主要工作，做到"眉清目秀"，有的放矢。这样，报告中心突出，问题集中明确，便于领导掌握情况，指导工作，作出处理。

（二）陈述清楚，分析恰当

报告是以陈述性为主的公文。汇报工作、反映情况，都要真实，都要凭事实说话，确切地叙述事实，把工作情况、主要经验和存在的问题汇报清楚。同时，要进行恰当的分析和判断，对所反映的事情的原委、性质以及基本看法，都要实事求是，报告清楚。写作时做到观点和材料的统一，防止两个倾向：一是陈词滥调，说一大堆原则道理，而无事实材料，毫无新意，或强词夺理，随意扣帽子、打棍子，或主题先行，观点统率；二是摆一大堆事实，举一长串数字，而没有自己的观点或看法，没有分析判断。报告是写给上级机关领导看的，"为什么要汇报？""要汇报些什么情况？""自己是怎么看的？"一定要说清这些内容，直截了当，说得其所。

（三）认真筛选，掌握第一手材料

掌握大量的第一手材料和事实，是写好报告的关键。报告所用材料要认真筛选，要典型、精到，具有代表性。

（四）内容单一，防止杂糅

报告中不能夹带请示事项。

六、几种常见报告的写法

（一）综合性工作报告

综合性工作报告多用于汇报工作，是下级机关就某一阶段内的多方面的工作情况向上级机关进行的汇报。这类报告的内容相对比较固定，是比较标准的报告样式。

综合性工作报告就其结构安排而言有两种方法：

一是单项分类法，即将所要汇报的各个方面的情况按照报告内容的组成逐项写清，每段单独成为一段，并可根据需要加上序号或小标题。如要写一个生产性公司的年度情况报告，可以从生产、销售、财务、管理等几个方面来写。先写生产方面的情况简述、主要成绩、经验体会、存在的问题和意见措施，接着再分别从销售、财务、管理等几个方面叙写各项内容，几个部分之间构成并列关系。这种安排方法适宜于不同单位写出分报告后的综合。

二是综合分类写法，即将全部内容综合后再写出情况简述、主要成绩、经验体会、意见措施。如用这种方法写作上面所举公司的年度情况报告，先写生产、销售、财务、管理等方面的情况简述，接着写生产、销售、财务、管理等方面的主要成绩，再分别写相关方面的经验体会、意见措施等。这种安排方法适宜于一人执笔的宏观写作。

撰写综合性工作报告，要注意处理好两个关系：一是详与略的关系。成绩经验、体会教训要写深、写透，其余从略。二是点与面的关系。要突出重点，兼顾全面。所谓重点，就是影响全局的主要工作、工作中的显著成绩、有普遍意义的经验体会、带倾向性的事物或苗头、工作中的严重困难和突出问题等。报告中既要根据写作意图突出上述重点，又要注意围绕重点反映一般情况，做到点面有机结合。报告有点无面，不能给人总体印象，就不成其为综合性报告；而报告有面无点，又使人抓不住重点，感觉无高度、不具体，缺乏说服力。

综合性工作报告与机关单位的工作总结非常相似。两者的内容组成几乎相同，但两者的区别也是比较明显的：

综合性工作报告是主要公文；而工作总结不是公文，如果要将工作总结上报，一般要采用文件式，如以印发通知的形式发送。

综合性工作报告主要是对外、对上的，主送机关是上级单位，要求行文语言平实，直而不曲，客观务实；而工作总结一般是对内、对下的，语言上可以多用一些溢美之词，语气一般居高临下，可适当带有鼓动性。

综合性工作报告在总结工作的基础上，要求注重对规律的认识，要求内容具有延展性，不能就事论事，就工作谈工作；而工作总结的关注点是已经开展的工作，一般将已经开展的工作的做法、成绩经验、体会教训、缺点不足交代清楚即可，即使是提出了今后努力的方向，也是针对已经开展工作提出的，对内容延展性要求不严格。

（二）专题报告

专题报告是反映某一项工作的情况报告。这类报告的内容单一，文字不太长，常见的有情况报告、检讨性报告、答复性报告等。

1. 情况报告

这类报告通常是指向上级机关反映情况的报告，内容常见的有下列事项：严重的灾害、事故、案情；重要的社情、民情，如社会生活中的新动态，上级某项新政策、新规定的贯彻执行情况及群众的反映，某个大活动引起的社会反映等；举办重大活动、召开重要会议的基本情况，各级各类会议的选举结果、人事安排等；督促办理或检查某项工作的情况，如财务、税收、物价、质量、安全、卫生、社会公共事件等项工作情况的检查结果；其他重要的、特殊的、突发的新情况等。

近年来，我国的群体突发事件、公共灾害的发生比较多。中央明确规定，重大突发事件、重要社会动态、重特大安全生产事故等的发生单位必须在2小时内写出事故报告，并按照有关程序报送有关上级机关和部门，对事故、事件及时进行续报。国务院办公厅也对重大突发性事件的报送时间、程序和要求等作了严格的规定，认真写好情况报告在现实工作中非常重要。

情况报告的正文结构一般按照"情况、问题、打算"三方面写作。情况要严格按照"五W一H"的要求，写出事件发生的时间、地点、内容、原因、对象、结果、性质、危害预估等；问题主要写事件暴露出的原因、管理上的缺陷、工作中的疏漏等；打算主要写出具体的处理意见、已经和正在采取的措施、简要的建议等。有些情况报告如自然灾害等，没有人为因素等可以省略不写。

情况报告不同于综合性工作报告：前者汇报的是偶发性的特殊情况，后者反映的是经常性的常规工作情况；前者的内容多不确定，因时因地因事而异，后者的内容相对确定；前者的写法灵活多样，后者的写法基本稳定；前者重在叙述说明有关情况，后者有不同程度的分析说理；前者往往会随着事件的发展出现连续的报告，后者则较为固定而单一。

情况报告中使用较多的是问题报告，就工作或者生活中出现的问题而写的报告，内容一般包括情况、主要问题、已经采取的措施和拟采取的措施等。

2. 检讨性报告

这类报告通常是下级机关单位向上级机关单位检讨工作中的错误或失误时所用。检讨性报告有两种：主动检讨性报告、被动检讨性报告。主动检讨性报告是对工作中的错误或失误主动向上级承认而写的报告，被动检讨性报告是指工作中的错误或失误已经被上级发现或正在被查处而向上级写的报告。

检讨性报告的正文结构一般按照"情况、原因、措施"三方面写作。所谓情况，即报告错误或失误的事实，按照"五W一H"的要求，详细写出错误或失误，对错误或失误的性质、程度、危害等的认识，要实事求是地作出回答，既不夸大事实，也不隐瞒事实真相。所谓原因，即对错误或失误发生的直接原因和间接原因、表层原因和深层原因、主观原因和客观原因、行为原因和体制原因等作出仔细分析。在分析原因时，要突出重点，有的放矢，抓住本质，不泛泛而谈、面面俱到，不淡化主要原因。在分析原因时，要分析造成错误或失误的责任在哪儿，有哪些责任者，有哪些主要责任者，有哪些直接责任者，领导责任在哪里。在分析原因时，要写出自己的认识，有一个比较好的承认错误、改正错误、纠正失误的态度，而不是千方百计推卸责任。所谓措施，即提出改正错误、纠正失误的办法，对已经做出处理的，要写清处理情况和处理依据，对未做处理的，要写明处理意见或处理建议，表明愿意接受教训或上级给予的处分。在写出处理意见的同时，还要提出今后改进工作、堵塞漏洞的打算和措施。

检讨性报告和个人检讨是不同的：前者代表的是集体意志，而后者代表的只是个人意志；前者的写法要求实事求是，注重从体制、方法上检讨发生错误或失误的原因，而后者则主要从个人意识、思想、态度上分析错误或失误的原因;前者的措辞比较慎重,定性要准确,语言要实在,而后者的语言则充满感性成分,感情色彩比较浓;前者的写法复杂,要求完整全面,而后者则相对比较简单。

3. 回复性报告

回复性报告是一种被动性文书,是下级机关为回复上级机关的询问而写的情况性报告。此类报告要有针对性,如实呈报问题或说明情况,不能答非所问,与上级询问问题无关的内容一般不要涉及。开头一般要引叙来件,然后根据要求报告有关内容,结束语一般用"专此报告"。

专题报告要一事一报,突出体现专题的专一性,不要在同一专题报告中反映几件各不相同的事情、事件或问题。

(三)递送报告

这类报告在递送物件、文件时使用,因为是下级机关对隶属上级机关行文,习惯上用"报告"而不用"函"。此类报告写法较为简单,只要写清报送材料的名称、数量等基本要素即可,结束语一般用"请查收"、"请审阅"等。

【例文】

关于全区农产品质量安全工作情况的报告

一、主要成效

"一日三餐是大事"。农产品质量安全事关人民群众的切身利益,牵涉千家万户的幸福安宁。近年来,我区高度重视农产品质量安全工作,在区人大的大力支持和监督下,认真落实《农产品质量安全法》,狠抓组织领导、队伍建设、检验检测和"三品"打造,全区呈现出农产品供应充足、质量逐年上升、品牌优势渐显的良好势态。

(一)从部门到乡镇,安全责任全面落实。按照属地管理的原则,认真落实"责任明确、运转高效、行动统一、全程监管"的工作要求,全面落实农产品质量监管责任。一是强化组织领导。成立了由分管农业的副区长任组长,区农业局、畜牧局、水务局、工商局、质检局、商务局等部门主要负责人为成员的领导小组和农产品重大质量安全事故应急指挥部,明确乡镇长为辖区农产品质量安全工作的第一责任人,形成了横向到边、纵向到底的责任体系。二是落实工作责任。把农产品质量安全工作列入了区政府的重要议事日程,纳入部门的综合考核,相关部门指定专室专人专责此项工作,层层分解落实监管责任。同时,今年区农业、畜牧、水务等部门与15个生产基地、54家企业签订责任状,企业书面承诺农产品质量安全。三是狠抓机制建设。通过印发《巴州区重大农产品质量安全事故应急预案》,建立了农业、水务、畜牧、工商、质检、公安、商务、药监等部门联席会议制度,形成了形势分析评价、突发事故应急、违法行为处理等11项工作机制,构建了农业牵头、部门联动、整体推进的农产品质量安全监管网络。

(二)从基地到网络,宣传教育全民开展。我区始终把宣传教育作为加强农产品质量安全的基础性工作来抓,尤为重视对消费者的安全知识科普宣传,倡导绿色消费。一是利用基地讲座抓宣传。依托"阳光工程",在专业合作社、生产基地、规模企业举办知识讲座22期4510人次,培训从业人员4030人次、管理人员370人次。去年沙参硫磺薰蒸案发生后,第一时间在渔溪街道开展了农产品安全法规专题宣传和知识讲座,以案说法,极大地增强了干群的安全生产意识。二是利用科普活动抓宣传。把农产品质量安全宣传纳入科技下乡等科普活动,开展"科技赶场活动"27次,制作标准化生产技术资料、病虫害防治、农药种子、《养鱼手册》、《动物防疫》等宣传资料3.5万份,接受现场咨询5.2万人。三是利用新闻媒体抓宣传。全年在电视专题宣传报道21次,在省农产品质量安全网、《巴中日报》、市区政府等网站刊载信息38条。今年春耕生产期间,印发农业专家热线卡片,推广实用农业标准化技术的先进事迹,被中央电视台《新闻联播》报道。

(三)从机构到队伍,监管体系全线完善。按照"标准、监管、执法、检测、预警"的要求,全线完善了监管体系。一是健全工作机构。坚持行政监督和事业管理分离,区农业局成立了农产品质量安全监管股,将"区农产品质量检测中心"更名为"区农产品质量安全管理与检测中心",增加事业编制5个,明确乡镇农技站承担辖区农产品质量安全监管职能,设置了农产品质量安全监管岗位。二是优化职能职责。新成立的"农产品质量安全委员会",负责全区农产品质量安全管理的综合协调和事故处置工作;调整成立的"巴州区农产品质量安全专家咨询委员会"和"巴州区农产品质量安全风险预警委员会",负责全区农产品质量安全的风险评估和预警预报的发布。三是狠抓队伍建设。组建了一支102人的农产品质量安全监管队伍,其中专职72人、兼职30人。同时,以农产品质量安全相关法律法规、工作职责、监管工作等为重点,通过集中办班、现场观摩等方式,切实抓好监管人员培训,监管队伍的整体素质明显提升。

(四)从田间到餐桌,食品质量全程监控。农产品质量安全的关键在源头,基础在源头,重点也在源头。一是抓好产地环境建设。切实抓好高标准农田建设,大力开展农村户用沼气和养殖小区(场)建设,加强农业面源污染治理。去年以来,全区新建高标准农田5.2万亩,户用沼气池5800口,推广测土配方施肥80万亩次,建成兴旺养殖、惠昌养殖、三星养殖3处大中型沼气工程。二是严格投入品监管。整顿农资市场1820个,检查农资经销企业(含经营门市)1052家、农药案13件,查处质量安全案3件、肥料案6件,取缔无证照经营企业、摊点11家,有效遏制了农资市场违法经营行为。三是强化全程监控。通过对农资市场开展排查,监控农业品投入,从源头控制市场流入;通过培训指导和技术服务,加强苗期的施药、施肥、除草管理;通过抓好市前采收和初加工监管,防止添加违禁食品添加剂和超剂量使用其他添加剂的行为。全年开展执法整顿2316次,查处各类违法案件83起,制作宣传资料5万多份,开展专题宣传和讲解220场次,受训群众达11万多人次,加工场地现场指导130余场次。

(五)从示范到推广,农业"三品"全力打造。今年区委农村工作领导小组第一次会议专题研究"三品一标"工作,并建立"需多少经费给多少经费"的保障机制。一是完善标准体系。按照"有标贯标、无标制标、缺标补标"的原则,邀请相关专家制(修)定和发布订水稻、沙参、柑桔等农产品生产地方标准25个,基本涵盖了粮食、蔬菜、生猪、渔业等农产品领域。二是建立示范基地。按照"五统一"要求,在农民专业合作经济组织、农业产业化龙头企业和农民大户中,大力推广良种、良法、良壤、良制、良灌、良机等标准化生产配套技术。先后建成蔬菜标准化专业村45个,水果标准化生产重点村15个,粮油标准化生产示范村50个。三是开展三品打造。抓申报,今年计划新认证无公害农产品30个,整体认定无公害农产品产地80万亩;申报绿色食品认证5个和地理标志产品1个,前期工作进展顺利。抓监管,对全区农产品市场进行综合执法大检查,查处认证过期的绿色食品21种,并责令下架。抓服务,对获得绿色食品认证的龙头面业、绿颂米业、泰寿果业加强原料基地技术指导,督促翔实做好田间生产记录和农业投入品出入库记录,保证质量可追溯。

(六)从准出到准入,检验检测全域开展。一是严格基地准出。按照"主体有登记、生产有记录、信息可查询、流向可追踪、责任可追究、产品可召回、质量有保障"的要求,要求生产基地、专业合作社建立和保存生产记录、农产品销售档案,逐步实现只有"三品一标"认证农产品或具备产地证明和质量合格证明的农产品方可准出。二是严格市场准入。印发了《巴中市巴州区农产品市场准入工作实施方案》,由区农业局牵头组织做好以农产品质量安全、农产品标识规范、准入农产品检测、市场准入农产品质量标准体系等为重点的各项工作,先后在云风超市等地建立了"农残快检室"。三是严格检验检测。以蔬菜农药残留检测为重点,将标准化生产园区、农业专业合作组织、大型农贸市场和乡镇农贸市场全部纳入抽检范围,配合省、市开展例行抽检11次、专项检测5次,区级开展自检45次,检测粮食、果蔬、土壤等样品4 150个,合格率达98.25%,发布农产品质量信息简报8期。全区农产品质量安全经省市抽检整体合格率稳定在98%以上。

二、主要问题

虽然我区农产品质量安全工作取得了明显成效,但对照《农产品质量安全法》规定和城乡居民消费需求,仍然存在三个方面的不足:

一是质量安全意识不强,规范生产落实较难。因宣传的面上不大,深度不够,"重数量轻质量"的传统观念仍然存在,生产基地、企业、组织和销售者的质量安全意识薄弱。特别是部分农民掌握的无公害生产技术不全面,还存在凭经验种植、滥施农药和化肥的现象,标准化应用不规范、不到位的问题还相当突出。

二是财政资金投入不足,检验检测开展较难。因农产品质量安全实行属地管理,而我区财力有限,目前纳入财政预算的常规投入只有人头工作经费和5万元的检测费用。加之,巴州区是市级所在地,按照国家检测体系建设的规定,不纳入重点建设范围,但检验检测任务落实到区级检测机构,然而我区仅有2台套蔬菜快速检测仪,根本无法满足全区农产品生产、消费的检验检测。同时,检测机构办公场地狭窄、专业人才缺乏,从事监管职能的人员无一人是从相关专业毕业。

三是监管执法衔接不够,全程全域监管较难。农产品质量监管实行分段管理,涉及部门多,还存在监管脱节的现象。农产品生产企业、基地和专业合作社的自检能力严重不足,特别是外地农产品在流入市场后,因市场建设落后,尚未建立待检区,存在监管真空。同时,农产品生产主体众多,经营管理环节复杂,加之小规模的经营主体还缺乏自律意识,质量安全隐患相对较多。随着城镇化加快,部分产地环境逐趋劣化,高密度养殖引起产地环境污染,对农产品质量安全构成威胁。

三、今后打算

今后,我区将坚持以人为本,着力构建农产品质量安全监管的长效机制,逐步实现农产品质量安全的全程全域监管,确保广大人民群众吃上"绿色菜、放心肉、安全鱼"。

一是加大宣传力度,提升安全意识。结合"六五普法",继续广泛深入宣传《农产品质量安全法》和《国务院关于加强食品等产品安全监督管理的特别规定》,重点强化生产经营者自律意识,增强法律责任意识,用舆论导向和市场手段培养生产者的质量安全意识,在全社会形成良好舆论氛围。

二是加强队伍建设,提高保障能力。争取将农产品质量安全检测、"三品一标"申报和使用奖励、检测设备购置更新、人员培训、应急处置保障等经费纳入财政预算,并逐步增加和专项安排。健全区乡两级队伍,争取将区安全管理与检测中心扩编到10～15个,从区农业局下属事业单位现有人员中调剂解决。把区安全管理与检测中心的办公、检测用房和用车纳入区社会公共服务体系建设予以重点安排,力争年内得到改善。

三是重视源头管理,推进规范生产。从源头抓起,规范农资生产经营台账制度,突出市场监管,严厉查处和打击违禁生产、销售和使用投入品行为。加快推进土地流转,促进农业规模化经营,加速推广农产品安全生产配套技术,突出抓好绿色防控技术应用,加强农业标准化生产基地建设。

四是健全监管体系,实施全程监管。建立上下联动、左右相通、多方协作的农产品质量安全监管网络,做到监管执法环节全面衔接、无缝对接。切实注重生产过程监管,建立生产记录制度,推行产品标志标识管理,全面实施农产品质量可追溯制度和农产品基地准出、市场准入制度,有效实施全程监管,确保市民吃上放心安全的农产品。

五是开展监测监控,打造"三品一标"。切实加强对重点区域、重点品种、重点环节的监测监控,完善信息发布和预警应急机制,杜绝农产品质量安全重大事故发生。切实监管农产品生产基地、企业、批发市场开展自检。继续把"三品一标"建设作为工作重点,制订申报和使用奖励办法,塑造公共品牌,创建企业品牌。

特此报告,请审批。

×××××(印章)
××××年×月×日

【例文二】

关于开展"吃空饷"清理工作的情况报告

中共××市委:

根据市委要求,今年一月下旬,由市纪委牵头,会同市委组织部、市编办、市监察局、市人社局、市财政局等六部门联合印发了《关于进一步开展"吃空饷"清理工作的通知》(巴纪发〔2010〕5号)文件,经过为期三个月的集中全面清理,至7月底初步取得了预期成效,现将清理工作报告如下:

一、基本情况

我市开展"吃空饷"清理工作分三个阶段进行,即自查处理阶段、督促检查阶段和建章立制阶段。纳入此次全面清理共计2 882个行政事业单位,其中市级328个,县

(区)2 554个。涉及清理对象65 574人,其中市级7 437人,县(区)58 137人。清理"吃空饷"对象150人,其中市级13人(行政3人,事业10人),县(区)137人(属行政人员9人,事业人员128人),分别为:巴州区36人,南江县54人,通江县19人,平昌县28人。截至目前,返回工作岗位13人,完善相关调动或病退等手续9人,已辞职(辞退)或解聘75人,待处理对象53人(其中市级待处理8人,县、区待处理45人)。累计涉及金额40.26万元,自查收回资金30余万元。在此项工作中,市级和县(区)部门均按照清理工作要求,积极建章立制,切实加强规范管理,整个清理工作得到社会的广泛关注,赢得群众的普遍认同和支持。

二、主要做法

(一)认识到位,强化领导。我市清理工作文件印发后,各地各部门高度重视,认识明确,落实责任。一是目标明确,措施到位。四县(区)均由纪检部门牵头,会同相关部门及时转发了巴纪发〔2010〕5号文件,使清理工作有章可循,分别成立了清理工作领导小组,抽派专人办公,做到清理目标明确,机构健全,人员到位,措施得力。二是深入引导,形成合力。四县(区)负责清理工作的协作部门细化工作责任,严明纪律要求,分系统包片做好政策宣传和解释工作,同时通过会议、电视、网络等形式大力宣传,多途径向社会公开清理信息,形成广泛的公开的和强有力的清理势头,为全面清理营造良好的工作环境和氛围。三是强化领导,严格"三问"。市教育局、市卫生局在清理工作中坚持由党委副书记、纪委书记负总责,任务落实到人事科、计财科和监察科具体负责实施,明确提出对清理组织工作不力或主观意识造成漏报瞒报的,将严格按照"问事、问人、问责"的要求追究相关人员责任。

(二)认真实施,不走过场。"既写在纸上,又讲在口上,还要必须落实在具体行为上。"这是此次清理工作中各级的一个共同特点,突出反映在实施清理工作的扎实推进,认真实施。一是周密部署,协同有力。南江县专门召开清理工作动员大会,县委副书记、县长刘凯作动员讲话,进行周密安排部署,并从部门自查、重点抽查、制定处理办法、实施分类处理等四个阶段开展全面清理。与此同时,部门适时报告清理工作进展情况,县委、政府分管领导及时帮助协调解决工作中遇到的问题和困难,使清理工作迈好第一步。二是自查自纠,阳光运行。市县(区)各部门在清理工作中坚持分四步进行。即,首先开展自查自纠。对照文件要求,将自查自纠情况书面上报市县(区)清理工作领导小组办公室,市县(区)清理工作办公室对自查情况进行初步审核和汇总。其次重点抽查。由清理协作机关派员组成数个工作组,综合各部门自查自纠情况和平时掌握情况进行重点抽查,抽查中采取调阅单位"三定"方案(规定)、机构编制人员手册、工资表和职工签到花名册,查看人员是否在编在岗一致。第三对应处理。按《公务员法》、《××省事业单位人员聘用制管理试行办法》和《××省人社厅关于清理机关事业单位财政供给人员有关问题的处理意见》分别给予辞职(辞退)、解聘和返回工作单位上班等处理措施。第四区别对待。严格按照政策,尊重历史和现实,以人为本,维护社会稳定的原则,对情况清楚的部分人员及时处理。通过清理,全市已返回工作单位上班13人,已办理辞职(辞退)或解聘人员75人,待处理人员53人,并经市、县(区)组织、人事部门在网上和部门进行公示,使辞退人员工作阳光运行。三是敢于碰硬,严肃纪律。针对个别人员长期因故在编不在岗,影响单位正常工作和管理的问题,市广电局、市农业局、市招商局和市国土资源局以全市开展"吃空饷"清理为契机,敢于碰硬,力排阻力,共对1名行政干部、2名工勤人员和2名事业人员共5人呈报人事管理机关予以辞职(辞退),并对8名行政和事业编制人员列入待处理中,从而有效维护了人事管理的严肃性。平昌县落实清理工作5个成员单位,6名分管领导和5名联络员,对8个县级部门进行督办,严格依照政策规定,区别不同情况,认真甄别、严肃处理。在"钱"的问题上,对"吃空饷"证据确凿的人员一律清退其工资、奖金、津贴和福利;在"人"的问题上,对自动离职和未履行请假手续或擅自离岗超过政策规定期限借故未上班的,一律作组织处理。在"责"的问题上,对单位管理混乱,造成单位"吃空饷"问题严重,长期得不到纠正的,及时严肃批评教育,限期整改。在"权"的问题上,严禁假借各种名义停薪留职、批假离岗和发放任何钱物,领导干部越权审批的,进行了严肃的批评和诫勉谈话。截至目前,全县共清理"吃空饷"人员28名,通过深入细致的清理工作,有9名同志返回了工作岗位,1人被辞退,18人正在处理中。四是强力推进,不留隐患。通江县结合近年来清理规范财政供养人员的成功经验,不断巩固已有成果,强力推进清理工作。在清理中,他们坚持清理是基础,处理是关键的人性化的处理方式,只要在规定时间内返回工作岗位,不再追究处理。对不按期返回的,严格按政策规定,依法依规按程序进行处理,清理工作始终做到高度公正,处理透明,及时准确。清理中,全县共有2人返回工作岗位,对未返回工作岗位的17名事业编制人员办理了辞职(辞退)手续。巴州区对清理出的36名事业编制人员经通知本人限期未返岗的,按规定程序全部予以辞退,且无一例申请人事争议仲裁。

(三)建章立制,防患未然。有效防止和杜绝"吃空饷"现象发生,根本在机制,关键在责任,为此,各地各部门积极出主意、想办法、采措施,自觉加强管理制度建设。一是规范管理,建立长效机制。南江县共涉及清理对象54人,通过清理共有2人返回工作岗位,办理辞职或解聘手续16人,待处理对象27人,完善工作调配手续9人。为巩固清理成果,构建杜绝"吃空饷"现象的长效机制,经县委、县政府研究同意,县委组织部、县人社局印发了《关于进一步规范干部借用和调训上派行为的通知》和《关于进一步规范乡镇基层单位干部人事管理制度的通知》。通江县出台了《关于加强全县机关事业单位工作人员日常管理的通知》。平昌县研究制定防止"吃空饷"的内控内管机制,尤其完善防止九种"吃空饷"行为的链条。进一步完善了清理制度,严格规定了准假权限以及备案制度,明确规定了单位主要负责人清理"吃空饷"的第一责任人等规范人事管理的制度,并着手酝酿制定其他配套制度。二是形式多样,激发活力。通江县重点对退居二线干部加强引导,破除各种思想障碍,合理使用,发挥好他们参谋指导和传帮带等作用,安排其力所能及的工作,做到关心、帮助、重用三同步。三是多管齐下,防患未然。巴州区、市教育局、市卫生局、市经委等部门积极从制度入手加强管理,落实部门职能责任,建立了相应的责任分担机制。从单位人员编制、干部档案管理、划拨财政经费、完善社保手续等入手,哪个环节把关不严或操作出错,追究哪个环节的责任。对清理不彻底或再次出现"吃空饷"情况的,停发在编在岗人员工资津贴,按财政预算口径扣减单位工作经费,并追究所在单位主要领导的责任。

(四)跟踪指导,加强监督。为使清理工作扎实推进,市、县(区)牵头机关和协作部门做了大量工作,及时给予了跟踪指导,巩固提升了清理成果。一是监督到位,指导有力。4月26日至5月6日，先后由市纪委副书记邵俊华、市纪委常委杨宗文带队，市纪委党风室主任王骞、市编办监督科长何定礼、市财政监督检查分局副局长杨希等，对四县（区）清理工作进行了巡回督查，在充分听取各地对清理工作汇报的同时，抽查了市、县（区）15个部门清理人员处理状况，实地查看了完善机制的办法措施。对清理工作责任不明、协作不力、效果欠佳的××县4个部门进行了严肃批评，明确要求加强整改，并提出了加强改进清理工作的建设性意见，有力指导了全市的清理工作顺利开展。二是强化监督，公开公正。四县（区）和市级教育、卫生等人员较多的部门，均采取适时召开情况通气会，问题分析会等形式，对清理结果张榜公示，主动接受社会监督，同时加强单位职工的内部监督，确保了清理工作公开、公平、公正进行。三是及时协调，督促整改。市纪委先后三次召集组织、人事编制、财政等部门工作协调会，针对清理工作中出现的问题，及时加大工作力度，为保障清理工作提供强有力的组织保障。如5月7日，市纪委召集协作清理部门同志就清理发展不平衡问题进行汇总通报，对个别部门清理不到位，材料未上报等进行限期催办，对群众在××新闻网巴中论坛上公开点名市人社局下属事业单位干部吴某在外经商"吃空饷"的问题反映，责令其主管部门及时报送了材料。又如对县（区）清理出的"吃空饷"对象，迟迟得不到及时处理的问题，明确由市编办对各地情况进行督办，并分别在7月中旬再次向市清理机关报送了处理情况及人员名单，从而，确保了清理工作监督到位，有始有终，不走过场。

三、建议意见

（一）加大清理力度。一是加大调查力度，对已清理出的人员，严格按政策，区别不同情况，全面妥善处理；二是市纪委12388、市委组织部12380、市编办12310为日常监督举报电话，欢迎并鼓励举报人员，接受社会监督，对应清理而暂未清理出来的人员再次进行认真清理，从严查处，确保此项工作常抓不懈。

（二）抓住关键环节。在加强对临近退休人员的管理的同时，重点对原系领导干部因工作原因被免职人员的管理，坚决杜绝拿着工资福利不干事的经商办企业行为，从严管理打着学习、治病等旗号，长期旷工的人员，切实加强考核监督。

（三）科学建章立制。由市委组织部和市人社局、市编办、市财政局根据相关干部人事政策和工作纪律处分有关规定，修改完善综合性干部人事管理制度，进一步规范干部人事管理，从制度上严防"吃空饷"现象发生。

（四）严格责任追究。各相关部门要切实担负起清理职责，切实搞好清理工作，尤其是搞好处理工作。市县（区）纪委要对全市清理"吃空饷"处理情况进行检查，并对"走过场"的单位负责人，进行严格问责。

特此报告

××××××（印）

××××年×月×日

第四节 议 案

一、议案的性质

公文的议案,有别于人民代表大会委员、代表,政协委员、代表所提个人议案。

《党政机关公文处理工作条例》第八条规定,议案"适用于各级人民政府按照法律程序向同级人民代表大会或者人民代表大会常务委员会提请审议事项"。

因为人大代表或人大常委会委员、政协委员或政协常务委员会委员可提出人大议案、政协议案,许多机关单位或个人将议案使用无限放大,这是不妥的。我们讨论的议案,主要指公文议案。

按照《党政机关公文处理工作条例》规定,议案属于行政公文,党的机关不使用议案。

议案属于会议类文书,一般只能向人大会议或人大常委会会议提出。

在实际工作中,使用议案的主体除了行政机关外,按照有关法律和规章的规定,实行股份制企业的股东大会、其他企事业单位的职工代表大会、共青团的团代会、工会系统的工代会、妇代会和其他一些重要会议等,凡提请各类代表大会审议的事项,均须用"议案"提出。这是议案的扩展使用。

二、议案的特点

(一)特定对象

公文中的议案只能主送人大或人大常委会。这里既有全国人大或全国人大常委会,也有地方各级人大或地方各级人大常委会。部分议案也可以主送专门委员会。

(二)特定主体

提出议案必须具备规定的资格和条件。议案的提出者一般是各级人民政府,其他国家机关如代表大会主席团、人大常委会、各专门委员会、人民法院、人民检察院等也可以提出。对此,《中华人民共和国宪法》、《中华人民共和国全国人民代表大会组织法》、《中华人民共和国地方各级人民代表大会和地方各级人民政府组织法》有明确规定。

(三)特定内容

公文中的议案内容有限定范围,只限于需要有全国或地方各级人大或人大常委会审议的事项。如:提请审议批准中国政府与各国政府签订的国际协议或条约等文件的生效,请求审定重要法律、法规、规章的颁布、生效,提请审议批准国民经济计划和财政预算、决算报告,提请审议变动行政区划和机构设置,提请审议由人大或人大常委会批准的职务任免,提请审议批准本届政府的工作报告,提请审议对现行法律法规的修正,提请审议其他需要由人大或人大常委会审议的事项等。

（四）特定时限

议案是作为会议文书出现的，只有在人大或人大常委会开会时提出才有效。议案的提出时限和办理时限有严格的限定和要求，不像其他公文一样不受时间的限制。

（五）特定级别

按照《党政机关公文处理工作条例》规定，议案的提出者与议案的接受者必须是同级别。如县人民政府提出的议案，只能向县人大或县人大常委会提出；省人民政府的议案，只能向省人大或省人大常委会提出；国务院的议案，只能向全国人大或全国人大常委会提出。不存在所谓越级的现象。

三、议案的写作

公文的议案，一般包括以下内容：标题、主送机关、正文、落款。

（一）标题

议案的标题一般由"议案提出机关"、"提请审议的事项"、"议案（文种）"组成。与其他公文一样，发文机关名称后由"关于××"的介词结构组成，一般需要加动词"提请审议"，这是与"请示"文种不同之所在，如果请示标题中加"提请"之类的词，则是与"请示"重复的，而议案中加入"提请审议"却成为较为固定的结构。如《国务院关于提请审议〈中华人民共和国消费者权益保护法〉的议案》、《国务院关于提请审议兴建长江三峡工程的议案》。也有议案的标题不用"关于"，而是加上"主送机关名称"，如《国务院提请全国人民代表大会常务委员会审议〈国务院关于职工探亲规定〉的议案》。最好还是采用前一种标题形式。

（二）主送机关

公文议案的主送机关是全国和地方各级人大或人大常委会、各专门委员会等。

（三）正文

正文，即提请审议的具体事项。这是议案的中心部分，用以陈述议案的根据、理由与请求审议的具体事项。政策、法规依据与事实依据要求说明充分、分析得当。对所提审议事项，应提出具体的措施、办法、建议。

议案正文的结构一般分为三个层次：第一是说明审议事项的意义或原由等；第二是要求审议的具体事项，即内容的概括表述；第三是议案提出部门的处理意见。最后一般以"现提请审议"、"请审议决定"结束。

议案所涉及事项多是重大事项或法律事项，其形成过程长，涉及内容广，如果写在议案正文中则比较长。一般来说，议案正文比较简单，主要写结论性的内容，其他过程性、论证性的材料可作为附件，或由具体行政行为的人民政府自己保存。

（四）落款

落款，即议案提出的人民政府或其他国家机关名称、提出时间。

四、议案写作的注意事项

一是一事一案。为方便审议与处理,应注意内容的单一性和有限性,不能把内容不同的两件事情写在同一个议案里。

二是议案的写作要严格遵守有关规定的格式,注意正文内容的完整,写明案由和所提事项,同时应当提供有关的背景材料,作出必要的说明。如果是提出制定或修改法规的议案,则应提出法规的具体内容和修改意见。

三是撰写议案除了要符合党和国家的政策法规外,还要事先进行大量深入细致而有效的调查研究,对所提请审议的事项认真分析,掌握全面准确的情况和第一手资料,力求措施充分有力,方案切实可行。

四是文字表述要求准确、严密,符合文书本身的要求。引文、称谓等要符合规范。

【例文】

嘉禾县人民政府关于提请审议在全县开展城乡绿化攻坚活动的议案

县十五届人民代表大会第六次会议:

在湖南打造"两型"社会、郴州建设"两城"和各地争先开展城乡绿化攻坚活动的大背景下,2011年10月经过深入研究集思广益,我县提出了在全县开展城乡绿化攻坚活动。其主要目标是以"一核、两廊、三线、四大指标、五大公园"为建设重点突出抓好县城区核心生态圈绿化、绿色通道绿化工程、水系绿化工程、园区绿化工程、矿区复绿工程、荒山造林绿化工程、镇村绿化工程、南岭国家森林公园建设工程。从2012年开始奋战三年,完善县城区、通道绿化工程,绿化"三边"可视范围内的宜林荒山,新增造林面积9.68万亩,封山育林8万亩,抚育管护17.89万亩,造林成活率和保存率分别达到95%和85%以上。到2014年全县有林地面积达到47.9万亩以上,森林覆盖率46%以上。这一目标的确立是基于呼应中央、省、市改造生态环境,提高生活质量,把我县打造成为"宜居嘉禾、生态嘉禾、山水田园嘉禾"的现实需求。

为保障加快生态林业建设,完成上述目标,将从以下五个方面加大工作力度:

一是统一思想,明确认识。将林业宣传纳入到林业生态建设的重要议事日程,加大宣传力度,不断增强广大群众的生态意识,使林业生态建设成为全社会的共识,形成全民办林业、全社会办林业的良好局面。

二是科学谋划,明确重点。按照"科学布局、突出重点、因地制宜、先易后难、由近及远、整体推进"的原则,继续完善县城区生态圈绿化工程、绿色通道工程,绿化"三边"可视范围内的宜林荒山,狠抓更新造林,全面提升森林的生态效益。

三是完善机制,加快建设步伐。一方面坚持"谁造谁有",重点抓好经营主体的落实,积极推行政府引导、合作造林模式,发展林业专业合作社,全面提升林业组织化程度。另一方面建立造林绿化鼓励机制。鼓励科技人员、机关、企事业单位干部职工及造林公司、造林大户、林业专业合作社连片开发经营荒山荒地。严格执行集体林区禁伐制度。2012年至2014年全县林区全面禁伐。

四是坚持依法治林,加强管理和保护。制定管护办法,健全护林队伍,增加护林设施,采取有效手段,全面落实好各级各种防火责任制,搞好护林防火宣传教育,提高群众的防火意识和法制观念,降低火灾发生几率。强化管护责任,定期抚育、培苑、抗旱,杜绝人畜破坏,力争造一片、管一片、活一片、绿一片。

五是强化组织保障,狠抓责任落实。加强组织领导,强化统筹协调,加大考核奖惩力度,将城乡绿化攻坚工作纳入县乡目标管理责任制考核范畴,确保城乡绿化活动取得实效。

以上议案,请予审议决定。

嘉禾县人民政府
2012年×月×日

第五节 报请功能的函与意见

一、报请功能的函

函具有"询问问题"和"请求批准事项"的功能。也就是说,函在报请功能上有两种使用情况:下级向上级询问问题的问函和请求答复事宜函。

具有报请功能的函在写作结构上与普通商洽性函的变化不大,主要由标题、函的发文字号、主送机关、正文、落款组成。

具有报请功能函的标题由发文机关、事由、文种组成。与请求性公文"请示"不同的是,由于请示文种本身含有"请求批示"、"请求批准"之意,在标题中一般不能加入"要求"、"要"、"请求"、"请求批准"、"询问"之类的与"请示"意义重复的词。但函本身不直接含有请示类的意义,故报请性函在标题上往往会加入"请求批准"、"询问"之类的词,如《关于请求批准××市节约能源中心编制的函》、《湖北省人民政府关于询问悬挂国徽等问题的函》。

函有正规的发文字号,即由机关代字、年份、序号组成,也有在发文字号中显示"函"字的,但报请性的函多采用机关代字、年份、序号组成的发文字号。

函的主送机关。报请性函的主送机关一般为无隶属关系的有关主管部门,与其他形式的函不同的是,报请性函一般不多头主送,应该主送一个机关,故此类函的主送机关只有一个。

报请性函的正文一般由发函原由、报请事项、结束语组成。发函原由一般说明发函的根据、目的、原因;报请事项一般为询问问题或提请批准的主要内容;结束语一般比较固定,多为"现按照规定征求你×意见,请函复"、"我×原则同意,现予上报(转报),请审批(批复)"。

报请性函的用语要平和礼貌,但也要避免阿谀奉承。

落款与普通函没有区别。

二、报请性意见

报请性意见就是向上级机关提出"意见和建议"。

报请性意见的形成有两种情况:一是请求性意见,二是呈转性意见。请求性意见,按照请示的程序和要求办理;呈转性意见,主要是解决发文的问题,相对比较简单。

报请性意见在写作上与普通公文相同,由标题、主送机关、正文、落款组成。

报请性意见的标题,与公文的常规标题形式相同。如渭南市粮食局向渭南市人民政府报送的《关于进一步深化全市粮食流通体制改革的实施意见》。

报请性意见的主送机关也应贯彻不多头主送,只主送一个机关的原则,而且是具有隶属关系的上级机关。其他意见可以多头主送甚至没有主送机关。这是报请性意见与其他意见不同的地方。同时,许多行政机关的报请性意见直接主送"人民政府",而不主送"政府部门",这是意见与请示主送机关设置较大的区别所在。请示的主送机关既可以是"人民政府",也可以是"政府部门",而很多请示必须主送"政府主管部门"。

报请性意见的正文与请示也不相同:对于请求性意见来说,正文包括请示原由、请示事项、请示建议或设想,而请示建议或设想、安排、初步的方案等,则是请求性意见所独有。有的请求性意见的"意见和建议"比较长,可能设计有许多种方案、设想、安排,并对各种方案、设想、安排等都有详尽的比较分析、得失辨析,行文的侧重点反而从原由部分转移到了最后的意见建议部分,公文的主体发生了转移。而呈转性意见较请示简单。呈转性意见的正文在简要表述依据、原由的基础上,重点详尽地列出对某项工作的安排、打算等,最后往往以"以上意见如无不妥,建议批转(转发)××××××执行"结束,如"以上意见如无不妥,建议转发各省、自治区、直辖市人民政府和国务院各部门执行"。

报请性意见的落款与普通公文没有差别。

第六章　批答性公文及公文的批答功能

批答性公文是上级机关同意、批准、回复下级机关请求、询问等的公文。

批答性公文主要有批复、复函,具有批答功能的公文主要有报告、通知、决议、纪要等。

批答性公文的行文方向应体现出多样性。上级机关单位答复下级机关单位的请求、询问是批答性公文,当上级机关向下级机关询问,下级机关回复上级机关的询问时使用的也是批答性公文。也就是说,批答性公文既具备批准、批复、同意的功能,也具备答复、回复的功能。批答性公文既有下行文,也有上行文和平行文,而下行文是批答性公文的主体。

第一节　批答性公文概述

一、批答性公文的主要特点

(一)被动性

批答性公文往往是对某个或某些不明确、不明了事项、问题的机关单位给予适当的批复、答复、回复或表明某种态度所发的公文。批答性公文的拟制,是针对报请性或询问性公文而言的,如果没有报请性公文,一般则没有批答性公文。被动性是批答性公文的显著特点。

但是,批答性公文与下级机关对上级部署工作的完成情况等的汇报是不同的。批答性公文的核心是做出表态和回复。

(二)针对性

批答性公文的被动性决定了批答性公文的针对性。批答性公文只针对请求、询问的问题、事项表明自己的态度,提出自己的看法和建议、意见、要求,与请求、询问不相关的问题、事项一般不要在批答性公文中出现。

(三)简要性

批答性公文的针对性决定了其简要性,批答性公文的文字简明扼要,一般只作原则性、结论性的表态,不作具体分析和阐述。而且,批答性公文采取"一对一"的做法,问什么答什么,非常简洁。

二、批答性公文和具有批答功能的公文的主要文种和区别

批复是批答性公文中批答特征最明显的文种。《党政机关公文处理工作条例》第八条规定，批复"适用于答复下级机关请示事项"。

函也具有"答复问题"和"答复审批事项"的功能，这是"函"中的"复函"，复函具有比较强的批答性。

批复和复函是不同的批答性公文。批复只能作下行文，是上级机关答复下级机关的请求；而函的行文方向则体现灵活性，既可以是上级机关单位答复下级机关单位，也可以是下级机关单位回复上级机关单位，还可以是平级机关单位的答复与回复。批复和请示一般只在具有领导与被领导或指导与被指导的隶属机关单位之间使用；而复函则一般在具有不相隶属的机关之间使用。

"批复"是针对"请示"的答复，而"复函"则是针对以"函"为主请批的公文的答复，或者针对以"通知"、"函"为主的询问问题的回复。

复函中"答复问题"多为下级机关单位针对上级机关单位或平级机关单位之间的询问，而"答复审批事项"则为没有隶属关系的有关主管部门的审批答复。

具有批答功能的公文还有报告、通知、决议、决定、纪要等。

报告具有答复功能，因为报告可以"回复上级机关的询问"。报告在批答性公文中只具备回复性，是下级机关单位回复上级机关单位而使用的。一般来说，不相隶属的上级机关单位询问下级机关单位用"函"，下级机关单位回复上级机关单位也用"函"，即"复函"；相隶属的上级机关单位询问下级机关单位用"函"或"通知"，而下级机关单位回复上级机关单位则使用"报告"。当然，不相隶属的平级机关单位之间和下级机关单位与上级机关单位之间的询问和答复也是"函来函往"。

通知的批答功能主要是由其"批转"和"转发"的性质引起的。批转和转发可以由文种"请示"、"意见"引起，即求转性请示可以用"批复"，也可以用"批转"，上行性意见基本上都是用"批转"、"转发"。而"批转"、"转发"性公文只有使用"通知"进行批答。如财政部就"加强和规范评估行业的管理"这一重要问题向国务院行文《关于加强和规范评估行业管理的意见》，提出自己的见解和处理办法，希望得到国务院的批答。国务院若同意或批准这份公文，就使用"批转通知"，这时的通知就具备了批答性。《党政机关公文处理工作条例》第十六条规定："党委、政府的办公厅（室）根据本级党委、政府授权，可以向下级党委、政府行文，其他部门和单位不得向下级党委、政府发布指令性公文或者在公文中向下级党委、政府提出指令性要求。"为了解决政府部门向下级政府发送指令性公文而又不违反该规则的问题，政府部门可将公文报本级政府审批，政府审批的公文也可以由政府办公厅（室）转发，即部分"批转通知"也可以转化为"转发通知"，这在公文实践中比较常见。像前面财政部的意见，经国务院批转后，就以国务院办公厅的名义给予批答，行文方式为《国务院办公厅转发财政部关于加强和规范评估行业管理意见的通知》。由此可见，通知是具有批答功能的。这种要求上级单位批转或转发的意见，惯用语一般用"以上意见如无不妥，请批转××××贯彻执行"或"以上意见如无不妥，请予以批转"。

对提请审议性的"议案"的批答则往往使用"决议"或"决定"，以"决议"为常见，但此时的"决议"是人大决议。如1992年3月16日，国务院以"国函〔1992〕24号"的发文字号向全国人民代表大会提出《国务院关于提请审议兴建长江三峡工程的议案》，1992年4月3日第七届全国人民代表大会第五次会议表决通过了《第七届全国人民代表大会第五次会议关于兴建长江

三峡工程的决议》。有些由会议表决通过的议案，也可以使用决定。

由于决议、决定使用较为严格，对有些需经会议讨论的报请性公文，可通过纪要来加以批答，表明发文机关答复的结论。

三、批答性公文的格式和主体写作常见思路

(一) 批答性公文的格式

根据国家质量技术监督检验检疫总局和国家标准化管理委员会发布的《党政机关公文格式》的要求，批答性公文的格式主要有两种：一般公文格式和信函格式。

一般公文格式。这是常见的批答性公文格式，主要用于报告、批转或转发性通知、决议或决定。批复和复函有时也使用一般公文格式。

信函格式。这是批复和复函常用的格式。有人做过统计，近几年的《中华人民共和国国务院公报》登载的"批复"公文，其机关代字均为"国函"或"国办函"，使用的格式很多为信函格式，另外，不少通知、意见等也使用信函格式。

"一般公文格式"与"信函格式"的区别主要有以下几点：

一是公文上留白的大小有所不同。一般公文格式的页头留白为 37 mm，信函格式的页头留白为 30 mm，公文格式的留白略大于信函格式的留白。

二是发文机关名称的标识规定有所不同。一般公文格式的发文机关标志由发文机关全称或规范化简称后加"文件"二字组成，联合行文时，发文机关标志可以并用联合发文机关名称，也可以单独用主办机关名称；而信函格式则不加"文件"二字，且明确规定联合行文时，使用主办机关标志。

三是分隔线的标识方式不同。一般公文格式版头与主体之间分隔线以及版记中的分隔线，都是单线条，与版心等长；而信函格式发文机关标志下的分隔线则为红色双线（上粗下细），距下页边同时标识一条红色双线（上细下粗）。信函格式分隔线的长度为 170 mm，长于一般公文格式的分隔线。

四是部分公文要素标识有所不同，主要包括份号、发文字号、密级和保密期限、紧急程度的位置不同。一般公文格式的份号、密级和保密期限、紧急程度标注在版心左上角，发文字号标注于分隔线上方、发文机关标志下方中间位置；而信函格式如需标注份号、密级和保密期限、紧急程度，则应当顶格居版心左边缘编排在第一条红色双线下，按照份号、密级和保密期限、紧急程度的顺序自上而下分行排列，发文字号顶格居版心右边缘编排在第一条红色双线下。

标题居中编排，与其上最后一个要素相距二行。

信函格式首页不显示页码。

信函格式版记不加印发机关和印发日期、分隔线，抄送机关标注于公文最后一面版心内最下方。

(二) 批答性公文主体写作常见思路

批答性公文的主体写作常见思路主要有依据态度型和依据行为型。

依据态度型，即先写明发文的依据，然后只要表明同意或不同意，有时在表明态度时，还要提出希望、要求、建议。这种主体常见思路概括起来是"依据—态度—（要求）"。一般的批答性

公文均采用此种写作思路。

依据行为型,即先写明依据,然后再写明根据对方要求自己所做的工作、所了解的情况、所参与的事项等。这种批答性公文在表明依据后的重点是写清自己做了什么。如一些商调函的复函。

批答性公文比较简易单一,写作形态比较固定,主要有:

1. 标题

批答性公文与一般公文的标题基本相同,不同的是:批答性公文标题中往往有表示"批答"的如"同意"、"答复"、"复"、"批准"等词,事由部分还可以含收文机关。

2. 主送机关

因为批答性公文具有被动性,主送机关即要求批复、回答的机关,一般只有一个。

3. 正文

批答性公文的正文往往由依据、意见、结束语组成。

依据即引用来文机关的文件,一般先引标题,后引发文字号。如"你省《关于设立南京禄口国际机场海关的请示》(苏政发〔2000〕130号)收悉"。若引用法规、行政事务性文书等没有发文字号的文稿,也可以只引用标题。

依据后用承启语引出批答意见。承启语要根据文稿的性质和办理要求使用。根据文稿的性质,如"现将有关事项批复(函复、答复、报告)如下"、"现决定如下"等,灵活变动。根据办理要求,一般需要注意:

一是需经政府审批的事项经政府同意也可以由政府办公厅(室)等部门行文,应注明"经政府同意"、"经×××会议同意"、"经×××(领导人)同意"。如《国务院办公厅关于扬州雕版印刷博物馆冠名问题的复函》,其承启语是"经商有关部门并报国务院领导同志同意,现函复如下"。

二是直接使用承启语。如《国务院关于同意将南京海关驻禄口机场办事处调整为南京禄口机场海关的批复》,在引据后直接用"现批复如下"过渡到批复意见。

三是除了引用对方来文外,还要写清批答的法律法规依据或方针政策依据,如商调函。

批答性意见主要是针对请批事项或问题的答复,即表明态度。有不少批答性公文还要提出批答性要求,尤其是下行性批答公文。所谓批答性要求,就是从发文机关的角度提出一些补充性意见或表明希望、提出号召。

批答性结束语一般单独成段,常用的有特此答复、特此报告、特此批复、特此函复、此复、专此答复、专此批复、专此函复等,也可以不用结束语。

4. 落款

落款即发文机关署名、印章和成文日期。

第二节 批 复

一、批复的性质

批复是上级机关用来回复、处理下级机关请示原则和请示事项的一种具有答复和批示性的下行公文。它是与请示互相呼应的公文,一般来说,这里的上下级机关单位是具有隶属关系的机关单位。

二、批复的特点

(一) 针对性

批复只在答复下级机关的请示原则和请示事项时使用,仅就请示的问题表明态度,提出意见、办法,具有鲜明的针对性。批复不会是主动发出的,总是先有请示,后有批复。

(二) 批示性

批复中提出的处理意见,实际就是对下属机关单位的批示、对收文单位的具体部署,下级机关单位必须贯彻执行。

(三) 简要性

在批复下属单位的请示时,文字简明扼要,一般只作原则性、结论性的指示和决定、部署和安排,不作具体分析和深刻阐述。

三、批复的分类

批复是应下级机关的请示而发,它的内容随下级机关请示内容的不同而不同。批复一般有针对具体单位的公务事宜所作的事项性批复和针对方针政策问题所作的政策性批复。有的批复只发给请示机关一家,有的批复则发给许多下级机关贯彻执行。如果答复同级机关或不相隶属机关的询问或请批,那就不能用批复,而要用函。

四、批复的写作

常用的批复公文,一般包括以下几个组成部分:

(一) 标题

批复的标题一般有两种。

一是单介词结构,即不含收文机关单位的,一般为"××××(批复单位)关于××××××(事项)的批复"。如《中共中央关于进一步开展学习宣传杨善洲同志活动的批复》、《国务院关于同意将南京海关驻禄口机场办事处调整为南京禄口海关的批复》。

二是双介词结构,即含收文机关名称的,一般为"××××(批复单位)关于××××××(事项)给××××(请示单位)的批复"。如《国务院关于××市私人建房问题给××省人民政府办公厅的批复》。有人认为《国务院关于同意江苏省调整通州市行政区划的批复》是含收文机关名称的,实际上,这则标题只是说明,调整通州市行政区划的决定是由江苏省人民政府作出的,江苏省人民政府只是具体决策方,该标题并不是双介词结构。

关于批复的标题中可否加"同意"的问题,有人认为是多余的。但从现行的批复例文看,多数都加了"同意",因为对于"请示"事项的"批复"有两种态度可选择:一是同意,二是不同意,在标题上明确态度可以使批复信息更加明确。

关于批复标题能否引用请示的原标题问题,如《××省人民政府关于对〈××市人民政府关于设立××经济开发区的请示〉的批复》,这一标题与"简要地概括公文的主要内容"的要求有一定的距离,因此是不可取的,可改为《××省人民政府关于同意设立××经济开发区的批复》。一般说来,批复标题中不允许出现完整的请示标题或"请示"字样,必须简要地概括公文的主要内容。

批复标题中事由的概括要符合行文的实际。如《国务院关于同意江苏省调整泰州市部分行政区划的批复》,这里,"调整泰州市部分行政区划"的行为是江苏省作出的,事由中的"江苏省"不能缺少。再如前面所举标题,事由是"将南京海关驻禄口机场办事处调整为南京禄口海关",如果写成"设立南京禄口海关",则意思完全不相同。所以批复标题中的事由拟写必须严格、严谨、严肃。

(二)主送机关

主送机关即请示的机关。

(三)正文

批复的正文主要有批复根据和批复意见两部分,有的还带有批复要求。

1. 批复根据

批复根据,即批复正文的开头语,一般是先引标题,后引发文字号,写作《×××××××××××××》(×发〔××××〕×号),假如原文件没有发文字号,如引用办法、条例、一些行政事务文书等,也可只引用标题。批复根据后以"现将有关事项批复如下"等承启语过渡到批复意见。在批复根据中,不用"贵×"、"鄙×"的所谓尊称、谦称,而用"你×"、"我×"替代。

2. 批复意见

批复意见是批复的主要部分,要针对请示内容给予具体批示,明确答复。如"同意"、"原则同意"、"不同意"。不使用"基本同意"表态。这部分要写得具体、简要、准确、态度鲜明,如果不同意下级机关或单位的意见,一般要简要地说明理由,使下级单位明白原委,以便他们作出相应的安排;如果同意下级机关或单位的意见,就不必写理由,倘有必要,需给予具体指示。有的请示虽为"一文一请",但其中可能涉及与之相关的若干问题,对这些问题审批的结果,有可能是全部同意,有可能是部分同意,也有可能是完全不同意,对此,批复时应分别表态,这就是所谓的"一文一事,一事数中心"。

3. 批复要求

批复要求,即批复的嘱咐和希望,同意下级某项请示和要求后,可写上"希注意总结经验"等字样,这一部分只在必要时才用。

4. 批复结尾用语

批复结尾用语一般单独成段,写上"此复"、"特此批复"等惯用语,也可不用惯用语,自然结束。

(四)落款

落款,即批复发文机关的署名和成文日期。

五、批复写作的注意事项

一是要及时作出答复,以免贻误工作。答复下级机关单位的请示,是上级机关的职责所在,一般情况下,下级机关单位是遇到无法解决的问题时才写请示的,上级机关无论同意与否,均应迅速表态。

二是对请示的答复应有理有据,掌握情况,熟悉政策,答复令人信服。对一些涉及全局性统一步调部署的请示事项,可在条件成熟时统一批复,这时各机关单位请示距批复的时间长短就不完全相同。如国务院同意将南京、成都、杭州、乌鲁木齐四个地方的海关驻机场办事处调整为机场海关的批复时间均为2004年9月16日,而四地请示时间则分别在2000年、2003年、2003年、2003年,如此批复主要是前期条件不成熟,在条件成熟了一并批复。这种"同类项合并"的批复方式在一些大机关单位经常会出现,而其事项的政策性一般均较强。

三是态度明朗,措词恰当,语气肯定,不含糊其辞。如果不同意或部分同意部分不同意要明确表态,对否定的部分,要有必要的思考和研究,作出简要的说明或阐述。如一份批复是这样写的:"你单位《关于添置笔记本电脑的请示》(×字〔2013〕×号)收悉。经研究,同意购买20台笔记本电脑的申请。但鉴于此属计划外追加项目,经费无法一次性到位,可先购置10台,其余10台待一季度末本年度费用计划调整时一并解决。"该答复明确清晰。

四是若下级不同的机关单位请示的是相同的事项,而批复单位的批复意见是相同的,均为同意,则可以用一篇批复来答复下级机关。若有同意又有不同意,则可将同意事项以一份公文答复,不同意事项分别答复。如总厂接到一、二、三、四分厂的关于各自分厂的选举结果的请示,而总厂均表示同意,则可以用一份批复答复。

五是发文字号可以由机关代字、年份、序号组成,也可以编写函号,即"×函〔××××〕×号",实际使用情况一般为函号,且多使用政府函件格式。

六是要做到"两个单一":主送机关单一、批复事项单一,即一般情况下,主送机关只能是一个(特殊处理方法除外),批复应该一文一事。

【例文一】

国务院关于海南省海洋功能区划(2011—2020年)的批复

国函〔2012〕181号

海南省人民政府、海洋局:

　　海南省人民政府关于审批海南省海洋功能区划的请示收悉。现批复如下:

　　一、原则同意《海南省海洋功能区划(2011—2020年)》(以下简称《区划》)。

　　二、海南是我国唯一的热带海洋省份和最大的经济特区,战略地位重要。全省管辖海域辽阔,海洋资源丰富,海洋环境优越,海洋生态系统多样。要坚持在发展中保护、在保护中发展的原则,合理配置海域资源,优化海洋开发空间布局,实现规划用海、集约用海、生态用海、科技用海、依法用海,促进经济平稳较快发展和社会和谐稳定。

　　三、通过实施《区划》,到2020年,全省建设用围填海规模控制在11 150公顷以内,海水养殖功能区面积不少于40万公顷,海洋保护区面积达到管辖海域面积的5%以上,近岸海域海洋保护区面积占到11%以上,近岸海域保留区面积比例不低于10%,自然岸线保有率不低于55%,整治修复海岸线长度不少于200公里,功能区环境质量达标率在95%以上;围填海等改变海域自然属性的用海活动得到合理控制,渔民生产生活和现代化渔业发展得到保障,主要污染物排海总量得到控制,海洋生态环境质量明显改善,海洋可持续发展能力显著增强。

四、《区划》是合理开发利用海洋资源、有效保护海洋生态环境的法定依据,一经批准,任何单位和个人不得随意修改;确需修改《区划》范围、海岸线和海洋功能区类型的,由海南省人民政府提出修改方案,报国务院批准。编制各类产业规划涉及海域使用的,应当符合《区划》的要求。要尽快完成沿海市、县(市)海洋功能区划编制批报工作。

五、要认真落实《区划》提出的各项任务和措施,不断完善海域管理的体制机制,严格执行项目用海预审、审批制度和围填海计划,健全海域使用权市场机制。坚持陆海统筹方针,切实加强海洋环境保护,地方海域使用金收入要支持海域海岸带开展综合整治修复。加大海洋执法监察力度,规范海洋开发利用秩序。加强社会和舆论监督。

国家海洋局要加强对《区划》修改工作的管理,对《区划》的实施工作予以指导、协调和监督检查。

国务院
2012 年 11 月 1 日

【例文二】

国务院办公厅关于批准洛阳市
城市总体规划的通知

国办函〔2012〕73 号

河南省人民政府:

你省关于洛阳市城市总体规划的请示收悉。经国务院批准,现通知如下:

一、原则同意修订后的《洛阳市城市总体规划(2011—2020 年)》(以下简称《总体规划》)。

二、洛阳市是国家历史文化名城、河南省副中心城市、著名旅游城市。要以科学发展观为指导,遵循城市发展客观规律,坚持经济、社会、人口、环境和资源相协调的可持续发展战略,统筹做好洛阳市城乡规划、建设和管理的各项工作。要按照合理布局、集约发展的原则,推进经济结构调整和发展方式转变,不断增强城市综合实力和可持续发展能力,完善公共服务设施和城市功能,逐步把洛阳市建设成为经济繁荣、社会和谐、生态良好、特色鲜明的现代化城市。

三、重视城乡统筹发展。在《总体规划》确定的 2405 平方公里城市规划区范围内,实行城乡统一规划管理。要加强城中村和城乡结合部整治和改造,城镇基础设施、公共服务设施的建设,应当统筹考虑为周边农村提供服务。要根据市域内不同地区的条件,重点发展县城和基础条件好、发展潜力大的建制镇,优化村镇布局,促进农业产业化和农村经济快速发展。

四、合理控制城市规模。到 2020 年,中心城区城市人口控制在 285 万人以内,城市建设用地控制在 265 平方公里以内。根据洛阳市资源、环境的实际条件,坚持节约和集约利用土地,合理规划利用城市地下空间资源,切实保护好耕地特别是基本农田。要贯彻落实城乡规划法"先规划、后建设"的要求,严禁在城市总体规划确定的建设用地范围之外设立各类开发区和城市新区。

五、完善城市基础设施体系。要加快公路、铁路、机场等交通基础设施建设，改善城市与周边地区交通运输条件。建立以公共交通为主体，各种交通方式相结合的城市综合交通系统。统筹规划建设城市供水水源、给排水、污水和垃圾处理等基础设施，划定基础设施黄线保护范围。重视城市防灾减灾工作，加强重点防灾设施和灾害监测预警系统的建设，合理规划布局应急避难场所和疏散通道，建立健全包括消防、人防、防洪、防震和防地质灾害等在内的城市综合防灾体系。

六、建设资源节约和环境友好型城市。城市发展要走节约资源、保护环境的集约化道路，坚持经济建设、城乡建设与环境建设同步规划，大力发展循环经济，强化工业、交通和建筑节能，切实做好节能减排工作。要严格控制高耗能、高污染和产能过剩行业的发展，减少污染物排放，加强城市环境综合治理，提高污水处理率和垃圾无害化处理率，严格按照规划提出的各类环保标准限期达标。要加强水资源保护，划定城市水系蓝线保护范围，严格控制地下水的开采和利用，提高水资源利用效率和效益，建设节水型城市。要加强城市绿化工作，划定城市绿地系统绿线保护范围，加强对伏牛山等风景名胜区和森林公园、水源地、自然保护区、水源保护区等特殊生态功能区的保护，制定保护措施并严格实施。

七、创造良好的人居环境。要坚持以人为本，创建宜居环境。统筹安排关系人民群众切身利益的教育、医疗、市政等公共服务设施的规划布局和建设。将城市保障性住房的建设目标纳入近期建设规划，确保城市保障性住房用地分期供给规模和区位布局合理。根据城市的实际需要与可能，稳步推进城市危房改造，提高城市居住和生活质量。

八、重视历史文化和风貌特色保护。要统筹协调发展与保护的关系，按照整体保护的原则，切实保护好明清古城传统风貌和格局。要编制历史文化名城保护规划，落实历史文化遗产保护紫线管理要求，重点保护好世界文化遗产龙门石窟，东、西南隅历史文化街区，隋唐洛阳城遗址等大遗址，关林、白马寺等文物保护单位及其周围环境。加强对伊河、洛河两岸建筑形式、高度、体量的控制和引导，保护好山体和水体，突出城市自然景观风貌和特色。

九、严格实施《总体规划》。城市建设要实现经济社会协调发展，物质文明和精神文明共同进步。城市管理要健全民主法制，坚持依法治市，构建和谐社会。《总体规划》是洛阳市城市发展、建设和管理的基本依据，城市规划区内的一切建设活动都必须符合《总体规划》的要求。要结合国民经济和社会发展规划，明确实施《总体规划》的重点和建设时序。城市规划行政主管部门要依法对城市规划区范围内（包括各类开发区）的一切建设用地与建设活动实行统一、严格的规划管理，切实保障规划的实施，市级城市规划管理权不得下放。要加强公众和社会监督，提高全社会遵守城市规划的意识。驻洛阳市各单位都要遵守有关法规及《总体规划》，支持洛阳市人民政府的工作，共同努力，把洛阳市规划好、建设好、管理好。

洛阳市人民政府要根据本通知精神，认真组织实施《总体规划》，任何单位和个人不得随意改变。你省和住房城乡建设部要对《总体规划》实施工作进行指导、监督和检查。

国务院办公厅
2012年4月9日

第三节 具有批答功能的公文的写作注意事项

批答性公文或具有批答功能的公文除了批复外,还有复函、报告、通知、决议、纪要等。

一、复函

复函在写法上与批复非常相似。

(一)标题

复函的标题与批复基本相同,一般由发文机关名称、事由、文种组成,也可以由事由和文种组成。需要特别注意的是:复函的标题中的文种一般体现为"复函"。

复函如有发文字号,则为"×函〔××××〕×号"。

(二)主送机关

复函的主送机关多为发文机关的平级,或不相隶属的机关单位。

(三)正文

复函的正文也是由依据、批答事项组成。依据一般先引标题,后引发文字号,也可只引发文字号。复函的承启语一般为"现将有关事项函复如下"。批答事项即对报请性函的具体答复。与批复相比,复函的批答事项一般比较具体,内容繁琐,不涉及原则、方针,一般不能提出强制性执行要求。如《国务院办公厅关于公开发布天气预报有关问题的复函》,文稿在引述发文依据后,以承启语直接过渡到正文,正文写了三点:一是国家对公开发布天气预报和灾害性天气警报实行统一发布制度,由中国气象局管辖的各级气象台(站)负责发布,其他部门、单位及个人未经省级或省级以上气象部门同意,均不得向社会公开发布各类天气预报和灾害性天气警报。二是其他部门所属的气象台(站)或机构,只负责向本部门发布专业天气预报。三是通过广播、电视、报刊、电话等手段向社会公开发布的天气预报和灾害性天气警报,一定要利用气象部门提供的适时气象信息。该复函正文就相关具体事项表述结束后,文稿就自然结束,没有写任何对收文单位的要求。这是复函与批复在正文写作时的最大区别。

(四)复函的结束语

复函的结束语一般为"此复"或"特此函复"。

(五)落款

落款,与批复等相同。

二、回复性报告、决议、通知、纪要

（一）回复性报告

回复性报告主要用于回复上级机关单位的询问。回复性报告与普通报告有许多相似之处，不同之处主要有以下几个方面：

一是标题。回复性报告与向上级机关汇报工作的报告的区别在于一个是被动的，一个是主动的，但标题写法可以相同，一般为《××××关于×××××情况的报告》或《××××关于××××情况的回复报告》。

二是在正文的开头，一般回复性报告表明报告原由时会引述或表述行文原由。如"根据你处下发的《关于统计 2012 年本科毕业生就业情况的通知》（×字〔2012〕24 号）要求，现将有关情况报告如下"。这种行文方式是答批类公文相同的特点。

三是回复性报告的内容主要针对上级机关单位的询问，针对性强，比较具体，但又具有报告的特性，内容完备，叙写比较详细。这是回复性报告与批复、复函的区别所在。一般来说，上级机关的询问比较笼统概括，多用"通知"或函。"通知"带有较强的主观性，有一定的部署性要求，下级机关单位必须无条件地予以答复；而"函"则带有一定的商洽性，下级机关单位可以有条件地答复。一般来说，回答"通知"性询问，下级机关单位的回复详细具体；回答"函"的询问，下级机关单位的答复比较简洁。

四是回复性报告可不用惯用语，如果使用惯用语，则为"特此报告"。

（二）审批性决议

审批性决议一般用于需经党的代表大会、人民代表大会、政协代表会议等法定会议审定的议案等。审批性决议的特殊性主要体现在以下几个方面：

一是标题。审批性决议的标题一般由会议名称、审批事项、文种组成，如《第七届全国人民代表大会第五次会议关于兴建长江三峡工程的决议》、《中国共产党第十八次全国代表大会关于〈中国共产党章程修正案〉的决议》。标题中不出现"同意"等字样。

二是成文日期。决议的成文日期一般为会议通过日期，置于标题之下，括号括注。

三是没有主送机关单位。这类审批尽管针对的是某个具体事项，是具体的决议，但审批后多通过报纸、电台、电视台等新闻媒体发布。

四是正文的开头。审批性决议引述报请性事项时一般不引用发文字号，格式为"××××（单位或会议）提交的《×××××××××××》已经×××××（会议）审议通过，××××××（怎样做）"，或"××××会议一致通过×××××（单位或会议）提交的《××××××××××》，×××××××（怎样做）"。

五是审批意见。审批意见一般以"会议认为"、"大会认为"、"大会要求"等提出。决议的审批性意见多比较原则，不作具体细致的要求。

六是落款。审批性决议一般不使用结束语，也没有落款。

（三）批答性通知

1. 批转转发通知

报请性公文如请示、上行性意见等的答批既可能是批复，也可能是批转转发通知。一般来说，请示的结果有两种情况：批复，批转性通知；上行性意见的结果有两种情况：批转通知，转发通知。如××市委、市政府发出《关于加快发展旅游业的决定》，文件指出："同意建立旅游建设发展专项资金，其部分资金来源于交通建设附加费的分配，并将此分配比例从原来的5％调高到10％。"对此，××市发改委认为，该措施无疑有利于筹集资金，促进旅游业发展，但当初决定征收旅游业交通建设附加费的目的，主要是筹集地铁资金，现要提高旅游专项资金在交通建设附加费中的分配比例，必然减少地铁资金的来源。因此，发文建议在地铁建设期内，暂缓调高旅游专项资金在交通建设附加费中的分配比例。××市委、市政府对市发改委的文稿若表示认可，不使用批复，而使用批转通知。这是因为，××市委、市政府已经将《关于加快发展旅游业的决定》发给了相关机关单位，如果使用"批复"，只能对××市发改委的"请示"作出答批，而市发改委一家暂缓执行该决定还不行，其他收文的相关单位也必须执行市委、市政府重新作出的决定，而此时用"批转通知"，既给市发改委的报请做了回答，也给其他相关部门发出了新的通知，作出了新的部署。

批答性通知的特殊性体现在以下几个方面：

一是标题。批答性通知的标题应该使用"批转、转发类通知"的形式。

二是主送机关。尽管是批答类的公文，但答批形式的特殊性和执行要求的变化，使主送机关单位与批复、复函一般主送一个机关单位的形式发生了变化，主送机关单位多为同类型机关单位统称，如"各省、自治区、直辖市人民政府，国务院各部委、各直属机构"。

三是正文的开头，即引文部分，一般为"×××××同意×××（报请单位）《××××××××的××》，现批转（或转发）给你们"，或"×××（报请单位）《××××××的××》，已经×××××同意，现批转（或转发）给你们"，或"现将×××（报请单位）《××××××××的××》，批转（或转发）给你们"。引用公文如果有发文字号，须在引文标题后用括号括注。

四是正文批答部分，一般提出比较具体的执行要求，也可只批转、转发文件，不提执行要求。对下级机关单位的执行要求，既可以是遵照执行，也可以是参照执行。

批答性公文和具有批答功能的公文文种选择的不同，其写作要求就不尽相同，要注意仔细甄别。

2. 批复性通知

批答性通知除了使用批转转发通知外，也可以直接使用通知进行批复。这种批复性通知与批复、复函颇为相似，不同的是，其行文的主体是就答批所涉及的事项提出具体的建设性的部署和要求。它比批复要求要明确、延展、完整、具体。如《国务院办公厅关于批准洛阳市城市总体规划的通知》（国办函〔2012〕73号）就是这种形式，其写法的前一部分相当于批复，如"你省关于洛阳市城市总体规划的请示收悉。经国务院批准，现通知如下：……"后一部分类似于通知，主要是针对与请示内容相关的问题提出具体部署。"批复性通知"是"批复"和"通知"的组合，指挥、部署性强于"批复"，标题一般需加"批准"二字体现"通知"的特性，常用为"×××关于批准××××××的通知"。

（四）审批性纪要

审批性纪要，可用于对需经会议讨论的报请事项的批答。这种纪要的写法与普通纪要没有区别，只不过在讨论事项中强调讨论事项来源的报请单位和报请公文，同时形成的决定事项带有一定的决策性、指导性、针对性、强调性。写法与决议性会议纪要相同，是决议性会议纪要的扩展使用。

第七章　奖惩性公文和公文的奖惩功能

《中华人民共和国国家公务员法》专门对国家公务人员设置了奖惩条例,同时,在事业单位、企业单位,也经常要表扬先进、批评错误,以此来要求有关机关单位和人员学习先进,发扬成绩,或在工作中吸取教训,防止类似事件的发生,这时经常会使用奖惩性公文。

奖惩性公文主要是通报,另外具有奖惩功能的公文还有命令、决定等。

第一节　奖惩性公文概述

一、奖惩性公文的特点

（一）事实性

事实胜于雄辩,事实是奖惩性公文的基础,只有建立在充分而全面事实基础上的奖惩才更具有说服力,才能最大限度地发挥行政效力。因此,奖惩性公文要将奖惩性对象值得表扬或需要批评的事实告诉收文者,这是奖惩性公文最重要的特点。

通报事项所使用的事实材料必须是完全真实的。这种完全真实有两个含义:一是经过调查和核实,所通报的材料确实属实;二是在撰写过程中,对事实的叙述要客观,实事求是,既不夸大,也不缩小,不主观臆断和随意推理。因为通报的事实如果不真实,将会带来意想不到的麻烦,甚至造成严重的后果。当然,事实性尤其是事实的真实性也决定了奖惩性公文的事项必须是已经完成的,是过去完成时,而不是将来进行、将要开展的。

（二）典型性

真实的事实不一定是具有典型性的,只有典型性的事实才能在公务活动中发挥行政效力。奖惩性公文的事实,必须具有典型性和代表性,具有一定的普遍意义。所以,奖惩性公文必须选择典型性、代表性的事实,撰写奖惩性公文一定要揭示事情的本质,不要在枝节问题或表面现象上耗费笔墨。

（三）教育性

奖惩性公文具有较强的知照性,但如果仅仅是知照,用"通知"等文种即可。奖惩性公文之所以独立存在,重要之处是它具备教育性。奖惩个人或机关单位的目的就是要明确地告诉收文机关单位,要发扬什么精神、要吸取什么教训、要注意什么事项等等。这种教育不是指挥性的,也不是部署性的,而是通过别的机关单位和个人的做法来启发,是一种比较委婉的、含蓄的希望、要求、告诫,其教育作用是其他文种所不具备的。

二、奖惩性公文和具有奖惩功能的公文的主要文种及其区别

奖惩性公文的最主要文种是通报。

按照《党政机关公文处理工作条例》第八条规定,通报"适用于表彰先进、批评错误、传达重要精神和告知重要情况"。通报的重要职能是奖惩性。

具有奖惩功能的公文还有命令、决定等。

通报、命令、决定在表扬性功能上如何区分,这是公文写作实践经常遇到的问题。它们的区分主要是依据法律的规定和职权,根据奖励的性质、种类、级别、公示范围等具体情况。惩戒类公文主要也是从这几点加以区分。

(一)"命令"、"决定"、"通报"在奖励功能上的区别

1. 使用机关级别不同

"命令"的使用级别最高,一般用于表彰在重大领域如抗洪救灾、国防建设等方面的立功人员,且常以个人名义发布表彰令。省级以下的机关多用"决定"、"通报"进行表彰,不使用"命令"。而"决定"的发文者往往是被表彰对象的间接上级,若发文者是表扬对象的直接上级,常常用"通报"来行文。

2. 内容事项不同

"命令"多用于表彰有功人员和集体,所涉及事项一般影响大,事件性质特殊,多为取得突出成就或作出重大贡献的单位和人员;"决定"一般用于授予荣誉称号或给予物质奖励,承载的是上级机关对具体单位和人员的认定;而"通报"主要是宣传先进人物或先进集体的先进事迹,号召人们学习。"决定"一般要求对事项进行定性,而"通报"不要求对事项进行定性。

3. 目的要求不同

表扬性通报具有教育性,其目的是以典型事例教育更多的机关单位和人员,它具有参照作用;"决定"行文比通报严肃、庄重,具有一定的约束力和执行要求;而"命令"则具备强制性、指挥性和权威性,有严格的约束力,要求贯彻执行。

4. 写法不同

嘉奖令和决定既要有事迹的介绍,更要有对当事人或集体的决定;而表扬性通报主要是介绍先进人物或先进集体的先进事迹,不需要表态做决定。

(二)"命令"、"决定"、"通报"在惩戒功能上的区别

1. 使用机关级别不同

命令不具备惩戒性,即使偶尔使用,其使用级别很高,一般用于省级以上机关,多在军队机关和纪律部门使用。省级以下机关的惩戒主要使用"决定"和"通报"。

2. 内容事项不同

惩戒性决定需要定性,如给予某种处分等;而惩戒性通报不需要定性,行文目的主要是希望收文机关单位吸取教训,防止类似事件的再次发生。也就是说,"通报"的典型,其事实不一

定很突出,但教训比较深刻。"决定"则承载了上级机关对有关单位或人员的处理意见,其所涉及的单位、人物的事实较突出。

3. 文种内容的针对性不同

一般来说,"决定"多针对人员,较少针对集体;而"通报"既可以针对人员,也可以针对集体。

4. 公示范围不同

一般来说,由于"通报"的行文目的是希望吸取教训,防止类似事件的再次发生,需要知道的机关单位和人员越多越好。因此,"通报"的公示范围要大于"决定"。

5. 写作方法不同

一般来说,惩戒性的决定要写清楚当事人员的自然情况,如性别、年龄、职业、政治面貌等。惩戒性公文如果重在对人物的惩戒,习惯使用决定,如果对单位惩戒,习惯使用通报。

在实际工作中,奖惩性通报、决定常常有被弱化的现象。"通报"的弱化主要是将公文通报与非公文的通报混淆,很多单位尤其是工厂、学校等人员密集的单位,经常出现用毛笔写的张贴性通报。这种通报实际上是一种广而告之性的事务文书,与公文通报在发文程序、行文格式、文件效力等方面均存在明显差异,写作随意性大,没有完善的发文办理过程,不要求存入档案。"决定"被弱化主要是将奖惩性决定与奖惩性通报混淆,没有仔细甄别它们之间的差别。

三、奖惩性公文的主体写作思路

奖惩性公文的主要写作思路是:

(一)事实要求型

事实要求型,即首先介绍奖惩对象的具体事实,并对事实进行必要的分析,再在事实基础上作出决定,提出要求。这是奖惩性公文中最常见的形式。简单地说,这种结构由"事实—分析—要求和希望"组成。如一份《国家安全监管总局办公厅关于近期三起非煤矿山较大事故的通报》。这种结构,先介绍通报对象的具体事实,然后对事实进行必要的分析,最后对当事人和收文者提出希望、要求。这是奖惩性公文的基本写法。

(二)目的要求型

目的要求型,即首先介绍发文的原因和目的,再介绍事实,最后提出希望、要求。这种公文常常见于奖惩群体性的事件或对象中,即奖惩的事实具有一定的普遍性,而且奖惩的对象往往是一个或几个群体。如《江苏省人民政府关于表彰先进集体和劳动模范的决定》:

为了弘扬先进集体、劳动模范的团结奉献精神,进一步调动全省人民建设社会主义的积极性,更好地完成党的十八大提出的各项任务,省政府决定,授予××××等400个单位"江苏省先进集体"称号,授予××等1197名同志"江苏省劳动模范"称号。

省政府希望受表彰的先进集体和劳动模范谦虚谨慎,戒骄戒躁,继续支持和发扬艰苦奋斗、无私奉献、拼搏进取的精神,在两个文明建设中作出更大的贡献!

……

这种结构,先写明目的,再提出要求。因为表彰的是群体,正文事实也没有展开。

奖惩性公文结构的写作思路比较多样,要根据具体的奖惩对象灵活运用。

第二节 通 报

一、通报的性质

上级机关单位用来表彰先进、批评错误或者向下级机关单位或人员传达重要精神、告知重要情况的公文,称为通报。通报不受行文方向的限制,但一般用作下行文。

二、通报的作用

(一) 表彰推动作用

表彰推动作用,即通过表扬先进人物和先进集体,促使下级机关单位和人员对照先进,查找差距,虚心吸取别人的先进经验,见贤思齐,不断改进自身工作,从而达到共同进步的目的。

(二) 惩戒禁止作用

惩戒禁止作用,即通过批评落后的或造成工作失误的人员或集体,促使下级机关单位发现自身问题,克服类似现象,吸取教训,防止类似事件的再次发生。

(三) 指导启发作用

指导启发作用,即通过传达重要精神,使机关单位了解全局,掌握动态,合理安排工作进程。

(四) 知晓沟通作用

知晓沟通作用,即通过交流重要情况,使相关信息能够及时传达到具体的单位和个人,互通情报,形成便于工作开展的良好局面。

(五) 部署与安排作用

部署与安排作用,主要是一些重要的会议通报或政务通报。

三、通报的分类

(一) 从通报的作用和适用范围分类

根据通报的作用和适用范围,可将通报分为三类:

1. 情况通报

情况通报一般用于传达精神,交流信息,向有关方面知照应该掌握和了解的动态,以作为工作的参考。此类通报具有一定的指导作用,一般在领导机关使用。有的党政机关编办的定期或不定期的"×政通报"、"××政办通报",则从此类通报延伸至简报,用于摘要印发党政领导在全局性重要会议上的讲话,以及其他需要各地区、各部门周知的文稿。

2. 表彰通报

表彰通报用于在一定范围内表扬好人好事,注重从典型事例中概括出具有普遍意义的好经验,深入宣传,号召人们向先进学习。

3. 批评通报

批评通报用于在一定范围内处理错误,批评不良倾向,告知确实有倾向性、又在工作中造成严重后果的问题,以引起有关机关单位或人员的警觉,防患于未然,防止类似事件的再次发生。

4. 部署通报

部署通报,即将有关决定或决议的重要精神向下级机关单位和个人传达,要求各机关单位根据具体情况,落实有关要求,提出具体工作思路。这类通报的过渡语常用"提出如下要求"、"要求如下"等。

(二)从写作方法上分类

从写作方法上,通报可以分为:

1. 直述性通报

这是通报的主体写法,即作者直接叙述通报事项,然后再作分析、评价和处理。

2. 转述性通报

所谓转述性通报,即将下级机关单位报送的情况报告、调研报告、通报等所反映的情况做分析、谈看法、作评价,提出一定的处理意见或要求。

四、通报的写作

(一)标题

通报标题的写作与普通公文标题相同,一般包括完整式标题(由"发文机关"、"事由"、"文种"三部分组成)、准齐式标题(由"事由"和"文种"构成)。有时用新闻式标题,即由主副标题构成,主标题概括通报的主旨或主要内容,副标题写明发文机关和文种,副标题放在主标题前。如:

中共中央纪律检查委员会通报
立即刹住公款请客送礼、吃请受礼的歪风

公文式标题庄重严格、突出严肃,新闻式标题鲜明醒目。但新闻式标题在公文中比较少见,一般用于媒体的发布或政务通报中。

文种式标题不是准确的通报公文标题格式,而是事务性文书的格式。

(二)主送机关

如果通报的收文对象是专指的,则写明专指的发文机关;普发性通报可不写发文机关单位,只在附注处通过发送范围注明。

（三）正文

通报正文一般包括事实叙述、定性分析、处理或要求等三个部分。

1. 事实叙述

事实叙述，即交代通报的主要事件，按照"五 W — H"的原则，把事件发生的主要时间、地点、对象、情节、结局等交代清楚。写作要求实事求是，真实典型，选材科学，详略得当，切忌现象排列，形同一篇豆腐账。在笔法上，不要使用文学笔法，要平实清晰，注意区分与通讯、报告文学等的差异。表扬性通报可适当渲染，批评性通报则要注意把握事实表达的分寸，注意写作的"度"。如涉及两性关系、泄密事件的，过多甚至带有渲染性的交代反而会带来副作用。

通报的事实叙述要符合公文的写作要求，直述不曲，不能使用文学笔法，不作过多的铺叙夸张、浓墨渲染，不作过多的细节描写，尽量采用归纳性事实叙述。

2. 定性分析

入情入理的分析，主要涉及三个方面：认定事实（或事件）的性质，分析事实（事件）产生的原因，分析事实（事件）造成的影响和结果。对事实（事件）的定性要准确，尤其是对批评性通报，因涉及人际关系，一定要准确有度。对事实（事件）的分析，既反映了作者的认识，也代表了发文机关单位的态度，体现了领导机关对事实（事件）的看法，必须严肃认真，掌握好分寸，划分好界限，注重提法的准确、科学，对事实（事件）意义或危害、产生的影响等原则性的分析要中肯适度、理据充分、用语得当。

3. 处理或要求

处理或要求，即发文机关单位提出自己的建议、希望和要求，希望收文单位要学习的经验或吸取的教训。表彰性、批评性通报所提出的意见、建议和指示，无疑是代表了发文机关单位的意图，必然具有公文的法定效力，收文单位必须遵照或参照执行。这一部分的行文，要做到简明扼要，准确具体，便于收文机关单位办理或执行。

公文中完整写作事实（事件）过程的不多，通报就必须写出具体的事实（事件）过程，在写作事实（事件）过程时，一定要平实准确，注意区分文学事实与公文事实在写作笔法上的差异，写出符合公文要求的事实内容。

（四）落款

落款要注明发文机关名称和成文日期。

五、通报与其他类似文种的区别

（一）通报与通告的区别

1. 使用范围不同

通报一般有收文机关以文件形式发送。带有普遍意义的通报如各种政府或政府办公厅（室）政务通报，可不写收文机关，并在报纸上以简报形式发送，以简报形式发送的通报多数为领导人的讲话稿等。通告一般没有收文机关，主要在公共场所张贴或在媒体上发布。

2. 使用和制发时间不同

通报用于表彰先进、批评错误，传达重要精神，交流重要信息，必须在事实（事件）发生过程中或事情结束后制发。通告用于发布法规规章或告知某些事情,因此通告主要在事实(事件)发生前制发,以防患于未然。

(二) 通报与通知的区别

1. 发文目的不同

通报主要是表彰先进、批评错误,交流信息、沟通情况,对下属进行教育,不需要像通知那样作具体工作部署。

2. 事项构成不同

通知主要是要求收文单位做什么和怎么做;而通报则主要由情况和事例构成,告诉收文单位别人做了什么,收文单位要注意什么。

3. 行文对象不同

通报的对象一般为一定范围内的全体机关单位或人员;而通知则是一定范围内的某一个或某几个特定的机关单位。

4. 作用不同

通报可以用来表扬先进、批评错误;而通知则不能。简报形式的通报还可以用来印发领导同志的重要讲话,文件形式的印发通知也可以用来印发领导同志的重要讲话。两者的处理形式稍有不同,一个是简报形式,一个是一般文件格式。

(三) 通报与简报的区别

1. 约束力不同

通报是正式文件,有法定效力和行政约束力;而简报不是公文,是行政事务性文书,没有法定效力和行政约束力。

2. 内容侧重点和时效性要求不同

简报非常强调时效性,要求准确迅速,内容贵在新,要求反映新情况、新思想、新观点,要抓住苗头性事实;而通报重在传递重要情况和交流重要信息,内容贵在重要性,相比较而言,时效性比简报差。

3. 作用不同

通报可以用来奖惩机关单位和个人;而简报则不能。

4. 写法不同

通报的写法比较固定,一般采用公文式写法;而简报包括采、编、写的完整过程,除准确的格式外,内容的写法比较灵活,可用公文式、可用新闻式,方法多样。

5. 行文对象不同

通报的行文对象多为党政机关;而简报则任何单位均可使用。

【例文一】

教育部办公厅关于近期学校食物中毒事件的通报
教体艺厅〔2012〕2号

各省、自治区、直辖市教育厅(教委),新疆生产建设兵团教育局,部属各高等学校:

今年春季开学以来,为加强学校食品安全工作,特别是农村义务教育学生营养改善计划食品安全保障工作,我部单独或联合国家食品药品监督管理局下发了《教育部办公厅关于2012年学校突发公共卫生事件防控工作第二次预警通知》、《关于做好2012年学校食堂食品安全重点工作的通知》等多个文件,对防控学校食物中毒和肠道传染病流行事件进行部署并提出要求。大多数地方和学校都能按照文件要求,结合本地实际,认真落实各项食品安全管理制度与措施。

但是,仍有少数地方和学校对食品安全管理和传染病防控管理不到位,措施落实不力,存在不少漏洞和隐患,食物中毒和肠道传染病流行事件时有发生。从3月份起,食物中毒事件发生率明显上升,已收到各地上报疑似食物中毒事件共8起。3月23日新疆维吾尔自治区吉木乃县托斯特乡牧业寄宿小学和县城初级中学部分学生因饮用袋装奶出现轻微呕吐、腹痛等不适症状;3月30日陕西省咸阳市淳化县胡家庙镇黄甫中心小学部分学生因食用学校食堂供应的早餐出现腹痛、呕吐等不适症状;4月9日云南省昭通市镇雄县塘房镇顶拉小学、猫猫爪树小学部分学生因食用学校承包食堂供应的午餐出现恶心、呕吐、腹泻等症状;4月11日云南省普洱市景东县漫湾镇中学及漫湾镇中心完小部分学生因食用学校承包食堂供应的午餐出现恶心、呕吐等疑似食源性疾病;4月20日云南省红河州泸西县阿勒小学部分学生因食用被金黄色葡萄球菌污染的面包,出现头晕、呕吐、腹泻等症状;4月27日云南省文山市城北幼儿园部分学生因食用加工处理不当的豆浆导致生物碱引发消化道不良反应;4月28日陕西省宝鸡市渭滨区相家庄小学和窑院小学部分学生因食用学校供应的早餐出现恶心、发热、腹痛等症状。这些事件的发生,影响了学生的身体健康和学校正常秩序。为使各地各校从中吸取教训,引以为戒,特予通报并重申以下要求:

一、各地教育行政部门和学校务必按照我部和国家食品药品监督管理局关于加强学校食品安全管理的相关文件要求,全面落实学校食品安全管理各项规章制度。学校食堂必须取得餐饮服务许可证后方可供餐,严格执行食品采购索证索票、进货查验和台账记录制度,食品贮存、加工、供应管理制度和要求,确保采购、加工、供应、贮存等关键环节安全可控。

二、各地教育行政部门和学校要完善食物中毒等突发公共卫生事件报告制度,发生食品安全事故后,必须立即报告当地食品药品监管部门和上级教育行政部门,以便有效协调和利用相关资源妥善进行应急处置,最大限度地降低食品安全事故的危害和负面影响。

三、农村义务教育学生营养改善计划试点地区教育行政部门和学校要把食品安全摆在第一位,严格供餐模式准入管理。不具备食堂供餐条件的学校必须从县级政府组织招标确定的供餐企业、托餐家庭名单中选择校外供餐单位。严禁不具备相应资质的供餐企业(单位)、托餐家庭(个人),从事营养改善计划的供餐、托餐服务。要积极配合当地食品药品监管部门加强对供餐企业、托餐家庭供餐过程的食品安全监管工作。

四、各地教育行政部门要加强对食堂从业人员培训工作,通过多种形式对食品安全管理人员和从业人员进行全员培训,强化其食品安全意识,规范其食品安全操作行为。为推进学校食堂从业人员培训工作,我部和国家食品药品监督管理局组织专家编制了《学校食品安全管理与操作规范》(教学片),近期将配发各地,各地要充分利用该教学片对学校食堂从业人员开展培训工作。

五、各地教育行政部门要联合食品药品监管部门加大学校食品安全督查频度和力度,特别是对农村义务教育学生营养改善计划试点地区要定期进行巡查。对发现的问题要提出整改意见并限期整改,对学校食物中毒和肠道传染病流行事件的原因和责任要一查到底,对因疏于管理、措施落实不到位造成食物中毒事件的学校和责任人要严肃查处。

教育部办公厅
2012 年×月×日

【例文二】

杭州市人民政府办公厅
关于表彰杭州市"浙江老字号"企业的通报
杭政办函〔2012〕243 号

各区、县(市)人民政府,市政府各部门、各直属单位:

为进一步鼓励我市老字号企业充分发挥品牌优势,不断做大做强,根据《中共杭州市委、杭州市人民政府关于促进杭州老字号振兴发展的若干意见》(市委〔2007〕26号)、《杭州市人民政府办公厅关于推进"购物天堂、美食之都"建设的若干意见》(杭政办〔2011〕8号)和《杭州市人民政府办公厅转发市财政局市贸易局关于杭州市商贸发展专项资金使用管理办法的通知》(杭政办函〔2012〕83号)精神,市政府决定,对杭州市经浙江省商务厅认定的两批共50家"浙江老字号"企业予以表彰,并给予每家企业5万元的奖励,奖励资金在2012年度商贸专项资金中列支。

希望受表彰的老字号企业再接再厉,开拓创新,充分发挥行业示范作用,为促进杭州市"浙江老字号"企业发展、加快推进"购物天堂、美食之都"建设作出更大的贡献。

附件:杭州市"浙江老字号"企业名单

杭州市人民政府办公厅
2012 年 9 月 12 日

【例文三】

国家安全监管总局办公厅
关于近期三起非煤矿山较大事故的通报
安监总厅管〔2012〕124 号

各省、自治区、直辖市及新疆生产建设兵团安全生产监督管理局,有关中央企业:

2012年9月以来,全国非煤矿山连续发生3起较大生产安全事故,共造成13人死亡,分别是:

9月2日,山东省烟台市莱州市富业兴社工贸有限公司铁矿发生一起爆炸事故,造成6人死亡。据初步分析,事故原因是:爆破作业现场管理不严格,炸药、雷管混合堆放,雷管受杂散电流或漏电电流激发引爆炸药。

9月3日,河南省洛阳市宜阳县弘源氧化钙厂石灰岩矿山发生一起坍塌事故,造成4人死亡。据初步分析,事故原因是:该矿作业面岩石裂隙发育,又遭连续降雨冲刷,岩体稳定性降低;未按照安全设施设计要求施工,工作面台阶高度过大,坡面角不符合要求;该企业将矿山开采作业发包给不具备资质条件的个人,对安全生产工作以包代管。

9月6日,云南省昭通市永善县金沙矿业有限责任公司发生一起冒顶事故,造成3人死亡。据初步分析,事故原因是:现场作业人员隐患排查不认真、不细致,未能及时发现和处理巷道顶板存在的安全隐患。

上述事故暴露出部分非煤矿山企业安全基础薄弱,安全意识不强,对外包工程施工单位管理混乱,作业现场安全措施执行不严格,隐患排查治理不认真、不细致、不彻底等问题。为深刻吸取事故教训,坚决遏制非煤矿山较大事故多发、频发的态势,现提出以下要求:

一、全面开展非煤矿山安全生产大检查。各级安全监管部门要立即组织开展一次非煤矿山安全生产大检查,重点检查安全生产管理制度是否健全完善,是否按设计要求进行现场作业,民用爆炸物品管理是否符合有关规定,外包施工队伍管理是否符合有关要求等。对存在重大安全隐患的非煤矿山企业,要立即责令停产、限期整改。企业整改完成后,要向安全监管部门提出验收申请,经验收合格后方可恢复生产。对整改后仍不具备安全生产条件的,要提请县级以上地方人民政府依法予以关闭。

二、深入开展非煤矿山隐患排查治理工作。非煤矿山企业要深刻吸取同类企业发生的事故教训,切实落实安全生产主体责任,结合实际深入开展隐患排查治理。对发现的安全隐患,要立即落实责任和资金,制定治理措施,明确期限,及时治理;对一时难以治理的,要列入治理计划,并制定应急预案,加强监控。对存在违规违章行为的,要坚决予以纠正,并加大处罚力度。要加强对所有从业人员的安全教育,提高从业人员安全意识。

三、切实加大事故查处力度。各地区、各有关部门要按照"四不放过"和"科学严谨、依法依规、实事求是、注重实效"的原则,严肃事故查处,严格责任追究。要深刻分析事故原因,认真总结事故教训,举一反三,制定并落实防范类似事故发生的安全措施,切实用事故教训推动非煤矿山安全生产工作。

国家安全监管总局办公厅
2012年9月10日

第三节　具有奖惩功能的公文的写作注意事项

具有奖惩功能的公文主要有命令、决定。

（一）标题

通报、决定、命令均可以使用一般文件式标题，包括完整式和准齐式，如《省政府关于表彰2012年度农业秋熟超产增收竞赛活动先进单位的通报》、《江苏省人民政府关于表彰先进集体和劳动模范的决定》等。但命令还可以只使用"×××令"的形式，如《嘉奖令》、《国务院对胜利粉碎劫机事件的民航杨继海机组的嘉奖令》等。在动词的选用上，也必须分清楚"表彰"、"表扬"等词的区别，且对不同表彰对象的定性往往要分别标注清楚，如"先进单位和先进个人"等。

（二）主送机关

命令多不写主送机关；决定有时写，有时不写。对奖惩性决定，多不写主送机关；通报一般要标注主送机关。

（三）正文

事实是奖惩性公文的基础。但在事实的运用上，命令、决定和通报不完全一样。通报事实不一定很突出，所以在写作通报时必须将事实交代仔细、清楚，而命令、决定的事实一般比较突出，有些事实甚至是一些公共事件，大家通过其他途径都已经了如指掌，所以，在写作事实时可以比较简单。惩戒性的决定、惩戒性命令等可能因为某种特殊原因，事实的内容可以省略不写。

奖惩性公文的正文部分，如果奖惩的对象是群体，则可以不写事实；如果是个体，则需要写清楚事实。

对事实或事件的分析，不同的文种也有不同的要求，通报的分析和要求是不可或缺的内容，一般要求写得较为完整；而决定、命令有时不做分析，直接写出处理意见或处理结论，文章内容简洁，措辞谨慎，非常简单。

（四）落款

奖惩性公文的落款基本相同，但命令、决定可以以法定代表人的身份出现，而通报必须以机关单位名义出现。

第八章 商洽性公文和公文的商洽功能

机关单位之间为了更好地履行职能,或者根据组织原则,往往要商询某些问题或事项,这时使用的公文称为商洽性公文,有些公文不是商洽性公文,但具有商洽功能。商洽性公文主要是函,意见、通知有时具有商洽功能。

第一节 商洽性公文概述

一、商洽性公文的特点

(一)商议性

商洽性公文往往是希望收文者提供某种帮助,但收文者提供帮助的前提是自愿的,所以,发文者往往需要与收文者进行必要的协商,才能获得收文者的支持。

(二)事务性

商洽性公文往往是为了解决具体事务而使用的,或者是为了办好某件具体事项,或者是为了商洽某个人事的调动,或者是请求对方协助了解某个具体的人。总而言之,商洽性公文往往不涉及重大原则性问题。

二、商洽性公文和具有商洽功能的公文的主要区别

商洽性公文主要是函,具有商洽功能的公文主要是通知。当通知被用来商洽工作时,一般是指以团体、协会等名义向其他机关单位发出邀请等出现的商洽行为,是一种邀约行为。

三、商洽性公文主体部分的基本写作思路

(一)基本思路

1. 依据事项型

依据事项型主要用在复函中,开头介绍发函的依据,再写发函的具体事项。答复性函、审批性函、政审性函一般采用此种格式。

2. 事实事项型

先交代具体的事实、事件，再介绍商洽的内容。这种形式常见于交涉具体事项的商洽函。

3. 目的事项型

在交代结束发文的目的原因后，再商洽具体事项。

（二）信函格式

函使用的格式一般为信函格式。

具体内容可参见公文的特定格式部分。

第二节　函

一、函的性质

《党政机关公文处理工作条例》第八条规定，函"适用于不相隶属机关之间商洽工作、询问和答复问题、请求批准和答复审批事项"。也就是说，函主要使用于不相隶属机关单位之间。当然，在公文实践中，相隶属单位之间就较为具体的职能事项，也可以使用函来询问和答复、部署和安排。

函是机关单位之间用来商洽工作、询问和答复问题、请求批准和答复审批事项的一种具有商讨性和往来性的公文。

函主要用同级机关和不相隶属机关单位之间联系、商洽工作，有时也用来委托其他机关单位代办公务或告知代办工作情况。

上级机关对下级机关询问一般性的问题也用函。不相隶属的下级机关单位答复上级机关询问用函，但有隶属关系的下级机关单位回复上级机关的询问不用函，而用报告。

由于函具有"请求批准"和"答复审批"的功能，因此，对不相隶属机关单位，不能因为其行政级别高于发文机关单位，为了"尊重"主送机关而将"函"改用为"请示"或者"报告"。

对函的性质必须有明确的认定。"函"作为党政公文15种主要文种之一，与其他主要文种同样具有由制发机关权限决定的法定效力。不能因为"函"是商洽类公文而漠视其法定公文的特性，但也要区别公文函与便函，不能将两者混为一谈。

二、函与相关文种的区别

（一）函与通知

在公文中，函与通知所起的作用有相同之处，因而容易混用。两者的区别有：

1. 性质不同

函主要属于商洽性公文，通知则主要属于部署性、知照性公文。

2. 行文关系不同

函主要是在同级机关或不相隶属机关单位之间使用；而通知除"会议通知"外，一般用于上级机关单位对下级机关单位的行文。函主要属于平行文,通知主要属于下行文。

3. 效力、作用不同

函作为商洽性公文,一般没有领导作用,没有指挥部署功能,只具有由制发机关权限决定的法定效力;通知则可以传达要求办理、周知的事项,可以用于部署工作、安排事项,具有领导作用和法定约束力。由于通知可以用于发布党内法规,企事业单位有时也用通知发布行政规章,如果通知用于随文发布某一法令或法规文件,它还具有法律作用,这是函所不具备的。

(二)函与请示

1. 行文方向不同

请示是上行文,函是平行文。

2. 隶属关系不同

请示一般用于下级机关单位向隶属关系、领导关系的上级机关单位请求批准、指示,而函则一般用于向没有隶属关系的机关单位请求批准、审批。

3. 内容功能不同

请示只具有请求批准与请求答复功能,而函除此而外,关键是商洽工作等。

三、函的分类

作为公文的函一般可以分以下几类:

(一)问函

问函主要用于询问或商洽具体工作或具体事项。问函又分两种:一种是商洽性函,主要用于机关单位之间商量、商洽、商讨和接洽工作;另一种是询问性函,即用于向对方询问有关问题,也可以阐述某一事项并提出处理方法,然后征求对方意见,要求对方给予答复。这两种均属于主动性公文。

(二)复函

复函,也称答复函,用于答复对方来函所询问的问题,是一种被动性公文。

(三)报请函

报请函,即用于向不相隶属的主管部门请求批准。报请函是一种主动性公文。

四、函的写作

公文函的结构一般包括标题、主送机关、正文、落款等。

(一)标题

函的标题一般由发文机关名称、事由、文种构成,如《国务院办公厅关于公开发布天气预报有关问题的复函》;也可以只有事由和文种构成,如《关于商洽皮鞋质量问题的函》。需要说明的是:第一,如果是复函,一般不能省略"复"字;第二,函的标题中的动词使用比较宽泛,没有请示等文种严格,如可以使用"商洽"、"报请"、"询问"、"请求"、"请求批准"等,这是因为这些词没有与函重复的意义,且通过这些词可以界定出函的具体使用功能。

(二) 主送机关

商洽性函的主送机关比较宽泛,询问性函、答复性函、报请性函一般需要考虑行文机关与主送机关的关系。如人事商调函,一般发文者是人事部门,收文者也是人事部门;入党、提干的外调函,一般由党的机关发送,主送机关也是党的机关或单位。

(三) 正文

主动性函和被动性函的主体部分稍有不同。

主动性函一般由原由、事项、结尾组成。原由部分,主要写出商洽、询问或请求的理据、目的、意义等,也可以结合事实写作,这一部分开门见山,理据充分得体,内容干练俭省。事项部分,写明商洽、询问或请求的具体事项、提出的要求等,要写得明白具体,使对方接函后,很快了解意图,明了自己的工作要求,以便迅速、准确地作出回答。结尾一般另起一段,用"盼复"、"即请复函"、"请研究复函"等惯用语收尾。

被动性函分审批性函和答复性函两种。

审批性函的写法类似于批复,正文由审批依据和审批事项组成。审批依据引用报请性函的标题和文号,按照先引标题,后引发文字号的要求,常写作"你单位《××××××××××的函》(×函〔××××〕×号)收悉",再以"函复如下"、"现批复如下"之类的过渡语过渡到审批事项。审批事项是复函的主体部分,主要是对来文报请的事项给予明确的答复,表明自己的态度、立场、观点。审批时要有针对性的表态,针对报请内容答复,要求具体明确,内容较多时可分条列项一一作答。结尾部分一般以"特此函复"、"此复"等惯用语,单独成段;也可自然收尾。

答复性函相对询问性函而言,写作方法基本与审批性函相同,写作要求要简单一些。审批性函在审批事项后可以提出一些要求和希望,而答复性函一般是问什么答什么,不要提要求、谈希望,其针对性要强于审批性函。

(四) 落款

落款需写明发函机关单位和发函日期。

五、函写作的注意事项

一是无论何种类型的函,都要写得明确具体,一般一函一事,内容、事项开门见山,直截了当,不拐弯抹角。

二是一般不作议论或说理,语言要求朴实、恳切,无需寒暄,无需对对方过于奉承,要掌握用语分寸,以示礼貌,便于问题的解决,不管是收文者还是行文者,都要诚恳合作、平等待人。

三是函的格式一般采用政府函件的格式,发文字号为函号,即机关代字一般用"×函",标注为"×函〔××××〕×号"。

【例文一】（商洽事宜函）

中国科学院××研究所关于建立全面协作关系的函

××大学：

　　近年来，我所与你校双方在一些科学研究项目上互相支持，取得了一定的成绩，建立了良好的协作基础。为了巩固成果，建议我们双方今后能进一步在学术思想、科学研究、人员培训、仪器设备等方面建立全面的交流协作关系，特提出如下意见：

　　一、定期举行所、校之间学术讨论与学术交流。（略）

　　二、根据所、校各自的科研发展方向和特点，对双方共同感兴趣的课题进行协作。（略）

　　三、根据所、校各自人员配备情况，校方在可能的条件下对所方研究生、科研人员的培训予以帮助。（略）

　　四、双方科研教学所需要高、精、尖仪器设备，在可能的条件下，提供对方利用。（略）

　　五、加强图书资料和情报的交流。（略）

　　以上各项，如蒙同意，建议互派科研主管人员就有关内容进一步磋商，达成协议，以利工作。特此函达，务希研究见复。

中国科学院××研究所（盖章）

2013年3月5日

【例文二】（通知事宜函）

关于开展"全国环保优秀品牌企业"宣传推介活动的函

各有关单位：

　　"十二五"以来，在国家环保产业政策的大力推动下，我国环保产业、清洁生产及循环经济事业取得令人可喜的成绩，涌现出一大批节能环保产业优秀企业及知名品牌。为加强节能环保企业的品牌建设，提高节能环保企业的影响力和美誉度，促进绿色低碳经济产业发展，由环境保护部主管的中国环境报拟开展"2013年全国环保优秀品牌企业宣传推介活动"。现将活动的相关事宜通知如下：

　　一、入围条件

　　（一）环保科技创新有新突破，市场占有率有新提高，经济效益增长明显。

　　（二）品牌建设投入有保障，知名度、影响力有显著提高。

　　（三）重视环保节能，在节能减排、清洁生产或资源综合利用、循环经济等方面业绩突出。

　　（四）热心环保公益事业，企业环保形象良好，无不良环保记录。

　　二、入围范围

　　按行业分类及企业主营业务共分7类：

　　（一）水污染治理类

　　（二）大气污染治理类

　　（三）固废污染治理类

（四）环境监测仪器设备类

（五）环境服务类（含科研、设计、运营、环评、咨询）

（六）清洁生产类（含家电、家居、建材、食品、汽车等绿色消费品类）

（七）循环经济类

三、活动内容

（一）推荐入围——由各地环保部门、行业协会、专业媒体推荐，由活动秘书处对报送材料进行初选，初步确定入围企业名单。

（二）宣传推介——中国环境报开辟"全国环保优秀品牌企业巡礼"系列专栏，统一包装，连续刊出入围企业的环保理念、企业文化、企业精神、主要业绩、优势特色、发展规划、领导寄语等内容，图文并茂，集中展示，印刷30万份当期报纸全国发行。

（三）交流表彰——主办方在北京举办"全国环保优秀品牌企业"颁奖典礼，邀请所有入选企业的领导就节能环保产业发展互相交流，总结经验，畅谈设想，邀请全国人大、全国政协、国家发改委、环境保护部有关领导为入选企业颁发"2013全国环保优秀品牌企业"牌匾及证书。

（四）后续服务——中国环境报与入选企业建立战略合作伙伴关系，对入选企业优先予以宣传报道，发布企业产品技术广告予以优惠，并在市场开发、政务公开等方面开展多层次的合作。

中国环境报社
2013年3月4日

【例文三】（答复事宜函）

关于直接接触药品工作人员体检有关问题的复函
食药监办安函〔2012〕140号

广东省食品药品监督管理局：

你局《关于直接接触药品工作人员体检有关问题的请示》（粤食药监法〔2012〕10号）收悉。经研究，现函复如下：

2010年2月10日，人力资源和社会保障部、教育部、卫生部联合发布了《关于进一步规范入学和就业体检项目维护乙肝表面抗原携带者入学和就业权利的通知》（人社部发〔2010〕12号），进一步明确取消入学、就业体检中的乙肝检测项目，并规定：因职业特殊确需在入学、就业体检时检测乙肝项目的，应由行业主管部门向卫生部提出研究报告和书面申请，经卫生部核准后方可开展相关检测。经核准的乙肝表面抗原携带者不得从事的职业，由卫生部向社会公布。人社部发〔2010〕12号文件和《卫生部办公厅关于加强乙肝项目检测管理工作的通知》（卫办医政发〔2010〕38号）还规定：对需要评价肝脏功能的，应当检查丙氨酸氨基转移酶（ALT，简称转氨酶）项目；对转氨酶正常的受检者，任何体检组织者不得强制要求进行乙肝项目检测。《药品生产质量管理规范（2010年修订）》第三十二条规定："企业应当采取适当措施，避免体表有伤口、患有传染病或其他可能污染药品疾病的人员从事直接接触药品的生产"，目的是为了防止药品在生产过程中人为产生污染和交叉污染。乙肝表面抗原携带者与患有传染病属不同范围，其健康检查指标和传染病检查范围均遵守卫生部的要求,国家局并未制定其他特殊要求。

国家食品药品监督管理局办公室
2012 年 4 月 11 日

【例文四】(报送材料函)

关于报送安全生产月活动情况的函
粤环函〔2012〕676 号

省安委会办公室:

省委宣传部、省安全监管局、省公安厅、省广电局、省总工会、共青团省委、省妇联《转发中共中央宣传部等七部门关于开展 2012 年全国"安全生产月"活动的通知》(粤安监〔2012〕61 号)收悉。根据通知要求,现报送《省环境保护厅开展"安全生产月"活动工作总结》。请审阅。

附件:省环境保护厅开展"安全生产月"活动工作总结

广东省环境保护厅
2012 年 7 月 3 日

【例文五】(催办函)

交通部广州救捞局催办函

××造船厂:

你厂××××年为我局建造的 2640 马力拖轮"穗救 202"轮,出厂至现在已经三年了,可是当时欠装的拖缆机至今尚未安装。为此我局曾多次去函催你厂尽快给予解决,但你厂一直未明确答复。该轮由于缺少拖缆机,长期无法正常执行生产任务,经济上已造成了很大的损失。为此特再次函请你厂尽快为我局"穗救 202"轮安装拖缆机,以免再延误该轮的正常生产。

交通部广州救捞局(盖章)
××××年×月×日

【例文六】(商调函)

关于借调×××同志到我局工作的函
×教函〔2013〕6 号

××县财政局:

由于我局工作需要,急需一名熟悉财政工作的人员。经协商,特从你局借调×××同志到我局工作,请你局予以支持为谢。

××县教育局
2013 年 2 月 7 日

事务文书写作篇
SHIWUWENSHUXIEZUOPIAN

第一章　事务文书概述

事务文书也称机关常用文书,是机关、团体、企事业单位处理日常事务时用以沟通信息、指导工作、总结得失、探讨问题的公务文书。由于该类文书不在《党政机关公文处理工作条例》规定的15种"法定公文"之列,人们也常常对应地将其称作"非法定公文"。

事务文书虽然没有取得法定地位,但与机关工作的方方面面密切相关,使用频率和范围甚至超过了"法定公文",占有公文王国的"半壁江山",是公文系统重要的构成部分,必须给予足够重视,否则将会直接影响机关工作的正常开展。

事务文书种类很多,经常使用的至少有三四十种,比如计划、总结、调查报告、简报、章程、办法、会议记录、开幕词、闭幕词、述职报告等。

第一节　事务文书的特点与功能

一、事务文书的特点

事务文书是根据机关工作的实际需要从一般应用文中演化而来挤入公文领域的文体,可以看做是介于法定公文与一般应用文之间的"交叉"文体,因此,它一方面具有公文的特点,另一方面具有一般应用文的特征。事务文书是公文大家族的一员,内容全是公共事务,有较为固定的格式,这些方面与"法定公文"相似;事务文书使用范围广泛,用法较为灵活,这些方面又与一般应用文类似。就其整体而言,事务文书主要有以下几个方面的特征:

（一）使用频繁

"法定公文"多为通用公文,其使用范围相当广泛,可以用于社会生活的各个方面和各个领域。但是,就使用频度和密度而言,还是要比事务文书低不少、小不少。一般而言,法定公文只能用在因较为重要的事务而产生的机关间的交往中,较少用以处理机关内部事务;机关之间不很重要的一般事务的交往使用事务文书,所有的内部事务均用事务文书来处理。一个机关中,但凡发布规约,制定章程,制订计划,总结工作,记录事项,发布信息等,各种大大小小的事务均需要事务文书的参与。因此事务文书的使用频率相当高,使用范围相当广。

(二)种类繁多

在使用过程中,用来处理某类事务的文书逐步定型为固定文体。由于事务文书适用范围广,使用频繁,必然导致种类繁多的局面,其种类和数量都大大超过"法定公文"。如上所述,经常使用的事务文书种类达三四十种之多。事务文书的具体分类情况,我们将在下文介绍。

(三)格式相对灵活

所有的应用文书均有较强的格式化特性,这是基本规律。但是不同的应用文,其格式的严格程度和规范程度是不同的。一般应用文格式系"约定俗成",规定不是十分严格;"法定公文"的格式是"法定使成",有官方的明文规定,十分规范和严格。事务文书介于一般应用文和"法定公文"之间,其格式要求较"法定公文"相对灵活,较一般应用文严格得多。

(四)一般内部使用

事务文书的某些类别,如简报、慰问信、贺信、唁电、启事、声明等主要用于机关之间的外部交往,但更多种类的事务文书一般用于处理机关内部事务。如规划、计划、方案等是用来对机关工作进行筹划的;总结、述职报告等是就机关或员工的工作进行总结;会议记录、电话记录、大事记等是用来载记各类事项的;调查报告、政务信息等是用来通报本机关、本系统信息的。这些文书的作用多局限于本机关或本系统,一般不需或不能对外发布。与"法定公文"主要用于机关间对外交流、上传下达的属性相比,主要用于处理内部事务当是事务文书的重要特征。

(五)传播方式多样

"法定公文"一般有固定的、正规的传递、传播通道,或专人送达,或邮路寄达,或由"文件交换站"转交,甚至动用保密的"机要交通"渠道。而事务文书的传播方式则更为多样化,除可以像法定公文那样传递外,还常常作为法定公文的附件行文,必要时可公开张贴,或通过大众传媒公布。

二、事务文书的功能

公文主要具有法规和准绳、领导和指导、沟通和合作、宣传和教育几个方面的作用。事务文书作为公文的一部分,其作用自然也被包含在上述几个方面之中。结合事务文书的具体特性,我们将其功能概括为以下几个方面:

(一)贯彻政策,指导工作

公文是权力机构的意志表现,我国现代公文是执行党和国家方针、政策的文字工具。事务文书中某些类别即具有贯彻政策、指导工作的作用,如计划、规章制度等。制订计划和规章制度要以党和国家有关方针、政策为依据,科学、正确的计划和规章制度又是指导人们开展工作的依据。

（二）沟通联络，商洽工作

作为一种管理工具，公文的作用主要表现为"上传下达，左右联络"。各机关都不是独立存在的，总是在各个方面与其他机构或人员有着千丝万缕的联系。因此，工作过程中常常需要机关之间互通信息、商洽协调、互相配合。多数"法定公文"都具有沟通联络的作用，有些事务文书也具有这样的作用。如简报就是机关、团体、企事业单位用来就某项中心工作、某次重要会议沟通信息、交流经验、反映情况、汇报工作的重要文体。具有沟通联络作用的事务文书还有汇报材料、会议报告等。

（三）参谋咨询，辅助决策

深入调研，获得大量可靠信息是科学决策的必要前提，因此，各级各类机关在决策形成和决策实施过程中，需要进行信息的搜集、处理和运用，离不开调查研究和征求意见。事务公文在这方面具有得天独厚的优势，可以发挥巨大作用。调研报告这一文体的作用主要就是搜集、处理相关数据和事实，总结经验、发现问题、提供建议，供有关方面参考。近些年来，在调研报告基础上分化出来的政务信息和行业信息也是用来咨询参谋、辅助决策的新文体。

（四）积累资料，提供证据

公文是人类从事社会活动的真实记录，是真实生动反映社会活动的第一手资料。今日之公文，很多成为明日之档案，是人们查考事项的可靠证据，也是总结经验教训、编史修志的主要资料来源。所有的"法定公文"和多数事务文书均有这样的功能，尤其是记录类文书（会议记录、大事记、年鉴、备忘录等）、规约类文书（章程、办法、规章制度等）这方面的作用更为明显。

（五）制造舆论，宣传教育

事务文书通过分析形势、申明政策，或者介绍经验、表彰先进及揭露时弊、抨击丑恶，可以起到宣传教育群众，使人们统一认识，提高政策水平和工作热情的作用。事务文书中的简报、演讲词在这方面的作用特别突出。

第二节　事务文书的种类与写作要领

一、事务文书的种类

事务文书种类远远超过"法定公文"，相当繁杂，其类别划分也不像"法定公文"那样眉目清晰。对事务文书进行类别梳理，是一件很不容易的事情。目前应用写作类著作很多，在事务文书分类问题上，各家持论颇不一致。如范增友主编的《应用写作》（东北师范大学出版社2005年版）在谈及事务文书种类时未作类别划分，只是列举了常见的一些文种：计划、总结、调查报告、述职报告、竞聘报告、规章制度、会议记录、会议讲话、开幕词、闭幕词、简报（11种）。饶士奇主编的《公文写作与处理》(全国高等教育自学考试秘书专业指定教材,辽宁教育出版社2004年版)将事务文书(机关其他常用文书)分为"规章类"、"计划类"、"讲话类"、"简报类"、"记录类"、"建议类"六类,另有不宜归入上述类别的两种文书"总结"和"调查报告"。岳海翔主编的《综合事务文书写作:要领与范文》一书先将事务文书分为三编,每编下面又有若干类或种。具体如下:"上编 工作事务文书",下含"计划类文书"、"总结、简报类文书"、"调研、报告类文书"、"典型、先进类材料"、"竞聘、就职类讲话材料"、"离职、调动类讲话材料";"中编 会议讲话文书",下含"会议主持讲话稿"、"工作会议讲话稿"、"工作汇报、会议交流讲话稿"、"会议记录、纪要、简报";"下编 各种工作活动文书",下含"慰问讲话稿"、"庆祝、纪念性讲话稿"、"庆功、表彰性讲话稿"、"节日、庆典致辞(讲话稿)"、"礼仪、文体活动致辞(讲话稿)"。

以上所举的几个例子说明事务文书种类之多、之杂,也说明对事务文书分类之难。同时我们也可以从中看出,一般以功能作为事务文书分类的依据。本书也依照这一规则,本着化繁为简、强调重点的原则,将事务文书分作"规约类"、"计划类"、"总结类"、"信息类"、"讲话类"、"记录类"六个类别。每个类别下面各有数量不等的文体。具体如下表所示:

类 别	文 种
规约类	条例、规定、办法、细则、章程、公约、守则、规则、准则、通则、制度等
计划类	计划、规划、纲要、安排、方案、策划书、工作要点等
总结类	总结、述职报告等
信息类	调研报告、简报、行业信息、典型材料、汇报材料等
讲话类	开幕词、闭幕词、会议报告、讲话、演讲词、欢迎词、欢送词、答谢词等
记录类	会议记录、电话记录、备忘录、大事记、年鉴等

二、事务文书写作要领

(一)事务文书写作的基本要求

事务文书属于公文,适用于"法定公文"的写作要求,也同样适用于事务文书。大致说来有如下几点:第一,要保证公文内容在政治上的正确性;第二,要实事求是,在业务上符合客观规律;第三,文字表达准确、鲜明、生动,符合语法与逻辑;第四,公文起草要符合体式规范和程序要求。

(二)事务文书的基本结构类型

多数事务文书和"法定公文"一样,一般由标题、收文者(主送机关)、正文、落款几个部分构成。不过,由于事务文书种类繁多、功能多样,其写作方法不像"法定公文"那样规范,特别是"正文"部分,因文体不同,方法各异。但是事务文书毕竟属于公文,具有较强的规范性和格式化特征,依据这一特征,我们把众多事务文书"正文"部分的写作方法概括为三类模型。

1. 法定公文型

"法定公文"的正文部分都由"缘由"、"事项"和"结尾"三个部分构成。事务文书中篇幅较长、段落较多的文种,一般使用这一模式。这类文体在事务文书中占较大比例,总结、述职报告、调研报告、简报、典型材料、汇报材料、行业信息、开幕词、闭幕词、会议报告、演讲词、欢迎词、欢送词、答谢词等都采用这种模式。如先进典型材料的正文部分一般包含三个项目：一是引语，概括介绍先进对象的基本情况及主要成绩；二是主体，具体叙写先进典型的事迹或经验，寓先进典型的先进事迹或先进经验于叙事之中；三是结尾，对典型作概括性结论。这三个项目正好对应了法定公文中的"缘由"、"事项"和"结尾"。

需要说明的是，虽然就整体看上述文体均使用"法定公文"的结构模式，但有些文体某些部分的写法会出现一定程度的变化，在具体的写作过程中，当尊重各文体的特点和惯例，灵活运用，不必拘泥模式。比如演讲词的开头部分，除像公文的开头那样交代原由、概括内容要点外，还要担负起制造气氛、引起观众注意的职责。

2. 条款型

所谓条款型，是指文章的正文部分由层次不等的"章"、"条"、"款"构成，"章"下列"条"，"条"下列"款"。如果只有"章"和"条"，称作"章条"式；如果"条"下还有"款"，称作"章条款"式；如果无"章"，只有"条"和"款"，则称作"条款"式。这种模式在事务文书中使用也较普遍，属于这一类型的有规约类文体、计划类中多数文体，记录类中的大事记、年鉴也可以归入这一类型。如下列某公司制订的《员工培训考核细则》（节选），使用的就是比较规范的"章条款"式，其中第一章只有"章"和"条"，第二章中的"第七条"下面还有若干"款"。

第一章　总　则

第一条　为加强对员工培训的组织与管理，使员工培训工作更加程序化、规范化，保证培训任务落实，提高培训工作效果，特制订本细则。

第二条　本细则适用于公司所属各单位，公司培训中心要按照本细则的规定，做好日常培训的督导、检查与考核工作。

第二章　考核内容

第三条　（略）

第四条　（略）

第五条　（略）

第六条　（略）

第七条　举办培训办班的程序及要求。

（一）每年年初在开展培训调研的基础上，申报培训办班计划；

（二）每月20日前依据年度培训计划，呈报下月《培训办班申报审批书》；

（三）培训过程中主办单位要严格管理，教师要认真备课，学员要认真记录，必要时要组织结业考试，并保存好试卷；

（四）培训结束后，主办单位和部门要认真做好培训效果评估工作，并如实填写《培训档案》。

3. 表格型

表格具有简明直观的优点，不少事务文书即以表格的形式写作。属于这一类型的有电话记录、会议记录、计划（部分）等。

下表是某单位的电话记录单：

（单位）接收电话记录

来电机关		来电时间		年　月　日
来电人		收电人		
来电内容：				
办理结果				
承办人		承办日期		年　月　日

　　以上三种模式，一般独立使用，有时也可以根据需要组合使用，例如调研报告，就其总体而言使用的是第一种"法定公文型"，但在某些部分使用"表格型"也是很常见的情况。再如，会议记录整体看属于第三种"表格型"，但在"会议议题"及"发言内容"两个部分有时需要使用"条款型"。

第二章 规约类文书及文书的约束功能

第一节 规约类文书概述

一、规约类文书的特点与功能

规约类文书也称规章制度类文书,是党政机关、社会团体、企事业单位及其他各类组织机构用以规范工作、指导言行的具有法规性、约束力的公文。

规约类文书使用范围极其广泛,所有类型的国家机关、人民团体、企业事业单位,上至国家领导机关,下至基层单位的科室班组,乃至社会生活的各个方面,都可以用规约类文书来规定遵守的事项、职权范围或言行标准等,以保证工作、生产、学习、生活协调有序地进行。

(一)规约类文书的特点

1. 内容的约束性

规约类文书其内容性质属于法规、制度,是根据党和政府的相关规定制定出来的人们共同遵守的行为规范、办事准则、活动依据,对所属区域或范围内的任何机构和个人都有极强的约束作用,要求人们无条件地遵照执行。如果有人违背,必将受到公德的谴责、纪律的处罚,甚至法律的制裁。

2. 制定的程序性

规约类文书从拟制、确定到发布生效,都要遵守一定的程序。不同类别的规约类文书其生成的具体程序不同,有的根据法规制定和颁布,如"条例"、"办法"、"规定"等;有的虽然不经过法律程序,但要经过商议讨论,并经领导机关批准或经法定会议通过方能生效,如"章程"、"守则"、"公约"、"规则"等。

3. 执行的强制性

规约类文书一旦生效,统辖范围内的所有人都必须遵守,不能有例外,也不容许随意解释或更改。如果在执行中发现有不足或漏洞,可在一定时间内或经必要手续进行修改,来不及修改的,可用"补充规定"等形式弥补。

4. 发布的灵活性

规约类文书的发布方式灵活多样:党派、团体制定的"章程"、"准则"等必须由会议正式通过,然后印发执行;国家各级党政机关制定的"条例"、"规定"、"制度"、"办法"等需要以"命令(令)"或"通知"的形式下发执行;"公约"、"须知"这些对象比较广泛的文书一般直接印发或张贴。

5. 表述的简明性

为保证规约类文书的规范性、严肃性,其表现形式要求简要、明了。就格式规范而言,规约类文书一般使用"条款型"结构方式,省略了文章过渡、照应等附属段落,使行文更加简要明晰;就表达方式而言,规约类文书只使用说明方法,不叙事来交代来龙去脉,不议论以申明前因后果,只单纯规定如何做;就语言特点而言,规约类文书的语言准确、简要。

(二) 规约类文书的功能

1. 明确职责

规约类文书以法规的形式对机关或组织内部不同机构和部门的责、权、利进行明确规定,各机构和部门只能在规定范围内开展工作,不能超越界限,也不能推诿搪塞。那些在机关或组织内部发挥作用的事务文书,如"章程"、"守则"、"规则"等,这一方面的作用尤其明显。

2. 规范行动

规约类文书明确规定人们做什么和怎么做,是开展工作、处理事务的行为准则和标准,遵守这些准则和标准,就可以少犯错误、不犯错误,提高工作效率。政策法规性文书,如"条例"、"规定"、"制度"、"办法"、"细则"等,主要作用即为规范人们的行为。

3. 统一步调

规约类文书所规定的要求和规范,所属辖区或方面的所有机构和人员必须共同遵守,一切以法规为行为指南,在处理某事项时采取统一的方法和步骤,这样可以有效地杜绝各行其是、没有章法的混乱局面。事务文书中的规定性文书,如"公约"、"规范"、"须知"等,其作用主要表现在这个方面。

4. 宣传教育

规约类文书明确规定人们可以做什么、不能做什么、什么事情该如何做,可以有效地统一人们的思想意识,增强民众的法规意识、制度意识、规范意识、公德意识。加之这类文书使用范围很广,几乎覆盖社会生活的各个方面,对整个社会所有公众都有明显的宣传教育作用。

二、规约类文书的种类

规约类文书种类很多,常见的有条例、规定、章程、办法、制度、公约、守则、规则、准则、通则、细则、须知、规程等。

为数众多的规约类文书,按照其内容性质和使用对象范围,一般分为三类:一类是党派、团体或行政单位用以对制度、纲领、机构设置、目标要求、活动方式、行为规则等进行规定的文书,包括"章程"、"准则"、"守则"等,如《中国共产党章程》、《××学校学生守则》,可称作"章程类";一类是国家各级党政部门制定或批准的规定某些特定事项、职权、管理方式等方面的政策法规性文书,包括"条例"、"规定"、"制度"、"办法"、"细则"等,如《中国共产党纪律处分条例》、《软件产品管理办法》、《中华人民共和国增值税暂行条例实施细则》,可称作"规章类";一类是对在一定范围内要求人们共同遵守的道德、行动规范给以规定的文书,包括"公约"、"规范"、"须知"等,如《××市市民公约》、《××大学学生文明行为规范》、《出境旅游须知》,可称作"公约类"。

三、规约类文书的基本写法

规约类文书的结构要素、结构关系及各个要素的写法基本相同。为避免无谓的重复,在这里对所有规约类文书的基本写法进行集中介绍,各种文书与众不同的写作方法,我们将在下面的各对应节内给以特别指点。

规约类文书一般由标题、发文单位及成文日期、正文、印发范围四个部分构成。

（一）标题

规范的规约类文书的标题通常由发文机关名称、主要内容和文种三个项目组成。发文机关名称可以省略,只有主要内容和文种两个项目。这里所说的"主要内容"与"法定公文"标题中的"事由"基本等同,但其含义要丰富得多,有时指适用范围,如《储蓄存款利息所得个人所得税征收管理办法》;有时指所依据法规的名称,如《国家行政机关人员贪污贿赂行政处分暂行规定实施细则》。

（二）发文单位及成文日期

发文单位和成文日期,在多数法定公文中一般标注于正文之后,也即人们通常所说的落款位置。规约类文书的发文单位和生效时间的标注方法较为复杂,有三种形式:第一,通过会议表决通过的规约类文书,发文单位（通过会议）和生效时间（通过时间）一般标注在标题之下的括号内,既可以写在一行内,也可以分两行书写,会议名称和通过时间没有先后之别;第二,通过指挥性行政公文如命令和通知发布实施的规约类文书,生成机关和生效时间已经包含在发布文件中,不需另外标注;第三,个别单独行文的规约类文书,作者单位和生效时间标注方法同法定公文。

（三）正文

规约类公文的正文多采用"条款式"写作模式,具体有以下几种方式:

1. 章条式

章条式,也称"章断条连"式,即全文分为若干章,章下分条,有时条下分款。条的序号不分章,从头依次编写流水号。各章可加小标题。章条式文书全文一般由总则、分则、附则三个部分组成。第一章为总则,写明制定的目的、依据、意义、适用范围、实施部门等;中间各章为分则,列出具体的方法、步骤、措施、要求等;最后一章为附则,用来写特殊规定、补充规定和生效时间。内容复杂的规约类文书采用这种方式。

2. 条文式

条文式,也称"直接分条"式,即全文不分章,从头到尾逐条排列,条下可再分款。前若干条写目的、依据、宗旨等,相当于"总则";中间较多的条款写方法、步骤、措施等,相当于"分则";最后一两条写补充规定和实施要求,相当于"附则"。内容简单的规约类文书可采用这种方式。

3. 序言、分项式

这种方式是在第一条之前用一段或数段文字写序言（前言）,说明主题及目的、依据、意义和作用等。序言之后,是全文的主体部分,有两种结构形式:一是条连式,即从第一条开始,直至把内容写完;二是分项式,即分几个部分或项目,部分或项目之下分条、款,全文既可统一编写条的序数,也可分开在部分或项目之内分条。有的在最后还有专门的结尾。

(四) 印发范围

除使用于一个机关内部的章程、守则等文种外,规约类文书还要注明印发范围。规约类文书不标注主送机关,一般将收文对象和范围标注在正文之后。在正文之后要署名或加盖印章的,印发传达范围标注在成文日期的下一行。对于经命令或通知发布的间接行文的文种,印发传送范围则出现在发布公文之中,不需另外标注。

第二节 条 例

一、条例的性质

条例是党委、人大、政府及有关特定部门,依据法律或管理工作的需要而制发的,用以对政治、经济、科技、文化、外交、军事等领域的活动进行规定,或对党的组织工作、活动及党员行为作出规范的,全面系统、长期有效的法规性文体,它还可以作为政策、法律和法令的补充或辅助性说明。

1996年版的《中国共产党机关公文处理条例》规定:"条例用于党的中央组织制定规范党组织工作、活动和党员行为的规章制度。"2002年1月1日正式实施的《行政法规制定程序条例》中规定:"国务院各部门和地方人民政府制定的规章不得称'条例'。"对条例的制定和发布的主体进行了限定,但从实际情况来看,党的中央组织制定各种规章制度、国务院制定各种行政法规、各省(直辖市、自治区)人大及其常委会制定地方法规、较大的市以上行政机关制定的地方法规、民族自治地区人大制定的各种自治法规、经济特区根据法律规定或人大授权制定的各种地方法规等也用条例行文。

二、条例的特点

(一) 内容的法规性

条例具有很强的法规性约束力,条例一经制定,一定范围内人们必须严格按照其中的条款办事,违反了有关条款,要受到相应的法律、法令或经济、行政的处理。

(二) 时效的稳定性

由于条例的法规性最强,因此具有相对较长时限的稳定性,在相当长的时限内,它对一定范围内人们的行为起着约束规范作用。有些条例所涉及的内容,需要有一个相当长的实施过程。条例的稳定性是显而易见的。

(三) 制发的限定性

2001年11月16日,国务院以第321、322号令公布的《规章制定程序条例》、《行政法规制定程序条例》,发布了对制定条例、规定等法规的限定,明确规定了国务院各部门和地方人民政府制定的规章不能称"条例",条例的制发者必须是党的中央组织、国家最高权力机关或行政机关及受这些机关委派的组织,企事业单位、职能部门一般不用条例行文。如《×××学院学生违纪处分条例》的提法是错误的,学院无资格制发条例。

《行政法规制定程序条例》规定:行政法规的名称一般称"条例",也可以称"规定"、"办法"等。国务院根据全国人民代表大会及其常务委员会的授权决定制定的行政法规,称"暂行条例"或者"暂行规定"。国务院各部门和地方人民政府制定的规章不得称"条例"。行政法规根据内容需要,可以分章、节、条、款、项、目。

三、条例的适用范围

条例的制发有很大的限制性,在现实生活中,条例的使用一般有以下几种情形:

(一)制定法规规章

这是由条例的法规性特点所决定的。党的中央组织为了对党的生活、党员的行为进行规范约束,国家行政机关、权力机关为了调整国家生活的某个方面的准则,可以使用"条例"。如《党政机关公文处理工作条例》,就是"为了适应中国共产党机关和国家行政机关工作需要,推进党政机关公文处理工作科学化、制度化、规范化"而制定的公文处理准则;又如《中华人民共和国资源税暂行条例》,就是对资源税收缴的一项立法手段,是国家对国有资源进行管理的手段。

(二)细化法律条文

条例往往是一些法律条文的具体化,它可以用来制定重要法规的实施细则,确保相关法律条款不折不扣地贯彻实施。如《中华人民共和国个人所得税法实施条例》,就是对《中华人民共和国个人所得税法》的具体化、细则化,它保证了该法的具体实施。

(三)实施管理规则

有一些条例,是领导机关在实际工作中依据管理需要制发的,是对某项工作管理的具体规定,是对某一工作、活动制定的管理原则。如《中华人民共和国金银管理条例》,就是"为了加强对金银的管理,保证国家经济建设对金银的需要,取缔金银走私和投机倒把活动"而制发的。

四、条例的写作要点

条例一般由标题、签署、正文三部分组成。

(一)标题

条例的标题一般有两种形式。第一种由"制发机关(或发文机关)+内容(或适用对象)+文种"构成,如《中华人民共和国进出口商品检验条例》。第二种由"内容(或适用对象)+文种"构成,如《党政机关公文处理工作条例》、《全民所有制小工业企业租赁经营暂行条例》。国务院根据全国人大及其常委会的授权制定行政法规,为"暂行条例"或"暂行规定"。

条例的标题与法定公文标题的区别是:条例的标题主要概括适用范围和内容,不用"关于";而法定公文的标题一般不能缺"关于"。正因为这样,条例的标题就没有公文标题中常常用到的"关于"这一介词。如果用介词结构,句子不够紧凑,影响了文体的严谨庄重,这是撰写条例标题时必须注意的。

（二）签署

党的机关的条例须标识签署。签署是指在条例标题下面用括号括注条例通过的时间、会议和公布的日期等。有些条例的签署只标公布的日期，有些条例的签署标有通过的时间、会议和公布的日期。需要注意的是，签署中的批准日期、公布日期、施行日期必须依次排列，不能随意颠倒。

人大及其常委会公布的条例多以公告形式发送，相关签署内容在公告中说明，条例内容不再包含签署这一部分。

国务院及人民政府等发布的条例，除以公告形式发送外，多用"命令"、"决定"、"通知"形式发送。签署的内容在相关文书中说明，条例的签署部分不再标识。

（三）正文

条例的正文一般采用条款式写作方式。具体包含因由、条规和实施说明三个部分。

因由部分要写明制定和发布条例的法律、政策依据，交代拟文的原因和目的、依据。语言标志是"根据……"、"为了……"、"为……"，接着以"特制定本条例"等形式引渡到下文。

条规部分是条例的核心，条例法规性的强与弱，约束力的大与小，就取决于这一部分，所以必须确定定性、定量、赏罚条款等。从内容的组成看，条例的条规要"有条有例"。"条"是从正面规定条文，讲明"应该"、"可以"、"能"、"必须"干什么；"例"是从反面加以说明，讲明"不该"、"不可以"、"不能"干什么。条例的内容应按"条前例后，以条为主，例为补充"的原则安排。具体写法有三种：一是条中设例，将"条"中的"应该"与"例"中的"不应该"两个方面糅合在一条中，使条文正反结合紧密，是非界限分明。二是集中设例，在一章、一节或一条中将"不应该"的内容集中起来，从而使禁止事项非常突出。三是集中设条，只讲明"应该"、"可以"、"必须"、"能"、"要"等，从正面规定条文。在写作过程中，条例的内容要符合政策、安排有序，要准确、全面、周详，不能笼统抽象、概念模糊、语意歧义，要直陈直叙，不加议论。

正文部分根据内容需要可以分章、节、条、款、项、目。

实施说明是指实施条例的具体要求和注意事项，包括生效时间、解释与修改废止权限、适用范围、与其他文件的关系等。

【例文】

中华人民共和国个人所得税法实施条例（节选）

（1994年1月28日中华人民共和国国务院令第142号发布，根据2005年12月19日《国务院关于修改〈中华人民共和国个人所得税法实施条例〉的决定》第一次修订，根据2008年2月18日《国务院关于修改〈中华人民共和国个人所得税法实施条例〉的决定》第二次修订，根据2011年7月19日《国务院关于修改〈中华人民共和国个人所得税法实施条例〉的决定》第三次修订）

第一条 根据《中华人民共和国个人所得税法》（以下简称税法）的规定，制定本条例。

第二条　税法第一条第一款所说的在中国境内有住所的个人,是指因户籍、家庭、经济利益关系而在中国境内习惯性居住的个人。

第三条　税法第一条第一款所说的在境内居住满一年,是指在一个纳税年度中在中国境内居住365日。临时离境的,不扣减日数。

前款所说的临时离境,是指在一个纳税年度中一次不超过30日或者多次累计不超过90日的离境。

第四条　税法第一条第一款、第二款所说的从中国境内取得的所得,是指来源于中国境内的所得;所说的从中国境外取得的所得,是指来源于中国境外的所得。

第五条　下列所得,不论支付地点是否在中国境内,均为来源于中国境内的所得:

（一）因任职、受雇、履约等而在中国境内提供劳务取得的所得;

（二）将财产出租给承租人在中国境内使用而取得的所得;

（三）转让中国境内的建筑物、土地使用权等财产或者在中国境内转让其他财产取得的所得;

（四）许可各种特许权在中国境内使用而取得的所得;

（五）从中国境内的公司、企业以及其他经济组织或者个人取得的利息、股息、红利所得。

第六条　在中国境内无住所,但是居住一年以上五年以下的个人,其来源于中国境外的所得,经主管税务机关批准,可以只就由中国境内公司、企业以及其他经济组织或者个人支付的部分缴纳个人所得税;居住超过五年的个人,从第六年起,应当就其来源于中国境外的全部所得缴纳个人所得税。

第七条　在中国境内无住所,但是在一个纳税年度中在中国境内连续或者累计居住不超过90日的个人,其来源于中国境内的所得,由境外雇主支付并且不由该雇主在中国境内的机构、场所负担的部分,免予缴纳个人所得税。

第八条　税法第二条所说的各项个人所得的范围:

（一）工资、薪金所得,是指个人因任职或者受雇而取得的工资、薪金、奖金、年终加薪、劳动分红、津贴、补贴以及与任职或者受雇有关的其他所得。

（二）个体工商户的生产、经营所得,是指:

1. 个体工商户从事工业、手工业、建筑业、交通运输业、商业、饮食业、服务业、修理业以及其他行业生产、经营取得的所得;

2. 个人经政府有关部门批准,取得执照,从事办学、医疗、咨询以及其他有偿服务活动取得的所得;

3. 其他个人从事个体工商业生产、经营取得的所得;

4. 上述个体工商户和个人取得的与生产、经营有关的各项应纳税所得。

（三）对企事业单位的承包经营、承租经营所得,是指个人承包经营、承租经营以及转包、转租取得的所得,包括个人按月或者按次取得的工资、薪金性质的所得。

（四）劳务报酬所得,是指个人从事设计、装潢、安装、制图、化验、测试、医疗、法律、会计、咨询、讲学、新闻、广播、翻译、审稿、书画、雕刻、影视、录音、录像、演出、表演、广告、展览、技术服务、介绍服务、经纪服务、代办服务以及其他劳务取得的所得。

（五）稿酬所得,是指个人因其作品以图书、报刊形式出版、发表而取得的所得。

（六）特许权使用费所得，是指个人提供专利权、商标权、著作权、非专利技术以及其他特许权的使用权取得的所得；提供著作权的使用权取得的所得，不包括稿酬所得。

（七）利息、股息、红利所得，是指个人拥有债权、股权而取得的利息、股息、红利所得。

（八）财产租赁所得，是指个人出租建筑物、土地使用权、机器设备、车船以及其他财产取得的所得。

（九）财产转让所得，是指个人转让有价证券、股权、建筑物、土地使用权、机器设备、车船以及其他财产取得的所得。

（十）偶然所得，是指个人得奖、中奖、中彩以及其他偶然性质的所得。

个人取得的所得，难以界定应纳税所得项目的，由主管税务机关确定。

第九条 对股票转让所得征收个人所得税的办法，由国务院财政部门另行制定，报国务院批准施行。

第十条 个人所得的形式，包括现金、实物、有价证券和其他形式的经济利益。所得为实物的，应当按照取得的凭证上所注明的价格计算应纳税所得额；无凭证的实物或者凭证上所注明的价格明显偏低的，参照市场价格核定应纳税所得额。所得为有价证券的，根据票面价格和市场价格核定应纳税所得额。所得为其他形式的经济利益的，参照市场价格核定应纳税所得额。

……

第四十一条 税法第九条第二款所说的按年计算、分月预缴的计征方式，是指本条例第四十条所列的特定行业职工的工资、薪金所得应纳的税款，按月预缴，自年度终了之日起30日内，合计其全年工资、薪金所得，再按12个月平均并计算实际应纳的税款，多退少补。

第四十二条 税法第九条第四款所说的由纳税义务人在年度终了后30日内将应纳的税款缴入国库，是指在年终一次性取得承包经营、承租经营所得的纳税义务人，自取得收入之日起30日内将应纳的税款缴入国库。

第四十三条 依照税法第十条的规定，所得为外国货币的，应当按照填开完税凭证的上一月最后一日人民币汇率中间价，折合成人民币计算应纳税所得额。依照税法规定，在年度终了后汇算清缴的，对已经按月或者按次预缴税款的外国货币所得，不再重新折算；对应当补缴税款的所得部分，按照上一纳税年度最后一日人民币汇率中间价，折合成人民币计算应纳税所得额。

第四十四条 税务机关按照税法第十一条的规定付给扣缴义务人手续费时，应当按月填开收入退还书发给扣缴义务人。扣缴义务人持收入退还书向指定的银行办理退库手续。

第四十五条 个人所得税纳税申报表、扣缴个人所得税报告表和个人所得税完税凭证式样，由国务院税务主管部门统一制定。

第四十六条 税法和本条例所说的纳税年度，自公历1月1日起至12月31日止。

第四十七条 1994纳税年度起，个人所得税依照税法以及本条例的规定计算征收。

第四十八条 本条例自发布之日起施行。1987年8月8日国务院发布的《中华人民共和国国务院关于对来华工作的外籍人员工资、薪金所得减征个人所得税的暂行规定》同时废止。

第三节 规 定

一、规定的性质

规定是党和国家机关及其职能部门、企事业单位、社会团体制定发布的，对特定范围内的具体工作或某方面的事务、活动提出具体执行意见和约束管理措施的规范性文书。

二、规定的特点

（一）适用范围广

规定既可以是对重大问题所作的具体限定，也可以是对一般性内容的限定；既可以是对个别问题的限定，也可以是法律条文的具体化。规定的适用范围比条例要广。

（二）时限较灵活

规定有些是对较长时间范围内某个具体工作的政策性限定，有些则是对较短时间内某项具体工作的管理要求。时限的稳定性比条例弱。

（三）实用性强

规定不像条例那样，制发具有严格的限定性，企事业单位、社会团体一般不用条例行文。规定可以是高层机关制定的，也可以是基层单位和一般单位制定的，如一些社会团体内部的用车、借用资料规定等。规定的事项比条例要具体得多，因此，规定在现实生活中实用性很强，任何单位都可以使用。

（四）法律效力弱

规定具有规范性的约束力，它是人们办事、行事、理事的政策依据，对人们的行为有限制、制约作用。若违反了这些行为规范，轻则受到批评，重则受到惩罚，甚至受到纪律和刑事处分。但就整体而言，规定的法律效力远比条例弱。

三、规定的适用范围

在实际生活中，规定的适用范围较广，无论什么单位、什么行业，只要对特定范围内的工作和事项进行约束，对有关人员遵守和执行的事项作出规范，均可以使用规定。一般来说，规定的适用范围如下：

（一）细化法律条文

和条例一样,不少规定是对法律条文的具体化。相对于条例而言,规定的约束力要弱些,行文更加具体,因此,规定还可以用来解释具体条例。如《专利代理暂行规定》,就是为实施《中华人民共和国专利法》的有关条款而制定的；又如1996年12月31日国家外汇管理局、海关总署联合制定的《关于对携带外汇进出境管理的规定》,就是对《中华人民共和国外汇管理条例》的具体化。

（二）实施工作管理

绝大多数规定都是对某些具体工作和具体活动所作出的规范要求,是确保某项工作或活动顺利进行的必不可少的手段,是机关常用的管理形式,如《出版物上数字用法的规定》等。

（三）限定具体事项

这是由规定的法律效力、约束力所决定的,不少规定是对一些具体事项作出的政策性限制,目的是告诉人们做什么、不做什么。如《国务院关于严禁淫秽物品的规定》规范了淫秽物品的范围,为淫秽物品查禁工作提供政策依据。

（四）补充有关文件

补充有关文件的规定常常又称为"补充规定",它是文件制发者根据新情况、新问题就已有规定的补充、具体和完善,如全国人大常委会的《关于惩治偷税、抗税犯罪的补充规定》。

四、规定写作的要点

规定由标题、签署、正文三部分组成。

（一）标题

规定的标题一般有两种写法：一是由"事由（或内容）+文种"构成,如国家税务局的《增值税若干具体问题的规定》；二是由"制发者+事由+文种"构成,如《国家税务局关于贯彻实施税收征管法及其实施细则若干问题的规定》。规定的文种前面可以加上一些修饰性词语,如"若干"、"×条"、"有关"、"特别"、"补充"等,这些修饰语要视情况灵活使用。需要特别注意的是,规定的标题有时可像条例那样,没有"关于……的……"结构,如《专利代理暂行规定》；更多的则用介词结构,接近于公文标题,如《关于严禁国有企业和上市公司炒作股票的规定》。

（二）签署

党的机关的规定须标识签署。

规定的签署与条例相似,标准的规定签署像条例那样,既可以是通过日期、公布日期、施行日期三要素齐全,也可以只包括两项因素或只包括一项,公务文书中的规定签署较多的是由通过颁布的机关和时间两块组成,它们的位置在标题之下,外加圆括号。也有一些基层单位的规定在签署时将制发单位和时间放在正文最后的右下角,但这种形式不大规范。

政府规章由部门首长或地方行政长官签署命令或以决定发布,签署的内容在命令或决定中体现出来,在"规定"中不再体现。

(三) 正文

规定正文除内容特别复杂的外，一般不分章、节，直接以条目标出。

规定正文经常使用的格式主要有两种：一般规定，通常采用"序言＋条目"的形式；有些规定，没有序言，而是用条目式写法，直接按一、二、三、四的序号列出规定事项，或以第一条、第二条……的形式标出。但无论采用何种格式，都必须包含以下内容：

1. 因由或序言

指出作出该规定的依据、目的、原因、意义等。条目式写法可以用一项或几项直接标出。在因由或序言与规定内容之间，常可加上"为了……特制定本规定"，或"为了……根据……特制定本规定"等惯用语。

2. 规定内容

规定内容是规定的主体。这个部分，总体来说要有"规"有"定"。"规"是原则性的规范要求，"定"是具体性的约束措施，规定实际上就是原则性的规范要求和具体性的约束措施的结合。一般说来，在结构安排上，规在前、定在后，虚实结合、安排有序；在内容安排上，应按先原则后措施、先主要后次要的原则统筹安排。规定事项应简明具体、前后一致，一般用肯定的语气行文，以"可"、"应"等词显示其约束力。规定的内容必须符合党和国家的方针、政策、法律、法规，界限要分明。

规定的结尾，有时可交代一些需要说明的事项，如实施要求和生效日期等；有时将规定的内容写完后即可结束。

【例文】

关于加强校园文化活动秩序管理的若干规定（试行）

为进一步规范校园文化活动秩序，维护学校优美环境，确保校园文化活动文明、健康、规范、有序、方便地开展，为学生提高全面素质提供良好条件，特制定本规定。

一、校园文化活动的报批及备案

1. 校园文化活动应在学校规范管理下开展。班级、学院及学生社团组织开展的正常活动使用公共场所要列出计划，报所在学院或相关部门审核批准；跨学院的和全校性的重要活动由党委宣传部批准；重大活动须按工作程序报主管校领导批准。

由学院、班级组织开展的活动，所在学院为责任部门；

由学生社团组织开展的活动，校团委为责任部门；

由各职能部门、单位直接组织的活动，相应部门、单位为责任部门。

各学院、团委、部门必须根据活动计划，委派指导老师、辅导员、班主任作为责任人参与活动全过程，并切实负起管理责任。

学工处、团委除对自身组织的活动负责以外，还要对各学院学生校园文化活动进行指导和管理。

2. 以学生班级、社团为单位组织的活动分别报学院、团委和保卫处备案；相关部门、学院直接举办的校园文化活动，须在活动前将使用公共场所登记表报校长办公室（校区管理办公室）和保卫处备案，详细说明活动的内容、形式、时间、地点等，所备案的审批表必须要有活动责任人的姓名和联系电话，以备联系。

3. 凡外单位在校园举办的活动，须经保卫处登记，在主校区举办的，由保卫处批准，在其他校区举办的，由校区管理办公室批准。原则上不允许外单位在校园公共场所摆摊设点经营。与学校及相关部门、学院有协作关系的单位来校开展服务、竞赛等活动，须由相关部门、学院牵头负责并报批。

4. 在校园悬挂横幅、条幅、气球、拱门等大型宣传品须经党委宣传部批准，在指定地点、时间，按批准的形式、内容布置。

二、校园文化活动场所及区域

1. 在公共教学楼教室内开展的活动，须经教务处批准。
2. 除周五晚上和双休日外，不得在教学区和教室内播放娱乐电影、录像。
3. 在主校区计算机学院楼西南侧平台开展的活动，只能在周末进行。
4. 在足球场、篮球场、排球场等场所进行球类、竞技、游艺等活动，须经体育科学学院同意。
5. 在室外公共场所开展的活动不得影响周边环境和交通秩序，主校区的活动一般应在综合楼南草坪进行。

三、校园文化活动现场的组织及设施管理

1. 坚持"谁组织谁负责"原则，活动责任部门要对校园文化活动的内容、形式严格把关，大型室外活动须安排指导老师参与活动全过程的组织管理。
2. 组织开展校园文化活动的责任部门，须将活动安排避开课堂教学的时间，不得影响课堂教学的正常进行。
3. 举行规模较大、参加人数较多的室外活动，活动责任部门须向保卫处提出申请，由保卫处安排保安到现场维护秩序。
4. 活动如需使用教室多媒体设备，须经现代教育技术中心同意，填写《教室使用申请单》并报教务处审批。
5. 严禁擅自挪用教学设施及公共物业设备。在活动过程中，如需借用桌椅及其他用具、接受电缆、电源等服务，由活动责任部门直接与后勤集团联系。后勤集团要根据方便、快捷、低标准收费原则，做好后勤保障工作。
6. 活动责任单位借用场地、设施及其他用具，须事先办理借用手续并妥善保管。丢失、损坏各种设施和用具的要照价赔偿。活动结束后，应及时清理场地，维护校园优美的环境。
7. 在活动开展过程中，有外单位人员、物品、车辆进出校园的，活动责任部门要事先向保卫处报告，严格执行外来人员、物品、车辆进出登记制度，自觉接受保卫人员对进出物品的检查和管理。

四、严禁纯商业性的活动进入校区；对于商业赞助性、冠名性的校园文化活动，责任部门必须严格把关，尽可能降低商业行为给校园文化建设带来的负面影响，确保学生利益不受侵害；严禁以开展校园文化活动为名向学生兜售商品。

五、对未经批准和备案的活动，学校有关机构必须制止。擅自摆摊设点及不符合备案计划的活动由保卫处负责取缔；擅自悬挂的宣传品由后勤集团负责拆除。造成经济损失的、不听劝阻或触犯校规校纪的，依据有关规定追究当事人责任。

六、校长办公室（校区管理办公室）根据学校规定和各单位开展校园文化活动的顺序、规模等因素，必要时做好活动单位与相关部门的协调工作。

七、凡与本规定相抵触的均以本规定为准。

八、本规定自发布之日起试行。

2012 年 11 月 15 日

第四节　办　法

一、办法的性质

办法是行政机关为贯彻某一法令或者做好某方面工作而制定的具有指导性、指挥性的法规性文书。

办法使用相当频繁,行政机关为贯彻上级颁布的法律法规,结合本部门、本地区的实际情况制定具体的执行方案要使用办法;为具体指导某一方面的工作也需要制定办法。国务院办公厅编发的《国务院公报》每一期上都有很多"办法",以 2009 年第 7 号为例,就发布了 6 种"办法",分别是农业部关于印发《中国水产学会范蠡科学技术奖奖励办法(试行)》、卫生部发布的《预防接种异常反应鉴定办法》和《乡村医生考核办法》、国有资产监督管理委员会颁布的《中央企业安全生产监督管理暂行办法》、国家知识产权局颁布的《专利代理人资格考试实施办法》和《专利代理人资格考试违纪行为处理办法》。

二、办法的特点

(一) 规定具体

办法和条例、规定同属法规性文体,但在使用过程中有着明显的区别:条例的制作单位级别高,涉及面广,意义重大,内容全面、系统、原则。规定的制作单位没有条例那么严格,涉及面较小,方法、步骤、措施也较详细。办法由分管某方面工作的职能部门作出,内容更为具体。但这些区别不是绝对的,彼此之间的界限很难划分清楚。例如 2012 年 7 月 1 日前,同是对公文办理作出规定,中央办公厅使用的是条例,而国务院使用的是办法。

(二) 使用普遍

随着市场经济的发展和我国法制建设的推进,社会生活中的很多方面均须得到规范和指导,人们的法制观念也进一步强化。办法可以用于指导实施国家的某一法律、条例,可以对某项工作作出具体规定,它的使用越来越广泛和频繁。

(三) 具有派生性

有相当一部分办法是为贯彻落实某一法律法规而制定的,是对法规执行过程中具体事项的规定和说明,是法律的派生物。这类办法一般不能独立行文,通常以"命令"或"通知"的形式发布。例如,上面提到的《预防接种异常反应鉴定办法》就是以卫生部部长第 60 号令的方式发布的,"令"文内容如下:"《预防接种异常反应鉴定办法》已于2008年7月17日经卫生部部务会议讨论通过,现予发布,自2008年12月1日起施行。"该办法的第一条也称:"为规范预防接种异常反应鉴定工作,根据《疫苗流通和预防接种管理条例》和《医疗事故处理条例》的规定,制定本办法。"这充分说明了《预防接种异常反应鉴定办法》是对《疫苗流通和预接种管理条例》和《医疗事故处理条例》两个条例执行过程中具体问题和事项的规定,是两个条例的派生物。

三、办法的种类

根据制定依据和发布方式,办法可以区分为两种类型:一种是实施法规的办法,另一种是实施行政管理的办法。

(一)实施法规的办法

实施法规的办法是对法律、条例或计划的具体实施方法的规定,是从法规性文件中派生出来的。这类办法正文的第一条中都会指明所依据的法规文件,有的办法还会在标题中出现法规文件的名称,如《生猪屠宰管理条例实施办法》(见《国务院公报》2009年第3号)。

(二)实施行政管理的办法

实施行政管理的办法是负责某一方面具体职能的行政机关,在职权范围内制定的对某项工作进行管理的办法。这种办法虽然也是以相关法律为依据制作的,但不是哪一部法律和条例的派生物,有一定的独立性。它是行政管理部门对一些法律不可能具体涉及的局部性工作所作的安排。例如电监会印发的《发电权交易监管暂行办法》第一条指出:"为贯彻落实国家节能减排有关政策,保护电力企业合法权益,促进和规范发电权交易,制定本办法。"(见《国务院公报》2009年第2号)这里没有指明是依据哪部法规,而是泛泛地说"有关政策"。

四、办法的写作要点

办法的写作大致遵循上文所说的规约类文书的基本写法,特别是其正文部分。为避免重复,这里只对办法中某些特有的写作要点给以介绍。

(一)标题

如果是试行或暂行,在标题中要写明,如《发电权交易监管暂行办法》。如果在标题中出现所依据的法规文件,通常省略法规文件标题外面的书名号,如《生猪屠宰管理条例实施办法》。

(二)发布机关、时间

基本做法是加括号标于标题之下正中,发布机关用全称,成文日期写明年、月、日。发布机关既可与成文时间标注在同一行,也可在标题之下、成文时间之上独立成行。根据情况写法有所不同:制发时间和通过的会议、通过的会议和通过的时间、发布机关和发布时间、发布机关和首次发布时间及修订时间。

通过"命令"、"通知"或"公告"发布的办法,自身不显示制发时间和依据,但以后单独使用时,应将原发布时间标注于标题之下。

标题中有发文单位名称的,标题之下不再标注发文单位;应当加盖公章的公文,署名应在正文之后。

(三) 与"实施办法"的写法区别

"办法"的制定者和实施者往往不是一个机关,而"实施办法"的制定者和实施者是同一机关。因此,"实施办法"的写法与"办法"有所不同。

一般的"办法",作者机关未必是实施者,因此,内容不一定十分具体、细致。"实施办法"的作者即是贯彻落实者,作者机关的任务是执行上级政策规定,联系实际贯彻落实,因此,"实施办法"比上级的政策规定更具体、更细致、更切合实际,可对上级未规定到的或有空缺之处作出符合实际的补充。

【例文】

软件产品管理办法

第一章 总 则

第一条 为了加强软件产品管理,促进我国软件产业发展,根据国家有关法律、行政法规和国务院《鼓励软件产业和集成电路产业发展的若干政策》(以下简称《产业政策》),制定本办法。

第二条 中华人民共和国境内的软件产品(含国产软件和进口软件)经营与管理活动,适用本办法。

单位或者个人自己开发并自用的软件以及委托他人开发的自用专用软件不适用本办法。

第三条 本办法所称的软件产品,是指向用户提供的计算机软件、信息系统或者设备中嵌入的软件或者在提供计算机信息系统集成、应用服务等技术服务时提供的计算机软件。

本办法所称的国产软件,是指在我国境内开发生产的软件产品。

本办法所称的进口软件,是指在我国境外开发,以各种形式在我国生产、经营的软件产品。

第四条 软件产品的开发、生产、销售、进出口等活动应当遵守我国有关法律、法规和标准规范。任何单位和个人不得开发、生产、销售、进出口含有下列内容的软件产品:

(一) 侵犯他人知识产权的。

(二) 含有计算机病毒的。

(三) 可能危害计算机系统安全的。

(四) 不符合我国软件标准规范的。

(五) 含有法律、行政法规等禁止的内容的。

第五条 中华人民共和国工业和信息化部(以下称工业和信息化部)负责全国软件产品的管理。其主要职责是:

(一) 制定并发布软件产品测试标准和规范。

(二) 对省、自治区、直辖市及计划单列市软件产业主管部门登记的软件产品进行备案。

(三) 指导、监督、检查全国的软件产品管理工作。

（四）指导并监督软件产品检测机构，按照我国软件产品的标准规范和软件产品的测试标准及规范，进行符合性检测。

（五）制定全国统一的软件产品登记号码体系、制作软件产品登记证书。

（六）发布软件产品登记公示。

第六条　省、自治区、直辖市及计划单列市软件产业主管部门依法负责本行政区域内软件产品的登记、报备和管理工作。

第二章　软件产品的登记和备案

第七条　软件产品实行登记和备案制度。

符合本办法规定并经登记和备案的国产软件产品，可以享受《产业政策》规定的有关鼓励政策。

第八条　国产软件产品应当由该软件产品的开发、生产单位申请登记和备案，并提交下列材料：

（一）软件产品登记申请表。

（二）企业法人营业执照副本和复印件。

（三）软件产品样品。

（四）软件产品在我国境内开发及申请单位拥有知识产权的有效证明。

（五）软件检测机构出具的检测证明材料。

（六）其他需要出具的材料。

第九条　进口软件中在我国境内进行本地化开发、生产的产品，其在我国境内开发的部分，由著作权人和原开发单位提供在我国境内开发的证明材料，并按照本办法第八条的规定提交相关登记备案材料，经登记备案后可以享受《产业政策》规定的有关鼓励政策。

第十条　进口软件产品的登记备案，由负责进口的单位提交下列材料：

（一）软件产品登记申请表。

（二）申请单位营业执照副本复印件。

（三）软件产品样品。

（四）软件产品著作权人授权在中国经营的证明材料。

（五）软件检测机构出具的检测证明材料。

（六）软件产品符合国家软件进口程序的材料。

第十一条　省、自治区、直辖市及计划单列市软件产业主管部门委托所在地的软件产品登记机构，负责软件产品登记申请的受理和审查。

省、自治区、直辖市及计划单列市软件产品登记机构对本办法第八条、第十条所列的申请材料进行审查。经审查，申请材料齐全的，送省、自治区、直辖市及计划单列市软件产业主管部门核报工业和信息化部备案。工业和信息化部应当在指定媒体上对报备的软件产品进行公示；公示7个工作日无异议的，由省、自治区、直辖市及计划单列市软件产业主管部门核发软件产品登记号和软件产品登记证书。

软件产品登记的有效期为5年，有效期届满前可以申请延续。

第三章　软件产品的生产

第十二条　在我国境内生产软件产品应当遵守我国的法律规定，符合我国技术标准、规范和本办法的规定。

第十三条　软件产品生产单位所生产的软件产品应当是本单位享有著作权或者经过著作权人或者其他权利人许可其生产的软件。

第十四条　软件产品生产单位应当对其生产的软件进行内容检查。

第十五条　软件产品的开发生产应当遵守法律、法规的规定，符合国家的有关技术和安全标准。

第十六条　提供给用户的软件产品的外包装上，应当标明该软件的名称、版本号、软件著作权人、软件产品登记号、软件生产单位（进口单位）和单位地址、生产日期。

第十七条　提供给用户的软件产品（包括进口的和在国内生产的国外软件产品），应当配有完备的中文说明书、使用手册等说明文件，并在产品上或者说明文件等书面文件中注明提供技术服务的单位、内容和方式。

第四章　软件产品的销售

第十八条　软件产品的开发、生产单位可以直接经营销售其软件产品。

第十九条　以代理方式进行软件产品销售的，代理方（软件产品销售单位）与被代理方（软件产品开发或者生产单位）之间、总代理与分代理之间应当签订书面代理合同。代理合同中应当明确规定代理权限、区域、期限、技术服务以及工业和信息化部规定的其他内容。

代理方应当在其经营场所的显著位置悬挂代理资格证书。代理资格证书应当包括代理权限、代理期限、区域、代理级别等内容。代理方在对外宣传、广告中应当如实表达上述内容。

第二十条　以许可证贸易形式经营软件产品的，软件产品经营单位应当与生产单位签订书面许可合同。软件产品经营单位在销售软件产品时，应当告知用户阅读许可证协议，并要求用户在阅读后做出是否同意的表示。

第二十一条　软件产品经营单位销售的软件产品应当符合本办法第四条的规定，并以书面或者文档的形式告知用户提供技术服务的单位、服务内容、服务方式和费用。没有注明提供服务单位的，视为软件产品销售单位提供有关技术服务。没有注明额外收取服务费的，视为软件产品价格包含服务费。

第二十二条　软件产品的测试版应当明确标出并免费提供，不得进行营利性销售。

第五章　监督管理

第二十三条　工业和信息化部会同国家有关部门对全国软件产品的开发、生产、销售、进出口等活动进行监督检查。

各级软件产业主管部门会同当地有关主管部门对本行政区域内软件产品的开发、生产、销售、进出口等活动进行监督检查。

第二十四条　已登记的软件产品含有本办法第四条所列内容或者以内容虚假的登记备案材料骗取软件产品登记的，省、自治区、直辖市及计划单列市软件产业主管部门应当撤销该软件的登记号、登记证书。已经享受的税收优惠等应当予以追回，由省、自治区、直辖市及计划单列市软件产业主管部门报工业和信息化部。工业和信息化部给予警告，并予以公布。

软件产品不符合我国技术标准、规范和本办法规定，或者有证据证明其不能满足使用要求以及与生产单位标称或者承诺的功能不相符的，由省、自治区、直辖市及计划单列市软件产业主管部门报工业和信息化部。工业和信息化部会同有关部门依法对该软件产品的生产单位进行处罚。

第六章 附 则

第二十五条 本办法自2009年4月10日起施行。2000年10月27日发布的《软件产品管理办法》(中华人民共和国信息产业部令第5号)同时废止。

第五节 章 程

一、章程的性质

章程是一个党派、团体为保证其组织活动的正常运行,系统阐明组织性质、宗旨、成员权利义务、准则及组织构成、活动规则,要求全体成员共同遵守的纲领性文件。

最常见的章程为组织章程,一般而言,正式的党派和社会组织都应该有自己的章程,以规范组织及成员的行为。除组织章程外,工作中还有一种办事章程。办事章程也称"业务章程",是为办理某项工作而制订的规章制度。一般涉及面广,容易引发纠纷而又经常要办的事情,才需要制定章程,以便办理时有章可循,如《湘西州城市最低生活保障制度办事章程》、《金财工程网络中心办事章程》等。这类章程的性质与条例、办法、守则等规约类文书相近。

二、章程的特点

(一)内容的约束性

章程规定一个组织的组织规程和办事规则,是该组织的最高准则,具有纲领的性质。该组织的每个成员都应该遵章办事,组织的一切活动都必须遵循这个章程,体现这个章程的基本精神。组织章程之外的业务章程是职能部门依据自己的权限对某项事情办理方法的规定,一经颁布,同样具有约束力。

(二)程序的合法性

章程一定要经过合法的程序制定,才能得到所有成员认可,才能对成员的行为具有约束力。章程反映了一个组织全体成员共同的理想、愿望、意志,体现了全体成员的共同利益,必须在全体成员达成共识的基础上才能建立起来。章程制定的程序一般是先由起草小组拟出草案,然后向全体成员征求意见,最后由该组织的最高级会议——代表大会表决通过,才能成为正式章程。没有达成共识、多数人质疑的内容,不能写进章程。章程的修改,同样也要经过代表大会的表决。章程具有法定的权威和约束力的主要原因就在于此。业务章程也是依据国家相关法规和制度制订的,其程序也必须合法才能生效。

(三)时效的稳定性

章程是一个组织的根本大法,一经形成就具有长期的稳定性。一个成熟的章程,应该实行多年而不过时。那种朝令夕改的章程,不仅证明文件本身质量低劣,同时也证明了制定该章程的组织本身不成熟、不稳定、不正规。当然,章程不是一成不变的死板教条,也可以随着时代的发展和形势的变化做一些必要的补充和修改,但这些修改只能是局部调整,而不是原则上的否定。

三、章程的作用

(一)统一思想和行为

每个组织都有自己的性质、宗旨、指导思想、基本任务,它的成员必须就这些内容达成共识,统一到章程规定的精神上来,并成为每个成员必须遵守的纪律。只有这样,才能保证思想上的统一性、行动上的规范性,顺利完成任务,实现组织目标。

(二)建立管理机制

一个组织要正常运转,必须建立科学、合理、高效的组织机构,并确定适当的管理机制。作为组织的纲领,章程要对领导岗位的设置、领导者的产生办法和任期、下设部门和分支机构等一一进行确定,以保证组织的管理功能正常发挥。

(三)明确权利义务

组织里的每个成员都要承担组织交给的工作,担负一定的义务,同时也都享有组织所规定的权利。章程必须明确成员的权利和义务,对成员的义务起督促作用,对其权利起保障作用。

四、章程的写作要领

章程由标题、日期、正文几个部分构成。其写法也遵循规约类文书的一般模式,现对各部分需要注意的地方给以简要提示。

(一)标题

组织章程的标题由组织或团体名称加"章程"二字组成,两个项目不能或缺,如《中国共产党章程》。如果尚未得到通过和批准,可在标题后加括号注明"草案"。业务章程的标题由作者机关或使用范围、事项和"章程"(或"办事章程")三个部分构成,如《财政监督局办事章程》、《湘西州城市最低生活保障制度办事章程》。

(二)通过会议及日期

标题之下以括号形式标明该章程通过的时间和会议名称,这一方面说明章程的生效时间,另一方面说明其制定或修改的历史发展阶段。具体有三种写法:一是会议名称在前,日期在后;二是日期在前,会议名称在后;三是只写明通过日期。

(三)正文

章程的正文由性质、宗旨、任务、成员条件及权利、义务、组织机构等内容组成。通常采用"章断条连"的结构方式,把全文分为若干章,章下设条,条下设款。一般由总纲和分章,或总则和细则组成,有些章程还有附则。第一章一般是总纲或总则,概述一个组织团体的性质、地位、任务、指导思想等。分章或细则是以总纲或总则为指导,对总纲或总则的进一步具体化,细写其他方面的主要内容(成员、权利、义务、组织机构等),一般要列小标题标明分则内容。附则是需要说明的有关问题,如解释权、生效日期等。为便于检索和引用,章下的条、条下的款统一编流水号。

有的章程的"总则"或"总纲"不是以"第一章"的形式出现,而是以序言形式独立于各章之前,《中国共产党章程》用的就是这种写法。

(四)写作要求

1. 项目齐备

章程的内容要包括组织名称、性质、宗旨、任务、机构、会员资格、入会手续、会员权利义务、领导者的产生和任期、会费的缴纳和经费的管理使用等一系列项目,不能出现遗漏,否则制度上的漏洞将会导致执行过程中的"盲区"。

2. 结构严谨

章程先"总则"后"分则",全文是一种总分式结构。分则部分,先讲成员,后讲组织;先讲全国组织,次讲地方组织,后讲基层组织;先讲对内,后讲对外。一环扣着一环,体现出严密的逻辑性,使全文成为一个有机的统一体。

章程中的每一条和每一款,意思要完整、单一。完整是指不要把一个完整的意思拆成几部分;单一是指一条(款)只说一个意思,不要把几个意思混杂在一起。

3. 语言庄重简明

章程具有法规的严肃性,其语言要庄重、严谨、准确、简练。写作时要反复推敲,想不透彻绝不轻易下笔。

章程用断裂行文法,用条文表达,句与句、段与段之间有一定的跳跃性,省略了"因为……所以……","虽然……但是……"等关联词语,使语言更加简练。

章程使用的是说明语言,多用词语的直接意义,概念单一准确。不用比喻、比拟、夸张和婉曲等修辞手法,以保证语义明确,不出现歧义,让人一看就明白。

【例文】

上海市律师协会章程

(2002年4月13日,上海市第六届律师代表大会第二次会议审议通过。2007年3月24日,上海市第七届律师代表大会第三次会议第一次修订。2010年11月13日,上海市第八届律师代表大会第二次临时会议第二次修订。2012年3月24日,上海市第九届律师代表大会第二次会议第三次修订。)

第一章　总则
第二章　律师协会职责
第三章　会员
第四章　律师代表大会
第五章　理事会
第六章　会长与会长会议

第七章　监事会
第八章　执行机构
第九章　区(县)律师工作委员会
第十章　专门委员会和业务研究委员会
第十一章　奖励、处分与纠纷调解
第十二章　经费
第十三章　附则

第一章　总　则

第一条　为规范上海市律师行业管理行为,促进上海市律师行业的发展,发挥上海市律师协会作用,保障会员合法权益,依据《中华人民共和国律师法》和《中华全国律师协会章程》的规定,结合本市实际,制定本章程。

第二条　上海市律师协会(以下简称"律师协会")是依法设立的社会团体法人,是律师的自律性组织,依法实施行业自律管理。

第三条　律师协会的宗旨是:团结和教育会员维护宪法和法律的尊严,忠实于律师事业,恪守律师职业道德和执业纪律;维护会员的合法权益;提高会员的执业素质;加强行业自律,促进律师事业的健康发展,为依法治国,建设社会主义法治国家,构建社会主义和谐社会,促进社会的文明和进步而奋斗。

第四条　律师协会接受上海市司法局的监督、指导。

律师协会为中华全国律师协会的团体会员,接受中华全国律师协会的指导。

第二章　律师协会职责

第五条　律师协会履行下列职责:

(一)支持会员依法执业,维护会员的合法权益;

(二)制定并监督实施律师执业规范;

(三)负责律师职业道德和执业纪律的教育、检查和监督;

(四)指导律师事务所的规范化管理工作;

(五)鼓励和支持会员参政、议政;

(六)总结、交流律师工作经验,提高会员的执业水准;

(七)组织律师业务培训;

(八)宣传律师工作,出版律师刊物;

(九)制定并实施对会员的奖惩办法;

(十)处理对会员的投诉;

(十一)调解会员在执业活动中发生的纠纷;

(十二)对违法违纪行为进行调查取证,作出行业处分和向上海市司法局提出行政处罚建议;

(十三)组织会员开展对外交流;

(十四)为会员提供福利和其他保障;

(十五)参与立法活动,向有关部门提出法制建设及律师制度建设的建议;

(十六)协调与相关司法、执法和行政机关的关系;

(十七)设立本市区(县)律师工作委员会,并领导和支持其工作;

（十八）负责对个人会员考核管理，协助和配合司法行政机关对团体会员进行考核管理；

（十九）组织管理申请律师执业人员的实习活动，对申请律师执业人员进行考核和管理；

（二十）法律、法规规定的其他职责；

（二十一）上海市司法局及中华全国律师协会委托行使的其他职责。

第三章 会 员

……

第十三章 附 则

第五十七条 有下列情形之一的，应当修改章程：

（一）《中华人民共和国律师法》或有关法律法规、《中华全国律师协会章程》修改后，律师协会章程规定的事项与修改后的上述法律、法规、章程的规定相抵触的；

（二）律师协会的情况发生变化，与章程规定的事项不一致时；

（三）律师代表大会决定修改章程时。

第五十八条 本章程所称"以上"，包括本数。

第五十九条 本章程由律师协会理事会负责解释。

第六十条 本章程报上海市司法局和中华全国律师协会备案。

第六十一条 本章程经上海市第八届律师代表大会第二次临时会议通过，自上海市第九届律师代表大会第一次会议召开之日起实施。

第六节 细 则

一、细则的性质

细则，或称实施细则、施行细则，是有关机关为实施某一法规而制定的详细具体的法规性公文。

国家权力部门所颁布的法律或上级机关发布的条例、规定等法规性文件，由于要在不同地区或领域实施，覆盖面较广，对某些问题的规定无法面面俱到，相应机关或下属部门需要结合本地、本机关实际进行补充和阐释。这些补充和阐释法规文件的文书即为细则。有些法规在发布的时候，往往特别说明："本条例（规定）由××部门负责解释"，或"各地要结合本地区的情况，制定出实施细则"。例如，2008年11月5日国务院第34次常务会议修订通过的《中华人民共和国增值税暂行条例》第二十五条规定："具体办法由国务院财政、税务主管部门制定。"2008年12月18日财政部、国家税务总局联合办发的《中华人民共和国增值税暂行条例实施细则》开篇第一条即写到："根据《中华人民共和国增值税暂行条例》（以下简称条例），制定本细则。"

二、细则的特点

（一）派生性

细则不能独立存在，它发挥作用必须以某一法律、法规为前提，是对某一法律、法规的补充和解释，因此是法律、法规的派生物。作为法律、法规的派生物，细则只能是对原文的补充、阐释和细节化，使相关法律和法规更详尽、周密和具体，而不能超出原法律、法规的内容范围，更不能自行其是，另立法规。

也有一些细则不是对某一法规的解释和补充，而是对某项工作方式、方法、要领的详细规定，如《××市职工培训考核细则》。这类细则不具备派生性。

（二）详细性

细则就是详细规则，它要通过对法律、法规的补充和解释，使法律、法规中的内容更加全面、详尽。

先看补充的例子，《中华人民共和国增值税暂行条例》第六条：

> 第六条 销售额为纳税人销售货物或者应税劳务向购买方收取的全部价款和价外费用，但是不包括收取的销项税额。

对该条中的"价外费用"的具体内容，《中华人民共和国增值税暂行条例实施细则》第十二条给予了十分详细的补充，具体可见所附例文。

再看解释的例子，《中华人民共和国增值税暂行条例》第一条：

> 第一条 在中华人民共和国境内销售货物或者提供加工、修理修配劳务以及进口货物的单位和个人，为增值税的纳税人，应当依照本条例缴纳增值税。

对这一条中关键词语的含义，《中华人民共和国增值税暂行条例实施细则》第二、三条进行了详细解释，具体可见所附例文。

三、细则的写作要领

细则一般不直接行文，因此多数情况下没有其他规约类文书的第二个项目"日期及制发机关"，而由标题、正文两个部分组成。细则制定之后，党的机关一般用"通知"印发，人大机关用"公告"发布，行政机关用政府"命令（令）"发布。不具备派生性、直接行文的细则，由标题、日期及制发机关、正文、印发传达范围四个项目组成。所有细则的正文写法采用上文所说的"条款式"，不再赘述。这里只对其标题、日期和制发机关、印发传达范围进行简要说明。

（一）标题

标题有三种写法：第一种也是最常见的一种是由原法规名称加"实施细则"或"施行细则"组成，如《中华人民共和国增值税暂行条例实施细则》。第二种是由适用范围、主题与"细则（实施细则）"组成，如《××市职工培训考核细则》。第三种是针对直接行文的细则，标题由发文机关名称、公文主题与"细则(实施细则)"组成,如《中华人民共和国邮政法实施细则》。

(二) 日期和制发机关

直接行文的细则,制发机关名称与成文日期加圆括号居中标注在标题之下,可作一行排列,也可分开作两行排列。对不直接行文,随命令、通知等颁布的细则,不需要标注此项。如上面说到的《中华人民共和国增值税暂行条例实施细则》是以"中华人民共和国财政部　国家税务总局令第50号"颁布的,不列日期和制发机关项。

(三) 印发传达范围

直接行文的细则,应在正文之后加圆括号写明印发范围或传达、发布的要求等;间接行文的细则,印发传送范围则在发布所用的"通知"、"命令"和"公告"中注明。

(四) 写作要求

细则既要突出一个"细"字,通过细致的补充、阐释提高针对性,又要避免冗长琐碎;既要贯彻法规精神,又要体现部门、地区特色;既要注重全面、细致、具体,又要注意文字的精练、简洁、准确。

【例文】

中华人民共和国增值税暂行条例实施细则

第一条　根据《中华人民共和国增值税暂行条例》(以下简称条例),制定本细则。

第二条　条例第一条所称货物,是指有形动产,包括电力、热力、气体在内。

条例第一条所称加工,是指受托加工货物,即委托方提供原料及主要材料,受托方按照委托方的要求,制造货物并收取加工费的业务。

条例第一条所称修理修配,是指受托对损伤和丧失功能的货物进行修复,使其恢复原状和功能的业务。

第三条　条例第一条所称销售货物,是指有偿转让货物的所有权。

条例第一条所称提供加工、修理修配劳务(以下称应税劳务),是指有偿提供加工、修理修配劳务。单位或者个体工商户聘用的员工为本单位或者雇主提供加工、修理修配劳务,不包括在内。

本细则所称有偿,是指从购买方取得货币、货物或者其他经济利益。

第四条　单位或者个体工商户的下列行为,视同销售货物:

(一) 将货物交付其他单位或者个人代销。

(二) 销售代销货物。

(三) 设有两个以上机构并实行统一核算的纳税人,将货物从一个机构移送其他机构用于销售,但相关机构设在同一县(市)的除外。

(四) 将自产或者委托加工的货物用于非增值税应税项目。

(五) 将自产、委托加工的货物用于集体福利或者个人消费。

(六) 将自产、委托加工或者购进的货物作为投资,提供给其他单位或者个体工商户。

（七）将自产、委托加工或者购进的货物分配给股东或者投资者。

（八）将自产、委托加工或者购进的货物无偿赠送其他单位或者个人。

第五条 一项销售行为如果既涉及货物又涉及非增值税应税劳务，为混合销售行为。除本细则第六条的规定外，从事货物的生产、批发或者零售的企业、企业性单位和个体工商户的混合销售行为，视为销售货物，应当缴纳增值税；其他单位和个人的混合销售行为，视为销售非增值税应税劳务，不缴纳增值税。

本条第一款所称非增值税应税劳务，是指属于应缴营业税的交通运输业、建筑业、金融保险业、邮电通信业、文化体育业、娱乐业、服务业税目征收范围的劳务。

本条第一款所称从事货物的生产、批发或者零售的企业、企业性单位和个体工商户，包括以从事货物的生产、批发或者零售为主，并兼营非增值税应税劳务的单位和个体工商户在内。

第六条 纳税人的下列混合销售行为，应当分别核算货物的销售额和非增值税应税劳务的营业额，并根据其销售货物的销售额计算缴纳增值税，非增值税应税劳务的营业额不缴纳增值税；未分别核算的，由主管税务机关核定其货物的销售额：

（一）销售自产货物并同时提供建筑业劳务的行为。

（二）财政部、国家税务总局规定的其他情形。

……

第三十九条 条例第二十三条以1个季度为纳税期限的规定仅适用于小规模纳税人。小规模纳税人的具体纳税期限，由主管税务机关根据其应纳税额的大小分别核定。

第四十条 本细则自2009年1月1日起施行。

第七节 其他规约类文书写作要点

除上面重点介绍的条例、规定、办法、章程、细则外，其他种类繁多的规约类文书其构成和写作方法，与这些文体大同小异。下面依据第一节所作的分类，将工作中时常用到的其他规约类文书进行简单介绍，重点阐述它们之间的差别。

一、章程类

章程类文书除了章程之外，常见的还有准则、守则。

准则是各党派、团体或某些单位制定的内部成员言论和行动所依据的标准或原则。其标题一般由"事由"和"文种"组成，标题之下居中加括号注明通过时间和会议名称，如《关于党内政治生活若干准则》（中国共产党第十一届中央委员会第五次全体会议通过）。

守则是党政机关、社会团体及某些单位制定的要求所属人员共同遵守的道德规范和行为准则。其标题由"机关或单位名称或范围"、"适用对象"和"文种"组成，有时也要在标题之下居中括号内写明通过时间和通过会议，如《国务院工作人员守则》、《全国职工守则》、《南京市市民守则》(1989年3月31日南京市十届人大第二次会议审议通过)等。如果守则制定的机关层次高,其涉及面广,内容通常比较笼统,如《全国职工守则》、《国务院工作人员守则》。如果涉及的是具体的工作事务,内容可以详细一些,如《监场人员守则》、《××班学生守则》。

准则、守则的正文,如果内容比较复杂,写法可采用章程一样的"章条式",由总则、分则、附则三部分组成,下面分章,章下再分条,不过这种情况比较少见。多数情况下,准则、守则的正文部分采用"分条式"写法,每一条都用序号标明,一贯到底,一条就是一个标准,通常用一句话来概括。有时为了方便记忆,往往将每条写得很简练、工整,甚至合辙押韵。这种情况在守则中经常使用,如《南京市市民守则》:"热爱祖国、建设南京;遵纪守法、维护公德;勤劳俭朴、诚实守信;尊师重教、好学上进;移风易俗、计划生育;礼貌待人、友好文明;敬老爱幼、拥军优属;家庭和睦、邻里相亲;讲究卫生、保护环境。"

准则、守则的具体内容既要符合党的方针、政策,又要具有针对性,突出对象的自身特点,不能随意套用;同时,标准要定得切实可行,要让人觉得不仅必须做到而且能够做到,用语凝练、简洁、通俗易懂。

章程、准则、守则都属于"内部规章",作用对象范围一致,但内容性质和要求程度是不一样的:在内容性质上,章程是针对整个组织而言,准则既对组织又对个人,而守则只对个人;在要求程度上,章程比较原则,准则既原则又具体,守则非常具体;在容量上,章程比较繁多,准则适中,守则最少。

二、规章类

规章类文书主要有条例、规定、制度、办法、规则、细则几种,条例、规定、办法和细则已在上文专节详述,这里只着重谈谈这些文种之间的差别,并介绍制度、规则的基本写法。

(一)常见规章类文书的区别

1. 条例、规定、规则

条例是党政领导机关制定或批准的对某些大事的组织、权限或方式等作规定的法规性文件。规定是对某一项工作或活动提出比较具体的政策性要求或约束性措施的法规性文件。规则是国家机关、社会团体、企事业单位对某一事务或活动的行为准则作出具体规定的规范性文书。

条例与规定、规则相比有三个特点:一是制发机关级别高。条例的制发机关必须是党和国家的领导机关,2001年11月16日发布、2002年1月1日正式实施的《行政法规制定程序条例》中明文规定:"国务院各部门和地方人民政府制定的规章不得称'条例'。"规定、规则的制发机关则是各级机关,甚至包括各单位、团体,而且多为负责某项专门业务的职能机关。二是严肃性和强制性较强。条例的制定机关地位高,这决定了条例要比规定、规则严肃得多,更具强制性。三是内容稍有区别,条例多规定工作的组织、权限或方式等宏观问题,而规定、规则多规定具体的政策要求。

2. 办法、制度、细则

办法是各级行政机关或主管部门对某项工作在范围、方式、方法等方面作出具体规定的法规性文件。制度是要求某些人员遵守的办事规程或行动准则。细则是对法规、条例、规定或办法的具体化及对其中的部分条文的解释、说明或补充。

办法与条例、规定相比,其对象范围要小,条文内容更具体,甚至有些办法就是为实施某一条例或规定而制定的办事方式或方法。制度是为适应某些条例、规定或办法的实施而对某些人员在办事规程方面制定的准则,它同前三者的区别主要是在内容性质上。细则是为进一步实施法规、条例、规定或办法而对这些条例、规定或办法的细化、补充和阐释。

条例、规定、规则、办法、制度、细则几种文书的发布有三种方式:一是通过"命令(令)"或"通知"等指挥性公文作为附件发布;二是单独行文,像普通公文一样发布;三是通过张贴或悬挂的方式发布,这种方法使用较少,一般适用于守则、规则、制度的发布。

(二)规则、制度写作要点

1. 标题

规则的标题有两种情况:一种是由适用范围、基本事项、文种组成,如《江苏省人民代表大会常务委员会议事规则》;另一种是由事由和文种组成,如《税务行政复议规则》。必要时可以在文种前加"试行"二字,也可在标题后加括号标明"试行"。

制度的标题主要有两种构成形式:一种是由适用对象和文种构成,如《保密制度》、《档案管理制度》;另一种是由单位名称、适用对象、文种构成,如《××大学校产管理制度》。

2. 日期

会议通过的文件,将制发的时间和依据加括号标注于标题之下正中位置,随"命令"或"通知"等公文发布的可以不单独注明日期,以发布公文的发文时间为准。

3. 正文

和其他规约类文书一样,这里谈论的规章类文书的正文多用条款式格式。内容复杂的分章列条,内容简单的直接使用条文式。因上文多次述及,此从略。

第三章 计划类文书及文书的筹划功能

第一节 计划类文书概述

一、计划类文书的功能和特点

计划类文书,是对未来一定时期内的工作、学习、生活制定要求、目标、实施步骤和完成期限的一类文书。古人云:"凡事预则立,不预则废。"(《礼记·中庸》)计划类文书能够帮助提高工作、学习、生活的自觉性、主动性,避免盲目性、被动性,进而提高效率、节省时间。另外,计划还是执行过程中和事后对工作进行检查督促的有效依据和手段。

计划类文书具有以下特点:

（一）指导性

计划是为完成某一任务,开展某一阶段的工作而制订的,因此,它一旦成文,就要遵照执行。以后的有关工作要在它的指导下开展,检查总结工作也要以它为依据。

（二）预想性

计划里提出的工作任务、奋斗目标、步骤、措施等内容,虽然有现实根据,但都是属于未来,属于预想性的东西。可以说没有预见就没有计划。只有站得高看得远,想得周到,对各种情况作出正确的估计、分析,才能使计划切实可行,实施顺利。

（三）可行性

计划作为执行性文件,必须十分重视预想的可行性,措施与办法必须切实可行,指标必须是努力后可以实现的,如果在实践中发现计划有不符合实际的地方,就要及时修改。

（四）针对性

计划是党和国家的方针政策、上级部门的指示精神和单位的实际情况相结合的产物,计划的制订必须与本单位的工作任务、主客观条件相吻合,不能一味拔高,也不能要求太低。从实际出发制订出来的计划,才是有价值的,才能真正对工作起到指导作用。

（五）约束性

计划一经通过、批准或认定，在其所指向的范围内就具有了约束作用，在这一范围内无论是集体还是个人都必须按计划的内容开展工作和活动，不得违背和拖延。否则，计划就成了毫无价值的一纸空文。

二、计划类及其他具有筹划功能的文书

（一）主要的计划类文书

根据计划目标远近、内容详略等方面的差异，计划类文书可以分出很多具体种类，如规划、纲要、设想、打算、要点、方案、意见、安排等。这些文书都有计划、筹划功能。

"规划"是比较全面的、长远的、带有战略性和发展性的计划，是蓝图式的、富有理想性和鼓动性的计划。如《××市城市建设总体规划》。

"纲要"是领导机关根据战略方针，为实现总体目标作出的长远部署。它与规划一样着眼长远，不同的是纲要比规划更为原则和概括，一般只对工作方向、目标提出纲领式要求和指导性措施。如《××省十二五教育发展纲要》。

"设想"和"打算"都是粗略的、初步的、预备的、不很成熟的非正式计划。两者的差别在于设想适用时限较长，而打算适用时限较短，适用范围也较小。如《××市拓展就业安置门路的设想》。

"要点"是内容比较概括的工作计划，是在某一特定时期内为开展某项专门工作而制订的工作计划的纲要。如《××局20××年工作要点》。

"方案"是内容具体周密、操作性很强的计划。方案一般适合专项工作，往往须经上级批准。如《××市住房分配制度改革实施方案》。

作为事务文书的"意见"，不同于法定公文的"意见"，它属于较原则、粗略的计划，适用于上级向下级布置工作任务并提供基本的思路、方法，交代政策，提出要求等，不涉及具体事项的处置措施。如《××公司关于下属企业20××年扭亏增盈全面提高经济效益的意见》。

"安排"是针对时间较短、范围较小、内容单一、规定具体的计划。如《××系第×周工作安排》。

（二）计划与类似文体的区别

1. 计划与规划

（1）计划重在定任务、定措施，并限期完成，带有强烈的指令性；而规划重在定方向、定规模、展示远景，有一定的指导性和鼓动性。

（2）相对而言，计划时间较短、范围较小、内容较具体；而规划时间较长、范围较广、内容较概括，规划一般在5年以上。

（3）计划比较单一、具体，富于现实性；而规划是作全面部署和设想，富于理想性。

（4）层次和地位不同。规划是纲领性文件，它决定了计划的方向、任务和依据。规划是宏观的、粗线条的，计划是具体的。

2. 计划与工作要点

区别关键在于要点之"要"字。顾名思义，"要点"是一般工作计划的主要之点。这个"要"

字表现为三个具体的"要"：

(1) 内容是工作的主"要"方面，不像计划要兼顾各个方面。

(2) 内容是重"要"之点，不像计划要照顾一般。

(3) 内容十分扼"要"，分条列项，一目了然，一般不讲具体做法，不写长段落，不写长句子，不要过渡段，不写导语性的东西，不写过多的道理，不要"号召性的尾巴"，而计划一般有这些成分。

第二节 计 划

一、计划的性质

这里所说的计划不是一个文类，而是计划类文体中的一种文体，即人们通常说的工作计划，它是一种公文，与其他计划类文书相比，工作计划更规范，使用频率更高。所谓工作计划，是指党政机关、人民团体和企事业单位对未来一定时间内工作的目标、任务、要求、措施作出设计安排的事务性公文。

不论是生产、销售，还是科研、学习，都应该有个计划。计划是经过调查研究，根据客观需要和可能而预先制定的一定时期的生产、销售、科研、工作、学习的任务以及实现的措施。具体地说，在一定时期内，为了更好地完成工作、生产、学习等任务，需要根据国家的方针政策、上级的指示精神以及本单位或者个人的实际情况，提出具体的要求，规定明确的目标，制订相应的措施，把这些内容写成书面材料，就叫计划。

二、计划的种类

计划的种类很多，可以从不同的角度分类：

按内容分，计划可分为生产计划、工作计划、教学计划、科研计划、学习计划、宣传计划、文体活动计划、生育计划等。

按性质分，计划可分为综合性计划、单项计划、专题计划等。

按范围分，计划可分为国家计划，省、市计划，单位计划，部门计划，个人计划等。

按时间分，计划可分为长期计划、中期计划、短期计划，或年度计划、月度计划等。

按执行严格程度分，计划还可分为指令性计划和指导性计划。

三、计划的作用

现代管理科学认为，管理活动的内容大致包括四个方面，即决策、计划、组织、控制。一项具体的管理活动，一般是先作出决策，再制订计划，然后组织实施，并协调控制整个过程。计划介于决策与组织实施之间，具有下列作用：

(一) 指导作用

计划，通常是根据某种需要，结合本部门、本单位或本人的实际制订的，它是工作的方向、行动的指南。有了计划,工作、生产和学习就要受其指导。

(二)推动作用

制订计划,可调动多方面的积极因素,工作起来"心中有数",增强责任心和主动性,减少盲目性,形成良性循环,不断激发工作或学习的积极性。

(三)保证监督作用

有了计划,可以随时掌握工作、生产、学习的进度,便于检查任务完成的情况,从而保证工作、生产、学习一个阶段一个阶段地稳步发展。如果某一环节出现特殊情况,未能达到规定的指标,就可以根据这一特殊情况,及时采取有力的应急措施,加快步伐,并在后面几个环节中弥补,从而使整个计划能够顺利完成。

四、计划的写作

(一)计划的构成与写法

计划的写作格式,没有明文规定,常见的有条文式、表格式、条文和表格兼用式、说明式、文件式等。单位的、时限较长的计划,多用文件式。计划还可以用印发类文件发放到收文单位,从而进一步强化发文的行政效力。如《××××××关于印发〈××××计划〉的通知》。文件式计划一般由标题、正文、结尾三个部分组成。

1. 标题

标题包括制订计划的单位名称、应用时限和计划的性质。如果属于为指导下级相应部门的工作而下达的工作计划,或上报的文件计划,标题可以不写制订计划的单位名称,只写计划的性质和期限,但要有公文编号和主送单位。标题应写在第一行正中,字体可略大些。如果计划不成熟或尚未正式讨论通过,可在标题后面或下方用括号注明"草案"、"讨论稿"、"征求意见稿"、"供讨论用"等字样。

2. 正文

文件式计划的正文由前言、主体和结尾三个部分构成。

前言,也叫引言,这部分写制订计划的依据,或面临的基本形势、前段工作经验教训等背景材料。这部分要写得简明扼要,力戒套话、空话、大话。

主体部分一般要着重写明下面的"计划四要素":目标和任务、措施和办法、步骤和时间、检查和督促,即做什么、怎么做、什么时候做、检查方法等。通常有下面几种具体方式:

一是条文式。把下阶段工作分成若干项目,逐项逐条地写明具体任务要求、措施办法、执行人员、完成时间等。要注意条文的逻辑顺序,可按各项工作的顺序,或者工作的主从轻重安排先后顺序。内容较简单的计划适合用这种方式。

二是分部式。按"四要素"规定的内容分成若干部分,每部分可用小标题概括重点或提示内容范围。这种方式常用于较复杂的计划。

三是贯通式。依自然段落分层次写,开头常用提示句,如"这项工作的目标是"之类。这种写法常用于短期的、单一的、具体工作的计划、安排。

结尾部分可以提出号召和希望,激励大家为实现计划而努力;可以简要强调任务的重点和工作的主要环节;可以说明注意事项。有的计划还把督促检查的要求写在结尾部分。结尾部分应根据需要,灵活掌握写法及内容,有的计划甚至可以不写结尾。

3. 结尾

这部分主要写明单位名称或制订计划的个人名字以及日期。这部分写在正文右下方。如果单位名称在标题中已写出来,这里可省略,只写制订日期。凡是属于上报或下达的工作计划,要像公务文书那样,在制订日期之后写明抄报、抄送单位。

(二) 计划写作的注意事项

1. 切实掌握方针、政策

制订计划的目的,是为了更好地贯彻执行国家当前的方针、政策,努力完成和超额完成上级交给的任务。因此,在制订计划时,要切实掌握有关方针、政策精神,将上面的有关方针、政策用足、用活。

2. 正确处理各种关系

正确处理好整体与局部、长远与目前的关系,把上级的要求和本单位的实际情况很好地结合,把需要与可能很好地结合,把高标准和脚踏实地很好地结合。要对计划实施起点的物质条件、思想条件和其他社会因素的条件进行观察和研究,作出科学判断。

3. 走群众路线,集思广益

要走群众路线,这样可以集思广益,使计划更加完善、可靠。群众战斗在第一线,最熟悉情况,最有发言权,光靠秘书人员闭门造车造出来的计划,很有可能是一纸空文。要善于认真听取群众提出的各种不同意见或困难因素,经过群众反复讨论的计划,才有扎实的群众基础,才能实现。因为群众参加计划的制订,对计划的意义、任务、要求、指标和措施都了解,才会自觉地以主人翁的态度积极执行,努力完成。

4. 计划要完整、全面

一个单位的计划,如果是全面工作计划,就必须把这个单位所有的工作都包括在内,不能丢掉其中任何一项,但绝不是四平八稳,面面俱到而无重点。计划要求既照顾到方方面面,又重点突出、条理清晰。

5. 要留有充分的余地

要想把未来的事预计得很准,百分之百地兑现,是很困难的。因为在计划执行过程中,有许多未知数,有许多意外的因素干扰我们的工作,影响进程,因此要尽可能作些科学预测,这样制订出的计划既体现出干劲,挖掘了潜力,调动了积极性,又注意留有充分的余地,两者兼顾。同时,在执行计划过程中,如果发现某些不符合客观之处,或是客观情况又有了新变化,要随时对计划作必要的、局部的调整和修改。

6. 保持计划的连续性和严肃性

目前的计划是以前计划的必然结果,同时又是未来计划的前提,因此制订时必须瞻前顾后,严肃认真。

7. 避免工作计划的写作通病

第一种是单纯按上级主管部门的工作计划去套,简单地照抄照搬,联系本单位的实际不够,没有自己的特色。第二种是凭着老经验、老想法去写,制订的计划是过去老计划的翻版,基本雷同,反映不出计划期内工作的新进展和创造性。第三种是工作计划中提出的措施、办法太抽象、笼统,没有针对性和可操作性。

8. 恰当使用表达方法

计划在文字表达上,主要着重于叙事和说理,要叙述清楚,善于用深入浅出的语言把比较复杂的事情讲明白,既概括又不失之于模糊,既具体又不失之于琐碎。行文中可恰当地使用一些约定俗成的缩略语,如"一个中心,两个基本点"、"两个文明建设"、"普法"等,但切不可生造词语。计划中还要准确地运用有关专业术语,特别是当前改革开放,搞经济建设,与国际接轨,对一些国内外经济术语要切实了解其含义,准确使用。

【例文】

共青团新店一中委员会 2013 年工作计划

在 2013 年团委工作将紧紧围绕上级团组织和学校的中心工作要求,服务于学校工作重心,致力提高学生的全面素质,进一步推动学校团队工作的新发展。

一、深化对"三个代表"重要思想、十八大精神和团的基本理论知识的学习、宣传和贯彻,积极引导学生树立正确的世界观、人生观、价值观,切实加强学生的思想政治教育。

1. 通过团校、团课的学习、团支部主题讨论等活动,引导学生深入学习"三个代表"重要思想及《公民道德实施纲要》、《增强共青团员意识教育读本》,提高团员的思想政治素质。

2. 充分发挥学生团员的先锋模范作用,利用在团员教育强化班中所学的知识及深刻认识指导各团支部的工作。组织好青年志愿者活动。

3. 坚持团支部书记工作例会及学生会干部例会,广泛听取各方面意见,互相探讨对团委工作的想法和建议,使团工作的开展更能迎合广大学生共同的意愿。

二、加强以美德教育、文化素质教育为主线的系列主题教育活动。

以丰富多彩的活动为载体,全面提高人才培养质量。通过展现高雅艺术、弘扬民族文化的活动,其目的是要营造校园文化氛围,建设健康向上、富于时代特色的校园文化,以文化熏陶人、塑造人、感召人,全面提高学生的文化修养、文明素质,文化品位,树立校园文化新风尚。

1. 开展提高学生文化修养、文明素质的讲座、报告、座谈、宣传、展览等主题活动。

2. 开展主题教育活动,对学生进行爱国主义教育,组织好每周一的升旗仪式、国旗下的讲话、缅怀革命先烈、传唱红歌、观看革命故事电影。

3. 围绕学校中心工作在学生中开展"创建节约型校园""环保校园"活动。提倡"节、约光荣、浪费可耻"的风尚。清除校园的卫生死角、白色垃圾,美化校园环境,在学生心中树立环保意识。

4. 根据上级的要求,积极举办各类文化竞赛活动,如演讲比赛、征文比赛、书画比赛等。

5. 协助学校,办好一年一度的春季运动会。协助体育组,组织好篮球赛、羽毛球比赛、乒乓球比赛等,为参加区级比赛做好准备。

三、加强安全法制教育。

1. 积极响应学校的号召,加强对学生的安全知识的教育,特别是重大突发事件的应急,做好演练。
  2. 增强学生的法律意识,通过学习法律知识、法制讲座、案例分析,让学生知法、懂法、守法,做一个守法的好公民。
  四、切实做好宣传工作。
  1. 充分利用好黑板报、橱窗等宣传工具,报道校内外新闻,宣传身边的好人好事,树立榜样。
  2. 每月出一期黑板报,紧密联系当月的主题活动。协助政教处办好校园的文化宣传栏目。
  五、加强对学生会工作及学生社团工作的指导。
  1. 做好新团员的发展工作。吸收学生中的先进青年,给学生提供给一个展现自我风采的舞台。
  2. 搞年好学生会干部的换届工作,加强对学生干部的培养,增强学生干部的意识观念,管理能力,使他们尽快适应团的各项工作,并使团的工作焕发生机和活力。
  3. 组织好学生会干部协助教师维持好食堂的就餐秩序,为全校同学提供一个良好的用餐环境。
  4. 建立完善的学生干部监督评判体系及考核制度,以增强其责任心,促使其真正起到先锋模范作用。
  共产主义青年团是党的助手和后备军,团的生命在于活动,校团委将本着为青少年服务的思想,深入扎实的开展工作。相信,在上级团委和学校党支部的正确领导下,通过全校团员青少年的共同努力,我校团的工作定能踏上一个新的台阶。

共青团新店一中委员会
2012年12月18日

第三节 实施方案

一、实施方案的性质

方案,是为完成某项专题任务而制定的计划性文书。方案的品类很多,依据其作用大体可分为两类:一类是下级机关、所属机构制定的供领导决策时选择采用的建议性方案。这类方案一般要有两个以上,以方便上级领导或相关专家论证和遴选。另一类是上级机关或本机关的决策层围绕某项工作的目标要求、工作内容、方式方法及工作步骤等制定的全面、具体而又明确的决策性方案。这类方案是工作的指南和规划,称为实施方案。本节重点介绍实施方案的写作方法,其他类别的方案写法与此基本相同。

二、实施方案的种类

实施方案使用范围广泛、内容涉及各个方面,带来了方案类别的多样性。按方案的内容分,有工作方案、生产方案、学习方案、科研方案、行动方案;按方案的适用范围分,有党的机关的方案、行政机关的方案,有上级机关的方案、本级机关的方案和下级机关的方案等。

三、实施方案的特点

(一)使用的广泛性

实施方案的应用很广泛,适用范围广。从使用者角度看,既可以是各级党政机关,也可以是企事业单位、各种社会团体;从内容角度看,涉及政治、经济、文化及人们的生活等各方面的内容。

(二)内容的具体性

整个方案的所有条款,每个行动步骤所要采取的对策、办法和措施,都要求具体、明白,翔实可行。要落实到工作分几个阶段、什么时间开展、什么人来负责、领导及监督如何保障等,这些都要作出具体明确的安排。

(三)效力的规定性

实施方案的规定性表现在两个方面:第一,实施方案要根据上级有关文件及精神来制定,要根据工作的目的、要求、内容、单位的实际情况来制定,不能单凭主观,随意为之。第二,实施方案一旦制定,制定机关及相关部门、单位就要认真组织实施,具有强制性。

(四)实用的操作性

和一般计划性文种相比,实施方案对操作性的要求更高。在实施方案中,不仅要规定做什么,还要规定怎么做、由谁来做、什么时间做等具体内容,使所有工作内容都得到真正落实。

四、实施方案的作用

(一)开展工作的指南

实施方案不仅明确规定了工作的内容、目标,还对工作实施的步骤、人员、方法等给予详细介绍,具有很强的指导性、操作性。在方案的指导约束下,各部门、各相关人员职责分工明确,行动步骤清楚,可以有效地避免工作的盲目性,提高工作效率。

(二)督促检查的依据

实施方案不仅是工作的指南,还是对工作进行事中督促和事后检查的重要依据。将工作进展、工作结果与实施方案相关内容比照,可以很及时地对工作进度的快慢、质量的高低以及存在的问题进行评估,以便制定进一步的调整方案或奖惩方法。

五、实施方案的写作

实施方案一般由标题、正文两部分组成。一般情况下,方案制订后,用"通知"发布。所以,在方案的标题之下不需要标注制发机关、成文日期,正文之前也不需要写主送机关。如交通运输部、发展改革委、财政部、监察部、国务院纠风办制订的《重大节假日免收小型客车通行费实施方案》就是由国务院以批转通知的形式发布的,通知全文如下:

国务院关于批转交通运输部等部门重大节假日
免收小型客车通行费实施方案的通知

国发〔2012〕37号

各省、自治区、直辖市人民政府,国务院各部委、各直属机构:

　　国务院同意交通运输部、发展改革委、财政部、监察部、国务院纠风办制定的《重大节假日免收小型客车通行费实施方案》,现转发给你们,请认真贯彻执行。

国务院
2012年7月24日

　　在这份发布性通知中,将方案的制订者、收文者都已经明确指出,该通知的生效时间即为方案的生效时间。

(一)标题

　　实施方案的标题通常有三种写法:第一种是"实施内容+文种(方案或实施方案)",称为二要素法,如《全国产品质量和食品安全专项整治行动方案》。第二种是"发文机关+实施内容+文种(方案或实施方案)",称作三要素法,如《××市工业局干部岗位考核实施方案》。第三种是"制文时间+制文机关+实施的内容+文种(方案或实施方案)",称作四要素法,如《二〇〇九年××市计生工作目标考核实施方案》。

(二)正文

　　方案的正文由开头(前言)、主体两个部分组成。多数方案没有结尾,个别方案如需要结尾,通常是对贯彻实施方案提出明确的要求,要求收文机关认真贯彻执行,要写得简明扼要。

　　开头(前言)部分要写明制发实施方案的目的和依据,要求写得简明扼要。一般先写制发的目的,常用"为"、"为了"开头;然后说明制发的依据,常用"根据……结合本(我)单位的实际,制订本实施方案"结束。如《2008年北京奥运会残奥会期间北京市交通保障方案》的开头是这样的:"为保证2008年北京奥运会、残奥会期间交通正常运行和空气质量良好,履行申办奥运会时的承诺,北京市政府、公安部、交通运输部和环境保护部在科学研究的基础上,针对北京交通特征和空气质量状况,借鉴奥运会举办城市在奥运会期间保障交通的做法,共同组织制订了《2008年北京奥运会残奥会期间北京市交通保障方案》(以下简称《交通保障方案》)。"

　　主体部分,是方案的核心及基本内容,一般包括以下几部分的内容:一是简要阐述实施某项工作的重要性和必要性;二是阐明实施某项工作的指导思想、目标要求及指导原则;三是实施某项工作的安排、步骤、方式方法等;四是对工作的组织领导及条件保证等。

　　具体行文时,一般采用"分项条目式",将上面几部分内容设定为几个项目,拟写成小标题,并加序号。如果需要,每个项目下可设置若干条款。如《2008年北京奥运会残奥会期间北京市交通保障方案》的主体部分的结构是这样的:

　　一、总体思路与目标
　　……
　　二、奥林匹克专用车道设置与运行管理

（一）奥林匹克专用车道使用时间

……

（二）奥林匹克专用车道管理政策

……

三、分阶段削减机动车总量方案

……

（一）第一阶段削减方案（2008年7月1日至7月19日）

1. ……

2. ……

（二）第二阶段削减方案（2008年7月20日至9月20日）

……

四、配套保障措施

……

【例文】

重大节假日免收小型客车通行费实施方案

为进一步提升收费公路通行效率和服务水平，方便群众快捷出行，现就重大节假日期间免收7座及以下小型客车通行费有关问题制定如下实施方案：

一、实施范围

（一）免费通行的时间范围为春节、清明节、劳动节、国庆节等四个国家法定节假日，以及当年国务院办公厅文件确定的上述法定节假日连休日。免费时段从节假日第一天00:00开始，节假日最后一天24:00结束（普通公路以车辆通过收费站收费车道的时间为准，高速公路以车辆驶离出口收费车道的时间为准）。

（二）免费通行的车辆范围为行驶收费公路的7座以下（含7座）载客车辆，包括允许在普通收费公路行驶的摩托车。

（三）免费通行的收费公路范围为符合《中华人民共和国公路法》和《收费公路管理条例》规定，经依法批准设置的收费公路（含收费桥梁和隧道）。各地机场高速公路是否实行免费通行，由各省（区、市）人民政府决定。

二、工作要求

（一）加强收费站免费通行管理。

为确保免费政策实施后车辆有序通行，各地区要对公路收费站现有车道进行全面调查，结合重大节假日期间7座及以下小型客车免费通行的要求，合理规划和利用现有收费车道和免费专用通道，确保过往车辆分类分车道有序通行。

（二）完善收费站应急处置预案。

地方各级交通运输主管部门和收费公路经营管理单位要全面分析本辖区公路收费站的运营管理状况，特别是交通拥堵等有关情况，督促收费站制定并完善重大节假日期间应对突发事件的应急预案。一旦出现突发事件，要迅速启动应急响应，及时采取有针对性的应对措施，确保收费站正常运行和车辆有序通行。

三、保障措施

在重大节假日期间免收7座及以下小型客车通行费是调整和完善收费公路政策的重要举措,对于提高重大节假日公路通行能力和服务水平,降低公众假日出行成本具有重要意义,各省(区、市)人民政府和国务院有关部门要高度重视,切实抓好贯彻落实。

(一)加强领导,明确责任。

重大节假日免收7座及以下小型客车通行费的具体工作,由各省(区、市)人民政府负责统一组织实施。各省级交通运输、发展改革(价格)、财政、监察、纠风等部门要在省级人民政府统一领导下,制定方案,落实责任,明确分工,密切配合,共同做好实施工作。交通运输部、发展改革委、财政部、监察部、国务院纠风办要成立联合工作小组,加强对各地区的指导、协调和督查,及时帮助解决出现的问题。

(二)深化研究,完善政策。

各省(区、市)人民政府及国务院各有关部门要深入研究分析、科学评估该政策实施效果及影响,不断完善相关措施,妥善解决实施过程中出现的问题;要切实做好与收费公路经营者的沟通,争取其理解和支持,确保各项工作顺利开展。同时,要加快研究完善收费公路管理、提高公路服务水平、促进收费公路健康发展的长效机制和政策措施,更好地服务经济社会发展。

(三)注重宣传,正面引导。

各地区要通过政府及部门网站、新闻媒体等多种渠道,加强舆论引导和政策宣传,及时发布相关信息,使社会公众及时、全面了解本方案的重大意义及具体内容,为公路交通健康持续发展创造良好的舆论氛围。

第四章 总结类文书及文书的评价功能

第一节 总结类文书概述

一、总结类文书的特点与功能

总结是对过去一定时限内的工作目的、任务、经过、方式方法等进行的一分为二的分析、研究和评价,从而了解工作的全面情况,肯定成绩,发现问题,将经验与教训上升为理性认识,并加以条理化、理论化后所形成的文字材料。

（一）总结类文书的特点

1. 客观性

总结是以组织或个人自身的实践活动为依据的,所列举的事例和数据都必须完全可靠,确凿无误。不尊重事实地随意杜撰,歪曲事实,会彻底地毁掉总结的应用价值。总结的客观性,不仅要求事实和数据的绝对真实,还要求对事实和数据的分析、评说、结论也完全符合实情。

2. 回顾性

总结是回顾过去,是对前一段工作、生活、学习进行的全面理性检查和评价,因此具有明显的回顾性特征。总结的回顾性特征并不是说它只关注过去,不注重未来。回顾过去的目的是为了在下一段工作中保持优点,克服不足,提高工作效率。

3. 经验性

总结不仅要说出"是什么"的问题,而且要讲明"为什么"和"怎么办",因此在行文中要进行较多的分析,从实践中找出规律,理论性较强。通过理论分析,找出正反两方面的经验,得出规律性认识,这样才能达到总结的目的。

4. 自我性

总结一般是为本单位或本人的具体工作而写,是自身实践的产物,所以使用第一人称,如"我们工作如何如何",或"我工作如何如何"。

（二）总结类文书的功能

毛泽东同志说过:"人类总是不断发展的,自然界也总是不断发展的,永远不会停止在一个水平上。因此,人类总得不断地总结经验,有所发现,有所发明,有所创造,有所前进。停止的论点,悲观的论点,无所作为和骄傲自满的论点,都是错误的。其所以是错误,因为这些论点,不符合大约一百万年以来人类社会发展的历史事实,也不符合迄今为止我们所知道的自然界(例如天体史,地球史,生物史,其他各种自然科学史所反映的自然界)的历史事实。"这段话精辟地阐述了总结的作用和意义。总结是对实践的认识,总结的过程是由感性认识上升到理性认识的过程。经常总结可以找出规律,提高管理水平和工作能力。

总结类文书的作用,向上是为了汇报,便于上级了解和掌握下情;向下是让员工了解情况,明确方向,以便员工更好地检查监督本单位的工作;对外是为了全面介绍,交流经验,共同提高。

二、总结类文书的种类

总结类文书在工作和生活中广泛使用,因此其种类很多,可以从不同角度进行分类:

按内容分,有工作总结、学习总结、思想总结、生产总结、销售总结等。

按范围分,有行业总结、单位总结、部门总结、个人总结等。

按时间分,有年度总结、季度总结、月度总结、阶段总结等。

按性质分,有综合总结、专题总结。综合总结又称全面总结,它是对某一时期各项工作的全面回顾和检查;专题总结是对某项工作或某方面问题进行专项的总结。

常用的小结,实际上也是总结,只是它所反映的内容较简单,或者经验不成熟,时间较短,范围较小而已。

总结类文书还有一些衍生文种,如述职报告、调查报告、典型(经验)材料、情况介绍、情况反映、工作研究、工作回顾、评估报告、考核材料以及各种做法、体会、收获、汇报之类。

三、总结与计划的关系

（一）总结与计划的联系

计划是总结的前提和依据,总结是计划的检验和结果,两者相辅相成、互相制约、互相依存,同时还相互促进。计划—实践—总结—再计划—再实践—再总结……周而复始,循环无穷。这循环往复向前发展的过程,就是不断前进、提高的过程。总结就是转化,就是提高。

（二）总结与计划的区别

1. 写作时间不同

计划是在工作之前制定的;而总结则是在工作到一定阶段或计划完成后进行的。

2. 写作方法不同

计划的内容是为完成一定任务,对步骤、方法和措施所作的安排,重在叙述说明;而总结则是对一定阶段的工作或计划执行情况的分析和评价,重在抽出有规律性的东西,作出理论概括。

3. 写作内容不同

计划所要回答的问题是做什么、怎么做、应该做到什么程度；而总结要回答的问题则是已做了什么、做得怎样。

第二节 总结的写法

一、总结的结构和写法

多数总结由标题和正文两部分组成。

（一）总结标题的写法

总结的标题有文件式、文章式、混合式三种类型：

1. 文件式标题

文件式标题一般由单位名称、时限、内容、文种名称构成。如《××市工业局2012年工作总结》。

2. 文章式标题

文章式标题以单行标题概括主要内容或基本观点，不出现总结字样，但对总结内容有提示作用。如某学校的专题总结：《一切为了学生 为了学生的一切》。

3. 混合式标题

所谓混合式标题，即分别以文章式标题和文件式标题为正副标题，先拟一正标题，用结论性语言提炼出总结的核心内容，然后再加副标题，补出单位、时间、范围等。如《爱拼才会赢——我的自考总结》。

（二）总结正文的写法

总结的正文可以分开头、主体、结尾三部分，一般与内容对应起来。开头部分是情况综述，主体着力写成绩和经验、问题与教训，结尾交代今后的努力方向。各个部分所占的比重，各个部分根据什么样的关系联结起来，强调什么，淡化什么，都应根据实际工作来考虑。

总结的正文应重点写好四个方面的内容：一是基本情况。要概述清楚工作的时间、地点、背景，进行某项工作或认识某个问题的依据，工作的进程，遇到的问题和困难，采取的措施等。二是成绩和经验。这是总结最重要的部分，要用确实的材料和数据来说明成绩，提炼和概括出具有指导意义的经验。经验可以分条列出，自成一段，也可以结合工作进程来写。三是存在问题和教训。事物总是一分为二的，写总结要实事求是，既总结成绩、经验，也要找出存在的问题和教训。四是今后的努力方向。主要是针对第三点，提出今后改进工作的设想、安排、打算等，这是总结中文字较少的一部分。

（三）总结的结构

由于总结的种类较多，内容复杂，在结构形式上没有、也不可能有统一固定的格式。就一

般情况看,主要有以下四种结构形式:

1. 以基本内容为依据

以基本内容为依据,分三大块组织层次。第一块是前言,简要介绍基本情况;第二块是过程与做法,可以由做法一、做法二、做法三……组成;第三块是基本经验,可以由经验一、经验二、经验三……组成。此结构常用于个人小结、经验体会等,内容比较单一的单位总结也可以用。

2. 以工作进展的每个阶段为依据

以工作进展的每个阶段为依据,分若干块组织层次。第一块是工作阶段一,分基本情况、过程做法、经验体会三方面写;第二块是工作阶段二,同样分三方面写……有几个工作阶段就分几块。此结构按工作进展阶段安排层次,易体现事物的纵向运动轨迹,所以习称为"纵式结构",用这种结构需注意避免写成流水账式。

3. 以思想观点为依据

以思想观点为依据,分若干块组织层次。第一块是前言,基本情况概述;第二块是主体,分几个观点写,观点之一统率下的过程、做法、经验、体会,观点之二统率下的过程、做法、经验、体会……有几个观点就分几层写;第三块是结尾。此结构依据作者对整个工作的全面认识和把握,归纳、提炼成几个观点,再按观点一、二、三……去安排层次,体现了作者的思维按照认识的不同性质横向展开,所以习称为"横式结构"。

4. 以工作的各个方面为依据

以工作的各个方面为依据,分若干块组织层次。第一块为第一个方面的工作,分基本情况、过程做法、经验体会、问题方向等几段写;第二块为第二个方面的工作,同样分基本情况、过程做法、经验体会、问题方向等几段写。有几个方面就分几块。此结构把所做的工作归纳起来,一个方面一个方面地写,每一个方面的工作就是一个大层次,用小标题或数字序号作层次的标志,每个大层次内又分几个小层次,具体展示。此结构习称为"总分式",宜用于综合总结、单位的全面总结等。写作时应注意力避平均使用力量,面面俱到,应有所侧重,详略得当。

二、总结写作注意事项

(一)有实事求是的精神和正确的指导思想

总结要避免一般化、老一套、写不出新意;要避免面面俱到,堆砌材料;要避免搞花架子,报喜不报忧。应该有一说一,不夸大,不文饰。文字不要刻意雕琢,多用新鲜活泼的群众语言。

(二)常用说明和议论两种表达方式

介绍工作的基本情况、过程、做法时,用说明而不是叙述,因为叙述的基本含义是再现事物的具体过程,总结在表述实践活动时,只着重结果而略去详细过程。另外,总结的这种表述,是为议论、分析提供基础,所以是说明式的议论;写工作中的经验、体会等,对工作的本质、规律进行分析和归纳时用议论,但不同于理论文章的议论。总结中的议论,一般只是对工作实践的直接判断,不使用概念去展开逻辑推理。总结中的说明和议论的关系,从整体和中心看,议论是主导,说明处于从属地位;从具体篇幅看,议论用得少而说明用得较多。

【例文】

小学班主任 2012 年度个人总结

一个学年即将结束,回顾一年来的工作,既有成功的喜悦,也有失败后的懊恼。接下来,我从以下几个方面对过去一年的工作作一简要回顾与总结。

一、班主任工作,争做学生的良师益友。

作为一名小学班主任,我时刻谨记"学高为师,身正为范"这条古训。要求学生做到的,我自己首先应做到。在过去的一年当中,我时刻注意从小事做起,对学生进行言传身教。比如,同学们要到专用教室去上课,临出教室时,我悄悄地把灯关掉,把门关好。学生看在眼里,记在心里,几次下来,同学们也养成了一种良好的行为习惯。不开无人灯,教室没人要关好门窗。通过这种无声的教育,使学生受到潜移默化的影响,同时也拉近了学生与老师之间的距离。在过去一年的工作中,我安心教学,把主要精力放在班集体建设和教育教学工作上,服从学校工作安排,积极参加学校组织的政治业务学习和集体活动,尽自己的力量为学校出一份力。对待学生,我尽量在学习上和生活上帮助他们,增强为学生服务的意识,把学生与家长作为服务对象。我在平时经常与学生沟通,做好学生的思想工作。现在的家长对学生的期望值都很高,家里经济条件好一点的家长想把孩子送到城里的学校去读书,在我们班就有这样的情况,我知道这一信息后,选择适当的时机首先做学生的思想工作,尽量留住学生,使学生能安心在这里读书。从学生的实际出发,为学生的自身发展着想。

二、学科教学工作,走进新课程。

作为一名小学语文教师,我深深地体会到教师必须不断地学习,不断地提高自身的科学文化素养。在平时的工作中,我边教边学,利用学校为我们安排的外出听课的机会,向其他学校的老师学习,吸取他人先进的教育教学经验,了解现代教育教学的新理念。学习现代教育教学理论,学习新课程标准,根据学生的实际情况组织教学。尽量做到面向全体学生,因材施教,让每个学生真正成为学习的主人。经过一年的教学实践,我积累了一些宝贵的经验。平时积极参加学校组织的教学研究活动。在课堂上,我时刻注意调动学生的学习积极性,创设民主、平等、和谐的课堂环境,多给学生一些表现的机会,培养学生自主学习的能力。遗憾的是,我们班还有个别学生没能养成良好的学习习惯,学习态度不够端正,学习上有掉队现象。在以后的教学工作中还需不断地改变策略,以便达到更好的教学效果。

三、教科研工作,争做得力助手。

自担任学校教育科学研究员以来,我在教科研工作中学到了许多东西。通过阅读有关教育科研方面的书籍,从中学到了许多教育科研理论知识,弄清了教育科研的整个过程,从课题申报到成果发表。

按照学校教科室制定的教育科研工作计划,我积极协助教科室主任开展学校的教育科研工作。为了进一步加强对教育科研与学校内涵发展的认识,进一步加强对教育科研与教师个人成长的认识,实现学生有特长、教师有特点、学校有特色的发展目标,我开展了以下几项工作:

第一,加强教师理论的学习,提高科研水平。

教科室印发了一些教师理论学习材料,把教师参加理论学习作为教育科研的一项日常工作,特别是新课程改革的正式启动,没有广大教师教育观念的更新,实施新课程也就没有实质的变化。教师通过理论学习,努力实现理论创新,为我校教育科研工作注入了活力。

第二,加强各级各类课题的研究工作。

我校的国家级子课题《课堂教学中教师角色行为的评价研究》已完成了前测工作进入构建阶段,为此,我校的课堂教学评价采用了新的评价表,并构建了课堂教学中教师角色行为《评价表》。

第三,课题的申报立项工作。

新一轮课程改革已经开始,如何尽快理解,掌握,使用好新教材?如何把新教材与我校的实际有机结合起来?需要我们做出积极的探索,也为我们进行教育科学研究开辟了新的领域,提出了新的课题。根据我校的实际情况,我校又成功申报了一个德育课题,不断地充实我校的课题研究。遗憾的是,还有几个区级课题未能通过审核,这就给我们敲响了警钟,我们的工作还需不断地精益求精。

回顾一学年的工作,虽然取得了一些收获,但还存在一定问题,比如,在工作中缺乏创新意识,存在一种惰性思想,未能取得可喜的业绩。但是,我相信在我们的共同努力下,我校的教育科研工作会迎来一个灿烂的春天。

×××
2013年1月15日

第三节　述职报告

一、述职报告的性质

述职报告是党政机关、企事业单位、人民团体的干部、聘用人员或专业技术人员为接受考核、监督,就自己履行岗位职责的情况,从德、能、勤、绩等几个方面进行自我回顾和评估而写的,向主管部门、组织人事部门或本单位的职工群众进行陈述汇报的书面报告。

近年来,我国的干部和人事制度的改革不断深化。用人机制的改变也带来了人事考评制度的日益完善。干部、专业技术人员、聘任制工作人员定期汇报履行岗位职责的情况,已经逐渐形成制度。述职报告也越来越得到全社会的重视。

"述职"一词由来已久,述职制度源远流长。"述职"一词最早见于《左传·昭公五年》:"小有述职,大有巡功。"《孟子·梁惠王下》云:"诸侯朝于天子曰述职。述职者,述其职也。"周朝时期,各地的诸侯都要定期向周天子报告其治所的情况。秦始皇统一天下后,要求臣工用书面形式定期向他汇报情况,进行述职。后来历朝历代的统治者都要求地方官吏定期述职。于是,述职报告成为行政管理的手段。

写好述职报告,不仅可以更好地总结履行岗位职责的情况,提高工作水平,而且也是每一位工作人员基本素质的体现。

述职报告内容所针对的是过去,是对过去某一阶段任职情况的回顾和自我评价;就写法而言，既要叙述工作过程，还要进行评说，叙述、议论相结合。这些特征都与总结一致，所以述职报告是总结的一种。

二、述职报告的种类

依照不同的标准，述职报告可以有不同的分类：

从时效上分，述职报告有任期述职报告、试聘期述职报告、年度述职报告、临时性述职报告（如一些应急的、不定期的述职报告）。

从内容上分，述职报告有综合述职报告、专题述职报告。

从述职主体上分，述职报告有管理干部述职报告、专业技术人员述职报告、聘用人员述职报告。

从表达形式上分，述职报告有书面述职报告、口头述职报告。

三、述职报告的特点

（一）述职主体的法定性

述职的前提是有"职"，是担任特定职务的人员向特定对象陈述自己履行岗位责任的情况，不任"职"或无"职"者，也就不存在或根本无资格述职，任何个人和集体都不得替代其他个人和集体进行述职。述职者一般必须以第一人称的口吻，对自己的工作情况进行自我评述，因此，述职报告的主体具有法定性。

（二）实用价值的鉴定性

述职报告是实际主管部门和有关评审组织对述职人任职实绩和能力考核的依据之一，也是群众评议的基础，是述职人履行职责程度的衡量，是述职人升迁、留任、降职、调职的重要凭证。对述职人来说，述职报告的实际价值无与伦比，就述职报告的作用程序和最终目的而言，具有很强的鉴定审核特征。

（三）文书内容的规定性

个人总结可以反映个人全方位的情况，而述职报告的内容一般是根据某一职位和职责的履职标准，着重汇报个人履行某职的情况。岗位职责和岗位目标是由国家、部门或单位统一制定的，它规定了某一岗位的职权范围和工作责任，因而述职报告的内容也是既定的、明确的。作为述职者实践活动的产物，述职报告不仅要进行定量分析，也要进行定性分析。

（四）拟制时效的特定性

述职报告一般是任职期满、试聘期满、年度工作结束或一项工作暂时告一段落时才使用，故其写作的时间具有一定的限制；同时，述职报告也必须在规定时间内写完才能发挥其应有的功效，其时效性非常强。

四、述职报告的作用

述职报告是我国社会主义现代化建设过程中，建立和实行新的干部人事体制和专业技术人员管理和考核体系的一个重要工具，其作用非常明显。

一是有利于组织人事部门考核、选拔、任用干部,建立、健全公平、公开、公正的干部人事任用和聘任机制,完善专业技术人员的任用机制。它是社会主义市场经济条件下新型用人体制的体现,并有利于发现和选拔社会主义建设事业的接班人。

二是便于人民群众的监督、评议,是人民群众参政议政的形式之一,对于强化干部的公仆意识和为人民服务的精神,强化人民群众的主人翁地位和当家做主意识,都具有极大的作用。

三是有利于促进被考核人员不断总结经验,明确自身职责,努力提高自身的政治思想水平、领导才干和业务素质,清正廉洁,爱岗敬业。

四是由于述职报告多以口播形式出现,需要当众宣读,或呈送上级领导阅处,因此,述职报告还有利于提高述职人的表达能力。述职人对自己的述职报告多精心制作,对报告中观点的阐述、材料的取舍、内容的选择、结构的安排、语言的运用都格外用心,因为它们都直接反映着述职者的工作实绩、工作态度和基本素质,以至影响着述职者的形象和前程。由于人们的倍加重视,述职报告对于提高述职人的文字水平很有帮助。

五、述职报告的写作

(一)述职报告的结构和写法

根据写作实践和实际功能,述职报告一般由标题、署名、主送机关或受众、正文、落款几个部分组成。

1. 标题

述职报告的标题有多种:一是只写文种名称,即《述职报告》;二是代词加上文种名称,如《我的述职报告》;三是文种名称前加上述职的时间范围,如《2013年度述职报告》、《试聘期述职报告》;四是文种名称前加上任职时限和任职名称,如《2008年至2012年任文学院院长的述职报告》;五是使用主副标题,主标题一般为述职报告的主旨、基本观点、基本经验等,副标题使用前面四种形式中的一种。

2. 署名

一般在标题下或正文之后的落款处署上述职人的姓名。若标题中已经出现了述职人的姓名,则不必再有单独的署名。

3. 主送机关或受众

作为机关事务文书和个人日常应用文书,述职报告有特定而明确的受众对象。述职报告若呈送给专门机关,一般写上"××××组织部"、"××××人事部"等;若在一定场合当场向领导或下属宣读的述职报告,则应当使用对人的一般称谓,如"各位领导"、"同志们"等。

4. 正文

正文是述职报告的主体部分和核心部分,其质量的优劣决定了文章的成败。

述职报告的正文一般由引言、主体、结语组成。

引言即前言,一般简要地说明任现职的自然情况,即在何单位任何职、任职的起讫时间等。引言还可以加上所任职务的岗位职责及个人认识、对个人履行职责的总体评价,以确定述职的范围及基调。如:"作为副厂长兼厂办主任,我分工主抓生产和厂长办公室的工作,聘任期为五年,从××××年×月×日至××××年×月×日。根据××××的要求,现将本人任职期限的情况报告如下。"

主体部分一般围绕职责要求,具体而有条理地陈述自己的德、能、勤、绩。

"德",主要包括任职期间执行党和政府的路线、方针、政策的情况,遵纪守法的情况,自己的事业心和敬业爱岗精神,自己的集体意识、团队协作精神、工作作风等。

"能",主要指自己履行现岗位的基础理论和专业知识是否扎实,自己分析问题的能力、开拓能力、创新能力如何等。

"勤、绩",主要包括工作量情况,任职期间如何按岗位要求履行职责,岗位目标的完成情况,工作中解决了哪些具体问题,取得了哪些成果,社会效益和经济效益如何等。写作时可以从三个方面体现:一是正面陈述自己的业务实绩;二是从侧面展现自己的实绩,如获得过哪些奖励,自己的业绩得到过哪些专家、领导、同行的肯定与赞扬等;三是可以适当地通过与其他单位、过去同一时期工作的对比,进一步强化自己的工作实绩。

主体部分在陈述业绩的同时,还要一分为二地指出履行职责方面的一些不足之处,并且一定要实事求是,具体问题具体分析。有些应当解决而自身暂时还不具备解决条件或确实无力解决的实际困难也可以写出来,以引起上级领导和职工群众的重视,争取在他们的帮助下得到解决。

主体部分可选择以下两种常见的结构方法:横式结构和纵式结构。

横式结构,即按照事物的性质和逻辑关系组织材料,多角度、全方位地表现述职人的工作情况。这种结构的关键是要安排好述职人的各项工作的内在逻辑关系,分清主次,摆正因果。

纵式结构,主要用在工作阶段较为明显的工作岗位的陈述中,一般按照时间先后和事物发展的自然顺序安排内容。这种结构对任职时间长、任期内的工作变动大的述职人最为有利。但运用这种结构,切忌把述职报告写成"流水账",同时也要注意各段落之间的过渡、连贯。

主体写完后,一般要在述职报告的末尾有个明确结束语作为标志,既显示了自己对上级领导或下级群众的尊重,也在一定意义上表示了自己做好工作的愿望,如"以上述职,请予审查"、"以上报告,请批评指正"、"述职至此,谢谢大家"。

5. 落款

在述职报告文本的最后写上述职者的职务、姓名、成文日期。如果标题下已有署名,此处可略。

(二)述职报告的写作要求

1. 述评结合,详略得当

述职报告,顾名思义要重在"述",即要真真切切、实实在在地谈情况、摆材料、讲事实,但在事实材料陈述的基础上,还应当进行由此及彼、由表及里、由浅入深的思考分析,从而得出经验,引出教训,鉴定工作,自我评价,找出带有规律性的理性认识,以有效地指导今后的工作。同时,围绕所履行职责的岗位目标,突出重点,有的放矢,详略得当。

2. 写出个性,写出新意

大千世界千变万化,每个人即使履行的是相同的工作职责,其完成工作的过程、方法也会千差万别。述职报告是特定的述职人根据自身的具体情况拟写的,因此,一定要写出自己特有的工作方法、特有的工作经验、特有的工作体会、特有的工作感受,写出个性,力求文如其人。同时,事物总是在不断发展的,每一个时代有每一个时代的强音,每一个特定的发展阶段有每一个阶段的思维方式,不同时期、不同的述职人总要总结出一些新鲜经验,写出一些新意,这也是述职人创新意识、进取精神、开拓能力的重要体现。

【例文】

从副省长到政协副主席

江苏省政协副主席　吴瑞林

　　2003年初省政府换届，本人获选连任副省长，分工有所调整。主要分管、联系经济体制改革、国有资产监管、国土资源管理、劳动和社会保障、工商行政管理、质量技术监督、食品药品监管、整顿规范市场经济秩序等方面的工作，并按省长安排一度分管教育，协助联系发展、物价、统计、金融、财政、税务等。

　　2006年初，由组织安排获选为省政协副主席，仍留任副省长至3月31日。4月初到政协工作，主要分工联系人口资源环境、医药卫生体育两个专门委员会与医疗卫生、体育两个界别。五年努力，自认为尚属称职。

　　——更加注重学习。

　　理论源于实践，理论一经产生又会成为实践的指针。尤其在十六届中央领导集体产生之后，理论上既有继承、更有创新，有不少新的重大理论建树，其中特别是科学发展观的提出与不断完善升华。本人在深入调查、结合实践基础上，认真学习钻研，较早提出了科学发展观有"两个来源与四个组成部分"，在"发展是硬道理"回答了"要不要发展"的重大历史课题之后，科学发展观是为解决发展的正确性、也就是"如何发展、发展什么"的历史新课题应运而生的，其关键在"科学"，就是从今往后只有科学发展才能算硬道理。在讨论"十七大"准备工作时多次建议将科学发展观写入党章、并明确为新时期新的历史起点上全党新的指导思想。对完善社会主义市场经济体制提出"四个更、四个重点与防止两个反弹"；对经济体制改革提出"因循无可为，奋然未必难"；对构建和谐社会提出解决人人有饭吃、进而推动促进就业是最重要的物质基础，做到人人皆可言、推进民主政治进程是最重要的政治基础；对社会主义新农村建设归纳了"八个关键词"；对大势分析提出"四大基本判断与五项战略举措"等。以上学习探求体会曾在北大等高校，金融、税务、发展改革等单位作过讲座，并在一些中央级媒体发表。转岗政协后，恰逢中央发布《关于加强人民政协工作的意见》，学习所得所思概括为"人民政协的昨天、今天与明天"，《意见》的"核心、实质、关键、重点"等，在省政协委员专题培训班与部分市政协培训班上宣讲，反应较佳。

　　——更加勤奋工作。

　　2003年5月，国务院发布关于加快推进再就业工作的通知第二天，就在消化文件精神基础上赶赴相关厅局现场办公，立即布置全省性大检查，弄明情况，结合实际，研究会商，提出了较为完整可行的工作思路并付诸实施，当年取得明显成效。"十五"期间全省劳动与社会保障工作取得一系列重大突破，曾总结为"六大成绩、五个特点"，如一些关键性指标：城镇登记失业率由逐年以0.4个左右百分点速率攀升转为逐年下降，从2002年的4.2%降至2005年的3.56%；城镇五项社会保险参保缴费人数、当期基金收入、滚存结余额均大幅增长，叫做"五险三增"，成为全国亮点，参保缴费总数与增量分居全国第二和第一；促进就业与社会保障平台网、工作网、信息网服务百姓"三网齐备"。坚持每年全省调研，学习外地经验，整个劳动与社会保障工作有了一套明晰思路与良好工作基础。

　　适逢国土资源管理秩序由乱到治、国家将土地与投资作为新一轮宏观调控的"两大闸门"的关键时期,这方面工作难度空前加大。坚持治标与治本相结合更加注重治本,注重法制、体制、机制建设与队伍建设,在很短时间内顺利完成了国土资源管理体制改革。在反复整顿检查验收基础上实施了严格的土地与矿产资源管理,国土资源部在江苏召开现场会推广节约集约用地经验与做法;规范征地补偿行为,在全国较早提出全面市场化配置土地资源与合理安排土地出让纯收益使用顺序问题;规范测绘管理秩序,指导出版了新版《江苏省地图集》……

国有资产监管方面,把关定向,明晰思路,监管与受监管方定位准确,地方国有经济稳步发展,布局结构调整见到实效,国企改革规范、深化,监管制度、体系基本形成,队伍建设与党建均出现新气象,在全国无论是工作效率还是监管水准均列前茅。令人遗憾之处在于,国资委成立前的某些国有资产严重流失案例几乎无可追诉。

市场监管方面,也逢全国性的连年市场经济秩序整顿,我们见事早、行动快、力度大,坚持围绕民生、标本兼治、规范市场、科学发展,特别在饮食用药安全方面提出要掀起一场整治风暴,并落实一系列具体措施。江苏市场没有出太大问题,工商、质监、食品药品监管、整规办工作也都走在全国前列。有的工作我在全国电视电话会上介绍过经验,在国务院专题座谈会上谈的市场治理整顿经验与相关建议为上级领导所采纳。

在分管教育期间,针对"教育产业化"等片面提法,努力纠正国民教育尤其是九年制义务教育方面的"泛市场化"、"泛私有化"偏向。对教育,公共财政应当"输血",而不能像个别经济困难县市反而从教育"抽血"。提出对全省教育"要害在认识、根本在服务、出路在改革、关键在投入、合力谋发展"五大措施,取得较广泛认同。

2004年,按省长指派配合国务院调查组对"铁本事件"的调查。在坚持弄明情况、一切结论应产生于调查末尾的基础上,提出过一系列积极建议。

直至离开政府岗位前,布置安排或完成"十一五"规划编制,土地规划修编,2006年度发展改革、统计、物价、财税、金融等方面工作,着手从财政体制入手的"省直管县"、上市公司股权分置改革、治理商业贿赂,组织动员并基本完成江苏地方银行筹备工作。

在政协工作期间,参加各项活动,认真调查研究,团结党外各方,积极建言献策。人口、资源、环境均已成为基本国策,就节能节地节水降耗、可再生能源利用、饮用水水源地保护与农村饮水安全、长江水资源保护利用与污染防控、太湖及内陆湖泊保护治理、近海资源保护利用、国土矿产测绘、规划环境影响评价、环境生态保护等课题,与委员们一起在深入基层考察调研交流、充分听取民意基础上提出过一批建议,如"不能躺在环境库兹涅茨曲线上等拐点"等产生了较大的社会影响。医药卫生体育同样是民生课题,也是急需强化的社会管理、公共服务领域的重要内容,就群众体育与竞技体育、社区与乡镇基本医疗卫生服务、重大疾病预防控制、民族中医药发展、医疗卫生体制改革、食品药品安全以及遏制打击虚假违法广告、农村卫技人员的培训、待遇与队伍建设等方面,积极调研、建议,并认真做好提案督办。

——更加突出为民。

农民,尤其是失地农民,进城民工权益一度受到严重侵害,本人对一些领导干部喊出"往前数三代,有几位不是农民出身!现在有少数领导数典忘祖、忽视农民权益";推动实现提高征地补偿标准,建立被征地农民基本生活保障制度以保障其长远生计;奋力完成严重拖欠被征地农民征地补偿款的大难题;从制度上彻底解决基层国土所人员长期游离于体制外的问题。全力推动促进就业再就业,就业再就业相关政策安排一直在全国领先一步、优先一拍;强调解决老百姓"饭碗"问题是"天大的事",是群众根本利益之所系。针对国企大力减员增效形成下岗失业大军,提出"三挤出三吸纳"对策,要求尽量多分离分流安置、少减员下岗失业,放开吸纳就业"进水龙头"、适当拧紧推向社会的"出水龙头"。在收入分配方面一直主张解放思想,江苏居民收入要与经济贡献相匹配,收入决定消费、消费刺激生产、生产拉动经济增长;初次分配要突出效率也要兼顾公平,再分配要突出公平也要兼顾效率,既要纠正平均主义,又要限制收入差距的两极分化倾向,并就劳动保障工作提出相关政策调整意见;坚持每年调升最低工资标准,督促各类企业不能"只涨利润不涨工资";外资、合资、私营企业同样要保障职工合法权益,并以此作为劳动监察工作重点;强调绝不允许以违法牺牲职工劳动保护与社会保障利益为代价营造所谓"政策凹地"招商引资……转岗政协后的各项工作,更是处处不离民生话题。

一直坚持并要求相关人员带着责任、带着感情、带着办法、带着政策、带着作风去关注民生,解决老百姓最关心、最急迫、最直接的切身利益问题,始终牢记自身是农民之子。

十届继续当选全国人大代表,一如九届,认真履行代表职责,力求反映群众呼声,参加各项调研视察活动。大会期间积极参政议政,撰写多项提案、建议。

——更加珍视风骨。

一路走来,认认真真办事,规规矩矩做人。一直严肃认真地对待工作,殚精竭虑,细致深入,作风民主,遵章守纪,从不揽权更不滥权。以普通党员身份参加共产党员先进性教育活动,并与一、二、三批联系点的党员一起开展党性分析、接受批评建议、认真落实整改。牢记宗旨,警示自我,联系群众,以诚待人。坚守民主集中制,坚持廉洁从政。敢于碰硬,解决难题。坚持办实事说真话,条件不许可时宁可不说话,尽管因此有时开罪于人,但为国为民,心向往之、志弥坚兮。直至转到政协,依然保持提前半小时到班、早来晚走的"企业习惯"。余生有限,不敢虚掷光阴,毫无松懈散漫。

毛病依旧,太过较真而灵活不足,言辞太直而容易得罪人,在如今盛行的"关系学"面前,依然是"小学水平"……

这五年,将会是在岗在职的最后一站,好在对得起国家、人民,对得起自己的良心……

第五章 信息类文书及文书的交流功能

第一节 信息类文书概述

一、信息类文书的特点与功能

信息类文书是党政机关、企事业单位、社会团体等组织机构用来搜集、汇报、传达信息材料的文书,是上级与下级、单位内外交流联系、保证信息畅通的重要工具。

21世纪是信息时代,不论在政治、经济、科技等领域,还是在我们的日常工作、学习、生活中,都离不开信息,信息在社会各个领域发挥着越来越重要的作用。随着信息化的逐步推进,信息类文书会在社会组织中扮演越来越重要的角色。

(一)信息类文书的特点

1. 内容的真实性

信息类文书是机构之间以及机构与成员之间沟通信息的重要渠道,信息交流贵在内容的真实性。只有材料客观真实,才能引导文书接受者正确认识和思考。内容的真实性,一方面表现在材料的客观准确,即文书中的问题、情况、数据、报表等必须真实客观地反映事物的本来面目,必须经过深入实际的调查取证,不能主观臆断,无中生有;另一方面表现在结论要反映事物本质。信息类文书往往需分析研究材料,揭示事物的本质,发现隐藏于表象背后的规律,把感性认识上升为理性认识。这种内在的真实是对材料真实性的体现和升华,更有助于我们认识事物的真实面目。

2. 选材的典型性

社会生活变幻多端,每个组织每天都要面对不同的情况,接受不同的信息,我们不可能把细琐繁复的信息逐一记录下来,必须对这些信息进行筛选加工,选择具有代表性、倾向性、典型性的问题和现象,通过对典型问题的分析研究,达到以点带面、以局部带动全局的效果。典型材料的选择一定要立足工作实际,综合考虑事件的性质、影响、作用等诸多因素,同时要敢于突破,大胆创新,对于一些苗头性、倾向性的事件要果断曝光,将可能出现的不良结果扼杀在摇篮之中。

3. 交流的平等性

信息类文书是报送传达信息的文书，和法定公文、规约类事务文书不同，它具有鲜明的交流平等性。这种平等性主要体现为施效的潜移默化。法定公文和规约类文书具有较强的权威性和强制性，此类文书一经制发，收文者必须在规定的时间、范围内严格遵照执行文书的指示和要求。与此不同，信息类文书的施效方式表现为对收文者潜移默化的感染与熏陶。以简报为例，简报是机关单位重要情况的简要报道，它以发布信息的方式实现单位内外的沟通交流，这种交流不含有强制性措施，在接受者的自我阅读、接受和交流中实现宣传教育功能。

4. 行文的灵活性

在党政机关、企事业单位、人民团体等组织机构的日常工作中，信息类文书的使用频率较高，它是机关单位联系上下、沟通交流的纽带，行文比较灵活。信息类文书作为搜集、汇报、传达信息的工具，不受使用主体和材料内容的限制，不论是党政机关还是企业团体，不论是政策法规还是行业信息，都可以使用。一些不需用法定公文发布，同时又需相关单位个人周知的情况，也可以使用此类文书发布。

5. 制发的时效性

信息类文书反映的情况和问题都是某段时期内的热点问题，或迫切需要解决和处理的现实问题，具有一定的时限性，所以，只有及时快速地制发文书，才能使其在特定的时间内发挥应有的效力。对于一些恶性事件，如果不能及时地汇报解决，就可能带来非常严重的后果；对于一些先进事迹，也只有在适当的时间宣传出去，才会发挥榜样的引导作用。

（二）信息类文书的功能

1. 信息交流

信息交流功能是信息类文书最重要的功能。信息类文书是机关单位上情下达、下情上达的工具，通过调查、汇报类文书，上级单位可以及时了解下级单位的情况、问题、需求；借助简报、动态类文书，下级单位也可以准确掌握上级单位的重要举措、精神和指示。

2. 辅助决策

"没有调查就没有发言权"，正确的决策往往需要深入实际的调查和体验，占有大量的现实材料。调查类、汇报类文书承载了大量的感性信息，通过对这些感性材料的分析比较，一方面可以客观全面地认识事件的真实情况，有助于正确地分析问题，避免决策盲目化、片面化；另一方面可以揭示出事物发展变化的规律，有利于准确地把握事件发展的趋势和方向，进而辅助领导做出科学正确的决策。

3. 宣传教育

信息类文书的宣传教育功能主要体现在两点：一是无意识的宣传教育。在有些信息的传播过程中，发文者并没有明确表达教育的意愿，但收文者在信息的阅读过程中，主动学习、接受文书中的知识、经验、精神等，达到了客观的教育效果。二是有意识的宣传教育。发文者主动发布先进事迹、好人好事等具有教育意义的典型，号召收文者学习，追求进步，这在典型材料中有着非常明显的体现。

二、信息类文书的种类

信息类文书种类繁多，名目复杂，常见的有调查报告、简报、通讯、典型材料、汇报材料、情况报告、工作汇报、内部参考、工作动态、行业信息、政务信息等。由于没有相关法规的统一规范,此类文书的划分比较混乱。按内容分,信息类文书可以分为经济类、司法类、军事类;按发布期限分,信息类文书可以分为定期类、不定期类;按适用范围分,信息类文书可以分为内部文书、外部文书。本书综合考虑文书的性质和用途,将信息类文书分为信息调查类、信息传播类和信息报送类。

信息调查类文书是指用于信息搜集、考察、调研的文书,这类文书主要是为了解决某种问题或完成某项任务,行文具有明显的针对性和目的性。调查报告是典型的信息调查类文书,此外,它还包括考察报告、行业信息、政务信息、典型材料等,如《腾飞的法宝——苏州外向型企业调查》、《关于×××的事迹或材料》。

信息传播类文书是指以信息的共享、发布、传达为主要目的的文书。它包括简报、快报、情况交流、工作动态、内部参考等,如《×××教学工作简报》、《×××内部参考》。这类文书重在发布单位内部的动态、信息,有助于工作人员及时了解单位的重要情况,对于发挥工作人员的主人翁精神,提高工作积极性具有一定的帮助。

信息报送类文书是下级单位向上级单位呈报工作进展情况的文书。这类文书主要针对机关、企事业单位一段时期内出现的重要问题、重要情况进行总结汇报,它反映的情况往往具有阶段性、针对性。信息报送类文书主要包括汇报材料、工作汇报、工作报告、情况报告等,如《关于×××的情况汇报》、《关于×××的工作报告》。

三、信息类文书的基本写法

除了简报类文书具有独特的结构模式(报头—报核—报尾)外,信息类文书的结构和写作方法基本相同,一般由标题、正文、结尾三部分组成。

（一）标题

标题是文章主旨的精炼概括,力求在简短的字数内,反映出文章的主要内容和思想意义。信息类文书的标题一般分为单标题和双标题两种。

单标题又分为文件式标题、文章式标题两种形式。文件式标题由"发文机关＋事由＋文种"组成,如《全国农业区划委员会办公室关于开发区占地情况百县调查报告》。在写作实践中,文件式标题并不完全由发文机关、事由、文种三部分组成,而是经常采用"事由＋文种"、"发文机关＋文种"或"文种"的构成方式,如《关于普通高等院校艺术教育现状的调查报告》、《×××单位简报》。文章式标题是对文书内容的提炼和概括,写作自由,醒目鲜明。或采用提问式标题,揭露问题,总结经验,如《"问题少年"的出现,原因何在?》;或采用陈述式标题,点名主旨,发人深省,如《学习实践"三个代表" 与时俱进再谱华章》。

双标题由正、副标题两部分组成,正标题揭示文章的主旨,副标题表明事件的主体、对象、范围等。如《大自然的警钟——关于宁阳地区地下水下降的调查》,正标题就环境污染、破坏带来的负面效应发出警示,点明主题,副标题对调查的对象作出交代。双标题主旨鲜明、层次清晰,对于揭示问题、加深读者的印象有重要帮助,但在拟制标题时,需注意正副标题内涵的过渡性、层次性,不要出现正副标题内容重复、叠加的现象。

（二）正文

正文是文书的主体部分,在这部分,作者要交代清楚事件的基本情况、发展脉络,揭示出现象背后隐藏的原因、规律，并针对问题提出建设性意见。正文的结构大致可分为纵式结构、横式结构和纵横结合式结构。

纵式结构即按照人们的思维方式、事物发展变化的规律来组织材料、展开全文的结构形式。它是信息类文书经常采用的形式，或者按照时间顺序组织材料，或者按照事理的发展逻辑组织材料，或者按照人们的认识规律组织材料。纵式结构使文书脉络清晰、重点突出，便于阅读者理解和接受。

横式结构，是指文书的结构沿着横向展开，各个组成部分之间呈并列关系。这种结构形式在简报类文书中经常使用，简报正文往往包含多个组成部分，各个组成部分之间不存在内容上的包含与被包含关系，也不存在鲜明的因果、递进等逻辑关系，它们之间只是一种简单的并列关系，相互独立，又相互联系，共同构成一个有机的整体。在一些综合性的汇报材料中也经常采用横式结构形式。

纵横结合式结构由纵式结构和横式结构组合而成，它同时具有纵横两种结构形式的特点。这在内容复杂、容量较大的信息类文书中经常使用。采用纵横结合式结构，既可以按照事件发生发展的逻辑顺序纵向展开，也可以把事件横向铺开叙述，它可以统合横式和纵式结构的各自优势，有助于更合理、更全面地表达文书内容。需要注意的是，在选择使用这种结构形式时，要合理组织、精心安排，切忌出现结构混乱的情况。

（三）结尾

信息类文书的结尾方式多样，一般包含以下几种类型：

1. 问题型

针对文章反映的具体情况、事件的性质、发展方向等，在文尾提出相应问题，引导读者思考，进而实现宣传教育作用。

2. 总结型

总结全文的主要观点，进一步深化主题。

3. 建议型

提出解决问题的方法、对策或下一步改进工作的建议，指导工作实践。

4. 鼓舞型

展望前景，发出鼓舞和号召，表达美好意愿，激励工作者顺利完成工作。

5. 没有结尾

有的文书不作专门的结尾，正文完成即收笔。

第二节　调查报告

一、调查报告的性质

调查报告是对客观事物进行实地调查研究后写成的反映客观事物规律的书面报告，是反映调查研究成果的一种文体。它包括供报刊使用的新闻体裁和供单位工作使用的应用体裁。

单位工作中的调查报告,是实行管理的一种必不可少的手段,是管理者掌握情况、交流经验、指导工作的重要工具。在日常工作中,不论是认识社会,还是制定政策,或是贯彻上面的指示,都需要了解下边的实际情况,进行调查研究。经过详细、周密的调查,再进行科学的分析、研究,这样写成的文字材料就是调查报告。

二、调查报告的特点

(一) 目的明确,有针对性

调查报告的性质,决定了写调查报告必须有明确的目的,有的放矢。一篇调查报告是否写得成功,就看它是不是能根据当前的方针政策,从实际工作需要出发,经过调查研究提出新问题,总结出新经验来,或揭发出违背当前方针、政策,妨碍事业顺利进行的错误倾向。总之,它要回答大家关心的问题,要解决实际工作中迫切需要解决的问题。

(二) 事实确凿,讲准确性

调查报告一般都有明确的观点,和评论类的文章有相似之处,但是它们又有明显的区别:一是评论文章虽也要用事实来阐明观点,但评论文章所用的事实只是论据之一。调查报告主要是用事实说话,而且往往首先是介绍事实,然后才在事实的基础上得出结论和观点。二是调查报告的观点或结论的提炼与评论文章不同,一般不是通过逻辑分析得出来的,而是从具体事件及其过程中概括、提炼出来的。三是在评论文章中,作为论据的事实不要求全面、系统和完整。在调查报告中,由于观点或结论是全部依据事实作出的,所以必须做到事实全面、系统和完整。

(三) 叙议结合,重叙述性

调查报告在表达方法上主要用叙述,同时也兼有分析、议论,即以叙为主,以议为辅,叙议结合。以叙为主,就是让事实说话,因为事实是基础;但也不能只摆事实,不问原由,不作结论。要谈原由,作结论,就必须有分析和议论。当然,议论必须精当,画龙点睛,不宜大发议论,更不宜空发议论。

三、调查报告与总结的区别

经验性调查报告和经验总结容易混淆,要注意区别。

(一) 两种文体的共同点

一是都要求深入调查研究,掌握丰富的材料,认真分析研究,找出规律性的东西,用以指导工作。

二是都要求从工作实际出发,总结出贯彻执行方针政策的经验,有很强的针对性和政策性。

三是都要以叙事为主,通过典型材料阐明经验。

(二) 两种文体的不同点

一是经验总结多采用第一人称写法;而调查报告则一般由上级单位派员或新闻记者从全

局出发,选择典型采写,用第三人称。

二是经验总结是本单位的工作回顾,一般要有高姿态,要找出不足和差距,明确今后努力的方向;而调查报告则以典型经验推动面上工作,不一定找差距、写不足。

四、调查报告的作用

调查报告有着自身的特点,也有着自身独特的作用,概括起来,大致是:

一是可以作为上级单位制定路线、方针、政策和指导工作的依据。管理者进行决策时,只有"情况明",才能"决心大、方向明"。而调查报告,正是准确反映情况的重要工具之一。

二是可以检验上级方针、政策贯彻执行的情况,有利于克服官僚主义,培养求实精神。各级管理者在调查过程中,能够接近基层,有利于纠正某些管理者脱离群众、脱离实际的不良作风。

三是可以扶植新事物,推广先进经验。将基层中涌现出来的好的管理经验、好的管理作风和管理方法、突出的工作成绩等写成调查报告发表出来,通过各种渠道介绍新事物、宣传先进经验,促使新生事物成长、壮大,有利于推动各项工作的健康发展。

四是可以揭露问题,为处理和解决问题提供材料。在真相不明、众说纷纭的情况下,有关部门通过调查,写出澄清事实、揭露真相的调查报告,有利于迅速制止谣传,帮助群众分清是非与真伪。另外,有些调查报告还可以还历史事实的本来面目。

五、调查报告的分类

调查报告通常是从调查的内容和调查的方法来分类的。

（一）按调查的内容分类

1. 总结经验性的调查报告

它是作者对工作中出现的先进和典型事物进行调查研究之后所写的,侧重于反映各项工作中比较成熟的和具有榜样意义的先进经验,为贯彻上级方针政策提供具体的做法、范例与经验,有较大的指导意义。有时,在传达、贯彻某项新政策、指示时,要辅以调查报告,以增强说服力。

典型材料是一种重要的总结经验性调查报告,它主要用于介绍先进人物或先进单位的典型事迹,总结成功经验,树立榜样,引导大家学习先进,追求进步。在写作典型材料时,要注意以下两个方面：一方面要保证材料的真实可靠。真实是典型材料的生命,只有真实的东西才能打动读者,才能引导读者朝积极的方向发展。另一方面需确保选材的典型性。要表现先进单位或个人的模范事迹,就应该选择对先进人物或单位有影响力、表现力的突出事件,写深写透,做到主旨明确、重点突出,只有这样,才能达到良好的教育效果。

2. 反映基本情况,提供决策依据的调查报告

领导在制定一项方针、政策或制定某项事业的发展规划,一个大型协会或组织要开展大范围的群众运动时,常常派遣专业人员或单位领导自身加上秘书,深入基层,了解实际情况,广泛而系统地掌握第一手资料,进行科学分析,写出有说服力的调查报告,促使一项政策的出台,一场大的活动的展开,当然也可能否定某一政策的出台与某项活动的展开。

行业信息是最近几年出现并被广泛使用的信息类文书,就文体本质看,它属于反映情况、辅助决策的调查报告。按内容分,它可分为政务信息、金融信息、法制信息、电信信息等,每个

行业都有自身独特的行业信息。

政务信息是反映政府工作情况、报送政府领导决策和指挥工作所需信息的实用文书,它是最成熟、最典型的行业信息。政务信息一般由信时、信域、信体三部分组成。信时指信息发生的准确时间;信域指信息产生的行政区域;信体指政务信息反映的事件本身,它是政务信息的主体。政务信息来源广泛、内容多样,写作时要注意信息的筛选过滤,选择准确真实、有价值的典型信息,散稿精写、虚稿实写,有重点、有目标、有方向地写好政务信息。

3. 反映新生事物的调查报告

新生事物是指符合客观规律,代表前进方向,具有强大生命力和远大前途的东西。在领导工作中,需要十分注意发现和支持新生事物。撰写这类调查报告就是比较完整、全面地说明一个新生事物的产生和发展过程,着重指出它是在什么条件下、什么背景下产生的,经过了什么矛盾和斗争,有着哪些现实意义,今后的方向等。

4. 揭露问题的调查报告

这种调查报告侧重讲问题,用大量铁一般的事实揭露某个领域、某个单位工作中存在的问题,查清事实的性质和危害,工作失误程度,弄清是非,分清责任,既可作为上级公正、严肃处理问题的依据,又能引起有关部门和个人乃至社会的警觉,接受教训,少犯或不犯类似错误。这种调查报告,党的纪律检查部门和政府的监察部门撰写居多,有的可以公开发表,有的可用为文件附件发到有关单位,往往与公文中的通报相配套。

5. 还原历史真相的调查报告

由于各种主、客观原因,某个历史阶段会发生一些冤假错案,处理问题出现一些偏差,引起单位和个人来信、来访、申诉。这类调查报告要用正确的观点进行调查研究,澄清是非,还历史本来面目。这类调查报告针对性强,矛盾冲突非常尖锐,撰写有一定难度,但成文后往往影响较大。

(二)按调查的方法分类

按调查的方法分类,调查报告分为综合调查报告和专题调查报告两种。

1. 综合调查报告

它是采用普遍调查的方法,围绕一个中心问题、一项新的决策等进行调查研究后写出的综合性调查报告。普遍调查就是要确定一定的调查范围,然后对这一范围内所有对象进行调查。这种方法的好处就在于它的普遍性,可以写出比较接近实际的、比较全面完整的调查报告。这类报告较多地用于科学研究中,比如人口普查等。

2. 专题调查报告

它是采用非普遍调查的方法,围绕一个具体的问题进行调查研究后写出的调查报告。非普遍调查不是对确定的范围内的所有对象进行调查,而是只选取部分对象,这"部分"当然是有一定代表性的,比如是重点部分,或是典型部分,或是抽样的部分,即运用典型调查、重点调查、抽样调查的方法,这样获取的材料同样具有科学依据。

六、调查报告的写作

调查报告虽然种类较多,但在写法结构上有其一致性,大致可以分为标题、开头、正文、结语四个部分。

(一) 标题

调查报告的标题有以下三种常用方式：第一种是文章式标题；第二种是公文式标题；第三种是正副标题，如《腾飞的法宝——苏州外向型企业调查》，一般是正标题提示主题，副标题标明调查对象，也有的调查报告的副标题标明调查的范围或调查的事件等。标题下面是署名，写出调查人姓名或单位名称。

(二) 开头

调查报告的开头，也称"前言"、"序言"、"总提"，是对调查的简要说明，用来说明调查的时间、地点、对象、范围、方式等，或者概述调查对象的基本情况和全文的主要内容。这部分总的要求是要抓住要害，揭示本质，有真实感，有吸引力。开头的方法细分起来，常见的有三种：

1. 内容提要式

它以叙述性文字极简练地将调查过程、内容和结论反映出来，给读者一个总的印象，然后在主文部分再分项细述。这种开头常见于介绍经验的调查报告。

2. 介绍提问式

它先概括介绍某单位的情况，然后设问：如此条件，某单位却如何如何，奥秘何在？接着在主文部分再作出明确的回答。这种开头，逻辑严密，丝丝入扣，起到总领全文的作用。

3. 论断式

它在开头部分就调查内容的实质和意义提出作者自己的观点，表明态度，目的在于引起读者的强烈兴趣，一般此种写法适合于针对热门话题的非热门看法（逆向思维）的调查报告。

(三) 正文

它是调查报告的主体部分，是调查报告的主干，叙述事实、表达观点、分析和评价、归纳结论等都集中在这部分里。调查报告的种类不同，主体部分的写作要求和方法也就不一样，要根据内容而定。它大致有四种行文结构方式。

1. 纵式结构

它是按照事情发生的先后顺序，从头至尾地加以叙述，是一种纵切面的结构方式，其好处是有助于读者对事物发展的来龙去脉作全面的了解，并且可以边叙边议，给人以真实、亲切之感。

2. 横式结构

它是根据问题的性质，把调查中所获取的材料，分为若干问题，按问题的性质归类，横着排起来，逐点、逐层叙述，分别从不同角度说明中心问题。篇幅比较长的调查报告，可以用顺序号和小标题加以区别，这种写法使得调查报告眉目清楚，条理分明，易于读者掌握内容。

3. 纵横式结构

它兼有上述两种结构的特点，从文章的全貌来看，是综合式的，是从问题发展的脉络来写的，但在叙述的过程中或叙述完问题的发展过程之后，又分别对一个问题的几个方面或一个典型的几条基本经验，分头加以阐述，这样既考虑时间顺序，又考虑空间顺序，纵横交错，有条不紊。

4. 对比式结构

它是用两种不同事物的对比贯穿主体部分的始终，以不同的认识、不同的办法、不同的结果等鲜明的对比来突出调查报告的中心思想。

（四）结语

此部分要写得干净利落，令人回味。有的结语充满热情和信心，给人以鼓舞；有的结语对全文总结，有深化主题的作用；有的结语提出新问题，指出方向，启发读者进一步思考；也有的调查报告不作专门的结尾，正文的内容写完就结束。

七、调查报告写作的注意事项

一是明确调查的目的、对象、范围，有实事求是、坚持真理的精神，不带着某种框框去搜寻所需"材料"，更不能走形式，弄虚作假，报喜不报忧。调查报告的结论只能产生在调查的末尾，而调查的目的、对象、范围却应当在调查之前就确定下来。调查目的是根据客观事物发展的要求，按照当前的方针、政策来确定的。明确了目的，可以使调查研究按照预定的计划有步骤地进行。

二是学会调查研究，全面、深入地进行调查，充分详细地占有第一手材料。对被调查的事物，不仅要了解它的现状，还要了解它的历史；不仅要了解这一事物的全局，还要了解与其有联系的事物，以便分析和比较。在调查过程中接触的材料，要求准确、真实，能反映客观事物的本质。另外，调查还要求全面，正面的材料和反面的材料都要了解、掌握。

三是在掌握大量第一手材料的基础上，认真分析材料，研究材料，从感性上升到理性，归纳出正确的结论，概括出调查报告的中心观点。这个中心观点一经确立，就能对调查报告撰写中的全部观点和材料起统率作用，贯穿于全文，并能根据它来选择材料、安排材料，使调查报告成为一个有机整体。具体撰写时，还要注意观点与材料的统一，既不要堆砌材料，也不要空发议论。

四是注意表达方式，言简意赅，克服繁琐累赘。调查报告主要是用叙述性的语言来表达的，可用一定的说明、议论笔法，但主干部分是客观的叙述。由于调查研究中积累的材料很多、很庞杂，对事物的认识又有一个由浅入深的过程，很容易产生繁琐累赘的毛病。要克服这种毛病，除了抓要点、多分析外，还要求叙述语言简明、生动、准确，并能在恰当的地方运用一些基层流传的通俗、形象的语言，使调查报告更加生动、精彩。

【例文】

创新机制　锻造队伍　提升效能
构建规划服务的"绿色快速通道"
——淮安市规划局加强机关作风建设的调查报告

淮安市规划局以服务发展、服务基层、服务群众为主题，以人民满意为标准，紧密联系规划工作和地方发展的实际，大力加强作风建设，不断提高机关干部素质和行政能力，各项工作取得了长足发展，受到市委市政府和人民群众的高度认可。经过数年努力，从2002年全市作风评议"三差"，跃上全市第一名的新台阶。2006年，该局荣获省、市15项先进集体称号，被评为全市经济发展软环境建设进位奖第一名和行风建设第一名。全市评出20个"企业满意处室"，规划局占1/4。市委书记丁解民说："实践证明：规划部门只要认真履行职责，为城市、为老百姓做实事，就能得到社会好评,他们都是'干'出来的!"

一、既当好行政决策的执行者,又当好党委政府的参谋助手,使规划工作真正成为引导发展的先行官

根据党委政府确定的发展战略超前谋划,提供科学的规划决策依据。局党组着眼于淮安城市发展的新定位、新形势、新要求,用科学发展观统领规划工作全局,认真学习现代城市规划理论,借鉴国内外的先进理念和经验,较好地发挥了规划对城市化和城市现代化的引领作用。省第十一次党代会提出"加快培育淮安等苏北腹地中心城市"的目标,规划局以强烈的使命感和紧迫感,积极策应与对接,站在将淮安建成苏北特大城市的高度,跳出淮安看淮安,以前瞻的眼光谋求规划的新思路和新方法。加快淮安与长三角经济圈接轨研究,深入开展内生动力、辐射能力和商业、物流、现代服务业空间布局研究;用统筹的思路,对市域范围一万平方公里空间进行全方位的分工和定位,构建统筹引领区域发展,挖掘和发挥区位和资源优势的新格局。按照"国家历史文化名城,新兴制造业基地,区域性综合交通枢纽,绿水生态城市,苏北重要中心城市"的新目标,不断深化规划编制,加快完善规划体系,编制完成《城市总体规划》、《市域城镇体系规划》、《历史文化名城保护规划》等100余项各类规划,基本建立新一轮城乡规划编制体系,老城区控规覆盖率达100%,新城区达96%,跨入全省先进行列,为市委市政府组织城乡建设和发展提供了法定的规划依据。

跟踪城市建设和发展的重点项目,主动高效地提供规划保障。规划局的同志们常说,对城市没有情感搞不好规划,对社会经济发展没有责任感搞不好服务。根据建设先进的制造业基地,营造以IT业、"中国新盐都"和冶金产业为代表的新兴工业城市的需要,加强对生产力布局和重点工程项目的规划服务。强力推进市经济开发区和三个区级工业园区"四区联动",整合土地资源。重点规划推进IT产业等九大支柱产业的集约、集聚、集中发展。对带动地方经济发展的重大项目,主动靠前保障,提出凡市政府确定的重点工程项目,一周内提出规划要点。台湾IT产业巨头富士康科技集团意向在淮安投资建设科技园区,规划局积极规范运作,从签约到开工仅三个半月,市领导和客户都十分满意。总裁郭台铭说:"淮安是我第一个没有亲自考察就决定投资的地方,我们对淮安的投资项目充满了信心。"这个总投资额约20亿美元的项目顺利落户和建成运转,将成为淮安新的经济增长极。

着眼城乡统筹发展加快镇村规划编制,为新农村建设提供有效的规划引领。结合乡镇行政区划调整及自然村的撤并,编制完成了全市镇村布局规划,将全市原45 864个自然村,规划调整为5 034个农民居住集中点;完成了10个重点中心镇规划、425个村庄建设整治试点规划,通过省级抽查验收;征集、编制新型农房住宅设计,编制出版了《淮安市新型经济适用住宅通用图集》,完成了市委、市政府交办的《富士康(淮安)新农村小康城建设试点可行性研究报告》,有效地指导农村基础设施和公共服务设施的建设,促进城乡统筹发展。

二、既依法行政,又创新服务,在各种矛盾的碰撞中提高规划效能

加强规划公示和宣传,以透明度求公信力。一是做好规划公示,实行"阳光规划"。规划成果和经规划审批的项目,公示率达100%。特别是对居住区的建设工程规划许可,在建设工地现场悬挂公示牌,在大众媒体和规划网公示,还定期有奖征集公众意见。二是拓宽规划宣传面,每年与《淮安日报》联办10期《淮安规划》专版,开

展《规划法》颁布实施15周年纪念活动,发放宣传材料3万多份,2006年发表180多篇宣传文章。先后8次将40多项规划在公共场所展示,吸引参观者2万多人次,收集意见和建议500多条,其中30条已被采纳。局领导亲自上门征求市人大、政协代表的意见和建议,多次邀请人大代表、政协委员视察规划工作。对重要地段、重要项目或群众关心的项目规划,邀请市民、开发商、人大代表、政协委员和利害关系相对人的代表举行听证会。采取竞标的方式,择优挑选设计单位。这些举措,较好地保障了公众的知情权和参与权,体现了阳光行政、民主行政的要求,进一步赢得公众对规划的了解和支持。

既坚决对不符合规划要求的项目说"不",又积极帮助其创造"行"的条件。规划编制的法定性、前瞻性和实施过程的严肃性,与城市建设和发展中不可预见的随机变化,是一对绕不过的矛盾。淮安市规划局在矛盾面前,首先是坚定地维护规划实施的严肃性,同时设身处地地积极为政府和基层出谋划策,创造既满足项目和投资需要,又符合规划要求的条件。当建设项目不符合规划被否决时,及时提出两套以上方案供业主挑选。淮阴区年产60万吨盐硝联产项目,投资者看中旅游风景区的一块地,不符合规划用地性质。规划局在耐心向他们说明规划要求的同时,为其重新选择了地块,投资商和区政府非常满意。

招商到哪里,规划服务就到哪里,提供规划与发展的零距离对接。围绕市委市政府"中心城市大推进、大突破和工业经济大项目、大推进"的战略,创新服务方式。一是帮办服务。委派素质高、业务精的技术骨干进驻各区招商局和工业园区,及时受理招商引资项目的规划服务。对市重点工程、政府为民办实事工程,以及招商引资、市政基础设施建设等项目优先办理,符合规划要求的,选址和用地许可随报随收、即批即发,进一步优化和畅通"绿色快速通道"。二是会办服务。局每周召开一次业务例会和局领导现场办公会,及时会办规划事项。2006年,局先后4次到淮阴卷烟厂、淮钢集团等大中型企业现场办公,主动帮助企业协调解决问题。三是局、处领导挂钩服务。投资5 000万元以上工业项目由局领导挂钩,3 000万元以上的由处长挂钩。去年4月,局长曹华富在审理"中石油"经淮安到仪征的石油管道铺设项目时,敏锐地感到这是淮安石化工业的发展机遇,立即向市委市政府建议,会同有关单位申请在淮安留管道接口获得批准。仅此一项,就为淮安石油分公司每年多创2亿多元效益。四是千亿产值项目特办服务。局先后为台湾知名跨国公司——旺旺、康师傅、富士康三大集团和穹顶滑雪场等项目提供超前、精细、优质服务,使之顺利落户淮安,受到省、市领导和客商的一致好评。

三、既严格管理,又更新机制,在与基层和群众的互动中加强规划管理

强化服务,由"官本位"向"民本位"转变。

技术创新,由"经验型"向"信息化"转变。

落实责任,由"人管人"向"制度管人"转变。

拓展民主渠道,由单一行政管理向行政部门与专家、基层和群众的互动式管理转变。

四、既严格要求,又关心培养,以教育、制度和监督锻造过硬团队

以群众意见为导向,剖析问题,扎实整改。(略)

以制度建设为根本,激励约束,赏罚分明。(略)

以学习培训为抓手,强基固本,完善素质。(略)

××××年×月×日

(调研组成员:王××　叶××)

第三节　简　报

一、简报的性质

简报,顾名思义就是简要的情况报道,是一种具有汇报性、交流性和指导性的简短、灵活的行政事务文书。

在中国共产党的历史上,简报的实际运用已有较长的时间。解放战争时期,中共中央关于报告制度的一系列指示已包含了简报这种形式。毛泽东同志于1948年1月为党中央起草了《关于建立报告制度》的党内指示,要求各中央局和中央分局每两个月向中央作一次综合报告。建国以后,简报被作为机关的应用文体正式定名。

1956年6月8日,国务院通过的《关于所属各部门工作报告制度的规定》提出:"各办、外交、计委、建委、体委、民委、侨委,每两月向总理写一次工作简报,明白、扼要地报告所掌握的范围内重大问题的处理、工作中重要情况和经验。"由此可知,当时的工作简报,是下级专门向领导反映重大问题和重要情况的一种简要的工作报告,此后,由于简报具有鲜明的特点,非常实用,使用的范围就越来越广。

二、简报的特点

(一)内容广泛

简报的内容包罗很广,有反映工作部署和进展情况的,有交流工作方法和经验的,有报告工作中新情况、新问题的,有介绍典型事例的,也有传达上级机关的布置和意见的。总之,凡是值得参考、借鉴的事实、动态,均可以作为简报的内容。

(二)形式特殊

简报有固定的刊头,格式别异的主体。就格式的规范性而言,与公文相似;就内容的新颖性而言,与新闻相似。简报是公文与新闻之间的交叉文体。

(三)行文灵活

简报的主送单位没有上行、下行、平行的严格限制,可根据工作需要自行酌定,因此行文自由灵活,不受限制。

(四)制发自由

刊头上标明的制发者,一般是领导机关的办事机构,如"××局办公室"、"×××厂党委办公室"等,由它对"简报"负政治和技术责任。简报不加印鉴,不算正式公文。

三、简报的分类

简报是个统称,实际上它的名称多种多样。以其内容来看,常见的主要有反映日常情况的"工作简报"和反映会议情况的"会议简报"两大类。反映日常情况的"工作简报"也可以叫做"工作情况"、"工作简讯"、"情况简报"、"情况反映"、"工作动态"、"工作通报"、"内部参考"、"快报"等,或冠以专业、机关、学校、厂矿等单位的名称加上"简报"、"简讯"、"情况"等字样。会议简报是对重要会议的议题、议程、重要发言和决议事项等内容进行快捷报道的简报。

(一)从内容方面分类

1. 工作简报

工作简报还可分几小类,常见的有:

(1)业务简报。它贯穿于各单位业务工作的始终,具有长期性、连续性的特点。业务工作一有新情况、新变化,就及时反映,便于掌握工作的全部进程;它有较强的业务性,能在业务工作范围内发挥较好的交流作用;它重在情况和问题的介绍,而不作过多的分析、推论。

(2)中心工作简报。影响较大的中心工作,从开始到结束,都可通过简报来反映其发展变化、措施做法、问题经验、收效成果,从而透视出中心工作的全部过程。

(3)问题简报。它的内容大多是需要及时向领导机关迅速报告的严重问题,如重大的事故、严重的工作失误等。

2. 会议简报

会议简报根据会期的长短、性质不同可分为关于会议的连续报道和关于会议的一次性报道。

凡是会期较长的大型会议,都要有连续性的简报,从开幕到闭幕,几乎每天一期。

关于会议的一次性集中报道既可以用于反映大型的会议,更被经常用于反映一天半天的小型会议。

(二)从形式方面分类

如果从简报的形式来看,简报可以划分为综合性简报和专题性简报两大类。

1. 综合性简报

综合性简报,是对某一方面情况或问题的综合反映。写综合性简报要在大量的材料中,提炼出一个表现中心思想的标题,接着用简练的语言概括这一中心思想和主要事实内容,就像新闻中的导语那样,给人以总的印象。然后主体部分要按照一定的逻辑顺序,分几层意思,用几个典型事例去说明观点。

2. 专题性简报

专题性简报,其内容可以是一个问题、一件事,也可以是一个问题、一件事的某个侧面,或某个人、某些人的见解和意见等。专题性简报写作,需要选择典型的事件或问题,紧紧抓住这个事件或问题所能揭示的主题思想,去粗取精,有层次地反映事物的本质,使人既能了解事情的全貌,又可以从中看到它的典型意义,受到启发。

以上是从内容和形式两方面进行划分的,其实划分标准不同,简报的种类也不同。按保密程度分,有限制范围的内参性简报和一般性简报;按出刊日期分,有定期简报和不定期简报;按发行时间分,有长期(经常性)简报和短期(中心工作)简报。

四、简报的作用

编发简报的目的在于交流经验、反映问题、互通情况。具体地讲,简报的作用反映在四个方面:

(一)简报是单位领导和上级主管部门了解下情的重要渠道

简报具有"下情上达"的作用,是单位领导和上级主管部门了解下情的重要渠道。

一是简报可以把单位各部门的实际工作情况、经验和教训、成绩和失误,以及工作中的困难和需要上级帮助解决的问题及时向领导反映,为单位领导和上级主管部门制定各项工作决策、推广典型经验、指导工作提供可靠的依据。

二是简报可以把群众的思想情绪、愿望和要求向领导反映,使领导准确地掌握群众思想的脉搏,有的放矢地做好群众的思想政治工作。

三是简报可以为做好某项工作汇总各方面意见,分析利弊得失,提出几种可行性的工作方案,供领导决策时权衡、斟酌。上级机关根据简报反映的情况,可以及时发现带有普遍性的问题,从而作出决策,指导工作。

(二)简报是单位领导指导工作的有效形式

简报具有"上情下达"的作用,是单位领导指导工作的有效形式。简报要及时向下级和基层传达领导意图和对工作的指导性意见。简报在某种意义上讲,是本单位的"机关报",反映着本单位领导的意图。

一是简报可以直接刊载本单位领导的工作意见。

二是简报可通过"按语"的形式传达领导的意图,指导单位各部门的工作。

三是简报可以转发本单位某一部门比较成熟的、对面上工作有指导意义的经验,供本单位其他部门参考、借鉴。

(三)简报是单位内部交流情况的重要途径

一是本单位的重大事件、突发性事件往往要通过简报的形式加以报道,传播到整个单位。

二是本单位的工作、生产、技术、经营、管理等各个方面出现的新情况、新问题往往通过简报这个"窗口"提请各部门重视和研究。

三是单位所属各部门的情况也要通过简报来传递和交换。

(四)简报是单位之间的"媒介"

简报反映一项工作,都要介绍做法、具体过程、经验和问题、应注意事项等,这些对兄弟单位都有一定的启发和参考价值。成功的经验可以学习借鉴,失败的教训可以引以为戒。因此,有些简报可以由上级转发,有些简报可以抄送本系统兄弟单位或其他的同行,以互通情况、交流情报、交换经验。甚至有些简报还可以抄送新闻单位,以提供报道线索。

五、简报与其他文种的区别

从以上四个方面可以看出,简报的作用比较广泛,但它毕竟不是正式文件,不能代替领导机关作决定、指示,也不能代替下级机关向上级作请示或报告。下级机关有问题需要请示上级的,应当正式行文专门请示。同样,上级机关对下级的工作指示,也要发布正式文件。总之,简报不具有行政领导的指令性效能。

值得注意的是,简报所具有的汇报性这一作用,与总结、报告是一致的,但也有差别:首先,在时效上,简报十分注意时效性,要求及时向上级汇报工作进展情况以及突出的经验和问题;总结和报告一般是在一项任务或一个阶段工作完成以后作的较全面的汇报,它不过分强调时效性,主要是注重对工作的准确反映。其次,简报的内容比较灵活,有一点反映一点,贵在新;总结和报告重在揭示工作的发展过程,既有过程,又有结果,还应有经验及今后意见,因而比较注意完整性。

简报是简要地报道已发生的事实,虽与新闻报道有相似之处,但简报只向一定范围报告,并且报告的都是与工作有关的事情。

简报是报告单位情况的,与调查报告不同。调查报告往往是上级或有关单位进行调查后写的,必须从全局来看局部,必须有大量的分析、研究,而简报不需要。

简报与同样以叙述为主要表达方式的小说、报告文学等也有区别。简报不能虚构、假想,虽然也要生动,却不宜抒情,不宜带文学色彩。

六、简报的格式与写作

简报的种类很多,作用很广,写作方法也各不相同,没有一个固定的模式。但是,各种简报都是以把情况简明地说清楚为目的,因而也有一些共同的要求。

下面以简报的格式入手,讲解每一部分的写作要求。

秘密		编号
	××简报 第×期(总第××期)	
×××××编		年 月 日
编者按:		
	标题	
正文:		
报: 送: 发:		
		共印×××份

简报的格式与正式公文有些不同,一般包括报头、报核、报尾三个部分。其中,报头分为密级、名称、期号、编发单位、编发日期几个项目;报核主要包括标题、正文两部分,有些简报还由编者配加按语。

(一)报头

简报一般都有固定的报头,占第一页上方几行的位置,一般分以下几个小部分:

1. 密级

根据简报的机密程度,分别注明"秘密"、"机密"、"绝密"或"内部刊物、注意保存"等字样,位于报头左上方。

2. 简报名称

简报名称印在简报报头上方的正中处。为了醒目起见,字号宜大,尽可能用套红印刷。字体可以用印刷体,也可以用书法家或本单位领导人的手写体。

3. 期号

期号位于简报名称的正下方,一般按年度依次排列期号,有的是统编的累计期号;也可以写清"第×期/总第××期"。属于"增刊"的,要单独编排,要加"增刊"二字,以示区别。

4. 编发单位

编发单位应用全称,一般位于报头下面左侧。

5. 编发日期

编发日期,包括年、月、日,以领导签发的日期为准,位于报头下面左侧。

为清晰起见,报头部分与标题和正文之间一般都用一条粗线隔开。如一期简报编排几篇稿件,则在报头横线以下加入"本期目录"字样,并具体列出目录。一般每条前面加黑色实心圈,以示醒目。由于简报内容一般都简单,所以目录不显示页码。

(二)报核

报核是简报的主体部分,位于报头下方,用一条与版心等宽的一字线隔开,一般分为标题、按语、正文三部分。

1. 标题

标题是人们通常所说的题目。简报标题不同于行政公文的标题,类似新闻标题。它是全篇的主眼,应当用极为简明的一两句话揭示简报的主要思想,或反映简报所报道的对象和事件,概括简报最主要的内容,以引起读者对简报的注意。简报的标题是简报的"广告"。一个好的标题可以使人一目了然,看了标题就能推知简报的大致内容,好的标题对全篇起画龙点睛的作用,能吸引读者把正文看下去。因此,简报的标题关系着能否吸引读者,能否扩大宣传效果,必须精心拟制,做到准确、鲜明、生动、简洁。有些简报还有副标题,以补充正标题,强化标题的含义。

2. 按语

为了引起读者的注意,有时转发一些重要的、带有典型意义的简报,常常要加一个按语。

(1)按语的作用。按语通常是为了表示发文单位对本期简报所反映的情况和提出的问题的倾向性意见,帮助读者加深对简报内容的认识和理解。

(2)按语的位置。按语在简报中无固定位置,如果是针对一篇文章的按语,放在标题之下,正文之前,以与正文不同的字体排印,并在标题和正文之间各空一两行,以示区别,有时在这段专门文字前写上"按语"、"编者的话"等字样;如果是针对全部文章的按语,放在横线左下;也有的按语是针对简报中的某一观点或材料配写的,可以根据需要灵活地加括号穿插在文稿之中。

(3) 按语的分类。按语从内容上区分,大体有三种类型:一是说明性按语。对发布简报的原因、依据、目的、反映情况等作简要说明,明确行文的合法性、必要性、方向性等,帮助读者加深对简报内容的理解和印象。二是提示性按语。对一些篇幅略长的简报,特别是一些介绍经验的简报,扼要介绍要点,提出应从中学习或应注意的经验、教训。三是批示性按语。对简报的内容作出评价,或指出不足,或提出要求。当然,按语不是指示,一般提要求也多用探讨、期望的和缓语气。

(4) 按语的写作要求。按语的写作,可以采用政论的笔法,也可以采用杂文的笔法。不论是哪种写法,都必须注意三点:一是不要重复简报中已叙述清楚的基本事实;二是要深刻精辟,富于指导性,发人深省;三是文字要简洁,措词严谨,意尽文止。

简报的按语,可由负责简报编辑的同志拟写,也可由本期简报的撰稿人代拟,还可请单位主管领导同志批示。

3. 正文

正文是简报的中心,是简报的具体内容所在。它同其他公文的正文结构基本相似,由开头、主体、结尾三部分组成。

(1) 开头。正文的开头非常重要,它关系着主题的表达、结构的安排、思路的发展,要求新颖而不故弄玄虚。写法可类似新闻报道的导语,把时间、地点、人物、事件、原因交代清楚;也可以鲜明、尖锐地提出问题,然后在下文用事实加以回答;还可先在开头提出结论意见,然后在下文再做阐述。

(2) 主体。这是主要部分,具体内容很多,必须恰当地分出段落。通常用纵式结构和横式结构两种。前一种是按事物的发生、发展过程和时间顺序安排层次,常用于情况介绍类简报,如同新闻的消息,写作上一贯到底。如果要分自然段,则用"总分式"或"因果式",这种结构在"信息交流"、"动态反映"中广泛运用。后一种是按照逻辑顺序(即事物的内在联系)来组织层次,常用于经验介绍类简报。按内容分类归纳,形成几点经验或几个鲜明的观点,然后横向并列地一条条写。这种结构在"工作研究"、"经验交流"中普遍采用。

(3) 结尾。正文的结尾一般是最后一段或最后一句话,它是对简报内容的概括小结;或进一步指出事物发展的趋势;或对简报所反映的事实加以评述,激发读者的感触;或发出号召;或给读者留下思考的余味。结尾撰写要注意的是不与开头、主体重复。凡是简单明了的内容,主体部分已经说清,就可收住,无需再有结束语。常见的写法有:"事物正在进一步发展"、"问题正在进一步调查中"、"处理结果如何,下期再报"等等。

在正文的末尾处要注明材料来源:如在括号内写出作者姓名,或是"据×××单位报告摘编",或是"××办公室",或是"厂办公室供稿"等。

(三) 报尾

报尾位于简报最后一页下方,注明本期简报的报、送、发单位。报,指简报呈报的上级单位;送,指简报送往的同级单位或不相隶属的单位;发,指简报发放的下级单位。注明报、送、发单位,可以避免漏发或重复报送,也有利于归档备查。如果简报的报、送、发单位是固定的,而又要临时增加发放单位,一般应注明"本期增发×××单位"。最后还应包括本期简报的印刷份数,便于管理、查对。

七、简报写作的注意事项

(一)反映要快

主要表现为新鲜、及时、灵活。简报类似新闻报道中的"消息",随采随写,便于领导及时掌握新的动向,便于有关单位及时了解新的情况。简报不快,就失去了它存在的意义和价值。特别是会议简报,往往是会议第一天的情况,在会议第二天就要通过它同与会者见面,过时就起不到及时指导会议的作用,这要求编写简报的人员一边听取会议讨论,一边分析归纳,讨论结束,已成轮廓,即可动笔。

(二)选材要精

一个部门、一个单位,每天都要接触大量情况和问题,但简报不能有闻必录,每事必报。应围绕本单位的实际,反映那些最重要、最典型、最新鲜、最为群众关心、最需要引起注意的问题。要从全局着眼,注意反映事物发展的动向性问题,要具备工作敏感性,善于抓苗头性问题。

(三)内容要真

简报不同于文学作品,不允许对那些心理活动、环境、气氛等无形的事实搞"合理想象",要做到简报所选用的任何材料,包括人名、地点等都完全准确无误,不能道听途说,要做实地调查、了解。对工作情况的基本估价和对问题的分析,应该实事求是,准确适度。

(四)风格要实

简报的风格要求简洁、朴实。一般不用描写,更不需要抒情,文字要干净、利索,写法要直截了当,开门见山。为了简明扼要、短小精悍,与主题关系不大的内容,应割爱或略写,注意一稿一事,不贪大求全。

最后,谈谈简报的编辑工作。编写简报,有编有写。编,就是用现成材料,如下级单位或上级单位的材料,必要时还可用外单位的;编,就是确定用什么,用哪几篇,怎样排列;编,还可以进行加工、修改,加上按语。有时可将同类的集合成一束,以便观照自身;有时又把相反的编在一起,形成对比。

【例文】

秘密

××大学"三讲"教育简报

(第×期)

××大学"三讲"教育领导小组办公室编　　　　　××××年×月×日

目录

　　★编者按

　　★党委开展调研活动,征集对学校工作的意见和建议

★查摆突出问题,研究"三讲"教育方案
★化学化工学院加大改革力度勇于开拓创新
★计算机系抓突出问题加紧制定青年教师培养计划

编者按:

在县级以上党政领导班子、领导干部中深入开展以"讲学习、讲政治、讲正气"为主要内容的党性党风教育,是中央和省委进一步落实党的十五大精神,推动深入学习邓小平理论,加强领导班子建设,提高领导干部素质的一项重要举措。我校被省委确定为全省"三讲"教育试点单位之一,承担了重要的责任。为了切实搞好我校的"三讲"教育,宣传"三讲"教育的重大意义、指导思想和具体做法,交流经验,我们特编辑了《××大学"三讲"教育简报》。《简报》将及时报道我校"三讲"教育的工作情况。欢迎各部门、各单位惠赐稿件,并对我们的工作提出宝贵的意见。

党委开展调研活动,征集对学校工作的意见和建议

1999年×月×日,学校党委召开由中层领导干部、专家学者、优秀中青年教师和离退休职工代表参加的调研会,全面征集对学校党政工作和班子成员的意见和建议。到会代表共77人,收回调研表74份。参加调研的同志以对学校工作高度负责的精神,结合学校的工作实际和个人的切身感受,对学校近年来取得的积极进展和党政班子的工作给予了充分肯定,同时也对学校工作中存在的问题提出了许多中肯的、建设性的意见和建议。这些意见和建议为学校领导班子查找自身存在的突出问题,并通过"三讲"教育切实予以解决,提供了重要的基础和依据。

查摆突出问题,研究"三讲"教育方案

1999年×月×日和×日,党委书记×××同志两次主持召开党政联席会议。会议认真听取了关于"三讲"教育调研情况的汇报。

班子成员结合学校的工作实际,根据省委关于开展"三讲"教育试点工作的要求,全面分析了广大群众对学校党政工作的意见和建议,实事求是地查摆了工作中存在的突出问题和不足。特别是针对伙食处存放私宰肉问题,班子成员进行了深刻的检查和反省。大家认为,这一事件暴露了我校管理工作中存在的突出问题,是不讲政治、不讲纪律的表现。这一事件给我们的教训是十分深刻的。班子成员一致表示,一定要从这一事件中汲取教训,举一反三,全面检查工作中的问题和不足。经过认真讨论,大家一致认为,在"三讲"教育中,校级领导班子要解决的突出问题是:理论学习不深入,深入改革的意识不强,坚持民主集中制不力,工作作风欠实,管理落后等。班子成员表示,一定要从自己做起,以办好××大学的高度的政治责任心和解决突出问题的决心,把这次"三讲"教育搞好。

学校领导对"三讲"教育方案进行了认真的研究,就开展"三讲"教育的意义、指导思想、目标要求、基本原则、方法步骤和组织领导工作等内容进行了深入的探讨,对工作方案草案进行了许多补充和修改,为在全校开展"三讲"教育提出了重要的指导性意见。

化学化工学院加大改革力度勇于开拓创新

化学化工学院党政领导班子利用"三讲"教育好时机,总结过去的经验,查找存在

的问题,提出了推进学院改革发展的整改措施,尤其是在增强改革意识,加大改革力度方面,勇于开拓创新,着实下了一番功夫。

第一,在教学改革方面,该院准备通过对个别专业的有关课程和教学内容进行调整,使课程体系优化重组,力求务实创新,打破原有专业界限,在调研基础上,对毕业班学生在开设必修课之余开设选修课,加大素质教育的力度;准备通过改革现有考试制度和补考制度,参照化学基地班试行动态学籍管理制度和不及格重修制度;对专职教师本着以自愿为原则,以发挥个人作用为目的,将进行教学、科研分流编制;对基础课实行课程组长负责制,课程负责制,质量承包,资金承包;对科研人员进行规范管理,放宽搞活,完善科研分配制度;准备成立工程研究生指导小组,由经验丰富的老师任组长,帮助工科教师指导研究生,提高科研能力;加强工科教学,采取请进来、送出去的办法培养中青年骨干教师,加强师资队伍建设的步伐;同时还对研究生的课程门类、课程体系、实验研究、论文答辩等工作做了有关规定。

第二,在科研改革方面,他们首先考虑成立了学院科研工作领导小组,加强对科研工作的领导、协调和管理;集中力量开展大项目研究,力求在高新技术开发上有所突破,在应用项目上注重高科技、高含量、高效益,力争申报发明奖、科技进步奖;继续支持和鼓励重点学科的研究工作;继续出台鼓励改革,鼓励产学研一体化,使科研成果尽快转化为实际生产力,为经济建设服务;同时,强化项目立项登记制度,积极向社会介绍推广。

第三,在管理工作改革方面,他们结合实际,以建章立制、规范管理为着眼点,在深入调查研究的基础上,已先后出台并实施了多项管理制度,如关于教室管理办法、实验室使用和仪器设备管理规定、大学生行为规范奖惩考评办法、学生宿舍测评规定等,另外关于《加强学院教学管理意见》、《加强学院科研工作意见》和《关于后勤改革的过渡办法》即将出台。这些办法和措施的出台和实施将为学院的发展起到很好的促进作用。

计算机系抓突出问题加紧制定青年教师培养计划

计算机系党政领导班子通过"三讲"教育,结合实际,查找不足,他们从班子自身建设入手,强化改革意识,明确改革思路,针对缺少拔尖学术带头人并在某种程度上已制约学科发展这一最为突出的问题,加紧制定青年教师培养计划。

他们着眼于计算机系的整体发展与21世纪对人才培养的需要,在政治思想、职业道德、教学科研水平诸方面,拟定了青年教师培养计划和要求。提出把正确处理好教师队伍整体素质提高与教师个性发展的关系,作为最大限度发挥教师队伍积极性的前提;把政治思想上关心与造教学、科研上进行发展的土壤和环境作为队伍建设与稳定的根本保障;把树立良好的领导班子集体形象作为保证教师队伍建设健康发展的重要因素;同时加大投资力度,关心教师生活等。在对青年教师的培养计划与要求中,他们还进行了一些量化的指标和考核,如政治理论学习的要求,教书育人、与学生交心谈心的具体要求,青年教师入党的有关要求,对青年教师有关开设基础课、专业课、选修课的门类及相应等级水平考试等方面也做了必要的要求。为保证该培养计划的实施与落实,计算机系将成立负责青年教师培养规划的检查和考核小组,建立青年教师政治、业务档案,培养情况与年终考核、晋级晋升挂钩,对认真完成培养计划的优秀教师,系里将有计划地选送到重点院校和科研单位访问、进修或出国学习,并择优列入学科带头人的后备力量。

　　他们从实际出发，重点加强青年教师"三支队伍"的培养，即在十年内，要选拔一批青年同志走向领导岗位挑起重任；要扶植一批青年同志站稳讲台，成为教学的中坚力量；要培养一批青年同志脱颖而出，成为在学术界具有一定影响的学术骨干。为此，他们积极进行鼓励和引导：一是加强基础研究，鼓励教师参加国际、国内学术交流，力争在国内外学术界占有一席之地；二是提高教师外语水平，适应高科技国际化的发展；三是加强道德修养，提高综合素质；四是要正确处理好红与专的关系、个人发展与整体发展的关系、教学与科研科技开发的关系。

报：中共××省委"三讲"教育领导小组办公室
送：中共××省委高校工作委员会、省直有关单位、校领导
发：各党总支、直属党支部、党委各部门

共印 50 份

第四节　汇报材料

一、汇报材料的性质

　　汇报材料是下级单位向上级单位呈报某项工作进展情况或某项政策、法令、指示等贯彻执行情况的文书。

　　汇报材料在机关、企事业单位日常行政过程中使用频率较高。某项工作在某一阶段的开展情况，某项重大事件的态势变化和处理情况，某次重要会议精神的传达情况，某项政策法规的执行情况……这些事项都需要下级单位以汇报材料的形式准确、及时地呈送给上级单位，使上级单位随时了解事情的发展情况，以便更好地给予指导。

　　要写好汇报材料，首先应该明确其本质，了解它与相关文种的差别。

（一）汇报材料与报告的区别

　　汇报材料和报告都属于报送类文书，在内容、用途、写法上具有一定的相似性。作为不同性质的文书，两者的区别在于：

　　1. 行政效力不同

　　报告是党和政府共同使用的法定公文，其法定性、权威性很强，一经行文，文书内容就具有相应的法律效力；汇报材料是重要的行政事务文书，不属于法定公文，其法定性、权威性不如报告。

　　2. 适用范围不同

　　报告和汇报材料都适用于向上级单位汇报工作、反映情况。除此之外，报告还可用于答复上级机关的询问，汇报材料无此项功能。

3. 使用主体不同

报告是党政机关、企事业单位、人民团体等机构组织对外行文的正式文种,部门不可以对外正式行文。也就是说,部门不可以使用报告,但是可以使用汇报材料,可以针对部门的工作情况向机关单位汇报总结。

4. 行文时间不同

报告一般是事后行文,即在工作完成之后向上级部门汇报情况。汇报材料既可以事后行文,也可以事中行文;既可以反映事件阶段进展情况,也可以汇报总结事件完成情况。

(二)汇报材料与调查报告的区别

汇报材料和调查报告都是机关、企事业单位日常行政工作中经常使用的事务文书,两者均可向上级单位反映情况、辅助决策,其主要区别有以下几点:

1. 内容侧重点不同

汇报材料主要是针对本单位内部的工作情况、问题向上级单位汇报反映,汇报的内容复杂多样,既可以反映重点工作、重大问题的办理情况,也可以汇报政策法令、会议精神的贯彻执行情况等。调查报告主要是针对系统内部出现的重点问题、典型问题、苗头性问题进行调查研究,重在典型经验的论证和推广。除此之外,它还可以对单位外部发生的并和自身工作、业务有关联的事项进行调查分析,进而调整工作思路、工作方法,其行文对象具有不确定性,需要随时应付出现的新问题、新情况。

2. 写作方式不同

汇报材料重在客观真实地反映事件的进展情况,叙事简练,点到为止,不需要作大量的分析研究和理论探讨;而调查报告不仅要详细完整地把事件的前因后果交代清楚,还要对材料进行理性分析,去粗取精、由表及里,找出隐藏于表象背后的规律,总结经验,得出结论。

3. 行文方式不同

汇报材料的行文具有主动性,它是下级单位主动向上级单位汇报情况;而调查报告则是领导部门针对新问题、新情况派遣专门人员或领导亲自出马,经过深入实际的调查研究撰写的文书,它经历了由上到下,再由下到上的办文过程。

4. 研究方法不同

汇报材料只需把工作情况真实客观地反映给上级单位,一般不需要做大量的调查研究工作;而充分占有大量第一手资料是写好调查报告的基础,因此,撰写调查报告往往需要深入基层调查情况、搜集材料,做大量的调查研究工作。

二、汇报材料的特点

(一)材料的真实性

汇报材料是下情上达的重要途径,由于种种条件的限制,上级单位不可能事必躬亲,这就需要下级单位协助配合完成工作。汇报材料的内容都是和单位发展密切相关的重点问题、重要事件,如果下级单位报送的材料不符合事件的真实面目,上级单位很难准确把握事件的基本情况和发展态势,更谈不上做出正确决策,这将会给下级单位工作的开展带来很大的影响。因此,写作汇报材料应抱着认真负责、实事求是的态度,保证材料内容的客观真实。只有这样,上级单位才可以做出正确指示,指导事件朝着健康的方向发展。

（二）内容的针对性

内容的针对性是汇报材料的一个重要特点。汇报材料的内容涉及单位内部中心工作的进展情况、重要政策的贯彻情况、重要问题的解决情况、重要精神的传达情况等，每份汇报材料都针对着一项具体事件或一个重要问题。如《2008年省政府民生实事住房保障进展情况汇报》，这份汇报材料紧紧围绕市民关注的住房保障问题，从政策措施、实施现状、取得成果等多个方面进行阐述，客观全面地总结汇报了一年的工作情况。在进行汇报材料写作时，要做到中心明确、重点突出，切忌眉毛胡子一把抓。

（三）行文的及时性

古语云："机不可失，时不再来。"意思是说，讲问题、做事情要把握良机，机会稍纵即逝，把握不住良机，事情做起来可能事倍功半。汇报材料也要讲究时效性，准确及时地上报材料，上级单位可以有效把握事件的发展趋势并及时作出调整。例如应急突发事件，它对时间要求非常严格，如果不能在规定的期限内进行处理，就有可能带来意想不到的灾祸。要妥善处理好应急事件，最有效的方法就是及时上报事件发展态势，群策群力，快速调整应对策略，不断解决新问题。

（四）对象的稳定性

汇报材料和其他信息类文书不同，它主要面向上级单位汇报工作，很少向同级机关和群众宣传报告，行文对象相对稳定。简报类文书的行文对象比较灵活，除了向上级单位呈报外，还可以用于内部交流以及兄弟单位的信息沟通。与此不同，汇报材料的行文对象主要限制于某个单位甚至某位领导，行文具有固定性和单向性。

三、汇报材料的作用

（一）辅助决策，加强管理

下级单位将重要问题、重要情况报送上级单位，上级单位根据事件的性质、影响等因素制定正确的应对策略，指导工作顺利开展，这是机关、企事业单位常见的工作程序。顺利解决问题的关键在于领导部门做出正确决策，而做出正确决策的条件在于充分占有大量客观真实材料。下级单位将大量客观真实的材料及时报送上级单位，可以辅助领导部门科学决策，加强对下级工作的指导和管理。

（二）沟通交流，加强监督

下级单位报送的材料一部分需要上级单位判断裁决，提出对策；一部分只是情况交流，保持上下信息的畅通。下级单位将事件的进展情况及时汇报上级单位，可以确保上级单位随时了解下级单位的工作动向，这对于上级加强对下级工作的监督指导，引导事件朝健康方向发展具有重要作用。

四、汇报材料的写作

汇报材料一般由标题、正文、署名日期三部分组成，其写法和信息类文书的写作模式大致相同。下面简要谈谈汇报材料写作中各部分需要注意的一些情况。

(一) 标题

汇报材料的标题简单分为两种:"事由+文种"式和总结提炼式。

"事由+文种"式标题是较为常见的标题样式,它由事由加汇报、汇报材料、情况汇报、工作汇报等词语组成,如《2008年省政府民生实事住房保障进展情况汇报》。标题的事由部分需要精雕细琢、有的放矢,精炼概括事件的主要内容,如《消防与安全管理工作汇报》,切忌漫天撒网,盲目求大、求全。

总结提炼式标题不明确标示文种,而是将事件的主题概括加工,凝练为一句话标题,如《军民一心,协同合作,抗震工作取得新进展》。拟制总结提炼式标题,需要作者具有较好的语言功底以及准确把握事件主旨的能力。

(二) 正文

汇报材料的正文一般由原由和事项两部分组成。

原由部分,主要介绍行文的依据、原因、目的等,为全文的展开作铺垫。结合实际情况,汇报材料的原由部分有以下几种写作模式:

1. 概述式

概述式,即开篇把事件的时间、地点、主体、事件进展情况等进行全面概述,给收文对象以整体印象。如《学校行风评议汇报材料》:"按照市教体局的统一部署,自今年8月份以来,我们认真开展民主评议专项工作,在实施过程中坚持'以评促教,整建并举'的原则,紧紧围绕'教育收费情况、师德师风情况、学校办学行为、校务公开及民主管理情况'等重要内容,扎实开展了民主评议工作。"

2. 引据式

引据式,即引用国家相关政策法规、上级单位指示精神等作为开展工作汇报的依据。如《2008年省政府民生实事住房保障进展情况汇报》一文开篇写道:"2008年省政府着重抓的10件民生实事中第8件提出:'切实加强住房保障。全省新增廉租住房1.2万套,新增经济适用房4万套以上,进一步稳定价格,明确政策,努力使低保家庭住得上廉租房,低收入家庭住得起经济适用房,新就业人员租得起房'。我们根据省政府实事项目的要求,狠抓落实,现将有关情况汇报如下。"

3. 目的式

目的式,即在文章开头着重笔墨写事件开展的目的,为下文的写作指引方向。如《某乡党委认真落实县委防雪抗灾工作汇报》:"……为确保全乡人民过一个祥和的春节,让群众切身感受到党和政府的温暖。乡党委、乡政府高度重视此项工作……全力以赴投身到防雪救灾斗争中去,力争把我乡的灾害损失减少到最低程度。现就我乡的抗雪救灾工作汇报如下。"

事项部分是汇报材料的主体部分,这部分需详细介绍事件的整体情况、具体工作步骤、工作成果,有些汇报材料还要找出问题和不足,提出整改措施。事项部分的写作,要根据事件具体情况,合理选择纵式结构、横式结构、纵横结合式结构,做到中心明确,结构清晰,详略得当,语言简洁。

（三）署名、日期

汇报材料的结尾往往需要注明汇报者名称和汇报时间，有的汇报材料的署名和时间标于标题之下，有的汇报材料只在文尾标注汇报日期，署名显示在标题之中。

汇报材料的署名可以是单位名称，也可以是单位的法定代理人，采用"职务＋姓名"的形式。汇报日期指汇报材料呈报的时间，标注于汇报人署名之下一行。

五、汇报材料写作的注意事项

汇报材料是机关、企事业单位经常使用的事务文书，撰写汇报材料是领导者必须具备的一项基本素质。写好汇报材料可以协助上级单位做出科学决策，推进工作顺利开展；反之，汇报材料主旨不明、结构混乱、语言啰唆，只会给工作带来更多阻力。写作汇报材料需注意以下几点：

（一）主旨明确，重点突出

汇报材料是以反映情况、解决问题为目的的应用文书，在写作过程中，要紧紧围绕所反映的情况、问题，多角度、多层面地分析思考，抓住事件的核心本质，做到目标明确、主旨鲜明。此外，内容表述要重点突出，主次分明，便于阅读者快速、准确地把握文章的重点。

（二）结构清晰，条理清楚

汇报材料的正文一般由采取的措施、工作的过程、实施的结果、存在的问题及对策等几部分组成。这些材料先写什么、后写什么、强调什么、略写什么，都要结合实际情况和领导意图合理安排，慎重选择横向结构、纵向结构以及纵横结合式结构，做到逻辑清晰，层次分明。

（三）语言简练，表述到位

汇报材料重在向上级单位汇报工作、反映情况，表达以叙为主，间以议论、说明。下级单位报送的材料庞杂繁复，需要写作主体披沙拣金，剔除无价值的信息，用最精练的叙述语言，把事件的基本情况表述出来，减少空洞的理论分析。语言简洁了，表达到位了，接受容易了，思路明确了，行政效率自然就上去了。

【例文】

充分发挥住房公积金的作用，
为实现"新就业人员租得起房"的目标任务做出积极的努力
——××厅住房公积金监督管理办公室汇报材料

住房公积金是目前解决城镇职工住房问题的政策性、保障性、互助性的重要资金来源和主渠道之一，更是在初次走上就业岗位若干年内经济基础相对薄弱的新就业人员租住住房的资金政策性来源，因此，充分发挥住房公积金的作用，也是实现"新就业人员租得起房"目标任务的重要方面。

一、为贯彻落实省委省政府《关于切实加强民生工作若干问题的决定》，具体落实省政府《关于解决城市低收入家庭住房困难的实施意见》，提高新就业人员租住住房的支付能力,允许新就业人员提取住房公积金支付房租,使新就业人员租得起房,我们在分管厅长的带领下,经过多次的调研和广泛地听取、征求各地住房公积金管理机构的意见,于9月4日出台了《关于新就业人员提取住房公积金支付房租等问题的实施意见》。实施意见的主要内容是：1. 新就业人员的界定；2. 提取住房公积金的用途；3. 提取的次数及时限；4. 提取的额度；5. 提取时所需必要的证明材料；6. 加强审核,实行动态管理；7. 加强防范,防止骗提和套取住房公积金挪为他用的行为；8. 加强对新就业人员建立住房公积金制度的督查,切实维护新就业人员享有住房公积金政策的合法权益,并提出了新就业人员建立住房公积金制度的三年争取目标；9. 认真落实新就业人员住房补贴随工资按月发放的要求。

　　二、由于本文件具有较好的政策性、指导性、可操作性,也比较符合新就业人员解决租住住房支付租金的实际情况,因此,就目前来看,已经取得了两方面良好的效果。一是社会效果。文件出台后,相关报纸、电视台及时地进行了报道,得到了积极良好的评价和宣传。通过电视对新就业学生的采访画面,反映出新就业人员的强烈赞许反响。二是在全省各地得到了及时的落实。文件下发后,各市住房公积金管理机构及时地进行了转发和宣传,并相继结合本地的实际情况,出台了各地新就业人员提取住房公积金支付房租的具体实施操作办法。目前,"允许新就业人员提取住房公积金支付个人住房租金"的政策已经在全省各地住房公积金管理机构中得到很好的有序落实。

　　三、问题与困难。主要是新就业人员建立住房公积金制度的难度较大,用人单位为减少用人成本,不为新就业人员交纳住房公积金的情况比较普遍,同时,新就业人员所就业单位非公企业占大多数。因此,各地住房公积金管理机构的执法与新就业人员维护合法权益的难度较大。对此,应采取的措施：一是要继续加强宣传,使用人单位能够认识为新就业人员交纳住房公积金是应尽的责任和守法用人义务,同时也要使新就业人员增强维护合法权益的意识和勇气；二是进一步加大各住房公积金管理机构的督促检查等执法力度；三是争取劳动人事部门的协作和支持,能够把为新就业人员交纳住房公积金内容列入劳动合同文本,从政府管理的角度,增强为新就业人员建立住房公积金制度的刚性。

　　以上汇报如有不当,请领导批评指正。

20××年10月8日

第六章 讲话类文书及文书的宣讲功能

第一节 讲话类文书概述

一、讲话类文书的性质与特点

这里所说的讲话是在正式场合的发言、报告或演讲,不同于日常生活中的谈话、说话。讲话类文书是人们在各种场合发言时所依据或事后整理而成的文稿。讲话类文书使用相当广泛,不仅适用于各级领导在会议上的讲话,也适用于所有工作人员,乃至普通群众只代表个人意见的各类发言。

讲话类文书有如下特点:

(一)使用的广泛性

如上所述,所有的领导、工作人员和普通群众都可以使用讲话类文书,该类文书具有使用广泛性的特点。就范围而言,大到国际会议、元首会晤,小到班组发言,都可以使用;就内容而言,国际、国家大事,工作中的各种事务,生活中的各类事项,都可以包括。

(二)内容的针对性

讲话类文书是现场的演说,直接面对听众,为了吸引观众注意,营造良好的现场气氛,讲话者心里必须时刻装着听众,针对听众的需要,想听众之所想,说听众之乐闻。如果针对性不强,听众就会听之无味,注意力分散,甚至还会闲聊起哄,使讲话难以为继。

(三)表达的口头性、情感性

讲话类文书虽然也是一种书面文体,但由于是直接面对听众的口头讲述,因此,它有着较强的口语化特点,比如句子不能过长,尽量减少修饰部分,语言上要讲求平仄起伏、抑扬顿挫,力求生动活泼。同时,讲话不仅是讲话人与听众之间思想的直接交流,也是情感的直接交流。讲话文书中适当的情感色彩可以达到良好的表达效果:一方面,讲话人要灵活运用多种表达方式来调动听众的情感,增强鼓动性和号召力;另一方面,讲话人必须随时根据听众的反应和情绪对讲话内容和讲话方式作适当的调整。

二、讲话类文书的种类

由于讲话类文书使用范围广泛，种类繁多，通常根据讲话的场合及主题的差异，分为四种类型：

（一）讲话稿

这里所说的讲话稿，通常是指各级领导或有关代表在各种会议上宣读的文稿。比如工作会议讲话、专题会议讲话、代表大会讲话、纪念会议讲话、动员会议讲话、座谈研讨会讲话和经验交流会讲话等等。

（二）开幕词、闭幕词

开幕词、闭幕词是在正式的大型会议开始和结束时，由主要领导人向大会宣读的阐明会议宗旨、说明会议议题和议程或总结会议成果、宣布会议决议的讲话稿。

（三）欢迎词、欢送词、答谢词

欢迎词是对客人的到来表示热烈欢迎的一种讲话类文书。欢送词是送别客人时表达良好祝愿的一种讲话类文书。答谢词是宾客在受到主人的热情款待时向主人表示感谢的一种讲话类文书。这些致词多数属于礼节性的文书，主要表现致词者的热情、祝愿、感谢之情，用以渲染、活跃气氛，给与会者以热烈而深刻的印象。

（四）演讲词

就性质而言，演讲词也属于讲话稿的一种，但是它与一般意义上的讲话稿相比有着明显的特色：从内容看，讲话稿一般交代工作方案，传达政策，表明态度，沟通信息，比较"政治化"；而演讲词一般谈人生理想、价值追求、生活态度，比较"生活化"。从作用看，讲话稿一般用于公共事务，主要用于工作会议、代表会议等；而演讲词一般用于各类群众聚会、集体活动。从写法看，讲话稿语言较严肃，多用说明、议论方法；而演讲词语言较活泼，除用说明、议论外，还常常使用叙述、描写、抒情等方式，甚至可以大量使用各种积极修辞格。

三、讲话类文书的基本写作格式

讲话类文书尽管种类很多、功能各异，但其写作遵循基本一致的格式。讲话类文书一般包含四个结构部分：标题、作者和时间、称谓、正文。

（一）标题

讲话类文书的标题有三种基本方法：

一是直接标明法，常标明"在×××会上的讲话"或"×××在×××会上的讲话"，开幕词、闭幕词、会议讲话多采用这种方式。如《在第100届中国出口商品交易会开幕式暨庆祝大会上的讲话》（开幕词）、《×××同志在职工代表大会上的讲话》（讲话稿）。

二是文章式标题法，即用一句话或一个短语概括全文内容，也可以使用一句带有修辞色彩的语句形象地指明文章主旨。这类标题往往带有副标题，写明讲话的场合或时间。如《全面开创社会主义现代化建设的新局面》、《共同谱写经贸合作的新篇章——在第三届中国—东盟商务与投资峰会开幕式上的演讲》。开幕词、闭幕词、会议讲话稿、演讲稿、欢迎词、欢送词、祝酒词等几乎所有的讲话类文稿都可以采用这种标题方式。

三是公文标题法，如《2012年政府工作报告》。

（二）作者和时间

讲话类文书作者和时间标注方法与一般公文不同，常常出现在标题之下，而不是正文末尾。在标题下面居中上一行写讲话人职务和姓名，下一行加括号写明时间。如下面的例子：

携手壮大新兴市场　促进全球共同发展
——在2012中国（宁夏）国际投资贸易洽谈会暨第三届中阿经贸论坛开幕式上的演讲
中华人民共和国国务院副总理　李克强
（2012年9月12日）

需要注意的有三点：一是如果标题中出现姓名、时间，则不用将姓名重写一次；二是时间必须写全年、月、日；三是有时可以在时间后面写上地点。

（三）称谓

讲话类文书是当众宣讲的，具有现场感，因此正文开始前一般要有称谓，称谓多用泛称。称谓要根据不同性质的会议，使用不同称呼。如党代会，用"同志们"；代表会议，用"各位代表"；组织机构会议，用"各位委员"。也可以多称谓连用，如"代表们、同志们"等，一般用于大型隆重的会议。称谓还可根据情况，加上"尊敬的"、"亲爱的"等修饰词语。如有重要来宾到会时，也可加上专指性称呼，以示礼貌、尊重，如对外国元首，可称之为"阁下"。

（四）正文

讲话类文书的正文一般包含三个部分：开头、主体、结尾。

1. 开头

根据讲话场合、目的、内容的不同，开头可用不同的方式：第一种是开门见山，开篇点题；第二种是先寒暄客气，然后导入正题；第三种是阐明会议召开的背景、意义；第四种是先提问题，设问开局。无论使用哪种开头方式，都要注意创造气氛、吸引观众，讲话者的态度要真诚、谦和，表现出对听众的尊重。

2. 主体

主体是讲话稿内容的核心部分，要求紧紧围绕讲话主题从多方面去展开表述，要做到观点鲜明，中心突出，是非分明、透彻，层次清晰。

讲话稿正文主体部分的层次安排主要有三种形式：第一种是纵式，即按照时间先后顺序安排层次，先写过去，再写现在，最后写未来；或按照事物发展的进程安排层次，先讲产生发展，再讲高潮，最后讲结局；或以人的认识逻辑来安排层次，如由表及里、由浅入深、由部分到整体等。第二种是横式，即按事物的不同侧面安排层次，或以问题的不同性质安排层次。第三种是对比式，即以事物的大与小、正与反、美与丑、善与恶、真与假、好与坏等对比方式安排层次。

3. 结尾

结尾部分一般是总结全文，自然收束，也可以提出号召、要求、希望、奋斗目标或祝愿等。

第二节 讲话稿

一、讲话稿的含义和种类

讲话稿是指各级领导、各类代表在各种会议上宣讲的文稿，是宣传传达政策、表明态度立场、总结计划工作的重要手段。讲话稿种类很多，可以依据不同标准划分。

根据内容，可分为总结性讲话稿、报告性讲话稿、表态性讲话稿、导向性讲话稿、指导性讲话稿等。

根据讲话者身份，可分为领导讲话稿、代表讲话稿等。

根据讲话方式，可分为广播讲话稿、电话讲话稿、电视讲话稿、现场讲话稿等。

根据性质，可分为政治讲话稿、经济讲话稿、礼仪性讲话稿等。

二、讲话稿的写作

（一）讲话稿的写作要点

讲话稿包括标题、作者和时间、称谓、正文四部分。前三部分写法与其他讲话类文书相同，上文已经介绍过。这里只对几种重要的讲话稿的正文写法给以简要指点。

和其他讲话类文书一样，讲话稿的正文由开头、主体、结语三部分组成。不同类型的会议讲话，这部分内容各不相同。

1. 工作报告

开头概括报告的主要内容，并用"现报告如下，请予审议"承上启下；或者写明代表什么单位，向什么会议，做什么工作报告，请予审议。

主体写报告的主要内容。综合报告一般写工作情况、成绩、问题和今后工作意见；专题报告一般先分析形势，后提出任务。可用列小标题的方法，也可用序号分几个部分。

结语一般写希望、要求和号召。

2. 会议总结

开头一般先概括会议情况，然后写受大会委托作会议总结。

主体写会议的成绩与收获，经验与不足，重点写通过学习、讨论所形成的共识、研究的问题和解决的措施。

结语，写对传达贯彻会议精神的意见和安排。

3. 领导讲话

开头较灵活，不拘一格。可以写对会议的看法，对会议的祝贺；也可以简要概括形势，提出问题；还可以说明讲话的因由，概括讲话的主要内容。

主体可以采用不同的写法：一种是概括出几个标题或是列出几个部分，用序号表示；另一种是分几个层次或段落。

结语有的强调讲话主旨;有的明确形势,提出希望;还有的展望未来,鼓舞斗志。

(二) 讲话稿写作的注意事项

1. 言之有物

撰写讲话稿要先根据会议精神、内容、议题搜集相关的现实性材料。现实性材料是指新近出现的情况、问题,特别是典型的事例和数据。材料搜集起来之后,还要进行研究分析,用心筛选加工,使之更典型、更生动。这样的材料写进讲话稿,才能使文稿内容充实、言之有物,才能对听众有所启发、帮助。

2. 提高针对性

一要针对不同的会议。时间不同、场合不同,特别是会议的性质不同,讲话的内容方式也不同。如在人大会上,可汇报工作、提议案等;在党代会上,可讲党的方针政策、党的建设等问题;在政府会议上,可讲行政、经济、文教、科技等问题;在学术会议上,则要围绕会议研讨的中心来讲话。拟写讲话稿,首先要了解和掌握会议的宗旨、性质、议题、目的等情况。

二要针对不同听众的特点,从他们的实际出发,做到内容、形式更切合实际。

3. 层次分明,语言要简朴、有感染力

讲话稿传播的方式是有声语言,有声语言具有即时性、流动性、短暂性的特点,这就要求讲话稿不仅要层次分明,还要多使用简洁、朴实的口语,多用易听易记的短句。

为营造良好的现场气氛,讲话稿语言要有感染力。要使语言具有感染力,讲话者要以自己的形象、姿势、动作、表情去再现语言的意蕴,以真挚浓烈的情感、扣人心弦的典型事例感染听众、征服听众。

【例文】

在常委见面会上的讲话
习近平

女士们,先生们,朋友们:

大家好! 让大家久等了,很高兴同各位记者朋友见面。

昨天,中国共产党第十八次全国代表大会胜利闭幕了。这些天来,各位记者朋友们对这次大会作了大量报道,向世界各国传递了许多"中国声音"。大家很敬业、很专业、很辛苦,在此,我代表十八大大会秘书处,向你们表示衷心的感谢。

刚才,我们召开了中国共产党第十八届中央委员会第一次全体会议,会议上选举产生了新一届中央领导机构。全会选举产生了七位中央政治局常委,选举我担任中共中央总书记。接下来,我把其他六位常委同事向大家介绍一下。

他们是:李克强同志、张德江同志、俞正声同志、刘云山同志、王岐山同志、张高丽同志。

李克强同志是十七届中央政治局常委,其他同志都是十七届中央政治局委员,大家对他们都比较了解。

在这里,我代表新一届中央领导机构成员,衷心感谢全党同志对我们的信任。我们一定不负重托,不辱使命!

全党同志的重托,全国各族人民的期望,这是对我们做好工作的巨大鼓舞,也是我们肩上沉沉的担子。

这个重大的责任,是对民族的责任。我们的民族是伟大的民族。在五千多年的文明发展历程中,中华民族为人类的文明进步作出了不可磨灭的贡献。近代以后,我们的民族历经磨难,中华民族到了最危险的时候。自那时以来,为了实现中华民族伟大复兴,无数仁人志士奋起抗争,但一次又一次地失败了。

中国共产党成立后,团结带领人民前仆后继、顽强奋斗,把贫穷落后的旧中国变成日益走向繁荣富强的新中国,中华民族伟大复兴展现出前所未有的光明前景。

我们的责任,就是要团结带领全党全国各族人民,接过历史的接力棒,继续为实现中华民族伟大复兴而努力奋斗,使中华民族更加坚强有力地自立于世界民族之林,为人类作出新的更大的贡献。

这个重大的责任,就是对人民的责任。我们的人民是伟大的人民。在漫长的历史进程中,中国人民依靠自己的勤劳、勇敢、智慧,开创了民族和睦共处的美好家园,培育了历久弥新的优秀文化。

我们的人民热爱生活,期盼有更好的教育、更稳定的工作、更满意的收入、更可靠的社会保障、更高水平的医疗卫生服务、更舒适的居住条件、更优美的环境,期盼着孩子们能成长得更好、工作得更好、生活得更好。人民对美好生活的向往,就是我们的奋斗目标。

人世间的一切幸福都是要靠辛勤的劳动来创造的。我们的责任,就是要团结带领全党全国各族人民,继续解放思想,坚持改革开放,不断解放和发展社会生产力,努力解决群众的生产生活困难,坚定不移走共同富裕的道路。

这个重大的责任,就是对党的责任。我们的党是全心全意为人民服务的政党。党领导人民已经取得了举世瞩目的成就,我们完全有理由因此而自豪,但我们自豪而不自满,决不会躺在过去的功劳簿上。

新形势下,我们党面临着许多严峻挑战,党内存在着许多亟待解决的问题。尤其是一些党员干部中发生的贪污腐败、脱离群众、形式主义、官僚主义等问题,必须下大气力解决。全党必须警醒起来。

打铁还需自身硬。我们的责任,就是同全党同志一道,坚持党要管党、从严治党,切实解决自身存在的突出问题,切实改进工作作风,密切联系群众,使我们的党始终成为中国特色社会主义事业的坚强领导核心。

人民是历史的创造者,群众是真正的英雄。人民群众是我们力量的源泉。我们深深知道:每个人的力量是有限的,但只要我们万众一心、众志成城,就没有克服不了的困难;每个人的工作时间是有限的,但全心全意为人民服务是无限的。

责任重于泰山,事业任重道远。我们一定要始终与人民心心相印、与人民同甘共苦、与人民团结奋斗,夙夜在公,勤勉工作,努力向历史、向人民交一份合格的答卷。

记者朋友们,中国需要更多地了解世界,世界也需要更多地了解中国。希望你们今后要继续为增进中国与世界各国的相互了解作出努力和贡献。

谢谢大家!

第三节　开幕词、闭幕词

一、开幕词、闭幕词的性质和特点

（一）开幕词、闭幕词的性质

开幕词是指重要的大、中型会议开始时，主要领导人所作的报告。主要内容是阐述会议的指导思想、宗旨、重要意义，向与会者提出开好会议的要求，或对会议的成功表示祝愿。开幕词是会议的开头语，广泛用于党代会、人代会、政协会、职代会、团代会等。

闭幕词与开幕词相对应，是会议结束时由主要领导人向全体会议代表所作的总结性讲话。致闭幕词的领导人，跟致开幕词的领导人一般不是一人，通常与致开幕者身份相当或略低。闭幕词的主要内容是对会议作概括性的评价和总结，并向与会者提出贯彻落实大会精神的要求，向与会单位提出奋斗目标和希望。

（二）开幕词、闭幕词的特点

开幕词和闭幕词的主要特点是简明性和口语化。所谓简明性，即要简洁明了、短小精悍，短则几百字，长则一两千字，最忌长篇累牍，言不及义。所谓口语化，就是指领导的讲话稿，要写得通俗易懂、生动活泼，适合于口头表达，不能像其他公文那样，只考虑书面文字表达的需要，而不讲究口头表达效果。它的语言应该通俗、明白、上口，有一定的宣传鼓动效果。

二、开幕词、闭幕词的种类和作用

（一）开幕词、闭幕词的种类

开幕词和闭幕词，就其内容来分，可以分为有所侧重的和一般性的两种。有所侧重的开幕词，往往对会议召开的历史背景、意义或会议的议题等作重点阐发，其他问题一带而过。有所侧重的闭幕词亦然，往往对会议成就、会议要求等作重点讲述，其他问题点到即可。所谓一般性的开幕词或闭幕词，看不出讲话的重点，只是对会议目的、意义、开法等，或者对会议的情况、效果、希望等作简要概述。

（二）开幕词、闭幕词的作用

1. 使会议更显郑重

不是所有会议都使用开幕词和闭幕词，只有那些郑重的、有历史意义的大、中型会议才使用开幕词和闭幕词。比如重要的党代会、人代会、政协会、纪念会等。开幕词和闭幕词使会议显得严肃、郑重。它们对会议的召开有着不可忽视的作用，也是会议形成的历史性文件。

2. 使会议更加完整

开幕词宣布大会开幕，简介召开会议的形势和背景，阐明会议的宗旨、指导思想、目的意义、会议中心和议程，提出开好会议的要求。闭幕词着重对会议作出评价，总结大会成果，提出贯彻会议精神的要求和希望,宣布会议胜利结束。两者前呼后应,使会议有头有尾,程序井然,逾显完整,能给人以圆满的印象。

3. 提供重要资料

开幕词、闭幕词记载了会议的宗旨、议程、议题、结论、组织情况等重要信息,不仅是会议记录的重要内容来源,也是会后编写会议纪要、简报等文件的重要参考。同时,只有重要的会议才有开幕词和闭幕词,会议的重要性也决定了这两种文件的重要性,它们是反映工作进程的重要档案史料。另外,会议结束之后,与会者传达会议精神时,开幕词、闭幕词也是重要的依据。

三、开幕词、闭幕词的写作

开幕词和闭幕词篇章结构大体相同,都是由标题、时间和署名、称谓、正文四部分组成,这一点与上文所说的讲话类文书的基本格式一致。其中,时间和署名、称谓两项同其他讲话类文书,此处从略。

(一)标题

标题有两种写法:一是由"会议名称+文种"组成,如《中国共产党第十五次全国代表大会开幕词》;二是写作"在×××会议上×××(领导人姓名)的开(闭)幕词"或者"×××(领导人姓名)在×××会议开(闭)幕式上的讲话",如《在中国人民政治协商会议第六届全国委员全第一次会议上邓颖超主席的闭幕词》、《温家宝总理在第三届中国—东盟商务与投资峰会开幕式上的演讲》。

(二)正文

开幕词和闭幕词的正文,一般都由开头、主体和结语组成。

开幕词的开头,写宣布开幕之类的话。主体部分写会议召开的历史背景(形势分析)、会议的任务(议题)、意义,会议的指导思想,会议的开法、要点等。结语部分,写对会议的祝愿。

闭幕词的开头,写宣布大会即将闭幕之类的话。主体部分写会议情况概述与评价,会议集中解决的问题和收获,号召与会代表为贯彻会议精神而奋斗等。结语部分,宣布会议胜利结束,或写祝愿之类的话。

【例文一】(开幕词)

携手壮大新兴市场　　促进全球共同发展
——在2012中国(宁夏)国际投资贸易洽谈会暨第三届中阿经贸论坛开幕式上的演讲
中华人民共和国国务院副总理　李克强
(2012年9月12日)

尊敬的弗朗索瓦·博齐泽总统,尊敬的伊曼纽尔·莫里总统,尊敬的彼得·奥尼尔总理,尊敬的各位贵宾,女士们、先生们,朋友们:

今天,美丽的银川宾朋云集。此次宁夏国际投资贸易洽谈会和中阿经贸论坛,迎来了来自阿拉伯国家、其他新兴市场与发展中国家、发达国家的众多嘉宾。这反映了人们开放寻机遇、合作促发展的共同愿望。在此,我代表中国政府对洽谈会和论坛的召开表示热烈祝贺!向远道而来的各位朋友表示诚挚欢迎!

当前,国际金融危机尚未结束,世界经济复苏过程艰难而曲折,经济仍存在下行压力,任何国家都难以置身其外。我们看到,在应对挑战中,世界各国普遍加快了调整创新步伐。发达国家有很强的科技、人才和资金优势,经济基础雄厚,正在寻求探索振兴自身经济的有效途径。与此同时,发展中国家则进一步发挥后发优势、挖掘自身潜力,保持了经济较快增长的态势,在世界经济中的地位日益重要,成为全球经济的重要拉动力量。

新兴市场与发展中国家经济的提升,得益于自身的底蕴发挥和探索创新,得益于经济全球化与贸易自由化,也得益于不断扩大的相互开放、真诚合作。这些国家大多拥有悠久的历史,自古就有交流合作的传统。长期以来,发展中国家为民族独立和联合自强做出了不懈努力,对促进彼此团结与发展、推动南南合作、深化南北合作发挥了积极作用。近些年,新兴市场国家、发展中国家之间的合作方兴未艾,相互贸易与投资快速增长,中国-东盟、阿拉伯自贸区、中部非洲经济共同体、太平洋岛国论坛等区域合作框架下的协调互动明显加快,金砖国家对话交流日益密切。新兴市场与发展中国家内部的合作,基于相互尊重与平等互利的原则,基于各自经济增长的内在需求和巨大潜力,基于彼此市场多元化的客观驱动。这种合作具有很强的时代性、成长性和可持续性。

女士们、先生们!

中国是世界上最大的发展中国家,也是新兴市场国家,正处于发展振兴的关键时期。面向未来,我们将着力推进经济创新转型和结构战略性调整,把发展的战略基点放在扩大国内需求上,推动工业化、城镇化、农业现代化同步发展。13亿人口的中国推进现代化在人类发展进程中史无前例,数亿人口的城镇化蕴藏着世界上最大的内需潜力。通过结构调整、改革开放和体制机制创新,持续释放这种潜力,必将支撑中国经济长期平稳较快发展。中国不断扩张的庞大市场、系统而又多层次的产业体系,也会为世界其他国家与中国合作提供丰富选择、创造更多发展机遇。

向西开放是中国全方位对外开放的重大举措。在开放的区域格局上,我们致力于更加均衡和协调,在提升沿海开放、向东开放水平的同时,进一步扩大内陆开放、沿边开放,大力实施向西开放。目前,我们正在西部地区建设一批特殊经济区、开放开发试验区、重点边境口岸,打造向西开放的桥头堡。这表明,中国更加注重扩大内需与扩大开放相结合,更加注重西部大开发与西部大开放相结合,更加注重向发达国家开放与向发展中国家开放相结合,不断拓展新的市场空间。

过去5年,中国与其他新兴市场国家、发展中国家贸易额翻了将近一番,对这些国家的直接投资增长了2倍多,在市场开放、人才培养、技术交流等方面,也结出了丰硕成果。我们愿同新兴市场与发展中国家携手努力,建设更加密切的经贸关系。这有利于更多的国家加入共同发展、持续繁荣的进程,也能够为世界经济复苏增添新的动力与活力。

女士们、先生们!

新兴市场与发展中国家数量占全球的3/4,人口占4/5,是国际社会的重要组成部分,也是全球发展的巨大潜力。我们应当在扩大同发达国家合作的同时,推动新兴市场与发展中国家合作不断迈上新台阶。

一是加强战略合作。新兴市场与发展中国家历史命运相似、共同语言很多,应从战略高度增强政治互信,尊重和照顾彼此核心利益和重大关切,密切国际事务协调,推动建立国际政治经济新秩序。值得重视的是,实现联合国千年发展目标还有很长的路要走,有必要互帮互助、不懈努力。应对国际金融危机影响是当务之急,我们应同舟共济、共克时艰,把稳定发展的态势保持下去,为推动世界经济强劲、可持续、平衡增长贡献力量。

二是扩大互惠合作。新兴市场与发展中国家资源禀赋各有优势,市场互有需求,应进一步推动贸易投资自由化便利化,通过深化合作把比较优势转化为经济优势。我们之间发展阶段相近,产业结构既有交叉又有互补,可以把产业对接起来延长产业链条,在提升传统产业、培育新兴产业等方面深化合作。区域经济一体化是当今时代的大趋势,地区合作大有潜力可挖,也应密切交流、务实推进。

三是实现持久合作。合作越持久,成果越丰富。发展中国家合作的有效机制还不健全,应加快建设步伐。国之交在于民相亲,我们要发扬传统友谊,深化人文往来,尊重文明和文化的多样性,在科教、人才、文化、旅游、卫生等领域加强交流,在民生改善、生态环保、可持续发展等方面拓展合作,巩固合作的民意基础。

在变革调整的世界中,无论发达国家还是发展中国家,都不可能关起门来求发展,也难以独自应对各种风险和挑战。我们既要深化南南合作,又要加强南北合作。推进发达国家与发展中国家的合作,有利于实现资金、技术等优势与资源、市场等优势的互补,促进各自更大的发展,也有利于共同应对金融危机、自然灾害、粮食和能源安全等全球性课题。同时,新兴市场与发展中国家的合作,应放眼国际大家庭,乐见发达国家参与合作、扩大合作。

女士们、先生们!

中国和阿拉伯国家都是人类文明的发祥地,古老的"丝绸之路"、"香料之路"早已把彼此联结在一起。进入新世纪,中阿关系呈现强劲的发展势头,确立了战略合作关系,各方面的往来与交流不断扩大。经贸合作是中阿关系中最活跃的因素,目前中阿贸易额已接近2 000亿美元,相互投资10年中增长了8倍。可以说,中阿是国际舞台上的好朋友,经济交往中的好伙伴,发展事务中的好兄弟。中阿合作是发展中国家之间互利共赢的合作,是全方位、开放式、包容性的合作,是文化交流互动、不同民族习惯和宗教传统相互尊重的合作,有着很强的亲和力、凝聚力和生命力。

阿拉伯世界地处国际战略与交通要冲,资源优势独特,许多国家正致力于加快经济转型,推进产业多元化和城市化,加强基础设施建设,大力改善民生。中国经济长期保持较快发展,在技术、产业、市场等方面有比较优势。中阿合作前景十分广阔,应努力不断扩规模、上层次。中方是阿方优势产品长期稳定的大市场,双方有必要在巩固能源贸易关系的同时,加强上下游领域的合作。我们愿从阿拉伯国家购买更多有竞争力的消费品,欢迎更多的阿方企业来华投资兴业,在金融、石化、可再生能源等领域拓展合作。中方将继续鼓励有条件的企业到阿拉伯国家发展制造业,参与基础设施建设。

宁夏自古以来是中阿交流合作的重要纽带。今天的宁夏,更富有活力、更加开放。近日,中国政府批准建立宁夏内陆开放型经济试验区、设立银川综合保税区,并将采取综合措施加以促进。我们支持宁夏与阿拉伯地区加强经贸往来和文化交流，培育中阿合作的新平台。

女士们、先生们！

中国有句古话，"欲穷千里目，更上一层楼"。阿拉伯国家也有一句谚语，"挖井越深，得水越甜"。我相信，在开放、合作、发展上，只要各国站得高、做得深，就一定能够形成双赢、多赢的局面，更多地造福各国人民、更好地促进全球发展！

最后，祝2012中国（宁夏）国际投资贸易洽谈会暨第三届中阿经贸论坛圆满成功！祝各位嘉宾在银川生活愉快、身体健康！谢谢大家！

【例文二】（闭幕词）

在福州市鼓楼区第十六届人大二次会议闭幕式上的讲话

杭 东
（2013年1月2日）

各位代表、同志们：

鼓楼区第十六届人民代表大会第二次会议，经过各位代表和与会同志的共同努力，圆满完成了各项预定议程，就要胜利闭幕了。这次会议是在全区上下深入贯彻党的十八大和省、市、区委全会精神的重要时刻召开的，是一次集思广益、求真务实的大会，是一次鼓舞干劲、凝聚人心的大会。会议审议批准的各项报告，通过的各项决议，集中反映了全区人民的共同愿望，充分体现了全区人民的根本利益，符合鼓楼的发展实际。在此，我代表区委，向大会的圆满成功表示热烈的祝贺！

过去一年来，我们在市委、市政府的坚强领导下，坚持以科学发展观为指导，开拓创新，团结奋进，推动经济社会持续健康发展，预计全区地区生产总值可突破800亿元大关；财政总收入突破40亿元；三产增加值和社会消费品零售总额双双突破600亿元，区委被授予"全国、全省创先争优活动先进区党委"，全区上下呈现经济稳步发展、政治安定团结、社会和谐稳定、人民安居乐业的良好局面。这些成绩的取得，是全区广大党员干部群众辛勤努力的结果，也是区人大和全体代表积极参与、大力支持的结果。借此机会，我代表区委向大家表示衷心的感谢！

今年是全面深入贯彻落实党的十八大精神的开局之年，也是实施"十二五"规划、全面建成小康社会的关键一年。做好今年工作，意义重大。全区上下要认真落实区委十一届三次全会作出的各项决策部署，以更加振奋的精神，更加有力的举措，更加扎实的作风，锐意进取，团结拼搏，共同谱写鼓楼科学发展、跨越发展的新篇章。

一要在服务发展大局上有新作为。要紧紧围绕建设"更加和谐、更加幸福、更加美丽的鼓楼"这一目标，切实增强加快发展的紧迫感、责任感，不断解放思想、与时俱进，全力推动各项工作上新水平、发展有新成效。要始终保持奋发向上、顽强拼搏、干事创业的激情，以时不我待、只争朝夕的精神和攻坚克难、大干快上的干劲，一心一意谋发展，聚精会神搞建设，全力以赴促跨越，努力在全面建成小康社会中走前头、作表率。

二要在促进社会和谐上有新成效。区人大及其常委会要坚持以人为本，认真倾听群众呼声，实实在在为人民群众解难题、谋利益，努力做好顺民心、集民智、汇民力的工作。各位代表要切实加强与人民群众的联系，坚持深入群众、深入基层，使区委做出的决策、采取的措施更加合乎民情、顺应民意；要积极开展宣传引导和释疑解惑工作，及时把区委意图传达到基层、落实到群众中去，巩固和发展党同人民群众的血肉联系，进一步激发全区干部群众推动科学发展、跨越发展的工作热情。

三要在提高履职水平上有新进步。区人大及其常委会要依法行使重大事项的决定权，对事关全区发展大局、带有根本性和长远性的重要事项适时作出决议决定，使区委的决策部署通过法定程序转化为全区人民的共同意志和自觉行动。要针对改革发展中带有根本性、全局性、长远性的问题，积极组织开展视察、督查、调研等活动，并形成富有建设性的意见和建议，帮助区委、区政府完善决策、改进工作。要进一步加强和改进人大代表工作，努力提高服务保障水平，积极探索行之有效的代表活动形式，更好地发挥人大代表联系群众、参与管理国家事务的作用。

四要在加强自身建设上有新举措。"空谈误国，实干兴邦"。区人大要切实履行好宪法和法律赋予的职责，认真学习中央关于改进作风密切联系群众的"八项规定"，不断推进思想、组织、作风和制度建设，立说立行，树好形象。要积极探索人大工作的特点和规律，主动创新开展工作，不断提高人大工作水平。要始终坚持党的领导，把握正确的政治方向，自觉把人大工作置于党委的领导之下，把党的领导贯穿于人大依法履职的全过程、落实到人大工作的各个方面。

各位代表，同志们！改革发展的新征程赋予我们重任，人民群众的新期待寄予我们厚望。让我们更加紧密地团结在以习近平同志为总书记的党中央周围，进一步解放思想、凝聚力量，攻坚克难、奋发进取，共同为建设更加和谐、更加幸福、更加美丽的鼓楼而努力奋斗！

最后，祝各位代表和同志们新年快乐、身体健康、工作顺利、阖家幸福！

第四节　演讲词

一、演讲词的性质和种类

（一）演讲词的性质

演讲，习惯称讲话，就是在听众面前就某一问题发表自己的意见或阐述某一事理。所以，从广义上讲，演讲词就是人们习惯上所称的讲话稿，是人们在各种集会、典礼或电视上发表讲话的文稿。

演讲可以交流思想感情，表达主张见解，传播经验教训，提出建议要求，具有宣传鼓动和教育指导作用。随着社会的发展，人们日常交往和交流会愈来愈频繁，某些文字表达要被"说"来取代,对听说能力的要求将愈来愈高。同时,演讲活动既可以活跃思想、交流心得,又能训练敏捷的思维,培养听说能力。

演讲词具有议论文的许多特点,其不同之处在于:它是以与听众面对面的形式来说服听众,因而它的词、句、口吻等与议论文也就有了较明显的不同。

演讲,不是随便说说,而是要有所准备。写出好的演讲词是演讲成功的基本保证。因此,了解演讲词的写法,写出好的演讲词,并不断地进行演讲练习,这是在各个岗位上工作的同志进行工作、交际的重要条件。

（二）演讲词的种类

演讲词的种类很多,大体上可分为三类:

一是工作性质的,如在各种工作会议上的报告、经验介绍、发言和开幕词、闭幕词等。

二是礼仪性质的,如在各种典礼上的祝词、贺词、祝酒词、欢迎词、欢送词等。

三是宣传性质的,如演讲稿。演讲稿多是在群众集会上或会议中发表讲话的文稿,也就是狭义的演讲词。它是进行宣传鼓动教育的富有感染力和说服力的一种文体。这种文体受到了广大群众,特别是青少年的欢迎。演讲稿的主题要鲜明,材料要动人,感情要深厚,结构要清晰、完整,注意跌宕起伏,力求朴实、形象、幽默并善于运用警句。

我们这一节要讲的就是这一类狭义的演讲词。

二、演讲词的写作

演讲词没有严格的、固定的格式,它可以根据讲话者的身份、演讲的场合、不同的讲话内容和听众而灵活拟定撰写。一般情况,分标题和正文两大部分。

（一）标题

演讲词的标题一般要高度概括讲话内容:或点明宗旨,或直抒胸臆,或发出号召……总之,要醒目、鲜明、简捷。如《××同志在全民义务植树绿化首都动员大会上的讲话》,《公文写得含糊草率的现象应当改变》(叶圣陶),《是颗流星,就要把光留在人间》(张海迪)等。

（二）正文

和大多数讲话类文稿一样,演讲词的正文部分也包含三个部分:开头、主体和结尾。

1. 开头

开头,也叫开场白。它在演讲词的结构中处于显要的地位,具有把听众的注意力和兴奋点吸引过来、出奇制胜的重要作用。演讲词的开头有多种方法,通常用的主要有:

(1)开门见山,提示主题。这种开头是一开讲就进入正题,直接提示演讲的中心。

(2)介绍情况,说明根由。这种开头可以迅速缩短与听众的距离,使听众急于了解下文。

(3)提出问题,引起关注。这种方法是根据听众的特点和演讲的内容,提出一些激发听众思考的问题,以引起听众的注意。

除了以上三种方法外,还有释题式、悬念式、警策式、幽默式、双关式、抒情式等。

2. 主体

这是演讲词的主要部分。在行文的过程中,要处理好层次、节奏两个问题。

(1)层次。层次是演讲词思想内容的表现次序,它体现着演讲者思路展开的步骤,也反映了演讲者对客观事物的认识过程。演讲词结构的层次是根据演讲的时空特点对演讲材料加以选取和组合而形成的。

根据听众以听觉把握层次的特点,显示演讲词结构层次的基本方法就是在演讲中树立明显的有声语言标志,从而获得层次清晰的效果。演讲者在演讲中反复设问,就能在结构上环环相扣,层层深入。此外,演讲词用过渡句,或用"首先"、"其次"、"然后"等语词来区别层次,也是使层次清晰的有效方法。

(2) 节奏。节奏是指演讲内容在结构安排上表现出的张弛起伏。节奏过慢会使听众昏昏欲睡,而节奏过快会使听众过于疲劳,导致精神涣散。因此,在演讲词中要使用合理的方式对节奏进行调整。节奏快慢与演讲者语速的快慢有直接关系,但是决定讲话节奏的最关键要素还是内容的性质。重要的核心材料,让说者、听者都动心、动情的地方节奏自然加快,而过渡性、交代性、调节性的内容则需要放慢。

3. 结尾

演讲词的结尾没有固定的格式,或对演讲全文要点进行简明扼要的小结,或以号召性、鼓动性的话收束,或以诗文名言以及幽默俏皮的话结尾。但一般原则是要给听众留下深刻的印象。

演讲词的结尾要简洁有力,余音绕梁。这样的结尾能够使听众精神振奋,并促使听众不断地思考和回味。为达到这种效果,有效的方法是在听众兴趣到高潮时果断收束,未尽时戛然而止。

三、演讲词的写作要求

(一) 内容有针对性

要了解会议的性质和任务,研究听众的愿望和要求,讲大家最关心和迫切需要解决的问题。有的放矢才能收到好的效果。如周恩来的《在上海鲁迅逝世十周年纪念会上的演说》(《周恩来选集》上卷),针对鲁迅先生逝世十年之后的中国政治局势和人们最关心的问题,紧紧围绕着团结起来、反对内战这个主题开展议论,进行说理,使听众深受教育。

(二) 中心突出

演讲的内容要有一个明确的中心,主张什么、反对什么、讲什么道理要清楚明白。中心突出,观点鲜明,就会给听众留下深刻的印象,引起强烈的反响。如邓小平同志的《在全军政治工作会议上的讲话》(《邓小平文选》),讲了四个问题,突出了"实事求是"这个中心,全篇紧紧围绕中心展开议论,针对性强,态度明确,观点鲜明,说服力强。

(三) 感情真挚

演讲词与其他文章相比,最突出的特点是,它的主要用途不是写给读者看,而是当着听众的面讲给听众听。在写给读者看的文章里,如果感情里羼点"水"(当然,最好别羼),读者的反应如何作者一时看不到,而在面对面讲给听众听的言语里,若感情里有一点儿"水",那么马上就会招来一片"嘘"声,使演讲者处于十分难堪、尴尬的境地。因此,在撰写演讲稿时,感情就需特别的真诚、特别的真挚。所以,一不要以教育者自居,居高临下地教训人;二不要言不由衷自欺欺人;三不要卖弄辞藻哗众取宠。相反,要满怀感情、满怀热情、满怀深情,用自己真诚、真挚的情感来打动听众的心灵,唤起听众的感情,引起读者的共鸣。闻一多先生的《最后一次讲演》,感情激昂,慷慨淋漓,字字惊天地,句句撼人心,堪作演讲词的范文。

(四)例证动人

一篇演讲稿的中心思想要依靠感人的典型事例来阐明。没有这样的事例,再丰富的辞藻,再精湛的"讲技",也无法有说服力地体现中心思想,也无法拨动听众的心弦。

(五)行文变化,富有波澜

构成演讲稿波澜的要素很多,有内容,有安排,也有听众的心理特征和认识事物的规律。如果能掌握听众的心理特征和认识事物的规律,恰当地选择材料、安排材料,也能使演讲在听众心里激起波澜。换句话说,演讲稿要写得有波澜,主要不是靠声调的高低,而是靠内容的有起有伏,有张有弛,有强调,有反复,有比较,有照应。

(六)语言通俗、生动

演讲词要注意运用简短有力的设问、反诘和深入浅出的比喻等,以增强语言的鼓动性;要注意吸取群众中的通俗易懂、生动形象的口语,把抽象、深奥的理论具体化、通俗化,以增强语言的表达效果。毛泽东同志强调向人民群众学习活在口头上的语言,他的演讲就深入浅出、生动活泼、富有幽默感。如《反对党八股》,把长而空的文章比作"懒婆娘的裹脚",把语言无味的文章比作"瘪三",给人的印象就很深。

要把演讲者在头脑里构思的一切都写出来或说出来,让人们看得见、听得到,就必须借助语言这个交流思想的工具。因此,语言运用得好还是差,对写作演讲词影响极大。要提高演讲词的质量,不能不在语言的运用上下一番工夫。

【例文】

在上海寰球中国学生会
武昌起义纪念会的演说

孙中山

(一九一二年十月十日)

去年今日,为武昌举义之日,即中华民国开始之第一日。其时余在美国,同志居正君有电达香港黄克强先生,托余筹款助饷。余阅电文,知革军已得武昌,不胜忻喜。从前在广州、惠州、河口等处革命事业,种种失败,皆因同志过少,未达目的。自广州失败后,乃运动武昌军界,一举而成此大事。所以然者,国民有坚忍心,武昌军界有冒险心,无畏难心之效力。但民国虽成立,而今尚在危险时代,内乱未靖,外患顿闻。譬之建造大厦,基础已定,尚待建筑。愿吾同胞,自今以后,亦须有冒险心、坚忍心,协力赞助政府,以造成地球上头等大国,是鄙人深望于诸君者也。

吾国向来闭塞门户,不与外人往来。暨后中外通商,愚民又常行排外主义。继见彼海、陆军之优,器械之精,转而生畏惧心。然排外与畏惧,两端皆非。要知凡事须论公理,放胆而自行公理,不必更有一毫畏惧心。前年英、脱开衅,英有精兵四十万,甲于环球,而脱之全国人数,亦不过四十万,且军士皆以农夫充之。英国何难一举而灭脱,而所以不能即胜者,因脱人有合力坚忍无畏之心,而能恃公理以敌强权也。嗣后各大国渐知强权不敌公理,遂不敢侮慢小国,故地球上各小邦,尚能久立而不亡。

中国数千年来,本一强大之国,惟守旧不变,故不及欧美各国之盛强。满人入关后,愈形衰弱,渐渐召列强之侮。近数年间,留学外洋者日多,初则见彼国种种景物,顿生乐观之念,继见彼种种较吾国为强,乃生悲观之念,甚至悔心废学,以求一死者有之。但处于今日,不当有悲观之念,务须坚忍冒险,发愤求进。即士、农、工、商,见吾侪能忍苦如此,亦必愤志图强。如是,则中国前途大有冀望。故"畏惧"两字,自今日起,消灭无有,从兹专心一致,合力以助新造之民国。今年今日,为去年今日举行纪念。原明年今日,全球各国为吾中国举行纪念。

第七章　记录类文书及文书的载记功能

第一节　记录类文书概述

一、记录类文书的功能与特点

记录类文书是在公务活动中如实记载有关情况、活动、言论的纪实性文书。

（一）记录类文书的功能

公文是管理事务的工具，它真实地记录了机关、团体的活动过程，具有原始记录性，是日后的工作和后人查证或研究相关问题的第一手资料。从这个意义上说，所有的公文都具有记录功能。对于记录类文书而言，这一功能尤其突出。记录类文书的功能可以概括为以下几点：

1. 依据功能

记录类文书真实地记录了某次活动的情况，是人们事后查考的可靠依据。比如会议记录，可作为研究和总结会议的重要依据。凡属大型会议，后期总要总结，有时"工作报告"和"讲话"等还要根据各组讨论的意见进行修改，这一切的重要依据，都是会议上的各种"记录"。同时，会议记录还可以作为日后分析、研究、处理有关问题的参照依据。

2. 沟通功能

记录类文书可以在机关之间及机关内部各机构、各相关人员之间传递，让人们了解情况，互通信息，以便协商协作。比如会议记录有的可作为文件传达，使有关人员贯彻会议精神和决议；有的可以向上级汇报，通报信息，使上级机关了解有关决议、指示的执行情况。

3. 参考功能

记录类文书是编写相关延伸资料的基础和重要参考资料。比如要编写会议纪要和会议简报，会议记录就是不可或缺的资料。另外，重要的记录类文书还是重要的档案资料，在编史修志、查证组织沿革、核实历史事实等方面，起着无可替代的凭证作用。

(二) 记录类文书的特点

1. 内容的纪实性

记录类文书是来自社会实践的第一手资料,是未经加工改造的信息。事件怎样发生就怎样记录,完全写实,不允许有任何篡改。记录者必须具有客观的态度,具有秉笔直录的勇气,具有为历史保留真实资料的责任心,才能把这类文书写好。该类文书的纪实性,是其发挥作用的基础和前提。

2. 材料的直接性

记录类文书的材料直接来自于社会实践,而不是来自于报刊、书籍等人工媒体。比如会议记录是按照会议的进程,对会议的组织情况、重要发言、讨论事项、最后决议的真实记录,所有资料直接来自所记录的会议,而不是会后根据其他材料加工而成的东西。

3. 语言的实录性

所谓语言的实录性,是指记录类文书的语言不是记录者自己的语言,而是记录事项中当事人的语言,不允许对当事人的语言进行加工、整理和修饰,更不能根据个人主观意愿随意进行"合理想象",想当然地用自己的意思替代当事人的意思。

二、记录类文书的种类

常见的记录类文书有会议记录、会议纪要、接待记录、电话记录、大事记等。其中会议纪要已经被当做法定公文在上文中谈及,会议记录、电话记录将在下文专节讨论,这里只简要介绍一下接待记录和大事记。

接待记录是在接待其他机关人员、人民群众来访时,对相关情况给以记载形成的文书,机关处理人民来信时也会形成这种文书。接待记录是对接待事宜的详细记述,是后续工作、事后查证的重要依据,也是考察一个机关工作作风是否严谨的有效凭据。

大事记是党政机关、企事业单位、社会团体记载重要工作活动或重大事件的一种记录性文体。大事记可以为本地区、本部门的工作总结、工作检查、工作汇报、工作统计和上级机关掌握面上情况提供系统的、轮廓性的材料,同时还具有史料价值,可以起到录以备查的作用。

第二节 会议记录

一、会议记录的特点

会议记录是如实记录会议基本情况以及会议议程、报告、发言、讲话、决定、决议的一种记录类文书。会议记录具有以下几个特点:

(一) 原始性

会议记录是按会议议程顺序,对发言、讲话、讨论的问题、决定的事项的如实记录,一般不许加工、整理,更不能掺杂记录人个人的意愿和好恶。因此,会议记录具有原始性,这是该文体最重要的特征。

(二) 凭据性

因为会议记录是对会议情况的原始记录,真实可信,因此它成为事后查对会议情况的真实凭据,同时也是事后执行会议决议事项的法定依据。会议记录还可以作为与会人员向单位领导汇报、向群众传达的文字依据。

(三) 指导性

会议记录中所记载的决定、决议事项,体现了群体的意志,体现了国家政策和上级精神。因而会议记录一经下发,将对有关单位和人员产生约束力,起着类似指示、决定或决议等指挥性公文的作用。

二、会议记录的分类

在分类问题上,会议记录与其他公文不同,多数公文一般按功能或内容分类,而会议记录通常以会议种类为依据分类。

因会议种类较多,会议记录的种类也很多,常见的分类方法有以下四种:

按会议性质分,有党委会议记录,群众团体会议记录,企业、事业行政会议记录等。

按会议内容分,有工作会议记录、座谈会议记录、联席会议记录等。

按会议范围分,有大会会议记录、小组会议记录、专题会议记录、现场办公会议记录等。

按记录方法分,有摘要会议记录、详细会议记录等。

三、会议记录的写作

(一) 会议记录的结构和写法

会议记录一般由标题、会议基本情况和会议内容三部分组成。

1. 标题

会议记录的标题一般由单位名称、会议主题(或会议届次)与"会议记录"组成。如果采用单位专用会议记录本,可省略单位名称与"会议记录",只记会议主题,或会议的时间,或会议的届次即可。如《××大学校长办公会记录》。

2. 会议基本情况

会议基本情况包括会议名称、召集单位、时间、地点、主持人、出席人、缺席人、列席人、记录人等。这一部分内容一般在会议开始前写好。

会议名称由单位名称加"会议"组成,应用全称或规范化简称,如"中共××市委常委会会议"。

召集单位,即召集会议的单位。一般的会议记录不需记述召集单位,但有些涉及多个单位参加的联席会、协调会、讨论会、座谈会等要写明会议召集单位。

时间,即开会时间,要写明年、月、日及具体的时间。会议时间较长时,还要写清起讫时间。

地点,即开会的具体地点。如果是到外地参加的会议,需在具体地点之前写明何地何单位。

主持人,即主持会议的人,要写明其姓名、单位、职务。

出席人,即正式出席会议的人员或代表。要写清楚出席人的姓名与职务,出席人很多时只写出席人数,同时还要注明应到人数和缺席人数。

缺席人,即应该参加会议而因故缺席的人。要写清缺席人姓名、缺席原因。如果缺席人数较多,难以及时查明原因的,可只写缺席人数。

列席人,即不属本次会议的正式代表,但必须参加会谈的有关人员。有些会议有明确的列席人,有些会议的列席人是不固定的。因此,应将列席会议的人员姓名及单位、职务一一写清楚、写完整。

记录人,即给会议做记录的人,要写明记录人的姓名、单位、职务。

3. 会议内容

(1) 会议议题和议程。会议开始后,主持人一般会先介绍会议的议题和议程,根据主持人的介绍,将这两项内容准确地记录下来。

(2) 会议进程和内容。这一部分是会议记录的主体,应该根据会议进程顺序,将有关文件精神和会议精神的传达或情况报告、与会者的发言、讨论情况、主持人的总结讲话、会议决定与决议等依次记录。

(二) 会议记录的格式

1. 文件式

会议记录

会议名称:××××会议

时　　间:××××年×月×日×时至×时

地　　点:×××会议室

出 席 人:×××　×××　×××　×××　×××

列 席 人:×××(职务)　×××(职务)

缺 席 人:×××(缺席原因)

主 持 人:×××

记 录 人:×××

议　　题:(1) ×××××
　　　　　(2) ×××××

议程、发言内容及决议事项:

×××:…………

×××:…………

会议决议:…………

审阅人:×××　　记录人:×××

2. 表格式

会议记录

会议名称					
会议时间	年 月 日 午 时 分至 时 分				
主持人		审阅人		记录人	
出席人员					
列席人员					
缺席人员及缺席原因					
议题： 　　1. 　　2.					
会议议程及发言、表决事项					

（三）会议记录写作的注意事项

1. 要经过必要的手续

重要的会议记录通常要经过一些必要的手续才能保证其有效性和准确性。记录完毕后，要在与会人员前宣读，发现失误及时更正、补充；然后经会议主持人、记录人签字，确认生效。

2. 项目要齐全

会议记录项目较多，各个项目不能无故残缺，必须一一记写明白。当出席人、列席人、缺席人较多时，可以只写主要人物和总的出席、列席、缺席人数。

3. 记录要客观、真实、完整

真实、客观是会议记录的重要特征，在记录时应做到秉笔直录，不依个人主观意愿进行改造；内容全面，重要部分不遗漏。只有这样，才能保证会议记录的真实性和原始性，这样的会议记录才有价值。

4. 注意详略

会议记录是原始记录，但并不是说不分主次，平均用力，记流水账。记录时，对重要精神、重点发言、所有决议事项等内容不能遗漏，特别是重要会议和重要发言，应详细记录原话，不得任意取舍增删和改变原意。对那些无关紧要的内容可以略去。

5. 多种记录方式结合

会议记录一般用汉字记录（少数民族地区可用本民族文字），可采用符号速记，但事后要整理成文字版才能定稿。重要会议最好配备两名记录人员，以免漏记；也可辅以录音，会后再整理。

【例文】

政府工作报告会议记录

　　会议名称：小组会议
　　会议议程：讨论《政府工作报告》
　　时间：××××年3月11日
　　地址：第二会议室
　　主持：×××
　　出席：全组代表13人
　　列席：××日报社记者

　　×××代表说，××县教师去年几次闹事，主要矛盾是上边给政策，下边没有钱，老师的奖金不好兑现。应当说，东辽整个教育工作在全省不算落后，最大的问题是经费问题。农村中小学除人头费外，其余费用都是由农民负担。在5％的定项限额中，拿出1.2％给教育，比例不算小，有800多万元，可是去了人头费，剩不下几个钱。去年上边要求给教师增加补贴、奖金，县里拿不出钱，经多方筹措只兑现了一部分，因而引起教师不满。教师们说，教育是治国之本，教师的地位提高了，为什么连奖金、补贴还解决不了？最后财政拿出一部分，乡镇拿出一部分，学校勤工俭学解决一部分。勤工俭学一块绝大多数没有解决。越是穷的地方，问题还越多。

　　×××代表说，从××区的情况看，近几年教育事业发展比较快，二部制的问题解决了，倒房的问题也基本上得到解决，但是教学质量普遍不高。区内7所中学，唯有三中好一点，小学上中学非常困难。在我们那里，学生进好学校要多交钱，转学也要多交钱。好的学校超额，差的学校没人愿意去。家长对学生读书也失去了信心。条件比较好的东山校，其实那里的老师也是很可怜的。有时买粉笔没钱，平时上市里开会，车票还得自己报销。靠老师们轮流在收发室卖冰棍，洗理费也只能发2元钱。

　　×××代表说，从1984年到1988年的5年间，全市教育经费支出12.554万元，是建国以来投入最多的时期，与其他各项社会事业比较，也是追加投资最多的。尽管如此，教育事业的困难还是挺多。全市不包括两县，超编教师达690人。一边是教师超编，另一边是能干的、水平高的教师又特别少。这说明教育本身的大锅饭比较严重。教师不管水平高低，能力大小，够年头就评职称，就长工资。这样不利于鼓励教师钻研业务，提高素质和水平。解决这个问题，光靠财政不行，要在教育系统进行优化组合，富余人员去开辟新的创收门路。要在实行校长负责制下，实行教师聘用制。

　　×××代表说，目前，在教师和科研队伍中，滥竽充数的太多了。只有初中毕业学历的21岁小姑娘，也成了助理会计师，28岁的高中毕业生也得了个工程师的职称。

　　×××代表气愤地说，和这些人平起平坐，我真想把自己的工程师证书扔了。

　　×××代表说，目前教育方面存在的问题比较多，也比较突出，已经引起了上上下下的高度重视。从现在教育的状况看未来是可怕的，特别是学校的思想政治工作，德育问题亟待加强。

×××、×××代表说,现在师生压力都比较大。一些年轻教师向钱看,不安心工作,学生两极分化。我们建议,要切实加强学校的思想政治工作,加强共青团和少先队建设。今后在招生时,对班级团、队干部的分数应适当放宽,以便调动、鼓励他们参与管理学校的积极性。希望省里在这方面作出决定。

审核人：×××　　记录人：×××

第三节　电话记录

一、电话记录的性质

电话记录是在公务活动中记载通话内容的应用文书。电话交流的便捷性、经济性使电话成为所有机关不可或缺的办公手段,一个机关无论大小、无论级别高低,现在都相当普遍地使用电话进行信息沟通、联系工作、上传下达。因此,电话记录作为电话办公的伴随物,在工作中使用非常普遍。

作为一种常见的机关事务文书,电话记录不同于人们日常生活中对电话内容的记载,在内容的重要性、格式的规范性等方面都要远远高于日常电话记录。

二、电话记录的作用

(一)电话记录是处理电话内容相关事宜的依据

有的电话通话时间长,内容复杂;有的电话可能很简短,但通话内容很重要;有的电话内容事项可以马上处理,也有的需要日后处理;有的电话内容事项由通话人自己处理,但更多的要转相关的责任人或责任机构处理。这些情况都说明,电话内容单凭头脑记忆是不行的。记忆可能有误差,传达过程中可能会变形走样。因此,为保证电话内容准确、完整,必须用文字将它记录下来,成为电话记录,作为办事和传达的依据。

(二)电话记录是日后备查的依据

今天的工作总是以昨天的工作为基础的,明天的工作也是今天工作的延续。政务工作的连续性决定了经常要依据以前的材料来考察工作得失、事情真伪,制定现在和未来的工作方案。电话记录的重要作用之一,就是为将来的工作提供备查的依据。如果该记录的内容没有记录或记录不完整,就会给将来的工作造成麻烦,也会丢失重要的档案文件。

三、电话记录的分类

根据通话的主动、被动情况,电话记录可分为接受电话记录和发出电话记录;根据通话内容,电话记录可分为通知性电话记录,通报、协商性电话记录,事件处理过程电话记录等。

四、电话记录的写作

(一) 电话记录的要素

接收电话记录一般包括来电时间,来电单位及来电人姓名、职务、身份,来电内容,处理结果(即将电话记录交有关人员处理的情况,此项内容要在受话完毕后才能填写),接电话人姓名(必要时注明职务)。

发出电话记录一般包括发电时间,发往机关,发电人姓名、职务,接电话人姓名、职务,发电事由。

(二) 电话记录的格式

电话记录的格式有条目式、表格式两种。条目式就是将电话记录的各项内容分别写成条目;表格式就是根据电话记录包括的项目设计成表格,将通话内容逐项填入表格,这种方式使用得比较普遍。不论采用条目式还是表格式,一般都是写在事前印制好格式的稿纸上。

1. 条目式电话记录格式

(单位)电话记录

来电机关:××××××

来电时间:××××年×月×日×时×分

来电人:×××

收电人:×××

来电内容:××

办理结果:××××××××××××××××××××××××××××××××

承办人:×××

承办时间:××××年×月×日

2. 表格式电话记录格式

(单位)发出电话记录①

发往机关		发电时间	年 月 日 时
发电人		收电人	
发电内容			
备 注			

---

① 表格式接受电话记录的样式已在本书"事务文书概述"一章中介绍。

（三）作电话记录的注意事项

1. 项目要齐备

电话记录中的通话人姓名、来电去电机关名称、通话时间、电话内容等都有各自的作用和功能，必须一一写清，不能缺漏。

2. 记录要及时

电话记录要在通话过程中记录，而不能通话后根据记忆记录，否则可能因为记忆失误造成误记或漏记。为此，办公人员应该养成良好的通话习惯，电话机旁要常备电话记录本和笔，接通电话即开始记录。

3. 内容要清楚、准确

无论是请示、汇报、协商、沟通，还是传达、通知，通过电话传达的内容都必须清清楚楚地记录明白，重要内容或没有听清的内容，可要求对方复述，或自己复述让对方核对，确实无误后才能记录。

4. 写好办理情况

需要办理的电话内容要将电话记录交相关领导或人员承办，交办后要在电话记录中予以说明。例如，会议通知是否通知到人、事件处理是否结束、是否有遗留问题等。

5. 保存留底

每份电话记录都应该在办理完毕后按一定规则予以存放，以备日后查找，也为将来的归档工作打好基础。切忌将电话记录随处乱放甚至丢失。

私务文书写作篇
SIWUWENSHUXIEZUOPIAN

第一章　私务文书概述

一、私务文书的含义

私务文书是指满足人们日常生活、工作、学习或业余精神生活需要，处理各种事务时使用的有习惯格式的应用文体，通常也叫做"日常应用文"。私务文书是与公务文书相对而言的，公务文书（公文）用来处理公共事务，而私务文书主要用来处理私人事务。

私务文书与公务文书的区别只是相对的，而不是绝对的。有些文书主要用来处理公务，但有时也用来处理私务，比如计划和总结；有些文书主要用来处理私务，但有时也用来处理公务，如信函，机关之间在处理不是很重要的一般事务时也可以使用；还有些文书，兼跨公私两个大类，很难确定到底是属于公务文书还是私务文书，如贺信、祝词、申请书等等。

因此，我们这里所说的私务文书，不是从文书内容的公私角度区分的，而是从使用者的角度区分的，是指那些个人用来处理公私事务的文书。这部分文书主要是为个体的人而非集体、组织和机构服务的。

二、私务文书的功能

私务文书人人可用，具有广泛的社会功能。它在人们的日常交往中起着重要作用，具体来讲，我们可以将其功能归纳为以下几点：

（一）交流经验、互通信息、联络情感的作用

无论是个人与个人之间、单位与个人之间还是不同的单位之间的交流，都日益频繁，所以许多应用文就起着沟通双方情感、互通信息的重要作用。家书、情书类应用文自不待言，那些向对方表示祝贺、感谢、慰问等的书信或电报也具有这一作用。

（二）凭证性作用

应用文中有很大一部分具有凭证的功能。有些事务，特别是有关钱财的，事后都要有可靠的凭据才好说话，因此像证明信、条据、聘书等日常应用文就起到了凭证作用。

（三）广告宣传作用

起广告宣传作用的日常应用文很多，像声明、启事类的应用文，其中许多就是主要为了宣传而写的。它就是要将有关的信息刊登发布出来，让尽可能多的人了解知道，从而满足其业务或个人其他目的的需要。

（四）提供和保存历史资料

应用文反映单位和个人的种种活动，记载着各个时期的政治、经济和文化等方面的情况，因此它可以保存和积累大量的历史资料，为今后有关部门和个人的研究提供方便。

三、私务文书的种类

私务文书实用性很强，用途很广，种类繁多，穷尽其类别不是一件容易的事情。此处将常用的私务文书大致归为五类：

（一）书信类

普通书信：家书、致友人书、致同事书、情书、明信片、电报、传真等。

专用书信：证书、证件、证明信、介绍信、求职信、推荐信、批评信、慰问信、意见信、揭发信、保证书、志愿书、申诉书等。

（二）条据类

留言条、请假条、借条、收条、欠条、领条等。

（三）传志类

传记：自传、小传、传、评传、回忆录等。
笔记：日记、札记、笔记等。

（四）告启类

广告、招聘启事、招生启事、招工启事、招商启事、招领启事、征文启事、征婚启事、寻物启事、挂失启事等。

（五）凭证类

便条：领条、代领条、发条、留言条、请假条等。
单据：发票、汇款单、包裹单、托运单等。

需要说明的是，本书所说私务文书是为个人事务服务的，所以尽管有些文书就内容和使用领域看不能算作私务文书，但在个人生活和工作过程中常常会用到。从读者的需要出发，对这类文书，我们也有选择地予以介绍。属于这种情况的有法律类文书和合同类文书。

四、私务文书的特点

（一）内容的私务性

私务文书的内容一般与个体的生活、学习、生活相关，很少涉及公共事务，这是私务文书与公文的重要差别。

（二）格式的灵活性

与格式更加严格的公文比较，私务文书的格式要灵活得多。公文的格式多由国家相关部门确定，并强制执行，作者没有选择的余地，只能严格"照章办事"；而私务文书的格式是约定俗成的,虽然不能随意破坏,但在使用时还是有一定的灵活性的。比如,法定公文除文章必备的标题、正文等要素之外,还有"发文机关标识"、"发文字号"、"秘密等级与保密期限"等眉首项目,"抄送机关"等版记项目,而私务文书都没有这样的项目。再如,有些私务文书几乎没有固定格式,人们可以根据情况临时决定其写法,比较典型的例子是便条。

(三) 表达的个性化

应用文的语言与文学语言不同,一般要求朴实、简明、准确、庄重,风格趋同而不求异。但是与公文比较起来,私务文书的语言整体上要自由活泼一些。某些文体容许,甚至鼓励彰显作者的个性,比如普通书信、情书等。

需要注意的是,虽然整体上私务文书的语言较公文自由活泼,但这自由是相当有限的,一般仅仅限于完全用于个人之间的书信类文体。

第二章 合同类文书及文书的商约功能

第一节 合同类文书概述

一、合同类文书的性质和功能

合同类文书是机关、团体、社会组织及个人之间，就某项事务在平等协商基础上达成一致意见后，对双方的权利、义务进行详细记载，以便共同信守的实用文书。

合同类文书的历史源头是古代的契约。契约文书早在周代就已出现，用来约束人们的言行，保护当事人双方的权利和利益。在社会发展过程中，这类文书一直发挥着重要作用。当今社会处于市场经济时代，市场经济是一种信用经济，它为合同类文书提供了更加广阔的社会平台，使这类文书的功能发挥到前所未有的程度。具体而言，合同类文书有以下几种主要功能：

第一，明确当事双方的权利和义务，约束双方行为，保护双方利益。

第二，规范经济行为，促进经济健康发展。

第三，推进法制化进程，提升社会文明程度。

二、合同类文书的特点

（一）协商性

合同类文书签订的前提是当事双方平等协商，双方地位绝对平等，权利和义务也绝对对等，任何一方都不能利用欺骗、胁迫等不正当手段强迫对方接受不平等的条款。因此，平等协商是合同类文书的基本特征。

（二）合法性

合同类文书的内容必须符合国家法律、法规和社会公德的要求，只有这样才能得到法律的保护和公众的支持。违背法律精神的文书是无效的，任何人都不容许利用合同类文书从事危害法律、社会和他人利益的活动。

（三）约束性

合同类文书的内容是在双方平等协商基础上订立的，是合法的，文书一旦生效，双方都必须信守。这样,合同类文书才能真正起到规范双方行为、保护双方利益的作用。任何一方如果违背了内容条款,危害了对方利益,都必须承担赔偿责任,甚至受到法律制裁。

(四)严密性

合同类文书的内容条款与双方的利益直接相关,任何漏洞或歧义都会导致某方利益的损失或不必要的纠纷。因此,合同类文书在表达上要求全面、详细、严密。

三、合同类文书的种类

常见的合同类文书主要有合同、协议、意向书等。

合同也称经济合同,相关内容将在下一节详细介绍。

协议是指有关国家、政党、企事业单位、社会团体或者个人,在平等协商的基础上订立的一种具有政治、经济或其他关系的契约。协议,在其所表示的意义、作用、格式、形式等方面基本上与合同是相同的。《中华人民共和国合同法》第二条对合同所作的定义是"平等主体的自然人、法人、其他组织之间设立、变更、终止民事权利义务关系的协议"。由此可见,合同就是具有特定内容的协议,用来约定当事人相互之间的权利义务关系。

合同与协议虽然有其共同之处,但两者也有明显的区别。合同的内容明确、详细、具体,并规定违约责任;而协议的内容没有具体标的,简单、概括、原则,不涉及违约责任。从其区别角度来说,协议是签订合同的基础,合同又是协议的具体化。

在社会实践中,"合同"与"协议"、"合同书"与"协议书"是常常可以互代的名称。对合同与协议不能只从名称上来区分,而应该根据其实质内容来确定。如果协议的内容写得比较明确、具体、详细、齐全,并涉及违约责任,即使其名称写的是协议,也是合同;如果合同的内容写得比较概括、原则、很不具体,也不涉及违约责任,即使其名称写的是合同,也不能称其为合同,而是协议。

意向书是国家、单位、企业以及经济实体与个人之间,对某项事务在正式签订条约、达成协议之前,由一方向另一方表明基本态度或提出初步设想的一种具有协商性的文书。

意向书的主要作用是传达"意向",提请对方注意或参考;可以约束双方的行动,保证双方的利益;可为正式签订协议或合同打下基础。

第二节 经济合同

一、经济合同的性质

经济合同也叫经济契约,它是商品经济的产物。根据1999年10月1日生效的《中华人民共和国合同法》规定:经济合同是平等主体的自然人、法人、其他组织之间设立、变更、终止民事权利和义务关系的协议。

随着社会主义市场经济的建立和完善,与商品经济密切相关的经济合同,其地位和作用日趋明显。作为一种横向的经济关系,经济合同具有明显的经济目的性。经济合同的本质内容,在于确认和调整当事人之间在商品生产和流通过程中相应的经济利益关系。经济合同是协作关系的具体反映,是管理经济的有效手段,也是合同各方保证完成经济任务、达到一定经济目的的有效办法。它有利于保持并维护良好的社会经济秩序。

二、经济合同的特点

(一)订立合同的主体必须是平等主体

经济合同的当事人之间的法律地位是平等的,经济合同中的条款是当事人意思表达的一致,订立合同时,任何一方不得把自己的意志强加给另一方。采取欺诈、胁迫手段或乘他人之危,使对方在违背真实意思的情况下订立的合同是无效合同。

(二)依法订立的合同具有法律约束力

订立合同是自然人、法人、其他组织之间的事,只要合同主体具有行为能力,他们之间就享有依法自主订立合同的权利。经济合同一旦订立生效,对当事人之间就产生了一定的权利和义务关系,任何一方不履行、不完全履行、不适当履行合同规定的义务,都要承担相应的法律责任,同时,任何单位和个人都不得对依法成立的合同关系进行非法的干预和侵害。

三、经济合同的种类

由于合同主要适用于经济活动中商定的债权、债务关系,不允许带有人身性质的内容,因此,婚姻、收养、监护、继承等有关身份关系的协议不是合同法中的对象,不能以订立合同的形式来确定。

我国现行的《中华人民共和国合同法》列举了15类合同,主要是:

买卖合同。买卖合同是出卖人转移标的物的所有权于收买人,收买人支付价款的合同。出卖的标的物,应当属于出卖人所有或者出卖人有权处分。出卖具有知识产权的计算机软件等标的物,除法律另有规定或者当事人另有约定外,该标的物的知识产权不属于收买人。

供用电、水、气、热力合同。该类合同是供电、水、气、热力的人向用电、水、气、热力的人供电、水、气、热力,受用人支付费用的合同。

赠与合同。赠与合同是赠与人将自己的财产无偿给予受赠人,受赠人表示接受赠与的合同。

借贷合同。借贷合同是借款人向贷款人借款,到期返还借款并支付利息的合同。

租赁合同。租赁合同是出租人将租赁货物交付承租人使用、收益,承租人支付租金的合同。根据规定,租赁期限不得超过二十年,超过二十年的,超过部分无效。

融资租赁合同。它是出租人根据承租人对出卖人、租赁物的选择,向出卖人购买租赁物,提供给承租人使用,承租人支付租金的合同。

承揽合同。它是承揽人按照定作人的要求完成工作,交付工作成果,定作人给付报酬的合同。

建设工程合同。它是承包人进行工程建设,发包人支付价款的合同。建设工程合同包括工程勘察、设计、施工合同。

运输合同。它是承运人将旅客或者货物从起运地点运输到约定地点,旅客、托运人或者受货人支付票款或者运输费用的合同。它包括客运、货运、多式联运三种合同。

仓储合同。它是保管人储存存货人交付的仓储物,存货人支付仓储费的合同。

保管合同。它是保管人保管寄存人交付的保管物,并返还该物的合同。

委托合同。它是委托人和受托人约定,由受托人处理委托人事务的合同。

行纪合同。它是行纪人以自己的名义为委托人从事贸易活动,委托人支付报酬的合同。

居间合同。它是居间人向委托人报告订立合同的机会或者提供订立合同的媒介服务,委托人支付报酬的合同。居间人促成合同成立的,委托人应当按照约定支付报酬。未促成合同成立的,不得要求支付报酬,但可以要求委托人支付从事居间活动支出的必要费用。

技术合同。它是当事人就技术开发、转让、咨询或者服务订立的确立相互之间权利和义务的合同。它包括技术开发合同、技术转让合同、技术咨询合同、技术服务合同四种。职务技术成果的使用权、转让权属于法人或者其他组织;非职务技术成果的使用权、转让权属于完成技术成果的个人,该个人可就该项非职务技术成果订立合同。

四、经济合同订立的原则

(一)合法自愿原则

当事人订立、履行经济合同,必须遵守国家的法律、行政法规,必须符合国家的政策和国家的整体利益,必须维护国家的宏观经济秩序,必须维护社会公共利益,尊重社会公德,不得扰乱社会经济秩序,损害社会公共利益。任何单位和个人都不得利用经济合同进行违法活动。

订立经济合同必须在当事人意愿完全一致的基础上,合同当事人依法享有自愿订立经济合同的权利。下列情形的合同是无效合同:以欺诈、胁迫的手段订立的合同;危害国家利益;恶意串通,损害国家、集体或第三人利益;以合法形式掩盖非法目的;损害社会公共利益;违反法律、行政法规的强制性规定。合同中的下列免责条款无效:造成对方人身伤害的,因故意或者重大过失造成对方财产损失的。

(二)平等互利、协商一致、等价有偿原则

经济合同的各方当事人在经济往来中的地位是平等的,权利和义务是相互关联的,不存在一方只有权利而另一方只履行义务的情况。各方当事人必须在协商一致的前提下充分体现各自的利益和要求。

(三)诚实信用原则

订立合同应以诚信为本,诚信即诚实守信。在订立经济合同前,合同各方应如实地向对方讲清楚自己的资信能力、经营权、经营范围以及合同各方的真实身份和行为权限,并提供所需的一切书面证明。

五、经济合同订立的程序

《中华人民共和国合同法》规定:"当事人订立合同,采取要约、承诺方式。"也就是说,只要有一方当事人的要约和另一方当事人的承诺,合同即告成立。由此可见,订立经济合同主要程序的两个步骤是要约、承诺。

(一)要约

要约是"希望和他人订立合同的意思表示"。一项有法律效力的要约应当具备以下四个

条件：

1. 要约必须是要约人按照要约中所提出的条件主动地追求和对方建立合同关系

要约的目的在于订立经济合同，因此，凡不是以订立经济合同为目的的意思表示，就不能称之为要约。如在商业活动中，一方向交易对方寄送报价单、价目表、招标公告、商业广告、商品目录等，其目的在于唤起对方的注意，吸引对方发出订立经济合同的提议，这只是要约引诱，或称要约邀请，而不是要约。

2. 要约的内容必须具体确定

在商业买卖中，要约一般要包括商品的名称、数量、价格以及交货和付款的时间、方式等。

3. 要约一旦承诺，即产生约束

一旦受要约人对要约加以承诺，要约人与受要约人之间的合同订立过程即告结束，合同也就成立了。也就是说，一经受要约人承诺，要约人即受要约的约束。

4. 要约必须传达到受要约人才能生效

如甲方向乙方发出一项要约，希望出卖某一商品，而同时，乙方在收到上述要约前也主动去信表示愿意购买同一商品，即使此信的内容与要约完全相同，乙方的信也不能示为承诺。正因为如此，在要约到达受要约人之前的这段时间里，由于要约尚未发生法律效力，要约人有权撤回要约。但并非所有的要约都可以随意撤回，有效的要约撤回必须满足两个条件：第一，撤回通知先于要约到达受要约人；第二，撤回通知与要约同时到达受要约人。要约在受要约人发出承诺通知前还可以撤销，要约撤销与要约撤回有区别，要约撤销是指要约人要使要约丧失法律效力而取消该要约的意思表示。如要约要素不全、要约人对受要约人缺乏信任、向两个以上的人发出要约而一人已经承诺等。有两种要约不得取消：第一，要约人确定了承诺期限或者以其他形式明示要约不可撤销；第二，受要约人有理由认为要约是不可撤销的，并已为履行合同作了准备。

（二）承诺

承诺是受要约人同意接受要约的全部条件的意思表示。要约一经承诺，合同即告成立。一项有效的承诺必须具备三个条件：

一是承诺必须是由受要约人向要约人作出的，除此以外，任何第三者对要约内容作出接受的意思表示都不是承诺。

二是承诺的内容与要约的内容要完全一致。受要约人在作出承诺时不得限制、扩张或者变更要约的内容，否则不构成承诺，而应视为对原要约的拒绝所作出的新要约或反要约。如果受要约人对数量、价格、付款、交货时间、方式等有任何变更、限制，即不构成承诺，而只是新要约。

三是承诺应当在要约确定的期限或法律规定的期限内到达要约人，否则该承诺无效。但如果要约人认为迟到的承诺仍然有效，那么该承诺就有效，但要约人必须及时通知受要约人。

承诺应以明示的方式表示同意要约内容。除根据交易习惯或者要约表明可以通过行为作出承诺外，一般以"通知的方式"作出。"通知的方式"包括口头形式和书面形式。

承诺可以撤回，但不能因此影响要约人的利益，撤回承诺的通知应当在承诺生效前或者与承诺通知同时到达要约人。

除法律、行政法规规定应当办理批准、登记等手续才能生效的外，经过承诺，合同即告成立。

六、经济合同的基本内容

根据经济合同的有关法律规定,经济合同的基本内容有:

(一)当事人的名称或者姓名和住所

这是经济合同当事人具备法人资格的佐证,包括当事人的名称、法人代表、地址、邮政编码、电挂、电话、电传、银行账号等。

(二)标的

标的是合同当事人的权利和义务所共同指向的事物、目标。

标的一般有实物标的、行为标的、工程标的三类,所有标的在合同中都必须写得明确、具体。

标的必须合法,武器、弹药、麻醉药、金银等限制流通物不能作为一般意义上的标的物。

(三)标的的数量和质量

这是合同标的物的具体内容,是合同的关键条款。

标的的数量和质量必须明确。

标的数量包括数额和计量单位,计量单位应使用国家统一的标准,如重量用克(g)等。计量单位还要同行业的习惯计量单位与国际通行标准一致,如铅笔习惯上用"打"。

标的物的质量包括产品质量和包装质量。质量要求宜详细、具体。质量要求不明确的,按照国家标准、行业标准履行;没有国家标准或行业标准的,按照通常标准或者符合合同目的的特定标准履行。

(四)价款或酬金

价款或酬金是经济合同权利的体现。价款是合同当事人为取得对方产品而支付的代价,酬金是合同当事人为获得对方的劳务或智力成果而支付的报酬。签订合同时,必须明确规定标的物价款或酬金的具体数额、计算标准以及支付方式。

价款或酬金不明确的,按照订立合同时履行地的市场价格履行;依法应当执行政府定价或者政府指导价的,按规定履行。

(五)履行期限、地点和方式

履行期限是指交付标的物和支付价金(价款或酬金)的时间界限。期限规定必须具体明确,不能订立无限期的或没有明确期限的经济合同。

履行地点是指经济合同的双方交、提标的物的地方。

履行方式是指交付标的物的手段、工具。对自提或委托交通运输部门托运、运送工具等,必须规定明确。

履行地点不明确,给付货币的,在接受货币一方所在地履行;交付不动产的,在不动产所在地履行;其他标的,在履行义务一方所在地履行。履行期限不明确的,债务人可以随时履行,债权人也可以随时要求履行,但应当给对方必要的准备时间。履行方式不明确的,按照有利于实现合同目的的方式履行。

（六）违约责任

当事人一方不履行合同义务或者履行合同义务不符合约定的,应当承担继续履行、采取补救措施或者赔偿损失等违约责任。它包括支付价款或报酬,赔偿损失,支付违约金,没收或双倍返还定金等多种形式。

（七）解决争议的方法

以上是合同的主要条款。由于合同种类繁多,标的物复杂,这里的有些条款未必适用,有些内容在这些条款中又包容不了。因此,订立合同时应根据具体情况灵活变动,还可注明"本合同未尽事宜,由双方协商解决"的条款。

七、经济合同的文本格式

经济合同的文本格式包括体式和结构两方面。

（一）经济合同的体式

经济合同的体式有三种。一是条款式,即把经济合同的内容按照条款的方式排列有序地表述出来。这种结构体式眉目清楚,内容清晰。二是表格式,即按照事先设计好的某项合同必须明确的内容表格一一填写。这种体式比较规范,不易疏漏,填写简便,节约文字。三是条款兼表格式,即将前面两种体式结合使用。

（二）经济合同的结构

经济合同的结构项目包括合同名称、当事人名称和要约、合同条款、落款四个部分。

1. 合同名称

标明合同的业务性质和文种名称。如"购销合同"、"技术转让合同"等。"经济合同"、"××合约"、"××协议"的合同名称是不正确的。

2. 当事人名称和要约

当事人名称在要约中,当事人名称标明"订立合同单位"或"订立合同人",写上全称,为了行文方便,还可标明简称"甲方"、"乙方"、"供方"、"需方"等。"你方"、"我方"等简称容易引起混乱和误解,是错误的。紧承当事人名称,再交代签约原由,即"要约",通常写作"为了……根据……经过协商,签订本合同……"这里要交代立约目的、立约根据、立约过程等,一般不能省略。

3. 合同条款

合同条款是合同的主体部分,要按照前面所讲合同必备条款详述合同内容,并写明附件、份数、页数及双方保存的合同文本份数。

4. 落款

落款包括署名、日期和附项。署名要写明当事人名称、地址、法人代表、代表人、开户银行、账号等。单位应加盖公章或合同专用章。各方当事人代表必须亲自签字。日期包括签订日期、生效日期、有效日期等。附项包括电话、电挂、传真等需说明的各种佐证及联系资料。

八、经济合同的写作要求

订立经济合同是经济工作中的一项常规工作,关系重大,要求严格。在订立经济合同时,

除要求内容合法、条款完备外,合同用语尤需准确、具体、规范。因此,写作经济合同时,语言的运用必须注意:

(一)用语精练,表述严密

由于经济合同是一种法律约束力非常强的文书,其语言必须周密、精确,切忌模棱两可或令人费解。首先,合同的概念使用要准确,概念的内涵和外延必须明确。如有的合同订立者对合同预付款和合同定金分不清,导致损失。因定金具有担保性质而预付款没有,根据《中华人民共和国合同法》的规定,取得定金方不履行合同应当双倍返还,而取得预付款方不履行合同只能要求原数返还。其次,合同中专业术语的使用必须得当。如"交货日期"、"交货期限"、"交货时间"是含义不同的三个词。"交货日期"指交货的特定日期(如9月1日),"交货期限"指约定的交货时段的下限(如最迟9月1日),"交货时间"指在商定的某个时点至另一个时点之前的期限内发货(如交货时间为9月,则指9月的任何一天均可交货)。再有,合同中使用的语言也必须规范。如不使用方言土语,不使用文言文,合同中同一名称的表述前后要一致,不要损害当事人的平等地位,不使用有损国格、人格的词语等。还有,合同用语逻辑严密,无语法错误。同时,对多义词的使用要特别小心。如"还欠款5 000元"就有"还(hái)欠款5 000元"和"还(huán)欠款5 000元"两种完全不同的理解,此用语就不够严密。

(二)条款明确,内容具体

合同的主要条款既是对双方当事人权利和义务关系的明确规定,也是避免今后发生争议、解决纠纷的依据。主要条款规定得越具体、越明确,双方当事人的权利和义务就越清楚明了。如对数量、质量等标的的内容,在数量条款中应载明计量单位、计量方法、误差幅度及正负尾差和自然耗损量、毛重或净重等,质量标准和技术要求应包括性能、稳定性、效用、外观形态、耗能指标、工艺要求、等级等。价格应载明具体价格、支付金额、支付方式、各种附带费用、计价单位、保值金额等。履行合同的地点、方式等也是越明确具体越好。

【例文】

买卖合同

订立合同双方:

供方:_____

需方:_____

根据《中华人民共和国合同法》,供需双方本着平等互利、协商一致的原则,签订本合同,以资共同信守执行。

第一条　商品名称、种类、规格、单位、数量

品　名	种　类	规　格	单　位	数　量	备　注

第二条　商品质量标准

商品质量标准可选择下列第_____项作标准:

1. 附商品样本,作为合同附件。

2. 商品质量,按照_____标准执行(副品不得超过_____%)。
3. 商品质量由双方议定。

第三条　商品单价及合同总金额

1. 商品定价,供需双方同意按_____定价执行。如因原料、材料、生产条件发生变化,需变动价格时,应经供需双方协商。否则,造成损失由违约方承担经济责任。
2. 单价和合同总金额：_____。

第四条　包装方式及包装品处理_____。

(按照各种商品的不同,规定各种包装方式、包装材料及规格。包装品以随货出售为原则;凡须退还对方的包装品,应按铁路规定,订明回空方法及时间,或另作规定。)

第五条　交货方式

1. 交货时间：_____。
2. 交货地点：_____。
3. 运输方式：_____。

第六条　验收方法_____。

(按照交货地点与时间,根据不同商品种类,规定验收的处理方法。)

第七条　预付货款

(根据不同商品,决定是否预付货款及金额。)

第八条　付款日期及结算方式_____。

第九条　运输及保险_____。

(根据实际情况,需委托对方代办运输手续者,应于合同中订明。为保证货物途中的安全,代办运输单位应根据具体情况代为投保运输险。)

第十条　运输费用负担_____。

第十一条　违约责任

1. 需方延付货款或付款后供方无货,使对方造成损失,应偿付对方此批货款总价_____%的违约金。
2. 供方如提前或延期交货或交货不足数量者,供方应偿付需方此批货款总值_____%的违约金。需方如不按交货期限收货或拒收合格商品,亦应按偿付供方此批货款总值_____%的违约金。任意一方如提出增减合同数量,变动交货时间,应提前通知对方,征得同意,否则应承担经济责任。
3. 供方所发货品有不合规格、质量或霉烂等情况,需方有权拒绝付款(如已付款,应订明退款退货办法),但须先行办理收货手续,并代为保管和立即通知供方,因此所发生的一切费用损失,由供方负责,如经供方要求代为处理,并须负责迅速处理,以免造成更大损失,其处理方法由双方协商决定。
4. 约定的违约金,视为违约的损失赔偿。双方没有约定违约金或者预先赔偿额的计算方法的,损失赔偿额应当相当于违约所造成的损失,包括合同履行后可以获得的利益,但不得超过违反合同一方订立合同时应当预见到的因违反合同可能造成的损失。

第十二条　当事人一方因不可抗力不能履行合同时,应当及时通知对方,并在合理期限内提供有关机构出具的证明,可以全部或部分免除该方当事人的责任。

第十三条 本合同在执行中发生纠纷,签订合同双方不能协商解决时,可向人民法院提出诉讼(或申请_____仲裁机构仲裁解决)。

第十四条 合同执行期间,如因故不能履行或需要修改,必须经双方同意,并互相换文或另订合同,方为有效。

需方:_____(盖章) 供方:_____(盖章)

法定代表人:_____(盖章) 法定代表人:_____(盖章)

开户银行及账号:_____ 开户银行及账号:_____

_____年____月____日

第三章 法律类文书及文书的诉求功能

第一节 法律类文书概述

一、法律文书的性质和类别

法律文书,从广义上讲,是指由国家机关、社会团体、企事业单位或者公民个人撰写的记载法律行为或事实、具有法律意义或法律效力的一切书面文字材料;从狭义上讲,则是指公安机关、人民法院、人民检察院或其他机关为了处理刑事、民事案件或执行其他法律行为,以及机关、团体、企事业单位或公民个人为进行诉讼或进行其他有法律意义的活动,根据法律的规定而制作、撰写的具有法律意义或法律效力的各种文书。

法律文书不同于司法文书。作为法律文书的一部分,司法文书的外延比法律文书要小。司法文书专指由国家司法机关(如公安机关、安全机关、法院、检察院等)为处理刑事、民事、行政或经济案件而依法制作的具有法律效力或法律意义的文书。

法律文书也不同于诉讼文书。作为法律文书的一部分,诉讼文书是指国家机关、社会团体、企事业单位和公民个人为了进行刑事、刑事附带民事、民事或行政诉讼活动而依法制作的文书。它不包括由司法机关和诉讼当事人以外的机关、团体、单位或公民个人依法制作或委托制作的具有法律意义或法律效力的文书。

限于篇幅,本书所讲的主要是几种常见的诉讼文书。

二、法律文书制作的总体要求

(一)熟悉法律和政策

法律文书的写作与日常事务文书不同,其行业性特点非常明显。要写好法律文书,写作者必须具有较高的理论素养和较丰富的法律知识。法律和政策是法律文书赖以存在的基础,如果写作者不熟悉相关的法律知识,写出的文书与法律有相悖的地方,这样的文书要想达到预期的效果显然是不可能的。当然,学习法律知识还必须能深刻理解法律精神实质,能用具体的法律条款来分析实际问题,并能紧跟时代的发展,关注社会生活中出现的新问题,用发展的眼光来写法律文书。

（二）熟悉事实和程序

法律文书制作的总原则是"以事实为依据，以法律为准绳"，只有法律知识而对具体的事实不熟悉，要想写好法律文书也是不可能的。因此，法律文书的写作者必须了解和熟悉有关案件的详细情况，对案件发生的时间、地点、人物、情节、经过、结果、因果关系、程度等都要了如指掌。同时，写作法律文书时还必须熟悉办案程序，因为针对不同的案件审理，法律上有不同的规定，相关文书的写作也有不同的要求。如许多在刑事案件中属于非罪的概念，而写作者大量写进了法律文书，这样的法律文书写得再好也是在做无用功。再比如，在法律规定的诉讼时效期间内，权利人提出请求的，人民法院就强制义务人履行所承担的义务。而在法定的诉讼时效期间届满之后，权利人行使请求权的，人民法院就不再予以保护。尽管诉讼时效届满后，权利人请求权的行使仅发生障碍，权利本身及请求权并不消灭，当事人超过诉讼时效后起诉的，人民法院还会受理，但"打赢官司"的胜算就少了很多。所以，权利人要尽可能地在法定的诉讼时效内行使自己的权利。

（三）熟悉格式和要求

对写作者来说，熟悉法律文书的写作格式，掌握法律文书的写作知识，养成良好的写作文风，是写好法律文书的基础。首先，写作法律文书之前，必须对自己要写作的相关文书的格式组成部分在文书中的位置有一个总体了解。其次，对相关法律文书的内容要求也必须了然于心。如有关伤害的问题，只能在刑事自诉状和刑事附带民事状中才会出现。有的写作者在写作民事案件的文书时，事项中涉及大量伤害的句子或有关伤害的内容，而伤害案件属于刑事自诉状或刑事附带民事状的法律范畴。这就是因为对相关的法律条文不熟悉。第三，法律文书的写作者必须熟悉有关法律的程序。如一审程序上可以使用的文书有起诉状（包括刑事自诉状、刑事附带民事状、民事起诉状、行政起诉状）、答辩状（包括刑事自诉答辩状、刑事附带民事答辩状、民事答辩状、行政案件答辩状）。二审程序上可以使用的文书有上诉状（包括刑事上诉状、民事上诉状等）、二审程序答辩状（包括刑事被上诉答辩状、民事被上诉答辩状等）。此外，既可以引起一审程序，也可以引起二审程序的文书有申诉状（包括刑事、民事申诉状等）。

第二节　起诉状

一、起诉状的概念和种类

起诉状是民事案件的原告或刑事案件的自诉人在自己的权益受到侵害或与他人发生争议时，为维护自己的合法权益，依法向人民法院提出诉讼请求，要求法院追究有关人员和组织的法律责任而向法院提交的书面请求。

起诉状分刑事起诉状、民事起诉状、行政起诉状三种。

刑事案件的起诉分自诉和公诉两种。应该由人民检察院提起的诉讼案件为公诉；而情节轻微的伤害案，公然侮辱、诽谤案，重婚案，抗拒执行判决、裁定案，破坏军婚案，暴力干涉婚姻自由案、虐待案、遗弃案等八大案件适用于刑事自诉案件。刑事自诉状是指刑事案件的被害人或其他法定代理人，依法向人民法院直接控告刑事被告人，要求追究被告人的刑事责任或刑事附带民事责任而递交的书面请求。

民事起诉状是民事原告在自己的民事权益受到侵害或者与他人发生争议时，为维护自身的民事权益，依照事实和法律，向人民法院递交的书面请求。赡养、离婚、继承案件和经济纠纷、劳动纠纷、海事海商案件适用民事起诉状。

行政起诉状是指公民、法人或者其他组织，认为自己的合法权益受到行政机关及其工作人员的具体行政行为的侵害，依法向人民法院提起诉讼，要求给予裁判的书面请求。行政起诉状的原告可以是公民、法人或其他社会组织，而被告只能是作出具体行政行为的主管行政机关。

二、起诉状的格式和写法

所有起诉状均由首部、正文、尾部三部分组成。

（一）首部

首部包括文书名称和当事人的基本情况两部分。

1. 文书名称

在上部正中写"民事起诉状"（或"起诉状"、"民事诉状"）、"刑事自诉状"、"行政起诉状"或"刑事附带民事状"，也可以写"×××诉×××等×人关于××××××一案的刑事自诉状（或刑事附带民事状、民事起诉状、行政起诉状）"。

2. 当事人基本情况

当事人的基本情况，依次为原告姓名、性别、年龄、民族、籍贯、职业、工作单位或家庭住址。若原告是未成年人，应在原告下写明法定代理人、姓名、性别、同原告的关系。若原告是法人或其他组织，应写明原告单位名称、企业性质、工商登记核准号、单位地址、邮政编码、联系电话等，还要写明法定代表人姓名、职务、联系电话等事项。若有委托代理人的，应写明代理人姓名和有关的身份事项。

再写被告的身份事项，写法与原告的写法基本一样。若被告不止一个，应依次写明第一被告、第二被告、第三被告等具体事项。

（二）正文

正文包括诉讼请求、事实和理由。

1. 诉讼请求

诉讼请求主要是针对被告的具体行为提出的民事、刑事、行政的具体要求，是原告提出诉讼所要达到的目的，也是原告要求人民法院解决的问题。诉讼请求应明确具体，条目清晰，言简意赅。如"原告生活难以维持，请求判令被告给付赡养费"，"原、被告双方之间感情确已破裂，请求判决离婚"，"被告人×××犯重婚罪，请人民法院依法判处"等。诉讼请求若不止一项，可用序号标列。

在刑事自诉状一栏中，往往还要在前面加上"案由"这一项。案由即控告的罪名，就是被告人所犯何罪。写作者应注意：此罪名应在刑事自诉案件的范围之内，否则，人民法院将不予受理。同时，行政案件的诉讼请求要针对被告的具体行政行为提出。如认为被告所做的行政行为证据不足、适用法律法规错误、违反法定程序、超越职权、滥用职权等。

2. 事实和理由

事实即法律文书的事实材料部分。这是各种诉状的主要内容,对能否胜诉起决定作用。在写作事实时要注意:一是叙述的事实必须客观公正,实事求是,既不夸大也不缩小,即不夸大有利于自己的情节,不缩小有利于对方的情节。要如实反映事实的本来面目,说真话,讲实情。要主动承认并承担责任,对被告的侵权行为也决不放过。二是叙述事实必须清楚,对事实发生的时间、地点、人物关系、情节变化、前因后果等都要写明。在全面介绍事实本身的同时,还要做到重点突出,线索分明,紧紧围绕诉讼目的。要使事实清楚,重点突出,写作者必须了解事实本身的来龙去脉,对事实本身的每一个细节都必须非常清楚。

在写作不同的诉状事实时,还要考虑到文种本身的要求。在民事起诉状中,原告必须写清以下几点:第一,当事人之间的法律关系;第二,当事人之间纠纷的由来、发生、发展的全过程;第三,双方争执的焦点和双方对民事权益争执的具体内容;第四,在叙述案情的基础上,要恰如其分地说明被告应承担的责任,同时,原告应如实地反映自己应承担的责任,承担多少责任。总的来说,叙述事实时要做到"以事动人"、"以情感人"、"以理服人"。在刑事自诉状中,要突出体现犯罪构成的"七要素",即时间、地点、动机、目的、手段、情节、后果。同时要严格区分罪与非罪的界限。凡属一般性的违法乱纪行为,思想意识、生活作风和道德品质存在的问题,尚不构成犯罪的,概不写入。行政起诉状在符合提起行政诉讼的前提下,提出的事实必须实在、合理。

理由即法律文书的法律材料部分,主要是证明诉讼请求的合理性,依据双方争执的事实和证据,概括地分析纠纷的性质、结果和责任,同时提出诉讼请求所依据的法律条文。在写作时,一般分为两个层次:一是事实认定的理由,即纠纷事实的概括和升华,重在分析纠纷的性质、危害、结果、过错责任等。二是法律根据的理由,这部分引用法律条文时应全面、准确、具体。例如:"综上所述……(分析纠纷的性质、过错、危害结果等)根据××××法第×条第××款的规定(说明被告应负的法律责任),请求人民法院依法处理,以实现诉讼请求。"

事实和理由写完后,需单独列出证据和证据来源,证人姓名和住址。

(三) 尾部

尾部包括致送法院名称、起诉人签名盖章、附项。

致送法院名称:分两行写,第一行前至少空两格写"此致",另起一行顶格写"×××人民法院",后不加标点。

起诉人签名盖章:一般在右下方首行写"起诉人×××(签名盖章)",另起一行写"××××年×月×日",再另起一行还可以写"代书人:×××"。

附项:写明"附:本状正本×份,副本×份"等。

附:民事起诉状格式。

原告:
名称:＿＿＿＿＿　　地址:＿＿＿＿＿　　电话:＿＿＿＿＿
法定代表人:姓名:＿＿＿＿＿　　职务:＿＿＿＿＿

委托代理人①：姓名：_____ 性别：_____ 年龄：_____
民族：_____ 职务：_____ 工作单位：_____
住址：_____ 电话：_____
被告：
名称：_____ 地址：_____ 电话：_____
法定代表人：姓名：_____ 职务：_____
诉讼请求：_____
事实和理由：_____
此致
_____人民法院

　　　　　　　　　　　　　原告人：_____（盖章）
　　　　　　　　　　　　　法定代表人：_____（签章）
　　　　　　　　　　　　　　　　　_____年____月____日

附：本诉状副本_____份
　　证人_____人
　　书证_____份
　　物证_____份

第三节　答辩状

一、答辩状的概念和种类

　　答辩状是在诉讼活动中，被告或者被上诉人针对原告或者上诉人的诉讼内容进行答复和辩解的文书。

　　答辩状分为两种：一审程序答辩状和上诉程序答辩状。根据案件的性质不同，答辩状又分为民事答辩状、刑事答辩状、刑事附带民事答辩状等。需要说明的是，一审程序上的答辩状，是被告针对原告诉状提出的；二审程序上的答辩状，是被上诉人针对上诉人的上诉状提出的。

　　根据有关法律条文的规定，在法律诉讼活动中，自诉人与被告人（指刑事自诉案件中）或者被告人与原告人（指民事诉讼案件中）的诉讼地位是平等的。谁先到法院起诉，谁就制作起诉状。谁后到法院起诉，谁就制作答辩状。

　　提出答辩状，对被告和被上诉人来说，是一种重要的诉讼权利，体现了原、被告诉讼权利平等的原则。在答辩状中，反驳原告、上诉人的诉讼请求，是被告、被上诉人为维护自身的合法权益，在审判程序中保护自己所采取的一种诉讼手段。提供答辩状，有利于法院全面了解案情，

---

①　"委托代理人"非诉状的必有要素，实践中可根据情况取舍。下文中的答辩状格式中的"委托代理人"项，同此。

做到"兼听则明",公正合理地断案。

二、答辩状的格式和写法

答辩状的写作格式与起诉状有很多相似之处,一般由首部、正文、尾部三部分组成。

（一）首部

首部包括文书名称和当事人情况两部分。

1. 文书名称

文书名称一般写"民事答辩状"、"刑事自诉答辩状"、"行政答辩状"等。

2. 当事人情况

当事人（包括答辩人和原告）情况,如答辩人是公民,则写:"答辩人:姓名、性别、年龄、民族、籍贯、职业、家庭住址或工作单位";如答辩人是法人或其他组织,则写:"答辩人:单位全称、所在地址、邮政编码、法定代表人（或代表人）姓名、职务、电话、企业性质、经营范围和方式、开户银行和账号、工商登记核准号等";如有法定代理人,则在答辩人下行写:"法定代理人:姓名（注明与答辩人的关系）、性别、年龄、民族、籍贯、职业、家庭住址或工作单位";如有委托代理人,则另起一行写:"委托代理人:姓名、性别、年龄、民族、籍贯、职业、家庭住址或工作单位";如果委托代理人是律师,则只要写出委托代理人姓名和其所属律师事务所。

答辩状中,原告人的基本情况可以不写。如果要写,与答辩人情况的写法大致相同。

（二）正文

正文包括案由、答辩理由、答辩建议。

1. 案由

案由即答辩的起因,一般为程式化的语言,通常写为"因××××××（案由）一案,根据原告提出的诉状,答辩如下：……"

2. 答辩理由

答辩理由是答辩状的主体,是答辩能否成功的关键部分,写作时主要针对原告诉状中提出的诉讼请求与所依据的事实和理由进行答复和辩解。答辩状中答辩的理由有这样几种情况：第一,如果对方当事人提出的事实和理由是合情合理的,诉讼请求也是妥当的,则被告或被上诉人自动放弃答辩。这种情况较为少见。第二,如果对方当事人提出的事实是准确的,但只是对原告或上诉人有利的一部分事实,则答辩人应补充出另一部分事实,分析对方隐瞒事实的意图,从而反驳对方的诉讼请求。第三,如果对方当事人提出的事实或依据的理由有部分是虚假的,则答辩人应抓住对方虚假的事实和理由,并运用新的事实和理由反驳对方的诉讼请求。第四,如果对方当事人提出的事实本身是准确的,但依据的法律条文有出入或对法律的理解有偏差,答辩人应当据理反驳。

答辩理由的写作一般先列举对方诉状中的错误事实或理由为反驳的依据,树立靶标,然后列举事实或理由或相关的法律条文,作为反驳的论据,再运用逻辑推理得出新的结论。

3. 答辩建议

答辩建议或主张,是答辩人在提出事文、法律方面的答辩后,对本案的处理依法提出自己的主张,请求法院裁判时予以考虑。如果说答辩理由是"破",则答辩建议和主张为"立"。

（三）尾部

尾部依次写明致送法院名称、答辩人署名、答辩状递交的时间、附项等。

附：答辩状格式。

答辩人：
名称：_____ 地址：_____ 电话：_____
法定代表人：_____ 职务：_____
委托代理人：姓名：_____ 性别：_____ 年龄：_____
民族：_____ 职务：_____ 工作单位：_____
住所：_____ 电话：_____
因_____诉我（单位）_____一案，答辩如下：
_____
此致
_____人民法院

　　　　　　　　　　　　　　　　　答辩人：_____（盖章）
　　　　　　　　　　　　　　　　　法定代表人：_____（签章）
　　　　　　　　　　　　　　　　　　____年____月____日

附：答辩书副本_____份
　　其他证明文件_____份

三、答辩状写作注意事项

一是答辩状是一种被动性文体，是针对起诉状或上诉状提出的答复和辩解，其写作的针对性和目的性都很强。答辩状写作时应实事求是，要仔细研究起诉状或上诉状的内容，力求抓住关键，以理服人，不能空发议论，强词夺理甚至无理狡辩。

二是一审程序上的答辩要针对起诉状的内容进行答辩，与纠纷无关问题不要涉及。对上诉状的答辩，主要是针对一审法院的判决和裁定，应着眼于支持原裁判，反驳上诉的无理要求。

三是答辩人提出反诉的，可写在答辩状中，提交"答辩和反诉状"，不需要另行书写反诉状。但提出反诉必须具备法律规定的条件，即必须以本诉的存在为前提，须与本诉有联系，可以达到并案审理的目的，且须在诉讼过程中提出。同时要严格区分反诉与答辩的区别：反诉是为了维护自己的合法权益而提出的实体权利的请求，而答辩是辩驳原告或上诉人的诉讼请求，使原告败诉，以维护自己的合法权益；反诉是在同一诉讼程序中针对本诉提出的独立的诉讼请求，须向人民法院提交诉讼费用，与本诉合并审理，而答辩是一种法律行为，不是诉讼程序中的独立之诉，且受到严格的时间约束，向法院提交答辩状也不要另行交纳费用；反诉是一种主动行为，答辩是一种被动行为。

第四章　信电类文书及文书的交际功能

第一节　信电类文书概述

一、信电类文书的含义和功能

（一）含义

信电类文书是指以传统纸质媒介或现代电子媒介书写、印刷、承载、传播的书信类应用文。

作为文类名称，信电类文书或许不是一个规范的概念，其实质乃是书信文书，鉴于现代社会中书信的写作、传递常常借助电脑、网络、传真等现代化电器设备，与传统的只以纸张为手段的书信有了明显不同，为反映这种时代变化，称作"信电类文书"应该比称作"书信"更符合实际。

（二）功能

书信是人类使用最早的文体，就我国情况而言，早在三代时期就开始使用，春秋时期书信使用已十分频繁，正如刘勰所说："三代政暇，文翰颇疏。春秋聘繁，书介弥盛。"随着书信使用频度的提高，各种不同用途的书信逐渐有了专名，"战国以前，君臣同书，秦汉立仪，始有表奏，王公国内，亦称奏书"。上达国王君主的书信称为"上书"，也即后世的奏议类公文，诸侯国官员上言诸侯王，则用"奏书"，也称"奏记"。其实，书信的使用范围远不止这些，古代社会生活中的很多方面都要使用书信："夫书记广大，衣被事体，笔札杂名，古今多品。是以总领黎庶，则有谱籍簿录；医历星筮，则有方术占试；申宪述兵，则有律令法制；朝市征信，则有符契券疏；百官询事，则有关刺解牒；万民达志，则有状列辞谚。并述理于心，着言于翰。虽艺文之末品，而政事之先务也。"（刘勰《文心雕龙·书记》）现代社会书信的使用仍然十分频繁，具有重要功能：

第一，个人之间使用书信可以联络情感、交流经验、互通信息。
第二，组织之间使用书信可以商洽工作、联系事宜、互通情报。
第三，个人与组织之间使用书信可以反映情况、表达愿望、沟通事务。

二、信电类文书的种类

(一) 信电类文书的分类

信电类文书使用范围广、频率高,所以其种类很多。常见的种类有介绍信、证明信、慰问信、感谢信、推荐信、邀请信、聘请书、申请书、倡议书、建议书、便函、各种证书、贺信(电)、唁电、电子邮件等。

以上数量众多的信电类文书按其功能可分作以下五类:

1. 普通书信

个人之间用来联络感情、沟通信息。

2. 礼仪书信(贺信、感谢信、表扬信)

个人或组织之间表达祝贺、慰问、感谢等情感。

3. 申请类书信(申请书、求职书)

个人或组织用来表达加入某个团体、请求获得某种利益的愿望。

4. 建言类书信(建议书、倡议书)

个人向组织、组织之间提出意见、建议、愿望的书信。

5. 电子邮件

借助互联网传递的公私信函。

(二) 常见信电类文书的区别

普通书信多用于个人,是个人之间来往的书面形式,用于传递感情、沟通思想,主要通过邮寄或托送。在形式上与用于公务的书信最大的不同是没有标题。

礼仪书信用于礼仪性场合,用于表达对他人成就的祝贺,在酒会、宴会上对大家的祝福期望,对给予自己帮助的人的感谢等。这种书信在语言措辞上一般带有鲜明真挚的感情。

申请类书信是申请人向被申请方(一般是自己的上级或潜在上级)表达自己愿望并期望得到批准的文体。

建言类书信是写信者将自己的见解、建议或意见向上级报告的文体。

电子邮件则是我们所说的 Email(伊妹儿,由英语音译而来),是以网络(手机或电脑)为主要载体,在网络上进行信息交流所用的信件。这种文书使用简易、投递迅速、费用低廉、易于保存、全球畅通无阻,它正在逐步代替传统的纸质书信。

三、信电类文书的基本写法

所有信电类文书都是在书信基础上因功能、场合的差别而派生出来的,因此,它们都具有书信特征,结构上一般包含标题、称呼、问候语(寒暄语)、正文、祝颂语、落款几个项目。

(一) 标题

除普通书信外,其他信电类文书都是有标题的。信电类文书的标题最简单的写法是直接写文种名称,例如"介绍信"、"证明信"、"申请书"等。有的文书将发文者的名称或事由也写在标题中,使收文者一目了然,例如《×××致四川地震灾区的慰问信》。

(二)称呼

根据作者与收文者的关系,写上合适的称谓用语,这一部分要顶格书写,后加冒号。收文者称呼不仅仅是一种称呼,也是用以确定收信人、责任人的一种方式,其作用与公文中的主送机关相同。

(三)问候语

问候语即对收信人的问候、寒暄语句,如"您好"、"台鉴"、"近安"、"别来无恙"等,要单独成段。如果收信人属于机构、团体,则可以省略这一部分。

(四)正文

正文是书信的主体,要在这一部分详细、有条理地陈述情况、表达意愿。

(五)祝颂语

祝颂语分祝语和颂语。祝语一般单独占一行,前面空两格。颂语另起一行顶格书写。如便函中常用的祝颂语:"此致敬礼"。根据不同内容,也有些祝颂语写在一起,单独成段。如慰问信中的"再次致以最诚挚的慰问!"、唁电中的"×××同志安息吧!"

(六)落款

落款,即署名和时间。

第二节 贺 信

一、贺信的性质、特点

贺信是由国家机关、企事业单位或个人向举办重要活动、取得显著成就、有喜庆事件的单位或个人表达祝贺的书信。如当面致贺则称作"贺词",用电报拍发则称作"贺电"。因此,贺信、贺词、贺电事实上是一种文体。

贺信是礼仪性文书中比较常见的一种,在现实生活中使用很广泛。它一方面向对方表示衷心的祝贺,联络感情,拉近距离;另一方面,对自身和对方都是一种激励和鼓舞。

贺信具有以下特点:

其一,使用范围较广。

贺信既可以用于个人之间,也可以用于机关、组织之间,还可以用于国家之间。只要朋友、友邻机关或国家有了喜庆事件,就可以使用贺信表达祝贺。因此,贺信适用范围较广,是社会交往中使用频率较高的文体之一。

其二,内容要喜庆、诚恳。

贺信的目的在"贺"字,祝贺者为他人的成绩感到高兴,为他人的喜事感到快乐,为他人的进步感到欣慰,充分表达自己内心的喜悦之情,以增进友谊,加强团结,互相勉励,共同进步。

其三,用语欢快。

贺信用于礼仪性场合,因此言语措辞之间应有鲜明的感情色彩,语气较欢快。

二、贺信的种类

贺信一般可以用于以下场合,相应地分作几个类别:

祝贺重大活动(大会)的贺信:活动或会议的举行有非常重要的意义,关系单位或个人向主办方表示祝贺。

祝贺成就的贺信:单位或个人取得了突出成绩,上级或是同级单位表示鼓励与祝贺。

祝贺担任新职的贺信:新成为国家机关团体、事业单位或人民团体领导人,相关组织、单位或个人都可以来电来函表示祝贺。

祝贺喜庆事件的贺信:如寿辰、开业、节日等,都可以以书信方式向对方表示祝贺。

三、贺信的写作

(一)明确写作目的

贺信写作首先要明确写作目的,了解为何而写、为谁而写,知道受贺方的基本情况以及祝贺事项。有了这个准备可以使贺信更具有热情和激励性。

(二)理清写作格式和内容

1. 标题

标题有三种写法。第一种以场合名称加文种名称为标题,如《三八妇女节贺信》;第二种包括祝贺者、受贺者以及文种,如《中共中央国务院中央军委对我国首次太空行走成功的贺电》;第三种则省去祝贺者和受贺者,直接以文种即贺信为标题。

2. 称呼

称呼有的以"尊敬的"、"亲爱的"等尊称开头,后加所贺单位或个人,如果是关系较为密切的单位或个人之间,可以直接以名称开头,有的则用对到场同志的称呼,例如"各位同志"、"各位代表"或"女士们,先生们"这一类。

3. 正文

正文部分先介绍受贺单位情况和受贺原由,充分肯定热情赞扬对方取得的重大成就,分析取得成就的主客观原因和重要意义,在文末可以表示出祝贺者的期望和愿望,以此达到激励鼓舞的作用。例如会议召开的意义和影响以及对会议和单位的期望。

4. 落款

落款署上祝贺者的单位或姓名,再标明祝贺时间即可。

【例文】

安阳市委市政府致刘洋父母及亲人的贺信

尊敬的刘洋同志的父母亲及各位亲人:

你们好!

值此神舟九号成功发射之际,我们谨代表家乡571万安阳人民,向刘洋同志表示热烈的祝贺！向你们表示衷心的感谢和亲切的慰问！

天宫一号与神舟九号载人交会对接是我国载人航天工程的一个重大突破。神舟九号成功发射，是中华民族攀登人类科技高峰征程上的又一伟大创举，是我国航天事业发展的又一个新的里程碑。刘洋作为中国第一位飞向太空的女航天员，这一伟大壮举必将永载史册，彪炳千秋！

刘洋同志创造这一历史功勋的背后，凝结了你们支持航天事业所付出的心血和汗水。感谢你们全家为祖国培养了这样一个优秀人才，家乡为有刘洋这样的英雄女儿而感到骄傲，也为有你们这样的光荣家庭而感到自豪！

祝愿你们全家人身体健康，心情愉快，万事如意！并希望你们继续一如既往地支持刘洋同志，为中国航天事业再上新台阶作出新的更大的贡献！

中共安阳市委
安阳市人民政府
2012年6月16日

第三节 申请书

一、申请书的性质和特点

申请书是单位向上级或个人向组织提出愿望并期望得到批准的一种书信文体，大多用以处理个人与组织单位之间的事务。

申请书有以下主要特征：

（一）请求性

申请书重在请求性，它是以书信形式表现出的请求，要明确地提出请求事项，全面条理地陈述请求理由。上级或组织接到申请书后，就是根据这些内容及相关的法规、制度来确定申请事件可否准行。

（二）严肃性

申请书是下级写给上级、个人写给组织的文体，就行文方向看，属于上行文。向上级或组织提出申请必须严肃，申请事项要合情、合法，申请理由要言之有理、言之有据，态度要端正，不能使气任性，语言要庄重质朴。

二、申请书的种类

申请书广泛用于各行各业，种类较多。按照所申请事由，申请书主要分为以下三类：

一是申请加入某组织，例如入团、入党、入会申请书。这一类申请书格式和写法与普通书信基本相同，包括标题、称呼、正文、署名和日期。正文

第一部分说明申请事项,第二部分写申请理由,第三部分则是摆明自己的决心和态度。

二是个人为私人事务寻求上级领导或组织帮助,请求解决问题,例如房屋拆迁、奖学金申请书。

这类申请书要把重点放在理由的申述上,理由要写得具体、充分,态度要诚恳,语言要简明。

三是要求某种权利或请求负责某一任务的申请书,例如专利申请书、使用权申请书等。在经济活动中频繁使用的招标书其实也是申请书的一种。

这类申请书,应立足国家的方针、政策,并以法律为依据,讲清条件,说明理由。

三、申请书的写法

(一) 申请书各部分的写作

申请书的结构包括以下四个部分:标题、称呼、正文、落款。

1. 标题

可直接以"申请书"作为标题,居中书写,字号加大;也可以在申请书前加上申请事项,如"奖学金"、"住房"、"科研项目"等。

2. 称呼

称呼转行顶格书写,一般不以个人为申请对象,应写明某组织或部门,后面加冒号,领起下文。

3. 正文

正文部分必须包括三个部分:申请事项、申请理由、申请人决心和态度。

申请事项部分,开门见山地提出申请的事项或意愿,要简明扼要,提纲挈领。申请理由部分根据所申请事项提出申请的理由,或写出自己的思想认识过程,或摆出自己的实际情况,或列出自己的主客观条件。申请人决心和态度部分向组织或领导提出诚恳的希望或请求,或表示自己的决心。最后以祝颂语如"此致敬礼"、"希望领导研究批准"、"特此申请"等结尾。

4. 落款

落款要注明申请人姓名,如果是单位申请要盖上单位公章,并标上申请时间。

(二) 申请书写作注意事项

一是申请书不同于一般书信,必须一文一事,一事一中心,事项明确,目的明朗,如果有多样事件则另行行文申请。

二是抓住要领,尽量避免面面俱到,要提出主要理由。

三是申请书是申请人愿望的载体,要让组织单位相信申请人的确具备申请成功的条件。无论写哪一种类的申请书,都要把申请事项、目的、意图写得清楚、明白,理由要写得充分、具体、合情合理,语言要简洁、准确、明快。

【例文】

入党申请书

尊敬的西北农林科技大学党组织:

敬爱的党组织,今天我郑重地递上申请书,是我人生历程中最庄严神圣的一件事,是我在入党前对人生的一次宣誓。若党组织在严格审查后能予以批准,我将认真履行党章上所要求的一切,严格要求自己,接受党组织和同志们的监督,严于律己、勤奋进取,努力做一名合格而且先进的共产党员,为党的事业、为我国的社会主义现代化事业贡献我毕生的精力和热血。

我自愿要求加入中国共产党,因为共产党是中国工人阶级的先锋队,是中国各族人民利益的忠实代表,是中国社会主义事业的领导核心。

中国共产党以马克思列宁主义、毛泽东思想作为自己的行动指南。马克思列宁主义揭示了人类社会发展的普遍规律,分析了资本主义制度本身无法克服的固有矛盾,指出社会主义必将代替资本主义,共产主义必将在全人类实现。毛泽东思想是马克思列宁主义普遍真理与中国革命具体实践相结合的产物,是中国共产党集体智慧的结晶,是被实践证明了的关于中国革命和建设的正确的理论原则和经验总结。

实践证明,中国共产党是伟大、光明、正确的党,它善于在实践中不断地总结经验,完善自己,保持正确的航向;它一切从实际出发,理论联系实际、实事求是;它全心全意为人民服务,把群众利益放在第一位,同广大人民同甘共苦;它坚持民主集中制,充分发挥各级党组织和广大党员的积极性和创造性;它实行民主科学决策,制定和执行正确的路线、方针和政策;它坚持四项基本原则,从严治党、发扬党的优良传统和作风,提高党的战斗力;它维护和发展国内各民族的平等、团结、互助关系,坚持实行和不断完善民族区域自治制度,帮助少数民族地区发展经济、文化,实现各民族的共同繁荣和全面进步;它积极团结各民主党派、无党派人士、各种爱国力量,加强同港、澳、台同胞的联系,按照"一国两制"的方针,完成祖国统一大业;它积极发展对外关系,在国际事务中,坚持独立自主的和平外交政策,反对霸权主义和强权政治。

我生在新中国,长在红旗下,党的教育伴随我走过了21年的人生历程。还在孩提时,电影里、课本上革命先烈的英勇行为,便使我感受到了党的神圣和伟大。那鲜艳的党旗如熊熊燃烧的烈火,温暖着我的心窝。我常常梦想着自己有一天也能站在党旗下,向党宣誓,成为一名优秀的中国共产党党员。在那时,我已深深地懂得正是那金色的镰刀和锄头砸碎了禁锢在劳动人民身上的铁链,打破黑暗旧社会的枷锁,推翻了几千年来压在中华民族头上的三座大山,是中国共产党,给处在水深火热中的炎黄子孙带来了新生活。

本人加入党的愿望由来已久。这种愿望不是一时冲动,而是发自内心深处的一种执著与崇高的信念,这种信念给了我克服一切障碍、追随中国共产党建设社会主义中国的勇气、信心和力量。

即使组织上认为我尚未符合一个党员的条件,我也将按党章的标准,严格要求自己,总结经验,寻找差距,继续努力,争取早日加入党组织。

请党组织在实践中考验我!

此致

敬礼!

申请人:×××
2008年6月15日

第四节　自荐信（求职信）

一、自荐信与求职信的性质

自荐信,是自荐者为了寻求一份比较理想的工作,或是谋求一个比较合适的职业,向有关单位或领导介绍自己的才能、专长,表达就业愿望的一种专用书信。

自荐信与求职信(书)、应聘书(信)比较接近,大体一致。其基本功能都是把自己的有效信息和竞聘优势传递给社会和用人单位,以求得社会对人才的有效配置。

与自荐信稍有差别的求职信,其求职的目的更明确、求职的要求更迫切、求职的意向也更有针对性。求职信与自荐信的写作格式基本相同。

21世纪是自我推销的世纪,随着社会主义市场经济的全面深入,社会就业方式已逐步转向市场调节。自谋职业、双向选择这种科学的人力资源配置方式已经成为新世纪社会就业的一道亮丽的风景线。勇敢而有艺术地推销自己,成为越来越多的人迈向成功的基石。而要很好地推销自己,就必须有一定的工具,自荐信与求职信这些新的应用文体也就越来越受到社会的普遍重视。

二、自荐信、求职信的结构和写法

(一)结构和写法

自荐信、求职信通常由标题、称谓、正文、落款、附件几个部分组成。

1. 标题

标题是自荐信的眉目,一般以简洁醒目的文书名称写出即可。如居中写上"自荐信"、"求职信"等。

2. 称谓

称谓,即自荐信或求职信的致送对象,在标题下方另起一行顶格写上收信对象,多写用人单位或招聘单位的全称或规范化简称。如果自荐信或求职信是广为散发的,其收信对象不很明确,可泛写为"×××单位人事主管"、"××××单位人事部"等,并加上得体的敬语,以示对读信人的尊敬和高度的情感亲和力,如"尊敬的人事主管"等。

3. 正文

正文是自荐信或求职信写作的核心和重点,一般由开头、主体、结尾三部分组成。

(1)开头。写求职信,如果称呼写的是人事处之类的机关集体,就不必写问候、寒暄的话。先交代清楚自己的基本情况,包括身份、年龄、学历等,给人以一个初步的完整的印象,然后再写自荐与求职的缘起。缘起部分主要交代为什么要向该单位求职或自荐,是通过何种途径获得招聘信息的。这样既有针对性,又体现了对用人单位的尊重。在介绍原由和目的的同时,还要表达一下你对该单位的印象和仰慕之情。如"从《××××报》上获悉贵单位招聘一名文员,贵单位声名远播,我对贵单位仰慕已久,作为一名高等学校高级文秘专业的大学本科毕业生,特来信自荐(或求职)"。缘起只是求职信或自荐信的引子,不能过于冗长,给人以头重脚轻的感觉,表述时应诚挚、简洁、明确,富于吸引力,要给人以干脆利落、洗练明快之感。

(2)主体。求职信的主体部分是核心内容之所在,要充分展开。主要是针对用人单位的招聘信息或根据自己了解到的用人单位通常的要求,具体地介绍自己的优势条件,包括自己的专业特长、业务技能、外语水平以及其他潜在能力和优点。要善于"自我推销",尽量找出主观条件与客观需要一致的方面,针对用人单位所需扬长避短,使用人单位意识到你正是他们需要的最佳人选。这一部分是求职信的关键,所以要尽可能多地了解用人单位的信息,真正使自己的"自我推销"有针对性。

(3)结尾。求职信结尾的任务是给人以一个完整鲜明的印象,所以可再次强调自己的求职愿望,并恳请用人单位给自己一次机会,可写"热切盼望贵单位肯定的答复或录用通知"或"希望给予面试的机会"等。

4. 落款

落款署上姓名,年、月、日,同时还要注明通信地址、电话号码等。

5. 附件

附件是求职信不应忽视的重要组成部分。一份有说服力的附件很可能会在求职过程中起到决定性的作用。为能更好地证明自己的实力,可把有关证明材料附于信后。

附件可根据需要附加简历、资历证书复印件等能说明自己实力的材料。

(二)自荐信或求职信的写作要求

1. 对方导向思想

自荐信或求职信是写给用人单位的领导或人事主管看的,其阅读对象明确而具体。所以,一定要立足于用人单位的立场来思考问题,组织材料,确立写作重点。文书要从职位对能力要求的角度来展现自己的才干,充分考虑到职位本身对知识结构、能力层次的要求。在展现自己的才能、专长和成绩时,要分清主次、突出重点,反映的材料既能表现求职人的工作能力和工作水平,又能适合用人单位的需要。

2. 个性张扬意识

自荐信或求职信重在表现自己,把自己最辉煌、最闪光的部分展现给对方,因此,张扬个性、表现自我是写信人应有的追求和努力。在文字材料的取舍上,要尽力把最有说服力的一面告诉用人单位。如说自己写作能力强,最有力的材料是发表的文章;说自己组织能力强,最好的例子是组织过哪些活动,担任过哪些职务等。但是,个性张扬并不等于自吹自擂,要坚持实事求是的原则,不夸大不失实,要给用人单位真诚直率的感觉。张扬个性、表现自我要做到适度得体,既推荐了自己,又不至于给人"老王卖瓜"之嫌。

3. 谦谦君子之风

自荐信或求职信是为了取得用人单位的信任,从而聘用自己。因此,文书给对方的印象很重要。在介绍自己的时候,力求把握好尺度,力戒过于自誉之词,以免让人生厌;要达情明理,有的放矢,适度得体;但也不能谦虚过头,以免给人以肉麻之感。

【例文】

求 职 信

尊敬的先生/小姐：

您好！我从报纸上看到贵公司的招聘信息，我对网页兼职编辑一职很感兴趣。

我现在是出版社的在职编辑，从1998年获得硕士学位后至今，一直在出版社担任编辑工作。两年以来，对出版社编辑的工作已经有了相当的了解和熟悉。经过出版者工作协会的正规培训和两年的工作经验，我相信我有能力担当贵公司所要求的网页编辑任务。

我对计算机有着非常浓厚的兴趣。我能熟练使用FrontPage和Dream Weaver、Photoshop等网页制作工具。本人自己做了一个个人主页，日访问量已经达到了100人左右。通过互联网，我不仅学到了很多在日常生活中学不到的东西，而且坐在电脑前轻点鼠标就能尽晓天下事的快乐更是别的任何活动所不及的。

由于编辑业务的性质，决定了我拥有灵活的工作时间安排和方便的办公条件，这一切也在客观上为我的兼职编辑工作提供了必要的帮助。基于对互联网和编辑事务的精通和喜好，以及我自身的客观条件和贵公司的要求，我相信贵公司能给我提供施展才能的另一片天空，而且我也相信我的努力能让贵公司的事业更上一层楼。

随信附上我的简历，如有机会与您面谈，我将十分感谢。即使贵公司认为我还不符合你们的条件，我也将一如既往地关注贵公司的发展，并在此致以最诚挚的祝愿。

此致

敬礼！

×××

2004年4月2日

第五节　倡议书

一、倡议书的性质和特点

倡议书是个人或单位向群体组织或社会公开提出某种做法或思想，或倡导某种活动，并号召人们支持、实行的文书。

倡议书具有以下特点：

（一）内容的先进性

针对目前社会或组织中存在的不和谐的现象发出倡议，或是号召人们学习某些先进事迹、人物和思想，为的是让事件能够向好的方向发展。

（二）范围的广泛性

倡议书倡议对象一般广于倡议者或其所在单位，意在引起更广泛区域的注意和认同。倡议对象可以是一个单位、一个城市、一个国家甚至全世界的所有人。倡议书的内容就是要让更多的人知晓熟悉，从而激发认同感，激发实施倡议事项的热情，只有这样，才能实现倡议效果的最大化。

（三）对象的不确定性

倡议书的对象有的明确指出是哪个组织哪个单位，如"全市所有中学生"；有的对象范围则很宽泛，如"青年朋友们"。在倡议实行过程中，倡议主体并不十分明确倡议对象是否能全部认同和实行倡议内容。

二、倡议书的作用和种类

（一）倡议书的作用

第一，倡议书具有广泛的群众性。它可以在较大范围内调动群众的积极性，使大家心往一处想，劲往一处使，齐心协力共同做好一些有益于社会的事务和开展某些公益活动。

第二，倡议书是开展精神文明建设的有效方法。倡议书的内容一般是同人们的日常生活相关的一些事项，旨在激发起被倡议对象对所倡议之事的认同感并能真正实行。倡议书是一种建议、倡导，它不给人一种强制的感觉，在轻松倡导之中宣传了真善美，使人们无形之中就受到深刻的教育。

（二）倡议书的种类

根据不同的划分依据，倡议书有不同的分类方法。

1. 按照倡议者所属划分

按照倡议者所属划分，有个人倡议书、集体倡议书或机关部门、企事业单位倡议书。

个人倡议书是个人通过自己所见的社会生活中的某些问题或状况，引发思考和感想，向一个稍大区域例如一个小区的人们进行的倡议。

集体倡议书是由一群人对现状提出的倡议。

单位倡议书是由一个或几个单位联合发起的倡议，相比前两种有更大的组织性和严密性，实施起来也更方便。

2. 按照倡议内容划分

按照倡议内容划分，有以下两种：一种为倡议内容是某一具体事件。指出学习、生活或工作中的某一事件，希望人们给予帮助，如《向地震灾区人民捐款的倡议书》；或号召人们学习，如《节能减排倡议书》；或希望人们以此为鉴并审视自身行为，如《不随地吐痰倡议书》等。另一种为倡议内容是某种先进思想。为宣传某种先进思想和理念，在群众中广泛倡议，以形成社会共识，促进社会进步，如《端正学风倡议书》、《让雷锋永驻校园倡议书》等。

三、倡议书的写作

倡议书包括四个部分：标题、称呼、正文、落款。

（一）标题

标题有两种写法：一种直接以"倡议书"作题，另一种在倡议书前加上倡议事项。拟写标题要言简意赅，突出重点，使人一目了然。

（二）称呼

有明确倡议对象的，写上倡议对象名称，如"青年朋友们"、"××毕业班全体党员"。有的倡议面很广，可以写"亲爱的朋友们"，或省略称谓。

（三）正文

正文是倡议书的主体部分。这部分内容包括倡议目的和倡议事项。倡议目的要写清楚倡议的背景、原因，事件要真实，理由要清楚充分，这样，公众或倡议对象才能信服，才能有响应的热情。倡议事项如果只有几句话，则可以直接书写。如果事项很多，则要分条陈述，条理清晰，例如应开展怎样的活动、做哪些事情、具体要求是什么、价值和意义是什么等都必须一一写明。但注意篇幅不要拉得太长。由于要引起认同感并期望他人能够做到倡议之事，倡议书中的事件要合情合理，理由要充分，语言上和情感上要具有强烈的说服力。结尾写明倡议者的决心和希望。倡议书一般不在结尾写表示敬意或祝愿的话。

（四）落款

倡议人如果是个人，署上个人姓名。如果是单位，要注明单位并盖上公章。如果有多人或多单位作为倡议者，可以逐一署上各自姓名或单位名称，以增加可信度和说服力，或者集体署名。署名下一行写上时间。

【例文】

互联网公益联盟"雷锋精神永不褪色"倡议书

2013年3月5日，是毛泽东等老一辈革命家为雷锋同志题词五十周年纪念日。五十年前的今天，毛泽东主席号召全国人民向雷锋同志学习。五十年过去了，雷锋的名字依然铭记在亿万中国人民的心上，雷锋的精神在神州大地发扬光大。雷锋精神是一面永不褪色的旗帜，是一座永放光芒的灯塔，是我们的宝贵财富。大力弘扬雷锋精神，有助于引导和激励人们胸怀理想、脚踏实地，为全面推进中国特色社会主义事业、实现中华民族伟大复兴"中国梦"而奋斗。

在新形势下深化学雷锋活动、弘扬雷锋精神，有助于引导人们树立崇高的理想追求，发扬爱党爱国爱社会主义的思想，坚定对中国特色社会主义的道路自信、理论自信和制度自信；有助于培育和践行社会主义核心价值观，增强人们对主流价值观念的认同感和践行力；有助于激发全社会道德建设热情，集聚道德建设正能量，形成引领社会进步的文明风尚。

首都互联网协会互联网公益联盟向联盟成员及广大网友发出倡议：弘扬雷锋精神，从身边事做起，为推动网络精神文明建设发展提供正能量。

公益联盟成员要利用好互联网新媒体平台（公益频道、微博、论坛、微群、博客等），加强互联网与公益慈善事业的深度融合。突出学雷锋活动的实践性，做好基本道德规范的践行，基础道德行为的养成，推动形成我为人人、人人为我的良好氛围。大力宣传雷锋精神在新时代赋予的爱党爱国、爱岗敬业、乐于助人、无私奉献的深刻内涵。使学雷锋活动更有时代感、吸引力，不断向深度广度发展。把学雷锋精神常态化，持之以恒，久久为功，做出成效。同时，也号召广大网友积极参与"雷锋精神永不褪色"网络公益活动当中，争做雷锋精神的传承者，让雷锋精神在网络平台上薪火相传，发扬光大，永不褪色。

首都互联网协会
互联网公益联盟
2013年3月5日

第六节　电子邮件

一、电子邮件的性质和种类

电子邮件，即 Electronic mail，简称 E-mail，又称电子函件、电子信箱、电子邮政，有时简称电邮或邮件，也被大家昵称为"伊妹儿"。它是指通过电子通讯系统进行书写、发送和接收的信件，是一种用电子手段在网络环境下提供信息交换的通信方式。电子邮件是互联网上最受欢迎且最常用到的功能之一。

电子邮件有很多类型：按内容分，有资讯电子邮件、事务电子邮件、情感电子邮件、祝语电子邮件、广告电子邮件等；按介质形式分，有文本电子邮件、视频电子邮件、语音电子邮件、保密电子邮件等。

二、电子邮件的功能和特点

（一）电子邮件的功能

电子邮件是 Internet 应用最广的服务。通过网络的电子邮件系统，用户可以用非常低廉的价格（不管发送到哪里，都只需负担网络费即可），以非常快速的方式（几秒钟之内可以发送到世界上任何指定的目的地），与世界上任何一个角落的网络用户联系。这些电子邮件可以是文字、图像、声音等各种方式。同时，用户可以得到大量免费的新闻、专题邮件，实现轻松的信息搜索。这是任何传统方式无法相比的。正是由于使用简易、投递迅速、收费低廉、易于保存、全球畅通无阻，使得电子邮件被广泛地应用，极大地改变了人们的交流方式。

另外，电子邮件还可以进行一对多的邮件传递，同一邮件可以一次发送给许多人。最重要的是，电子邮件是整个网间以至所有其他网络系统中直接面向人与人之间信息交流的系统，它的数据发送方和接收方都是人，所以极大地满足了大量存在的人与人通信的需求。

(二) 电子邮件的文体特征

1. 文本格式化

受软件系统控制,电子邮件的文本形式是由各种文本框架组成的格式,电子邮件的写作其实是照着这些格式"填写"的。

2. 内容多元化

电子邮件既可承载传统邮件的个体性、私密性信息,也可传播公共信息,加之附件链接的图片、声音、视频等信息,电子邮件内容可谓包罗万象。

3. 表达个性化

表达的方式、表达的效果都体现出写信人自由的个性。

三、电子邮件的写作

电子邮件包括地址、主题、正文、附件四个部分。

(一) 地址

电子邮件地址出现在页面的最上端,由"收件人(to)"、"寄件人(from)"等多个邮件地址栏组成。以网易126电子邮件写作页面为例:

在收件人地址栏中填写邮件接收方的邮件地址,此栏不能空,可以添加多个收信人。写信人地址一般都会默认为邮箱所属本人地址。一个完整的邮箱地址由用户名、@、邮箱名和域名组成。例如 guest@126.com,左边 guest 是用户名,@是英文 at 的意思,@右边是完整的主机名,即所申请的邮箱名称,由网易 126 以及域名".com"组成。其中,域名可以有几个部分,每个部分成为一个子域,各子域之间用圆点"."隔开,每个子域都会告诉用户一些关于这台邮件服务器的信息,如域名符号"njnu.edu.cn"表示用户在中国(cn),隶属于教育机构(edu)下的南京师范大学(njnu)。

填写邮件地址时应注意:第一,在地址中不要随意输入空格,因为空格也代表一个字符,在地址中有意义;第二,不要漏掉分隔网络地址各部分的圆点符号。

(二) 主题

主题相当于邮件的题目,是对邮件内容的概括,几个字即可,使收件人对邮件内容有个大致了解。

(三) 正文

在主题栏下,有一个较大的文本框,用来写作邮件的正文。

正文部分和传统的普通书信正文写作形式相仿,大体包括称呼、正文、署名和日期。

称呼位于首行顶格,后面用冒号;根据与收件人关系,可在称谓前加上相应的修饰语,比如"亲爱的"、"尊敬的"等。正文紧接称呼的下一行,空两格起,这是邮件的主体内容。结尾时可以写一些向收件人表示祝愿的话,须另行顶格,后面多用感叹号。署名和日期置于结尾后的右下方,也有以另行顶格形式出现的。有的电子邮件,省去了称呼、署名、日期,重点突出邮件的正文部分,这可以用在电子邮件的直接回复功能中,或者双方比较亲密熟悉,或者在电子邮件发送过程中系统能自动完成发件人、收件人和日期等内容的添加。

（四）附件

附件是对正文内容的添加。每点击一次"添加附件"图标，就可以添加一次文件，因此，它可以同时添加多个文件。这种形式与行政公文附在正文后的附件很相似。附件可以是文本、图像、声音等单媒体文件，也可以是多媒体文件，如视频文件等。

后　记

　　2009 年出版的《应用写作学》,是在丁晓昌、冒志祥所著《应用写作学》(苏州大学出版社 2002 年 5 月版)基础上修订而成的,由于新的《党政机关公文处理工作条例》、《党政机关公文格式》于 2012 年 7 月 1 日施行,《应用写作学》的内容必须与时俱进,及时作出调整,于是,我们重新编写了本教材。基础理论篇和公文写作篇由冒志祥撰写,另两篇由胡元德撰写,全书由丁晓昌审定。

　　本书适合作为各级各类高等学校学生、在职人员的学习用书,也适合作为参加国家公务员选拔考试、军转干部考试、事业单位招录考试、企业单位招录考试等各类社会选拔考试的人员用书。

　　在撰写本书的过程中,我们尽量让本书做到知识适度、文种适用、层次适当、体系适合、内容适量,体现理论性与实践性相结合、应用性与可操作性相统一、与时俱进与保持经典相协调的特色。本书在基础理论、文种划分等方面作了很多尝试,对写作过程、作者、文风、模型写作结构等作了较多的理性思考,命之曰"学",汗颜之处,望同道鉴谅。

　　本书同时配有一本《新编应用写作学一考通》,对学习尤其是应考大有裨益。

　　本书在写作中,得到了王舒雅、陈妙闽、肖虹、杨武举、冒贻宣、胡杨等同志的帮助,对此表示感谢。